LINA BO BARDI

ZEULER R. M. DE A. LIMA

Lina Bo Bardi

O que eu queria era ter história

Tradução
Cristina Fino
Tetê Martinho
(Em colaboração com o autor)

COMPANHIA DAS LETRAS

Grafia atualizada segundo o Acordo Ortográfico da Língua Portuguesa de 1990, que entrou em vigor no Brasil em 2009.

Título original
The Weary Goddess: Biography of Lina Bo Bardi

Capa
Luciana Facchini

Foto de capa
Juan Esteves

Imagem de Lina Bo Bardi
© Instituto Bardi / Casa de Vidro, Lina Bo Bardi / AUTVIS, Brasil, 2021
INSTITUTO BARDI
CASA DE VIDRO

Preparação
Julia Passos

Revisão
Jane Pessoa
Huendel Viana
Ana Maria Barbosa
Carmen S. da Costa

Índice remissivo
Luciano Marchiori

Dados Internacionais de Catalogação na Publicação (CIP)
(Câmara Brasileira do Livro, SP, Brasil)

Lima, Zeuler R. M. de A.
Lina Bo Bardi : O que eu queria era ter história / Zeuler R. M. de A. Lima ; tradução Cristina Fino, Teté Martinho (em colaboração com o autor). — 1ª ed. — São Paulo : Companhia das Letras, 2021.

Título original: The Weary Goddess : Biography of Lina Bo Bardi
ISBN 978-65-5921-066-4

1. Arquitetas - Brasil - Biografia 2. Bardi, Lina Bo, 1914-1992 I. Título.

21-60000 CDD-720.92

Índice para catálogo sistemático:
1. Arquitetas : Vida e obra : 720.92

Cibele Maria Dias – Bibliotecária – CRB-8/9427

[2021]

EDITORA SCHWARCZ S.A.
Rua Bandeira Paulista, 702, cj. 32
04532-002 — São Paulo — SP
Telefone: (11) 3707-3500
www.companhiadasletras.com.br
www.blogdacompanhia.com.br
facebook.com/companhiadasletras
instagram.com/companhiadasletras
twitter.com/cialetras

Aos meus pais, que me ensinaram a aprender

Minha independência, que é a minha força, implica a solidão, que é a minha fraqueza.

Pier Paolo Pasolini, *Il Caos*

Sumário

Lina Bo Bardi em visita ao canteiro de obras do Museu de Arte de São Paulo, durante a construção das fundações do novo edifício na avenida Paulista, São Paulo, década de 1960.

Prólogo

Do lado de fora dos tapumes de madeira compensada que cercam o canteiro de obras do Museu de Arte de São Paulo (MASP), o fluxo barulhento dos carros na avenida Paulista ecoa o ritmo da cidade, cada vez mais frenético. Eram meados da década de 1960, e a economia de São Paulo estava em pleno vigor. Um dos carros desacelera próximo à calçada e estaciona. Em silêncio, a passageira do banco da frente pega sua bolsa, põe os óculos escuros, abre a porta e pisa o meio-fio de granito vestindo botas de trabalhador e roupas pretas impecáveis, que contrastam com a luminosidade do sol tropical. Do outro lado dos tapumes, o mestre de obras subitamente chama a atenção da equipe. Uma agitação repentina, seguida de correria, toma o canteiro ao som de seu grito:

"A mulher chegou!"

O segurança a conduz à floresta espetada de pontaletes de eucalipto, andaimes de madeira, barras de aço e concreto. Pouco a pouco, volta-se a ouvir o barulho vindo das profundezas do terreno escavado, e o portão se fecha devagar, rangendo, atrás dela.

A visita de Lina Bo Bardi ao canteiro ocorria em geral de manhã bem cedo, enquanto os pedreiros se preparavam para a longa jornada de trabalho. A missão deles era construir o edifício permanente do museu que seu marido, Pietro Maria

Bardi, ajudara a criar em 1947, apenas um ano após partirem de sua Itália natal e chegarem ao Brasil. Conhecida por seu temperamento audacioso e irascível, Lina foi a arquiteta responsável pelo icônico projeto, concluído em 1968.

Na construção, com muito trabalho a ser feito e com inesperadas mudanças técnicas, que distanciaram o projeto das intenções iniciais da arquiteta, os operários ficavam apreensivos diante dos inúmeros desafios práticos apresentados por um projeto daquele porte. Ainda assim, nada se comparava ao presságio daquele grito matinal, anunciando a aproximação de Lina ao canteiro.

Ao perceber o drama desencadeado por sua chegada, ela foi tomada por grande satisfação. Na época, quem lhe contou sobre o alvoroço dos pedreiros foi Cacilda Becker, a grande dama do teatro brasileiro, que costumava ouvir o aviso matinal do mestre de obras da janela de seu apartamento, com vista para onde estava sendo construído o MASP. Lina se deliciava em dizer, com seu tom tipicamente mordaz: "Me chamavam 'a mulher', e aí era um corre-corre, uma coisa tremenda!".[1]

LINA BO BARDI

1. Por que está tudo em ruínas?

TERRA TREMA

"Quinze dias antes de eu nascer", Lina Bo Bardi declarou já quase no fim da vida, "vivenciei o terremoto de Avezzano no útero da minha mãe."[1] Ela nasceu em Roma em 5 de dezembro de 1914. Com a irreverência típica de sua inventiva memória, deu a entender que o incidente não tinha sido coincidência. A pequena cidade de Avezzano, situada no platô de Fucino, a cem quilômetros a leste de Roma e a poucos quilômetros da aldeia de seu avô materno nos Abruzos, tinha, de fato, sido o epicentro de um forte tremor.[2] No entanto, a tragédia que matou boa parte da população do lugarejo aconteceu quase seis semanas depois do nascimento de Lina Bo Bardi, e não antes — mais precisamente em 13 de janeiro de 1915.[3] A distorção em sua narrativa nos leva a pensar sobre quais sentimentos aquela afirmação dramática revela e, ao mesmo tempo, esconde. A imagem criada por ela em torno de um acontecimento devastador — assim como o equívoco em seu relato — sugere uma alegoria teatral da sua incursão decidida num mundo dominado por homens e por valores patriarcais. Também pode ser sinal de uma infância solitária e emocionalmente instável, e da personalidade imaginativa, belicosa e carente que ela desenvolveu ao longo dos anos.

Fazer uma reconstrução exata da infância e da juventude de Lina Bo Bardi na Itália é uma tarefa difícil. Os registros disponíveis sobre os primeiros anos da sua vida são escassos, e as narrativas públicas e privadas que contava já adulta sobre esse período — incluindo as notas biográficas que ela esboçou em pequenos blocos de papel-jornal — eram imprecisas, quando não hiperbólicas e ambivalentes. Ainda assim, com base em documentos e em relatos de pessoas que lhe foram próximas em diversas etapas da vida, é possível afirmar que seu ambiente familiar, as transformações da cidade onde nasceu e o cenário político e cultural de seu país lhe ofereceram uma educação e um desenvolvimento emocional ao mesmo tempo intensos e estimulantes, dolorosos e desafiadores. Lina não foi uma criança-prodígio, mas logo revelou aptidões artísticas e uma atitude inventiva e de certa forma ensimesmada[4] que se tornaram as vias de uma expressão pessoal e de descoberta condutoras de sua carreira prolífica. Sua propensão quando adulta a ser imaginativa, independente e engenhosa, mas também volátil, provocadora, sombria e retaliativa, esteve presente desde quando era muito jovem. Como o terremoto de Avezzano, sua vida e sua obra foram intensas e notáveis, mas não sempre previsíveis.

Lina Bo Bardi nasceu numa família pequena e de poucas posses. Sua certidão de nascimento original registra Achillina di Enrico Bo, trazendo o prenome do pai, como exigia a norma patriarcal da época, e uma referência mitológica no nome da menina. Segundo ela, muitos dos seus documentos originais se perderam durante um dos bombardeios de 1943 em Milão, cidade em que começou sua carreira. No seu diploma de arquitetura, de 1939, seu nome foi grafado exatamente como na certidão de nascimento. Após a Segunda Guerra, quando foi criado o Estado Republicano e as leis italianas foram reescritas, o nome mudou. Em uma versão da sua certidão de nascimento emitida pela cidade de Roma em 24 de agosto de 1946, lê-se Achillina Giuseppina Bo, e uma transcrição de 1951 do seu registro de nascimento cita apenas Achillina Bo.

Quando criança, os apelidos Lina e, em casa, Linuccia logo suplantaram seu nome de batismo. Embora alguns de seus desenhos de adolescência no Liceo Artistico di Roma estejam assinados como Bo Achillina ou com o acrônimo ACHBO, os primeiros desenhos, quando tinha dez anos, já eram assinados como Lina Bo. Foi assim que ela se autodenominou profissionalmente, na Itália, até se casar com Pietro Maria Bardi, em 1946. Mesmo após o casamento, ela oscilou entre incluir ou não o sobrenome do marido em seus escritos, sem nunca abandonar seu nome de solteira. No Brasil, ficou conhecida como a arquiteta Lina Bo

Bardi, mas seus sobrenomes com frequência foram suprimidos em conversas e publicações, ao contrário do que acontece com a maioria dos arquitetos homens, que são tratados com menos intimidade. Às vezes, de maneira respeitosa, alguns conhecidos seus a chamavam de d. Lina. Apesar de seu temperamento pouco amistoso, a maioria das pessoas se refere afetuosamente a ela como Lina, sobretudo após sua morte, quando se começou a dar o devido apreço à sua obra e a se romantizar a pessoa reclusa por trás dela. Seu apelido por fim a tornou famosa e lhe deu, postumamente, o sentido de afeto e de intimidade que ela desejava, mas de que nem sempre gozou.

A alteração do nome ao longo dos anos fornece pistas sobre as mudanças em sua vida e em seu comportamento, nas relações que manteve e nas posições que ocupou.[5] No entanto, uma coisa é certa: quando adulta, ela abandonou o uso do nome de batismo para adotar o diminutivo Lina, mais gracioso que o original, muito provavelmente porque Achillina soava incomum e antiquado. Contudo, a escolha de seus pais — consciente ou não — é carregada de significados. Achillina é o diminutivo de Achillia ou Achilla, uma gladiadora,[6] uma versão feminina do nome do herói homérico Aquiles, famoso por sua audácia, sua vulnerabilidade singular e repudiada, e por cruzar fronteiras de gênero para alcançar seus objeti-

Lina Bo, primeira infância, Roma, c. *1916.*

vos — traços compartilhados com o temperamento melancólico e o comportamento rebelde de Lina Bo Bardi. Aliás, a origem do nome do herói também sugere dois sentidos que parecem opostos e que repercutem, de forma metafórica e respectiva, as batalhas afetivas que Lina enfrentou durante sua formação e a generosidade social que imprimiu em sua obra madura. Um desses sentidos é "aquele que não foi amamentado no peito". O outro sugere "aquele que carrega o sofrimento do povo".[7] Sem dúvida, etimologias não dão conta de explicar a realidade existencial de uma pessoa, mas as coincidências entre o nome de batismo de Achillina e suas associações com as experiências estruturalmente formativas de sua vida e com as características que desenvolveu, como indivíduo e como arquiteta e intelectual pública, são por demais marcantes para terem seu peso simbólico ignorado.[8]

UMA MENINA DO CONTRA

Segundo Lina revelou em uma entrevista: "Fiquei tão espantada de ter nascido, que tomei a decisão de não ter filhos. É uma responsabilidade terrível. Decidi isso quando fiz meu primeiro balanço existencial aos seis anos de idade. Nunca mudei de ideia".[9] Não é possível saber o que a levou a essa reflexão, mas algumas fotografias de infância conservadas por ela, que eternizaram seu olhar melancólico, confirmam sua opinião sobre aquele período. Mais velha, ela confidenciou a um amigo que não gostava de voltar a Roma "porque ela sempre traz de volta as terríveis frustrações da minha infância, maldita velha Roma".[10] Sem revelar detalhes de sua vida pessoal, ao transferir as dificuldades de sua criação para a cidade onde cresceu, ela indicava que os problemas vividos nessa fase tinham ficado impressos em sua memória.

Para além desses anos que formaram a sua personalidade, ela também tinha muitos motivos para se sentir socialmente alienada quando criança e em especial na adolescência, quando começou a notar que suas ambições divergiam do papel feminino tradicional que foram imaginados para o seu futuro. Ainda que tenha deixado poucas notas escritas sobre aquele período, seus desenhos dramáticos da adolescência revelam um sentimento sombrio por trás das cores vivas. Lina cresceu numa época de graves problemas econômicos e sociais, e numa cultura patriarcal em que às mulheres em geral eram reservados papéis de submissão. Além dos arraigados padrões de gênero binário e hierárquico impostos pela Igreja, o fascismo italiano reduziu e adaptou a imagem pública e privada da mulher a seus interesses políticos ao criar dois estereótipos opostos. O regime reforçou e politizou o modelo dominante e ambiguamente moderno da mulher-mãe, vangloriada como caseira, forte e produtiva, em contraposição à mulher autônoma, repudiada como urbana, decadente e estéril.[11] Garotas jovens, em especial de famílias menos ricas, como era o caso de Lina, eram educadas para assumir um papel heteronormativo doméstico e reprodutivo. Na época, poucas mulheres ousavam contradizer esses hábitos, temendo sofrer com o preconceito e a rejeição.

Chegar à maturidade sob essas circunstâncias, que colocavam o corpo e a existência da mulher no centro dos conflitos de poder, sem dúvida representava um desafio para uma jovem com desejo de independência. As regras discriminatórias do catolicismo e da propaganda fascista, que promoviam uma identidade feminina obediente, infiltraram-se direta e indiretamente na vida cotidiana de Lina, reforçando sua índole rebelde. O ambiente doméstico não lhe foi diferente. A mãe, Giovanna Adriana Grazia, de quem Lina parecia se afastar nas fotografias que guardou da juventude, tentava reforçar as práticas de gênero convencionais. Ela não apenas esperava que Lina crescesse para se tornar mãe, mas também a fez participar de atividades oferecidas por instituições fascistas como a Piccole Italiane e a Opera Nazionale Balilla, que a família logo descobriu serem incompatíveis com a personalidade da menina. Giovanna costumava dizer que Lina era "do contra", a mesma expressão que usava para descrever o marido.[12] O comentário vinha acompanhado de um gesto: ela franzia as sobrancelhas, levantava a mão e a girava no ar, sugerindo que havia algo peculiar com a filha.[13]

Giovanna Grazia tinha sido vítima das ações de uma mãe "do contra", autocentrada e impulsiva, experiência que pode ter contribuído para sua incompatibilidade com o espírito livre da filha. Giovanna nasceu no fim do século XIX na região de Marcas,[14] área montanhosa e um pouco isolada no centro-leste do país, banhada pelo mar Adriático. Enquanto Lina só fantasiava sobre o terremoto de Avezzano, os primeiros anos de Giovanna foram, na verdade, sacudidos por uma sequência de eventos traumáticos, que incluíam a perda dos laços paternos e do afeto materno. A mãe de Giovanna, Elisa Gasparetti, havia tramado, com seu amante, o assassinato do marido, Giuseppe Grazia, descrito por Lina como uma pessoa gentil e amorosa. O complô fracassou e, por consequência, a avó de Lina foi presa. De acordo com as leis da época, Giovanna e sua irmã, Velia, ainda muito pequenas, foram viver durante algum tempo com a mãe na prisão. Depois dessa experiência, já separadas do pai, as meninas foram tiradas, de modo abrupto, também da companhia da mãe e enviadas para um internato católico, onde ficaram por três anos. Por fim, o pai conseguiu levá-las para a Sardenha. Elas nunca mais viram a mãe e terminaram por se fixar com Giuseppe na aldeia de Tagliacozzo, na região dos Abruzos, ao sul de onde haviam nascido. Enquanto parece provável que as experiências de infância de Giovanna tenham contribuído para sua atitude austera como mãe, Lina cresceu fascinada pela audácia e pela independência que ela via nas histórias que ouvia sobre a avó, que ela não conhecera. Já mais velha, Lina, sempre encantada por gestos de rebeldia, disse uma vez em tom de brincadeira: "A mulher independente é aquela que tem seu próprio dinheiro, vai jantar sozinha no Maxim's [em Paris], paga a conta e sai do restaurante acompanhada".[15] Apesar de ter sido apenas uma conjectura, esse comentário traduzia bem sua personalidade irreverente e sua visão do universo feminino.

Além de ter sido exposta a narrativas femininas antagônicas em casa e de ter crescido em meio às imagens de conotação fascista e católica de esposa e mãe, essas experiências conflitantes sugerem outro motivo para a relação ambígua de Lina com as representações convencionais de gênero. Ela oscilava entre ver a feminilidade tradicional como uma desvantagem a ser evitada, sobretudo quando a via como sinal de intimidade e vulnerabilidade, e usá-la como uma vantagem sedutora e um instrumento de negociação em um mundo dominado por homens quando queria chegar a seus objetivos, principalmente profissionais. A passividade conformista das mulheres a indignava de maneira profunda. Em sua juventude, Lina diversas vezes havia tentado convencer sua irmã mais nova, Graziella, a segui-la em suas ambições profissionais, mas não conseguiu convertê-la numa aliada. Lina se debatia com a irmã, que "queria se casar após o liceu", e sugeria que, em vez disso, ela "estudasse algo relacionado a matemática ou a engenharia, para que [montassem] um escritório juntas".[16] Lina não se via tomando o caminho da mãe, e que mais tarde seria o da irmã — crescer para formar uma família. Com frequência, atormentava a mãe com seus caprichos e sua insubordinação, um conflito acentuado pela fragilidade emocional de ambas. Quando adulta, Lina Bo Bardi era conhecida nos círculos mais próximos por ter feito comentários depreciativos sobre mulheres que mostravam sinais estereotipados de feminilidade e vulnerabilidade, transformando talvez suas defesas internas em hostilidade externa.

Enquanto Lina via a mãe como fria, vigilante e inflexível, ela descrevia o pai,

Enrico Bo, como alguém que suavizava o ambiente da casa com disposição de espírito, talento artístico e uma certa permissividade anárquica. Ele era conhecido entre os familiares como um *bastian contrario*,[17] sempre questionando, de forma deliberada e jocosa, o que as outras pessoas diziam, traço que Lina parecia compartilhar com o pai. Assim, com seu caráter desprendido, Enrico em geral desmerecia a rigidez de Giovanna ante as transgressões da filha. Ao contrário da esposa, ele tinha uma presença forte e idealizada na vida de Lina, e encorajava, de modo particular, seus precoces talentos artísticos. Com seu apoio, Lina iria desenvolver o desenho como a linguagem que a ajudaria a articular o afeto que em geral lhe era inacessível por meio de palavras e gestos.

Enrico Bo, a quem Lina idolatrava como um homem de "humor, predileções e amores",[18] nascera em 1882, embora suas origens fossem obscuras mesmo para seus descendentes.[19] No entanto, sabiam que ele era um pensador independente, monarquista anticlerical e também um mulherengo. Enrico foi um pai tolerante e emocionalmente desprendido, em contraste com a rigidez e a dependência afetiva da esposa, tendo ambos servido de referência vacilante à filha ao moldar as relações pessoais que ela desenvolveu ao longo da vida. Como era manco, em razão de uma queda na infância que lhe deixou com uma perna mais curta que a outra, não foi convocado para servir na Primeira Guerra Mundial, quando Lina ainda era bebê. A dispensa lhe deu a oportunidade de desenvolver sua verve empreendedora enquanto muitos homens haviam ido para o front ou até mesmo morrido. Enrico Bo tinha forte predisposição criativa e a usava tanto na vida pessoal quanto na profissional. Teve também uma existência errática, e na juventude circulou pela Itália central fazendo diversos trabalhos avulsos. Trabalhou na tipografia Battei, em Parma, onde retocava litogravuras e compunha tipos, desenvolvendo uma habilidade técnica considerável e precisão nos detalhes visuais.[20] Também desenhou e imprimiu rótulos para produtos como o tradicional perfume Violetta di Parma e criou utensílios para a Saint Gobain, uma histórica manufatura de vidro francesa, onde trabalhava seu irmão socialista. Enrico manteve uma pequena fábrica de brinquedos durante algum tempo e chegou a inventar um boneco do Pinóquio que andava de bicicleta.[21] Depois de se casar e ter duas filhas, estabeleceu-se em Roma, onde fundou uma pequena empresa de construção.

Entre seus interesses artísticos e sua experiência construtiva, o pai de Lina foi para ela um modelo profissional de grande liberdade. Embora sua paixão fosse a arte, ele sustentava a família reformando e construindo pequenas casas simples e anônimas em bairros romanos onde vivia a classe trabalhadora, como Testaccio.[22] Esse bairro havia sido uma das primeiras extensões de Roma, situada na margem esquerda do rio Tibre e a sudeste da colina de Aventino, voltada para o centro histórico. Na virada para o século XX, a população da cidade havia crescido de modo substancial, e novos projetos públicos habitacionais começaram a ser construídos na região, com o apoio de cooperativas operárias e de iniciativas filantrópicas, influenciadas por experimentos realizados em outras cidades europeias.[23] Na década de 1920, Enrico não estava sozinho: os arquitetos Gustavo Giovannoni e Marcello Piacentini, de quem Lina mais tarde se tornaria aluna, criaram conjuntos habitacionais de grande escala que incorporavam elementos vernáculos e históricos, em bairros populares como La Garbatella, que se desenvolvera ao sul de Testaccio. O trabalho de Enrico — menos ambicioso — estava em sintonia com esses empreendimentos. Levando a sensibilidade pictórica que tinha desenvolvido em suas telas para as construções, ele tentava, com cuidado, dar a cada edifício algum conforto e um pequeno quintal,[24] como Lina mais tarde celebraria em suas ilustrações e seus desenhos arquitetônicos.

Em sua maturidade, Lina Bo Bardi falava do pai como um homem fascinante. Ela não escondia sua preferência pessoal pela personalidade imaginativa e indulgente de Enrico Bo. Além de manter sua pequena empresa, que lhe permitiu melhorar o padrão de vida da família, provendo razoável conforto material, ele era um habilidoso pintor amador — sua ocupação favorita — e encorajava com afinco a inclinação artística de Lina. A experiência inicial dela com desenho técnico e a prática da pintura foram pontos importantes de conexão entre pai e filha: ele a ajudava a desenvolver aptidões técnicas básicas e lhe ensinou a usar a aquarela e os princípios de perspectiva. Enrico gostava de pintar imagens elaboradas, povoadas por personagens populares e cotidianos que lotavam as ruas das cidades italianas na virada para o século XX. Suas composições peculiares emulavam temas metafísicos e do dia a dia em uma atmosfera onírica, que aludiam vagamente à obra do pintor Giorgio de Chirico, que depois se tornou seu amigo e que, anos mais tarde, pintou um pequeno e rápido retrato de Lina. Na infância, ela usava as obras do pai como modelo para suas próprias criações. Às vezes, fazia o mesmo com as aquarelas, inclusive décadas depois, quando já vivia no Brasil.[25] Os dois estabeleceram uma conversa silenciosa através do desenho e coloriam, assim, sua relação com grande imaginação e com a liberdade expressiva que nem sempre encontravam em palavras.

À medida que Lina crescia e se afastava da rigidez materna, decidindo logo cedo que não se via como mãe ou dona de casa, ela ansiava pela liberdade desfrutada pela maioria dos homens e admirava as figuras masculinas de sua família, resistindo aos enraizados papéis sociais destinados às mulheres. Chegou inclusive a expressar certa inveja da camaradagem que via entre os homens e que considerava inacessível às mulheres, privilegiando o ideal romântico de amizade ao sentimentalismo. Mais tarde, ao se tornar adulta, em vez de relações amorosas convencionais, ela buscou, na companhia masculina, aprovação e admiração, esperando ser tratada como uma igual. Ela via no comportamento do pai, que era sensível e sonhador,[26] um modelo para compensar as adversidades de sua criação e para fugir da realidade, de modo a evitar sentimentos difíceis. Além dele, Lina era fascinada por mais dois outros parentes próximos, que tiveram uma presença afável ao longo da sua infância. Um deles era seu avô materno, Giuseppe Grazia. Ele era um *medico condotto*,[27] uma espécie de profissional da saúde itinerante, uma ocupação rural tradicional responsável pela inspeção sanitária e pelos cuidados médicos de pessoas e animais de toda uma região.

Quando criança, Lina visitava o avô nas colinas dos Abruzos nas férias de verão. Giuseppe era um homem tranquilo que costumava pegar Lina no colo enquanto fazia as refeições. Ele também a levava nas viagens curtas que fazia nos arredores de seu vilarejo natal, Tagliacozzo, atendendo os camponeses e seus rebanhos. Seus clientes eram pessoas simples, e em geral recebiam a neta do doutor com tratos e atenções especiais. No final da vida, ela falava com carinho sobre os passeios estivos pelo campo com o avô.[28] Daquela época, ficou a associação dessas experiências com a imagem de uma vida cotidiana agradável, que, no entanto, era difícil para quem a vivia. Essas memórias, assim como sua infância em uma Roma mais pobre e menos glamorosa do que a atual, iriam se identificar com seu interesse já na vida adulta pela arquitetura rural, pela cultura popular e, especialmente, pelo modo como pessoas com poucos recursos respondiam com criatividade às privações materiais e às desventuras da vida.

A outra figura masculina da família que influenciou os interesses artísticos de Lina na juventude foi seu tio Natalino, cujo nome artístico era Natale Alberto Simeoni. Ele foi um ativo jornalista fascista, conhecido do político Giuseppe Bottai e do escritor Curzio Malaparte,[29] além de ser um renomado compositor musical e dramaturgo dos anos 1930. Trabalhou como correspondente em Roma para o principal jornal de Bolonha, *Il Resto del Carlino*, e também contribuiu com *L'Impero*, um periódico que publicava obras dos futuristas nos anos 1920. Natalino levava uma vida boêmia e, após a morte da esposa, deixou sua filha Mariella (cuja idade estava entre a de Lina e a de Graziella) sob os cuidados dos Bo. Ele costumava chamar as três primas de *le tre capre* [as três cabras] e as levava para passear quando vinha visitar a filha.[30] Embora Lina não tivesse tanta afinidade com a prima quanto sua irmã, ficava animada para sair com elas e com o tio. Durante muitos anos da adolescência de Lina, ele trazia à sua casa fofocas dos bastidores da vida cultural e política de Roma. Quando ela atingiu uma idade apropriada, o tio também era aquele que, contrariando a vontade de Giovanna, levava as meninas ao cinema e ao teatro. Juntos, assistiam a filmes franceses, alemães e americanos, o que atiçava a curiosidade cultural da jovem Lina. Ele também lhe apresentou o teatro de variedades — onde ela conheceu o comediante e dramaturgo burlesco Ettore Petrolini,[31] famoso por sua sátira da vida política e cotidiana da Itália[32] e cuja irreverência iria mais tarde reverberar nas incursões de Lina no teatro de vanguarda no Brasil, nos anos 1960.

Numa de suas visitas à família Bo, o tio Natalino falou de maneira apaixonada sobre um homem polêmico, o que por um momento atraiu a atenção da adolescente. Ao contar as peripécias daquele indivíduo misterioso, ele anunciou, de modo dramático: "O Bardi é um louco!". Ele se referia ao controvertido crítico, negociante de arte e jornalista Pietro Maria Bardi, um homem catorze anos mais velho que Lina e com quem ela terminaria se casando em 1946. Natalino descrevia uma das façanhas audaciosas de Bardi como diretor e curador da Galleria d'Arte di Roma, espaço de exposição oficial do regime de Mussolini. Na galeria, ele havia acabado de inaugurar a segunda Mostra di Architettura Razionalista, em março de 1931, apresentando uma colagem dadaísta intitulada *Tavolo degli orrori* [Mesa dos horrores] como peça central. O provocativo painel continha imagens sobrepostas de obras de arquitetos tradicionalistas que eram próximos de Mussolini e hostis à arquitetura moderna. Bardi queria convencer o primeiro-ministro a aderir às vanguardas. Acompanhada de um manifesto escrito, a mostra causou grande agitação no meio profissional romano. Lina, que tinha acabado de completar dezesseis anos, fazia o curso de arte no liceu e já cogitava estudar arquitetura quando ouviu falar, com grande curiosidade e fascínio, do alvoroço em torno de Bardi. Passou uma década sem ter notícias a respeito dele, mas, como revelou em seus últimos anos, depois de presenciar aquela história contada pelo tio, ela havia prometido a si mesma, em segredo, que nunca perderia de vista aquele homem enigmático e provocador.[33]

"ACENDE MINHA CIGARRILHA?"

Com exceção de algumas poucas viagens de verão que Lina fez com a família à Ligúria, à Riviera Francesa e à costa do Adriático, e das visitas ao avô nos Abruzos,[34] o centro histórico de Roma e seus bairros em expansão ambientaram a maior parte de sua formação. Ela passou a juventude circulando por essas áreas e observando a intensa transformação física da cidade, vendo-a da fase em que predominavam a vida de bairro e as festividades populares até o período em que Roma se tornou palco de monumentais acontecimentos políticos. Embora só fosse se tornar a capital administrativa do país no final dos anos 1920, e apesar do atraso em seu desenvolvimento econômico quando comparada a centros co-

Lina Bo, posando ao lado da mãe, Giovanna Grazia, e da irmã, Graziella Grazia, durante passeio em Rimini, 1928.

mo Turim e Milão, cada vez mais industrializados, Roma era um polo político e cultural vital antes de os fascistas tomarem o poder.

A cidade crescera consideravelmente rápido no fim do século XIX e no início do XX. Na década anterior ao nascimento de Lina, o prefeito Ernesto Nathan havia introduzido o modelo urbanístico de bairros autossuficientes com áreas residenciais e comerciais cercadas por cinturões verdes. A maioria deles se localizava nas regiões oeste-sudoeste e norte-noroeste do centro histórico, agrupados respectivamente entre bairros populares e abastados. Lina conheceu bem algumas dessas áreas, pois sua família se mudou duas vezes em sua adolescência. Mais tarde, durante a ascensão do regime fascista, ela também observou a transformação rápida e monumental de esquálidos quarteirões históricos quando frequentou o liceu e depois a faculdade de arquitetura.

A antiga cidade, dilapidada e coberta de camadas de entulhos por descuido e acúmulo histórico, se mostrava muito diferente de sua asséptica atmosfera contemporânea. Já madura, Lina Bo Bardi descreveu suas impressões de juventude enquanto caminhava entre edifícios romanos milenares, sentindo-se perplexa e angustiada. "Quando era criança", revelou, "eu tinha medo de toda a beleza de Roma e me perguntava: 'Por que está tudo em ruínas? Deve ter uma explicação'."[35] Ela passara a primeira infância em um bairro modesto no lado oposto do rio Tibre, a oeste do centro histórico. Sua família vivia na pequena e discreta Via Otranto, número 23, logo atrás dos muros do Vaticano, na parte norte. A área era conhecida como "Pianella di Prati", "Pianella d'Oltretevere" ou "Prati di Castello", como ela e outros a chamavam, referindo-se ao Castelo de Sant'Angelo. O distrito começou a crescer para oeste a partir do Lungotevere dei Mellini, a via à margem do rio, na virada para o século XX. Poucos anos depois, o desenvolvimento se expandiu para além do castelo, materializando um plano que havia sido concebido pela Igreja algumas décadas antes, e a região foi por fim incorporada como o 21º distrito de Roma em agosto de 1921. Quando adulta, Lina não escondia seu repúdio à destruição feita por Mussolini dos quarteirões que davam para a praça de São Pedro, perto de onde ela crescera. Diferente de outras áreas ao redor do centro histórico da cidade, que se estendiam pelas colinas, Prati — como seu nome indica, prados ou pradarias — situa-se numa área excepcionalmente plana, o que lhe conferiu ruas retilíneas repletas de pedestres, como certas vezes Lina evocou em seus desenhos de infância.

Quando ela terminou o ginásio, na segunda metade da década de 1920, a área havia começado a se transformar em uma densa massa de edifícios em estilo neorrenascentista, criando maior concentração e afluxo de pessoas. À medida que passou a ganhar mais com sua pequena construtora, Enrico Bo decidiu se mudar com a família da acanhada Via Otranto, um endereço de que não se orgulhavam. Do outro lado da cidade, passaram a viver, em 1933, num edifício na Via delle Alpi, número 27, no distrito de Savoia (hoje Trieste). Poucos anos mais tarde, foram para a Viale di Villa Massimo, número 3,[36] no afluente distrito de Nomentano, a poucos quilômetros de Prati, na parte nordeste de Roma.

Nesses endereços, durante seus anos no liceu e na faculdade de arquitetura, e animada pelas saborosas histórias de seu tio Natalino, Lina conheceu outra realidade urbana e social. Nomentano era um distrito residencial de elite e relativamente novo, que começara a se desenvolver na virada para o século XX e fora incorporado como o 15º distrito de Roma — assim como Prati, em 1921, foi circunscrito em virtude da acelerada expansão imobiliária promovida pelo regime fascista. O terreno do edifício em que morava a família Bo compartilhava um de seus muros com os fundos dos jardins da Villa Torlonia, onde morava um polêmico vizinho. Benito Mussolini ocupou por duas décadas o vasto conjunto neoclássico da Villa como sua residência pessoal, após sua "Marcha sobre Roma", em 1922. Por coincidência, no período em que Lina completava seus estudos, era dali que ele não apenas comandava suas operações políticas, mas também influenciava o modo como a sociedade, a arquitetura e as cidades italianas se transformaram entre o final dos anos 1920 e a década de 1930.

A expansão e a renovação urbanas se tornaram questões imperativas quando Mussolini ascendeu ao poder. Ele não só desejava controlar o crescimento da população urbana e expandir Roma até o mar, como também pretendia reconfigurar a capital para torná-la o palco principal do fascismo. A cidade ainda não havia sido reconhecida oficialmente como a capital italiana durante o reinado de Vittorio Emanuele III, até que a Igreja católica assinou com Mussolini o Tratado de Latrão, em 1º de junho de 1929, estabelecendo o Vaticano como uma cidade-Estado soberana. Dessa forma, ele encontrou pouca resistência para levar adiante seu plano de renovar a capital e transformá-la no centro simbólico de um regime cada vez mais autoritário. Mussolini recuperou monumentos e locais históricos em ruínas, transformando Roma em um grande espetáculo visual para as massas.

Foi nesse cenário, à sombra do Estado fascista, que Lina alcançou a maioridade e se formou arquiteta. Ela cresceu e foi educada em uma cidade em rápida transformação e num ambiente cultural e social conflituoso. A proximidade de sua nova casa com a Villa Torlonia era apenas um dentre os vários lembretes ostensivos do caráter cada vez mais repressor e autoritário do fascismo, que reinava por toda parte em Roma durante a sua juventude.[37] Mussolini era uma figura complexa, um estrategista sagaz e autoritário, que prometia desenvolvimento material e promovia discórdia política e controle cultural e social cada vez maiores ao longo da península.[38] Ele também ampliava seu controle da imprensa e da opinião pública, e a única resistência que sobreviveu passiva e isoladamente ao cerceamento da liberdade de expressão foi a revista *La Critica*, dirigida pela figura influente e centralizadora do filósofo idealista e senador Benedetto Croce.[39] Todo o resto era silêncio, tal qual a notória prisão do aluno de Croce e fundador do Partido Comunista Italiano, o filósofo Antonio Gramsci, em 1926, cujo trabalho sobre o potencial revolucionário da cultura popular Lina Bo Bardi finalmente descobriria no Brasil nos anos 1960. Havia muitos exemplos da ideologia e das ações opressivas de Mussolini, e alguns deles estavam associados às perspectivas para as mulheres, tendo influenciado as perspectivas de vida de Lina como mulher.

Com a ascensão do fascismo, depois da Primeira Guerra Mundial, a atenção à condição feminina na sociedade italiana, que tinha, em sua maioria, origem religiosa, se tornou parte das políticas de Estado. Apesar de alguns avanços assistenciais como serviços de saúde e educação, o regime glorificava os modelos da mulher-mãe e da família nuclear, dando caráter estatutário a práticas sociais tradicionais. O culto à maternidade católica, ao qual Lina resistiu desde muito jovem, ganhava um tom legal, limitando o papel feminino ao ato de gerar filhos, reforçado pela provisão em massa de serviços de assistência familiar. Não houve avanço social. As mulheres continuaram reduzidas à figura de donas de casa, tanto nas áreas urbanas como rurais. Decisões que regiam as representações individuais e coletivas politizaram a imagem patriarcal da eficiência familiar heteronormativa, representada pela mulher como complemento subserviente do homem. Essa imagem hierárquica e binária naturalizava a limitação da liberdade de escolha da mulher, negando-lhe a autonomia pessoal e a igualdade social. A maioria dos aspectos da vida e do comportamento da mulher italiana era moldada segundo uma ideologia autoritária: do seu salário ao seu corpo, incluindo sua sexualidade no casamento, e das formas espontâneas de solidariedade feminina à sua ausência na esfera pública. De maneira contraditória, muitas se sentiam compelidas a apoiar o regime a despeito de seus percalços, que em geral afetavam profundamente o acesso delas à educação superior, às oportunidades de emprego e à contribuição à vida cultural e política do país. Apesar de tudo, Lina não via tais obstáculos como intransponíveis.

À medida que o fascismo redefinia as fronteiras entre a vida pública e privada, para as mulheres com ambições independentes, as alternativas de expressão autônoma limitavam-se em geral à escrita de romances ou à decoração de interiores. Determinada, porém ingênua e melancólica, a mulher fascista ideal vestia uma identidade e cumpria um propósito ambivalente: encarregar-se tanto das necessidades da família como das ambições do Estado, mas não estar no comando de si própria.[40] Em 1929, quando Lina cursava o último ano no Liceo Artistico di Roma, o ministro da Educação fascista emitiu uma norma que prescrevia o que alunas e professoras deveriam usar nas escolas: saias abaixo dos joelhos, golas altas e mangas compridas para todas, além de cores escuras para as alunas do ensino médio e suas instrutoras. A regra era obrigatória, e cabia aos diretores de escolas e pais garantir que fosse cumprida. Seu objetivo era impor sinais de disciplina, austeridade moral católica e ausência de vaidade, assim como instilar uma identidade feminina submissa e zelosa, a serviço da autoimagem construída pelo regime.[41]

Lina Bo, do lado extremo direito da primeira fila, em pé, na Regia Scuola Elementare Luigi Pianciani, Roma, c. 1923.

Como sugerem o código nacional de vestuário escolar e as oportunidades educacionais da época, a situação não era favorável para uma garota que aspirava a uma vida profissional independente. Entretanto, Lina não estava sozinha. Apesar do olhar ubíquo do regime fascista, a década de 1920 também trouxe mudanças significativas para a imagem pública da mulher consumidora das classes média e alta. Sua aparência física mudou com novas modas e novos hábitos. As mulheres mais jovens começaram a revelar as formas de seus corpos usando saias e mangas mais curtas, meias transparentes e tecidos leves. As férias de verão na praia também se tornaram mais comuns, assim como roupas de banho menores.[42]

À medida que Lina se via transformando-se de menina em mulher e observava as mudanças de comportamento feminino que escandalizavam sua mãe, ela descobria sua própria identidade e temperamento. Ambicionando uma vida autônoma e aventureira, a irreverência social e a evasão de relacionamentos íntimos se manifestaram em sua personalidade desde muito cedo. Ela não se encaixava no modelo feminino conservador e normativo de seu contexto — buscava o oposto disso, como revelou em histórias que contou da sua juventude. Quando adolescente, testava seus atrativos femininos ao encenar gestos sedutores como os que via em revistas, nos filmes e nas peças de teatro burlesco que ela conhecera com seu tio Natalino. Certa vez, aos dezesseis anos, durante as férias de verão em Bordighera, na costa da Ligúria, ela se arrumou para ir ao bar de um cassino local. Sentou-se ao balcão segurando uma longa piteira e se divertiu, perguntando, de forma provocativa, ao ver um grupo de burocratas fascistas mais velhos: "General, acende minha cigarrilha?".[43] Cedo aprendeu a entrar e a sair do universo masculino, sabendo usar seus atributos femininos. Gostava de seduzir, não de ser seduzida.

Orgulhosa de seu comportamento furtivo, já na maturidade Lina se deleitou ao relatar outro episódio irreverente que ocorrera durante a sua adolescência. "Eu tinha de usar meias elásticas brancas sob o meu vestido de marinheiro", contou numa entrevista, "porque minha mãe dizia que meninas com menos de dezessete anos pareciam vulgares usando calças." E continuou, revelando sua travessura: "Mesmo assim, uma vez comprei, em segredo, uma calça e a vesti, pouco antes de sair de casa, para ir ao Regio Liceo Ginnasio Terenzio Mamiani [onde cursou o ensino fundamental]. Mas tropecei na barra e caí no chão. Chovia e acabei toda suja de lama. Em casa, isso foi interpretado como punição divina pela minha rebelião".[44] Com essa atitude, além de desafiar os hábitos convencionais da mãe, também recebia indiretamente a atenção que buscava. Lina criou, não sem ansiedades, suas próprias fantasias e realidades sobre o que uma mulher e, sob as regras do regime, uma cidadã romana deveriam ser. Debatendo-se entre sua angústia existencial e sua desobediência, ela havia decidido bem cedo que filhos e a vida doméstica não estavam em seus planos para o futuro. Não sabia como iria atingir esses objetivos emancipatórios, mas sua inclinação artística a ajudaria no caminho. E, para isso, opondo-se à realidade de seus pais, seria necessário obter uma boa educação.

SOZINHA COM SEUS DESENHOS

Além do controle da imagem social e pessoal das mulheres, o regime fascista também estabelecia regras sobre o acesso à educação que definiram as futuras oportunidades profissionais de Lina. Em 1923, quando ela tinha apenas começado o terceiro ano do ensino básico, Mussolini aprovou a ampla reforma educacional elaborada pelo ministro Giovanni Gentile, que estabelecia a escolarização como um empreendimento austero e elitista. Na concepção de Gentile, o ensino fundamental deveria ser obrigatório até os catorze anos e a universidade deveria ser reservada para os poucos melhores alunos, que teriam acesso aos liceus.[45]

O novo modelo educacional se subdividia, no ensino médio, em diferentes liceus, enfatizando a formação profissional para a classe trabalhadora e o ensino humanista clássico para os grupos dirigentes, ao passo que as ciências naturais, a matemática e a tecnologia eram consideradas menos importantes. A reforma dividiu a instrução entre diferentes disciplinas e estabeleceu uma hierarquia de distinção ascendente, do liceu artístico ao liceu científico e, no topo da lista, o liceu clássico. Este último era o único que assegurava o acesso livre a todos os programas universitários, incluindo as prestigiosas carreiras em direito e filosofia. Enquanto isso, os dois primeiros ofereciam acesso limitado a escolas técnicas e artísticas. Um exame nacional, o *esame di Stato*, ou *esame di maturità*, que os alunos deveriam prestar ao concluir o ensino fundamental, constituía o único passo decisório para carreiras pessoais.

Junto à reforma da educação básica, a cultura, a educação e a profissionalização da carreira que Lina escolheria mais tarde estavam também mudando de forma substancial na Itália. Antes de 1920, quando a primeira faculdade de arquitetura foi criada em Roma, as únicas opções eram ingressar num curso de engenharia ou numa *accademia* [academia de arte]. Em 1923, o governo aprovou uma lei para criar o título de arquiteto, seguida pela regulamentação profissional, em 1925. À medida que a arquitetura se tornou uma prática certificada na Itália e ascendeu ao status de arte do Estado, o Sindicato Nacional Fascista de Arquitetos assumiu o papel de único representante oficial da nova categoria profissional, mantendo estreito controle sobre os certificados escolares no país.[46] Em 1926, quando Lina estava com doze anos e ainda no ensino fundamental, Mussolini também criou a Reale Accademia d'Italia para reiterar seu controle sobre a produção intelectual, artística e científica e para promover seu programa cultural nacionalista. Como resultado, a vida escolar era extremamente regrada sob o fascismo.

Pouco motivada nos estudos formais, ela não se destacou em sua educação inicial, o que comprometeu suas escolhas para os desenvolvimentos futuros. Lina frequentou escolas públicas na região onde havia crescido, entre o Vaticano e o Castelo de Sant'Angelo, e cursou os primeiros anos do ensino fundamental no Liceo Pianciari, na Via Stefano Porcari.[47] Mais tarde, entrou para a escola média no Liceo Ginnasio Terenzio Mamiani, na Viale delle Milizie. A julgar por uma foto da sua turma tirada no pátio do colégio, ela parecia indiferente, mas se adequava ao código de vestimenta da instituição.

Dada sua personalidade antagonista, bem conhecida pela família, Lina via a educação tradicional como algo cujos horizontes eram limitados, fazendo-a se sentir pessoal e socialmente incômoda no ambiente escolar.[48] Segundo sua irmã, desde muito jovem Lina manteve uma atitude distante em relação às pessoas. Tinha dificuldade em fazer e manter amizades. Amigos tinham de ser de alguma forma especiais para justificar o esforço. Passada a primeira impressão ou após um sinal de desacordo ou decepção, seu entusiasmo incondicional por uma pessoa podia facilmente se transformar em decepção e até mesmo crueldade.[49] Lina costumava esperar que sempre concordassem com suas ideias, característica que não perdeu ao longo da vida. Quando a situação não lhe era favorável, provocava seus colegas próximos com sarcasmo e acusações. Encarava a escola com relutância[50] e tendia a se isolar, incapaz de encontrar apoio emocional, fosse em casa ou nos modelos de educação formal ao seu alcance. Contudo, sua imaginação trabalhava de maneira intensa, e ela dedicava trabalho e importância extra aos seus desenhos quando estava sozinha.

Lina gostava de desenhar desde muito pequena e, com o incentivo do pai, rapidamente aprendeu a traçar linhas firmes e a combinar cores vivas. Embora os vínculos humanos dela fossem instáveis, o desenho se manteve como uma de suas poucas companhias inseparáveis por toda a vida. Seu apego precoce a essa atividade parece ter preenchido com fantasia a lacuna emocional entre um mundo interno ansioso e a observação de inconstâncias ao seu redor. Por meio dos desenhos, Lina expressava, em silêncio, o que não conseguia ou não podia articular com palavras.

Seus primeiros trabalhos consistem em cópias coloridas de paisagens campestres, ingênuas porém ambiciosas em seus gestos, e mais tarde evoluíram para imagens mais elaboradas. Às vezes, seus desenhos tinham um tom sombrio, sugerindo estados interiores vulneráveis, como quando ela escolheu, aos nove anos, intitular um de seus primeiros desenhos *Albero morto* [Árvore morta], ou, pouco tempo mais tarde, mostrar personagens femininas em situações de angústia e pânico. Quando criança, Lina empregava materiais simples e desenvolvia técnicas rápidas com lápis, nanquim e o uso generalizado da aquarela. Exemplos iniciais de sua sensibilidade artística, com dez e onze anos de idade, já revelam seu interesse em representação espacial, que ela expressava com o recurso da perspectiva e de planos coloridos em camadas de diferentes tonalidades. Seus trabalhos de juventude não eram, na maioria, excepcionais do ponto de vista técnico, mas sua destreza era notável para a idade, com o uso seguro de linhas e uma inclinação particular para desenhar em movimentos circulares. Essa tendência a suavizar as arestas de elementos sólidos e o uso abundante das cores são exemplos de efeitos que ela manteve ao longo da vida e de sua obra como arquiteta. Já adulta, certa de seu traço, iria reclamar sobre como a maioria dos estudantes "desenha aos 'fiapos' quando não em claro-escuro impressionista, o que impede a compreensão da essência profunda de cada 'forma'".[51] A confiança de Lina em suas habilidades gráficas lhe forneceu recursos para criar fantasias e imaginar realidades diferentes das vicissitudes de sua juventude, projetando, para o mundo exterior, ambientes aprazíveis que contrabalançavam as dificuldades de sua experiência de vida.

Apesar de ter aprendido bem as técnicas de desenho, Lina nem sempre se preocupava em criar imagens originais — as vanguardas, para ela, ainda não existiam. Gostava de copiar pinturas a óleo feitas pelo pai, sempre atenta à atmosfera pitoresca e imaginativa dos seus quadros. Depois que Enrico Bo retratou um grupo de pessoas comendo melancia em torno de uma mesa no meio da Piazza

Guglielmo Pepe, Lina decidiu criar, em 1929, a sua própria versão em aquarela e intitulá-la *Melancia de verão.*[52] Mais do que representar objetos, a paisagem e a cidade isoladamente, seu interesse estava em mostrar a relação entre eles. Os edifícios não eram a ênfase de seus desenhos iniciais, apesar de ajudarem a compor o espírito das cenas que ela observava nas pinturas que seu pai criava. As composições de Lina, como as dele, eram com frequência protagonizadas por pessoas, papel que ela nunca abandonou em sua carreira, evidente no traço humanístico de sua obra.

Lina Bo Bardi deixou poucos testemunhos específicos sobre o desenho; também nunca fez dele uma arte independente, embora a liberdade e a familiaridade que tinha com o ato de desenhar fizessem de sua aptidão uma segunda natureza do seu pensamento e do seu modo particular de projetar. Assim como a arquitetura que desenvolveria mais tarde, suas imagens coloridas não buscavam produzir mera fruição visual, e sim encenar atividades coletivas e explorar as diversas facetas do cotidiano. O desenho, com seus gestos vagarosos e íntimos, era o seu modo de habitar o mundo.

Seu pai nem sempre foi o único a incentivá-la em suas inclinações estéticas — apesar da atitude rancorosa de Lina em relação à mãe, Giovanna algumas vezes favoreceu os interesses artísticos da filha. Em suas notas autobiográficas,[53] Lina Bo Bardi revelou como desenvolveu desde cedo a curiosidade por objetos cotidianos em seus desenhos e a generosa sensibilidade estética que trouxe para as exposições organizadas já na maturidade. "Desde criança, eu juntava coisas: pedrinhas, conchinhas das rochas dos Abruzos, arame, pequenos parafusos", declarou em suas memórias de juventude. "Depois", continuou, "apareceu uma coisa enorme, uma galinha, comida especial do domingo. Tinha no estômago uma coleção de vidros, pedras roladas pelas águas: verdes, rosa, pretas, marrons, brancas."[54] Ela lembrava, com admiração, que a mãe é que havia lhe dado de presente essas preciosidades após extraí-las das entranhas da ave antes que fosse para a panela.

Naquelas mesmas anotações, Lina também fornece pistas sobre sua relação ambivalente com o mundo feminino convencional, percebidas com frequência nos desenhos livres que produziu durante a adolescência: ela se opunha ao modelo fascista austero da esposa-mãe, mas não ao glamour feminino. "Tinha quinze anos e meu novo amor era uma vitrine da Via Condotti, onde sempre estavam expostas pequenas joias antigas", ela escreveu. "Pelo menos uma vez por semana, saindo do Liceo Artistico na Via di Ripetta, onde estudava, passava pela Via Condotti e parava na vitrine." Ela lembrava com apreço que, "um dia, o dono me convidou a entrar, e assim começou minha amizade com o sr. Rapi, que me deixava manusear pedras e camafeus. Meu grande amor era um camafeu azul, que brilhava como a aurora, com uma cabecinha de cachorro. O sr. Rapi disse que era uma pequena joia inglesa do começo do século passado [XIX] e que a pedra se chamava labrador".[55] Seu encanto de juventude se tornou realidade depois de casada, quando manteve uma grande coleção de joias dadas por Pietro Maria Bardi, tendo até mesmo desenhado um exuberante colar com várias águas-marinhas brasileiras com que ele lhe presenteou logo depois da chegada ao Brasil.

Durante a adolescência no liceu, Lina abandonou o tema pitoresco das paisagens campestres copiadas quando vivia nas redondezas dos Prati e aderiu a uma série de desenhos e aquarelas que mostravam figuras femininas solitárias em situações dramáticas e melancólicas. Uma mulher com casaco de pele carregando um pequeno cachorro numa noite escura, outra teatralmente escalando uma rocha para sair da água, e uma garota em desespero por ter perdido seus sapatos em um redemoinho de água são algumas das cenas que sugerem tanto suas fantasias de sedução e glamour como as dúvidas existenciais que enfrentou logo cedo na vida. Carregadas de contrastes expressivos de suavidade e cor, luz e sombra, movimento e serenidade, seu imaginário evoca situações e sentimentos que variam entre o comedimento e o desejo, o idílio e o realismo, o perigo e o resgate, a vaidade e o abandono. As personagens nessas composições — sejam elas cópias ou criações próprias — aparecem em poses cuidadosamente estudadas, que lembram as poses afetadas e ao mesmo tempo introvertidas e um pouco acanhadas nas quais Lina se deixava fotografar quando criança e, mais tarde, como adulta.

Se alguém houvesse tido a oportunidade de deixá-la contar sobre as motivações que a tinham levado a compor aqueles desenhos, aquarelas e fotografias, ela talvez tivesse revelado os pensamentos e sentimentos que se entreviam por trás da confidência que fez a um antigo amigo, o artista Fabrizio Clerici, de que tivera uma infância com "terríveis frustrações".

RASPANDO UM PALIMPSESTO

As ambiguidades e a carga dramática dos desenhos de Lina e do início de sua vida se desenvolveram em paralelo às transformações na imagem e na vida de

Roma, no período em que passou a frequentar o liceu. Com resultados menos favoráveis no *esame di Stato* após o ensino fundamental,[56] ela não pôde continuar os estudos no liceu clássico, o mais concorrido no ensino médio italiano. Assim, uma futura carreira nas áreas de ciências, literatura, filosofia ou direito não estava no seu horizonte. Contudo, como gostava de desenhar e de produzir aquarelas, sua melhor opção era entrar para o liceu de arte, que visava especialmente formar professores com educação teórica e prática nos campos visuais, incluindo uma base sólida em desenho, história e teoria da arte e da arquitetura.

Lina se matriculou no Liceo Artistico di Roma em 1929 e o frequentou regularmente até 1933. A escola era e ainda é sediada num edifício neoclássico na Via di Ripetta, à margem esquerda do Tibre. Lina chegava todos os dias à semicircular Piazza del Ferro di Cavallo, que reunia o liceu, localizado no lado sul da praça, e o Regio Istituto di Belle Arti, no lado norte, e que, até 1932, também abrigou de maneira provisória a faculdade de arquitetura.[57] Ao menos durante dois dos quatro anos em que frequentou o liceu, pôde também observar de perto as obras e a vida dos estudantes de arquitetura, entre os quais pouco se viam mulheres.

Os quatro anos de seu currículo do liceu foram, em suas palavras, "dedicados principalmente à preparação em arte e em arquitetura, e incluíram estudar os cânones arquitetônicos de Vitrúvio a Vignola, teoria da sombra e desenho geométrico".[58] Nesse período, ela desenvolveu bastante suas técnicas artísticas e sua compreensão dos princípios arquitetônicos: aperfeiçoou suas habilidades no desenho e aprendeu convenções acadêmicas relativas à composição, à perspectiva e ao uso de materiais, de cores, de luz e de sombra. Lina produziu uma série de desenhos figurativos cuja técnica era refinada, em geral fazendo cópias de conhecidas obras clássicas e do Renascimento, como definia o currículo acadêmico tradicional. Além das aulas, empregava também suas habilidades para ganhar algum dinheiro, o que nutriu seu sentimento precoce de independência. Juntou suas primeiras economias com trabalhos que fazia para outros alunos e com o prêmio que ganhou num concurso de desenho durante o liceu, e sonhava em viajar com essa renda, mas não tinha permissão da família para fazê-lo sozinha. Em vez disso, decidiu comprar uma pele de raposa-vermelha,[59] que ostentava com orgulho em torno do pescoço. Conforme declarou, sua "mãe achou que era horrorosa, [mas] não disse uma palavra",[60] uma reação com que se divertia a garota irreverente.

A transferência de Lina para o liceu no centro histórico da cidade e a nova casa da família na Via delle Alpi lhe deram crescente mobilidade e, além da "sua" vitrine na Via Condotti, ela observava as transformações urbanísticas e políticas em curso na capital. A localização do liceu propiciava o contato direto com as arquiteturas clássica e renascentista apresentadas em seus cursos, e as janelas do edifício-sede, que se situava no centro histórico, se abriam diagonalmente para o Mausoléu de Augusto, um exemplo primoroso de composição e de técnicas construtivas clássicas que permanecera parcialmente soterrado durante séculos. O memorial representava muitas das técnicas e dos princípios arquitetônicos salientados por Marcos Vitrúvio em seu famoso tratado *De Architectura*,[61] texto fundamental na formação inicial de Lina e que permaneceu uma referência importante até o fim de sua vida.[62]

Na época em que ela ingressou no liceu artístico, o memorial tinha pouco de seu esplendor original. Como um palimpsesto puído, a construção fora despojada por séculos de abandono e soterrado pelas transformações urbanas do Renascimento tardio. O sofisticado acabamento original, em mármore travertino, havia sido removido fazia muito tempo. Sujeira e entulho cobriam parte da geometria platônica e do trabalho de alvenaria e cimento da estrutura cilíndrica. Ervas daninhas cresciam nas fissuras da alvenaria, como nas fotografias que Lina tirou — e como mais tarde desenhou em seus projetos — da vegetação que se alojava em muros e edifícios. Ela se maravilhava e ao mesmo tempo se assustava com a aparência miserável do mausoléu. Não havia mais nada de glorioso no que havia restado do antigo monumento imperial a poucos passos do liceu. Como outras áreas em torno dos edifícios clássicos em Roma, no início do século XX, o Mausoléu de Augusto estava rodeado por cortiços que comprometiam a visibilidade da construção.

A conturbada imagem cotidiana e a aparência simples e robusta desses monumentos históricos da Antiguidade ficaram impressos na memória da jovem Lina. A menina andava entre deles apreensiva, observando como as plantas e a vida humana conseguiam florescer em circunstâncias visivelmente adversas. Esse seu receio talvez indicasse um desconforto ainda mais profundo, existencial, e não apenas relativo à paisagem urbana. Quando adulta, suas lembranças da juventude em Roma eram amargas. Ela descrevia a capital como um lugar antigo, estagnado — em suas palavras, "uma das cidades mais rançosas do mundo, cheia de ruínas".[63]

No entanto, Roma não continuaria degradada por muito mais tempo. Enquanto Lina avançava nos estudos no Liceo Artistico, seu vizinho, Benito Mussolini, deu início a uma colossal operação de limpeza em torno do Mausoléu de Augusto. Todos os dias, ao chegar à escola, ela via com os próprios olhos o modo como o fascismo estava transformando não apenas a paisagem política do país, mas também a fisionomia histórica e arquitetônica da capital. Alguns anos antes, em 1925, ao transformar o regime em uma ditadura, Mussolini havia declarado que queria que o mundo testemunhasse mais uma vez a ascensão de Roma ao esplendor urbano.[64] À medida que foi substituindo sua ideologia reformista inicial por uma orientação imperialista, ele concebeu o culto do *il Duce* [o líder], com o auxílio de seu cunhado Galeazzo Ciano, a quem nomeou chefe de seu ministério da imprensa. A imagem do ditador deveria ser estampada em qualquer manifestação cultural e artística que pudesse legitimar suas ambições megalomaníacas.[65] Sua propaganda pessoal foi então reformulada com base na lendária figura do antigo imperador, e a tumba de Augusto se tornou o local ideal para eternizar o regime de Mussolini, que planejava ser enterrado ali.

O mausoléu imperial era um dos notáveis marcos e nós viários em um vasto e ambicioso projeto urbano, arquitetônico e arqueológico elaborado no início dos anos 1930 para reordenar o centro histórico de Roma, que propunha revelar as ruínas da Antiguidade e isolar monumentos na paisagem urbana.[66] Sob o slogan oficial da *piccone risanatore* [picareta higienista] de Mussolini, o ditador anunciou a limpeza e a regeneração de áreas pobres e dilapidadas que obstruíam o caminho de seus planos grandiosos. Gustavo Giovannoni e Marcello Piacentini, que, mais tarde, seriam professores de Lina, coordenaram o plano diretor que materializou as ambições de Mussolini.[67] Giovannoni era um proeminente historiador da arquitetura, planejador urbano e reitor da Regia Scuola Superiore di Architettura,[68] e estabeleceu um método científico de restauro para recuperar monumentos antigos e integrá-los ao tecido urbano, uma prática que ela aprenderia e adotaria nas suas obras em Salvador décadas mais tarde.[69] Piacentini também era professor no curso de arquitetura e presidente do Sindicato Nacional Fascista de Arquitetos, mantendo assim um poder político inigualável na profissão. Era um modernizador e se preocupava menos com preservação histórica do que Giovannoni, mas não apoiava o racionalismo arquitetônico moderno.

O monumental projeto de renovação urbana de Piacentini e Giovannoni foi por fim aprovado em 1932, embora as demolições já tivessem começado um ano antes.[70] Eles defendiam o uso seletivo de edifícios históricos, associado à remoção de velhas estruturas e à criação de novas artérias e espaços públicos cercados por prédios de arquitetura simples, para fazer com que os monumentos se destacassem no tecido urbano remodelado. As construções selecionadas para o plano despertaram a preocupação de muitos críticos — incluindo Pietro Maria Bardi com seu combativo *Tavolo degli orrori* [Mesa dos horrores], manifesto contrário à arquitetura tradicionalista da época em que era diretor da Galleria d'Arte di Roma.

Os cortiços em torno do Mausoléu de Augusto e em frente ao Liceo Artistico di Roma foram rapidamente derrubados, dando lugar à criação da Piazza Augusto Imperatore, e do centro desse espaço desobstruído reemergiu a antiga estrutura cilíndrica do mausoléu. Criando uma obra ainda mais impressionante, Mussolini decidiu reconstruir o Ara Pacis Augustae [altar da paz de Augusto] no lado oeste da praça.[71] As peças de um pequeno memorial construído por volta de 10 a.C. foram retiradas de uma escavação de quatro metros de sedimento na periferia norte da cidade e transportados para a Via di Ripetta.[72] Após ter sido concluída anos mais tarde, quando Lina já havia terminado seus estudos no liceu, a nova praça foi circundada por enormes edifícios comerciais com *loggie* [arcadas] monumentais em *stile littorio* [estilo lictório], que propunha a simplificação geométrica de elementos clássicos, concebidos por Piacentini nas partes norte e leste, e pelas igrejas de San Rocco, San Girolamo e San Carlo na parte sul. Juntas, as obras de renovação urbana constituíram uma cena sem paralelo, combinando espaços políticos, religiosos e cotidianos em um conjunto monumental. Pode não ter sido coincidência que Pietro Maria Bardi tenha decidido mudar sua Galleria d'Arte Palma para esse abastado endereço, sediando-a em um dos novos edifícios em torno do monumento, no final da Segunda Guerra.

Lina testemunhou a impiedade da picareta higienista no entorno de sua escola com um misto de deslumbramento e consternação. Para ela, as ruínas eram misteriosas e assustadoras. Gostava das cenas populares da cidade, e a destruição de bairros degradados produzira imagens que perduraram em sua memória. Por outro lado, também se deixou cativar pela capacidade dos fascistas de concentrar tamanho poder e fazer tantas coisas, por mais escusos que fossem seus meios. Apesar da retórica política progressista que adotou mais tarde, Lina não escondia sua admiração por indivíduos e políticos com caráter astuto e inescrupuloso — "*arrivisti*", como ela definia no seu italiano nativo, pessoas que perseguem seus objetivos a qualquer custo.

Enquanto observava a vida e os detalhes cotidianos da cidade onde crescia e os registrava em seus desenhos e memórias de adolescência, Lina também sonhava com um futuro independente e uma potencial carreira em arquitetura. Seus desenhos e aquarelas se tornaram mais elaborados e sua técnica artística se aperfeiçoou no liceu, embora ela continuasse esboçando cenas urbanas pitorescas não muito diferentes daquelas que o regime estava ajudando a destruir. Apesar do desenvolvimento técnico de seu trabalho, demostrava pouco interesse nas artes acadêmicas e decorativas. Não se via no futuro como uma "pintora de flores", como costumava dizer, ou uma professora de artes, como outras mulheres de sua geração. Mais uma vez, seu temperamento rebelde e ambicioso se manifestava. Diferentemente de muitos de seus colegas do Liceo Artistico, que depois de formados foram para a Accademia di Belle Arti, ela queria estudar arquitetura, contra a vontade de sua família. Foi desencorajada inclusive pelo pai, que preferia que ela entrasse para a academia de artes. Porém Lina se manteve inflexível em sua decisão de se inscrever na Regia Scuola Superiore di Architettura, que havia mudado para um edifício novo, construído em Valle Giulia, uma nova e elegante área residencial ao norte da histórica Villa Borghese e próximo à Galleria Nazionale d'Arte Moderna.[73]

Achillina Bo, foto da inscrição no curso da Regia Scuola di Architettura, Roma, 1934.

Depois de receber seu *diploma di maturità* do liceu, em novembro de 1933, Lina estava pronta para ingressar no mundo quase que exclusivamente masculino da arquitetura da época. Ela confiava em suas novas possibilidades e, apesar de haver pouquíssimas alunas mulheres — e nenhuma professora — no edifício, se sentia à vontade e orgulhosa de ser diferente de seus colegas e instrutores masculinos. Havia escolhido um caminho não convencional, empolgada para iniciar uma carreira nova e estimulante. Lina logo entendeu, como seu tio Natalino anunciara alguns anos antes, que havia conflitos entre os arquitetos e os críticos de diferentes orientações que buscavam reconhecimento durante a ascensão do fascismo. No entanto, ela não estava completamente ciente da complexa disputa acerca da modernização da arquitetura italiana que os havia ocupado durante toda a década anterior. Porém não demoraria muito para que se inteirasse desse debate e o acompanhasse com grande interesse.

OLHANDO ATRAVÉS DO CALEIDOSCÓPIO

À medida que passava para a fase adulta, Achillina Bo serpenteava por um labirinto de escolhas pessoais. Entrar na faculdade de arquitetura permitiu que ela tivesse contato com visões multifacetadas sobre a modernização arquitetônica e artística durante o fascismo italiano. Ela ingressou na Regia Scuola Superiore di Architettura na época em que o país vivenciava grande desenvolvimento da construção civil e a remodelação da capital. Tratava-se de um período intelectualmente vibrante, esteticamente pluralista e politicamente conturbado.

Na Itália, durante o entreguerras, o modo como a arquitetura e a ideologia fascistas estiveram interligadas era estimulante e ao mesmo tempo problemático. Qualquer arquiteto ou crítico que quisesse investir em sua carreira na época teria dificuldade de evitar algum tipo de envolvimento com a burocracia do regime.[74] Em princípio, era esse o caso. E Lina não demoraria para aprender essa lição. Os burocratas fascistas que deram origem ao regime tinham formação profissional e em geral admiravam as manifestações modernistas vindas do norte e do oeste dos Alpes, mas também prezavam os símbolos fortes de identidade nacional.[75] Logo cedo, Mussolini viu que a arquitetura poderia ter um forte papel simbólico em seu plano de construção do país, sancionando a prática, a organização e o ensino da profissão segundo suas aspirações. Após instaurar o controle ditatorial em 1925, ele introduziu um amplo programa de obras e de serviços sociais públicos patrocinado pelo Estado que impulsionou o crescimento econômico.[76] De forma intencional, seu regime colocou a diversificada e competitiva elite de produtores culturais e os meios de comunicação de massa a seu serviço, ao menos até meados da década de 1930. Assim como o stalinismo e o nazismo, o fascismo buscava temas cada vez mais grandiosos, porém, ao contrário de seus pares, teve um papel ambíguo, pelo menos inicialmente, em relação aos divergentes talentos que procuravam afirmar suas posições.[77] Mussolini considerava a expressão artística como algo que pertencia à esfera privada. Ele pessoalmente tolerava posições diferentes e não restringia a expressão cultural, desde que contribuíssem para a afirmação de dois símbolos básicos: a *romanità* imperialista e a *italianità* nacionalista. Manipulando a máquina de propaganda, seu governo promovia novas tecnologias, a arquitetura moderna e o planejamento urbano nas principais cidades históricas, impondo-lhes valores clássicos, enquanto valorizava a cultura popular e regional em todo o país.

No início do século XX, a Itália ainda era considerada isolada, pobre e agrária.[78] No entanto, alguns arquitetos e críticos italianos — em particular aqueles que viviam no norte do país — absorviam as diversas inovações estéticas que ocorriam em outras nações europeias. A arquitetura racionalista emergiu tarde na Itália em comparação com seus vizinhos industrializados. A estética moderna que circulava no norte da Europa foi adotada de forma livre por intelectuais e arquitetos italianos, fomentando a renovação da prática e do discurso da arquitetura até então estagnados, porém sem produzir uma visão unificada ao longo da península.[79] No país, o desejo de modernização cultural se desenvolveu fortemente arraigado em tradições, movendo-se entre a abstração da lógica industrial, a regra da arquitetura clássica e a simplicidade dos edifícios anônimos e vernáculos. Esse fenômeno combinado criou, desde o final dos anos 1920, um caleidoscópio de repertórios arquitetônicos, cuja variedade serviu de referência para Lina ao longo da vida.

Como os arquitetos e os críticos italianos atuavam não apenas segundo códigos simbólicos e artísticos díspares, mas também sob um regime político autoritário, eles se viam forçados a negociar com um sistema cultural marcado por um monopólio estatal. A expansão imobiliária promovida pelo Estado fascista beneficiava amplamente pequenos empreiteiros, como o pai de Lina, e sobretudo arquitetos. Mussolini financiou a construção de grandes edifícios públicos, como hospitais, instalações universitárias e terminais de transporte, selecionando às vezes os projetos por meio de concursos. À medida que seus objetivos expansionistas se firmaram, ele também promoveu a criação de novas cidades, fundindo o antigo modelo romano de colônias rurais no planejamento urbano moderno.

A leniência estética e a liberdade de criação sob Mussolini induziram a maioria dos arquitetos a coexistir com o fascismo, se não a apoiá-lo abertamente. Junto com bom comportamento, associar-se ao Sindicato Nacional Fascista de Arquitetos garantia o acesso de seus membros ao monopólio de cargos universitários, júris e participação em concursos e exposições, bem como à reforma do ensino da profissão em todo o país. Através dessa troca de interesses, o regime estetizou a política e politizou a estética, apesar de não ter estabelecido uma política articulada para as artes, deixando seu projeto cultural intelectualmente oco.[80]

Em vista desse contexto paradoxal, os profissionais precisavam se articular para defender suas proposições estéticas de modo a obter o apoio de Mussolini, estabelecendo laços lucrativos, porém arriscados, com o clientelismo fascista. Essa posição tática dividia e conquistava intelectuais, arquitetos e artistas italianos em três vertentes principais: de um lado, grupos racionalistas e abstratos; no outro extremo, grupos históricos e vernáculos; e, entre eles, o classicismo simplificado, uma resposta conciliatória às posições dos outros grupos. No começo, Mussolini atraiu boa parte das mais proeminentes figuras criativas e intelectuais do país, como os tradicionalistas e neoclassicistas Marcello Piacentini, Gustavo Giovannoni e Gio Ponti, e os racionalistas Giuseppe Terragni, Massimo Bontempelli, Pietro Maria Bardi e Giuseppe Pagano.[81] No entanto, a crescente discórdia estilística terminou por obscurecer, ao menos até meados da década de 1930, o consenso ideológico desses personagens em torno das políticas fascistas.

À medida que a maioria dos arquitetos e críticos abraçava a retórica do regime, eles se distanciavam das aspirações social-democratas e, com poucas exceções, limitavam o escopo estético e político das vanguardas à experimentação formal e ao planejamento estatal. Dedicavam-se mais a renovar a linguagem visual da arquitetura que a prover melhores condições de vida para a sociedade industrial, como propunham seus contemporâneos europeus mais avançados. Apesar do debate sobre questões de habitação, as iniciativas públicas voltadas para populações de baixa renda permaneceram à margem do discurso e das publicações de arquitetura de prestígio.[82] A classe trabalhadora e os imigrantes ficaram em sua maioria fora do radar dos arquitetos italianos até que se tornou necessário enfrentar as dificuldades geradas pelo imperialismo de Mussolini no final da década de 1930 e, mais tarde, a devastação da Segunda Guerra Mundial.[83]

A falta de concordância estética entre os arquitetos e os críticos italianos da época costumava estar polarizada entre jovens e velhos profissionais, e entre o norte industrializado e as regiões de economia tradicional do país. Em graus variados, boa parte da geração veterana, nascida no fim do século XIX — que incluía a maioria dos professores de Lina —, de início aderiu à revalorização da arquitetura italiana por meio de práticas históricas e vernáculas. À medida que o regime se tornou mais ditatorial e passou a demandar monumentalidade, eles tenderam a adotar os princípios clássicos e a grande escala.

De maneira mais isolada mas não menos significativa, uma geração jovem de engenheiros, arquitetos e críticos nascidos nos primeiros anos do século XX se abriu aos contatos culturais internacionais e às inovações promovidas pela sociedade industrial. No entanto, na segunda metade da década de 1930, enquanto o regime se radicalizava, o racionalismo arquitetônico, até então comprometido com as políticas fascistas, enfrentou forte crise ideológica. Essas mudanças conduziram a um embate entre valores éticos e estéticos que levaram muitos arquitetos mais progressistas a fazer sua autocrítica e encontrar refúgio na rica arquitetura rural, popular e espontânea encontrada em toda a península.

O mosaico intelectual, artístico e político no qual Lina Bo adquiriu sua formação profissional é complexo e não pode ser compreendido por meio de uma única abordagem. Foi moldado por formas de identificação cultural em mutação, o que ajuda a entender o imaginário da arquitetura singularmente híbrida que ela produziu no Brasil. Também oscilou entre desejos de ruptura e de continuidade estética em um sistema de valores tão amplo quanto polarizado. Na sua cidade natal, a cultura profissional e intelectual preponderante era conservadora, mas Lina era muito jovem para ter plena consciência desse cenário complexo e, menos ainda, para ter participado dele de maneira direta. Ela estava no liceu artístico, produzindo desenhos acadêmicos e aquarelas pitorescas e estudando as ordens clássicas de Vitrúvio e Vignola, quando os primeiros arquitetos e críticos italianos racionalistas entraram em cena.

A formação inicial que Lina teve em arquitetura em Roma lhe forneceu uma experiência política diversa do discurso crítico e progressista que ela encontraria em Milão no fim da guerra e que viria a desenvolver de maneira particular no

Brasil em seus anos de maturidade. Ainda assim, foi exposta a um método rigoroso e abrangente de trabalho e a um repertório estético multifacetado que iriam configurar sua grande liberdade para combinar referências diversas ao longo de sua carreira. De forma significativa, ela internalizou as sensibilidades variadas de sua geração, que opunha menos resistência à tradição do que rejeitava o conservadorismo estético e a adesão às artes decorativas.[84] Seu sistema de crenças variava entre a associação de princípios acadêmicos com a objetividade racional e científica e a tensão entre a crescente produção industrial e as realidades culturais históricas e cotidianas do país. A Itália não tinha um sistema de produção de massa desenvolvido, mas possuía práticas artesanais e técnicas de construção bem estabelecidas. Sua exposição a esse amplo e complexo contexto, às vezes visto como antiquado, foi, na verdade, a mola propulsora da originalidade que Lina apresentaria em seu trabalho da maturidade.

FOGO CERRADO

De início, Roma não atraiu os arquitetos e os críticos mais progressistas, como ocorreu com Turim e Milão. Ao tentar obter o reconhecimento — e sobretudo a preferência — de Mussolini, jovens de tendência racionalista, associados ao Politecnico de Milão e que professavam ideias de arquitetos como Le Corbusier, Walter Gropius e Adolf Loos, receberam apoio decisivo de três dos críticos de arquitetura mais atuantes na Itália no entreguerras. Tratava-se do arquiteto Giuseppe Pagano, nascido Giuseppe Pogatschnig, do crítico Edoardo Persico e do jornalista e negociante de arte Pietro Maria Bardi, ou P. M. Bardi, como gostava de ser chamado. À medida que a disputa entre os arquitetos modernos e tradicionalistas migrou para a capital e se aproximou do centro do regime, a faculdade de Lina, dirigida por Gustavo Giovannoni e Marcello Piacentini, tornou-se o bastião oficial de resistência à abstração geométrica e às ideias racionalistas e a favor da grandiosidade clássica. Foi nesse contexto que Pietro Maria Bardi decidiu se mudar para Roma.

Bardi, que eventualmente se tornaria protagonista na vida de Achillina Bo, exercera um papel fundamental na cena cultural italiana. Nascido em La Spezia em 1900, viveu em Milão a partir de 1924, depois de um curto período em Turim. Era um jovem jornalista autodidata, astuto e prolífico que se tornou um promotor fiel da arte e da arquitetura modernas no país. Em 1926, fundou uma galeria de arte com seu nome na Via Brera, em Milão, e abandonou a carreira de repórter para publicar boletins de arte de forma independente. Mais tarde, criou a revista *Belvedere dell'Architettura Italiana d'Oggi* [Panorama da arquitetura italiana atual], também conhecida como *Belvedere*, que impulsionou sua arrojada e duradoura carreira como influente negociante de arte, crítico e editor na Itália e depois no Brasil.[85]

Em 1929, Bardi convidou Edoardo Persico — um dos mais cultos e influentes críticos de arte e arquitetura na Itália até sua morte prematura, em 1936 — para colaborar em sua revista e na galeria. Em pouco tempo, a troca que se estabeleceu foi enriquecedora para ambos. Persico logo aprendeu com Bardi a dirigir uma galeria comercial, e Bardi absorveu novas e valiosas informações do conhecimento enciclopédico do sócio.[86] Contudo, à medida que a galeria ganhava reputação, sua parceria se transformou cada vez mais em rivalidade profissional, e Persico deixou a sociedade para se unir a Giuseppe Pagano na revisão do racionalismo arquitetônico italiano.[87]

Por meio da revista de sua galeria, Bardi aos poucos se dirigiu para a crítica de arquitetura, até que a área se tornou seu maior interesse, no início da década de 1930. Passional e arguto, criou laços de amizade com políticos como Mussolini e muitos arquitetos modernos italianos e europeus, como Le Corbusier, tornando-se um seguidor de primeira hora dos CIAMS (Congressos Internacionais de Arquitetura Moderna).[88] Bardi rapidamente desenvolveu um estilo próprio de protestar contra as instituições burguesas por meio de artigos anônimos, virulentos e enigmáticos, os quais reproduziu mais tarde ao lado de Lina em revistas que publicaram no Brasil. Ele sabia que Marcello Piacentini não tolerava sua posição extremada a favor do racionalismo, mas sabia também que, apesar do relativo isolamento cultural da capital, a aceitação da arte moderna e da arquitetura funcionalista na Itália não seria decidida no distante norte do país. Se o racionalismo quisesse ter voz no desenvolvimento da arquitetura sob o fascismo, teria que atingir o coração do regime.

Em 1930, de maneira estratégica, Bardi mudou sua galeria de arte para Roma, instalando-se na Via Frattina, local que se tornou o epicentro de seus ambiciosos e polêmicos planos curatoriais e jornalísticos. Ele também avançou em termos políticos ao ter um envolvimento breve com Anna Normandia, uma das amantes e protegida pessoal de Mussolini, que abriu as portas do Palazzo Venezia para Bardi.[89] Com ela, Bardi criou, sob os auspícios do Sindicato Nacional Fascista de Belas-Artes, na Via Vittorio Veneto, a Galleria d'Arte di Roma, da qual foi seu primeiro diretor.[90] Sua mudança de Milão para Roma logo o transformou de perito comercial em ator decisivo no desdobramento da arte e da arquitetura modernas na Itália. Em 30 de março de 1931, ele inaugurou a Segunda Exposição de Arquitetura Racionalista, abrindo fogo contra os arquitetos conservadores e reivindicando status oficial para a arquitetura moderna.

Pietro Maria Bardi foi responsável por colocar a arquitetura racionalista nas manchetes diárias. Engrossou a disputa ao tentar promover jovens arquitetos adeptos dos ideais modernistas, como forma de ataque à geração tradicionalista e veterana, mas também recebeu um contra-ataque. Marcello Piacentini acabaria usando seu poder para desacreditar a campanha de Bardi e recuperar o controle sobre o campo arquitetônico romano com sua versão de um classicismo simplificado.[91] Quando Natalino, o tio de Lina, introduziu o nome de Bardi pela primeira vez em sua casa, anunciando a ação insurgente, não estava exagerando. Mesmo à distância, a jovem estudante e pintora de aquarelas ficou fascinada com a valentia daquele desconhecido. O que ela não sabia ainda era que se aproximaria não só dele, mas também de Piacentini, após se formar em arquitetura, colocando-se, não por acidente, diretamente no centro do debate arquitetônico da época e de suas controversas associações.

A marca autoritária de Piacentini nos ambientes profissional e educacional cresceu de maneira significativa nos anos seguintes, coincidindo com os estudos de Lina na faculdade de arquitetura em Roma. Lutando contra a dissolução do movimento racionalista, Bardi transferiu seu ataque do mundo profissional para a cultura das escolas de arquitetura, abrindo uma nova frente com artigos de jornal que criticavam de maneira contínua o controle pedagógico por Piacentini, definindo-o como reacionário, inerte e limitado.[92] Bardi criticava sobretudo a forma como os professores romanos puniam de modo sistemático os alunos que não aderiam à sua orientação estética, dando-lhes notas mais baixas nas avaliações.

Entre 1933 e 1934, quando o país lutava contra a Grande Depressão e com as crescentes ambições imperialistas de Mussolini, as encomendas oficiais para o classicismo simplificado de Piacentini cresceram na mesma medida em que aumentou sua resistência às influências da Bauhaus e de Le Corbusier. Bardi se sentiu isolado. Piacentini manipulava o acesso de arquitetos talentosos e progressistas aos contratos mais importantes e rentáveis. Sua onipresença foi marcada por projetos ambiciosos e monumentais, como o megalomaníaco Palazzo Littorio em Roma e, mais tarde, a controversa Exposição Universal de Roma (EUR), inicialmente chamada E42, que marcou o ponto de virada no avanço de suas ideias urbanísticas e arquitetônicas desde a recuperação do Mausoléu de Augusto. Sob a influência de Piacentini, a burocracia política fascista estigmatizou a arquitetura funcionalista como exótica e bolchevique.[93]

O polemista Bardi, entretanto, continuava a apoiar de modo fervoroso a jovem geração de arquitetos racionalistas. À medida que criticava a escola de arquitetura de Roma e seus líderes, passou a defender a direção tomada pelo Politecnico de Milão.[94] Enquanto Piacentini exortava uma posição reacionária, Bardi continuava escrevendo artigos favoráveis à arquitetura e à engenharia modernas para jornais e revistas. Com o autoritarismo de Mussolini cada vez mais forte e a crescente hostilidade geral contra a Bauhaus e a arquitetura funcionalista depois que Hitler subiu ao poder, Bardi precisou de muita coragem para defender quase sozinho o racionalismo na Itália.[95] Contudo, nesse período, ele seguia trabalhando próximo da hierarquia fascista e expandindo seus horizontes, tanto no país quanto no exterior.

Em 1933, Bardi se uniu a Massimo Bontempelli na criação da *Quadrante*, revista que perdurou até 1936, publicando artigos instigantes, com design gráfico inovador, sobre arquitetura, planejamento urbano, cinema, artes e indústria. A *Quadrante* tinha um caráter panfletário e sua ideologia estética estava próxima da de Le Corbusier. Exerceu um papel central na modernização da arquitetura italiana, ao lado de sua concorrente mais erudita *Casabella*, dirigida por Pagano e Persico, que continuavam interessados na experiência técnica da Bauhaus. Foi nesse período que os projetos racionalistas independentes mais significativos foram construídos na Itália, a maioria em torno de Milão, onde seus representantes acabariam recuando.[96]

Bardi seguiu publicando suas opiniões independentes, obstinadas e ácidas, mas, depois de 1934, passou a temer cada vez mais as severas leis que reforçavam a punição de editores que veiculassem mensagens negativas ou críticas ao regime. Sua postura supostamente lhe custou a suspensão do direito profissional de assinar artigos entre 1938 e 1941 e o forçou a permanecer anônimo por algum tempo. Ele também estava cada vez mais isolado nos círculos arquitetônicos. A difícil relação de Bardi com Persico terminou em 1934, quando este último publicou o artigo "Punto ed a capo per l'architettura" [Ponto-final e novo início para a arquitetura],[97] além de outros escritos que apontavam uma séria crise e a necessidade de uma revisão profunda na arquitetura racionalista italiana. Bardi não concordava com Persico, que propunha que o que estava de fato em jogo na arquitetura moderna não era uma questão de estilo, mas a responsabilidade que os profissionais precisavam assumir ante a iminência da sociedade de massas.[98]

Entre crises ideológicas e econômicas, havia chegado a hora de Bardi começar a diversificar seus interesses, suas atividades e suas filiações.[99] Ele saiu da Galleria d'Arte di Roma em 1934 para criar e expandir seu próprio negócio, a Galleria d'Arte Palma, que se tornou um ponto de referência cultural e comercial da capital, exemplo de uma coleção de qualidade e de serviços de restauro de ponta.[100] Em 1933, pouco antes de deixar a galeria estatal, Bardi viajou para a América do Sul enquanto editava a *Quadrante*. Com o apoio do Ministério das Relações Exteriores italiano, realizou uma exposição sobre arquitetura moderna italiana em Buenos Aires. Bardi também estava discretamente procurando novos mercados para as obras que vendia em sua galeria de arte em Roma. No caminho, visitou o Brasil por poucos dias, durante a escala de seu navio nos portos do Rio de Janeiro e de Santos. Na volta da Argentina e durante a segunda parada em Santos, contratou um motorista para subir a serra do Mar e levá-lo até São Paulo, que estava crescendo como centro industrial e havia recebido uma enorme massa de imigrantes italianos, alguns dos quais haviam acumulado riqueza e poder.[101] Bardi viajou no banco de trás do carro, cruzando a neblina das matas tropicais que cobriam as encostas ao longo das curvas da estrada, sem saber que viria a morar naquela cidade catorze anos mais tarde. Àquela altura, ele já estaria em seu segundo casamento, dessa vez com uma mulher muito mais jovem, Lina Bo, e eles viveriam juntos no Brasil até o fim da vida.

Mas havia muito ainda a esperar. Quando voltou de sua viagem a Buenos Aires, Bardi mudou com sua primeira mulher e as duas filhas para um apartamento na Via Bartolomeo Piazza, número 8, próximo à Piazza Bologna, no elegante bairro Nomentano, por coincidência a menos de cinco quadras de onde Lina e sua família moravam.[102] Na época, ela não o conhecia pessoalmente. Só tinha ouvido falar dele três anos antes, mas na ocasião seus pensamentos estavam em outro lugar. A estudante, empolgada com seu primeiro ano de estudos na faculdade de arquitetura, vislumbrava seu plano de independência.

No outono de 1934, três meses antes de completar vinte anos, Achillina Bo cruzou resoluta o parque da Villa Borghese ao vir de sua casa na Via di Villa Massimo. Desceu a escadaria em direção à Galleria Nazionale d'Arte em Roma, virou à esquerda e caminhou pelas calçadas da pequena e sinuosa rua mais tarde batizada com o nome de Antonio Gramsci. Por fim, subiu os degraus e atravessou o pequeno pátio que conduzia à porta de entrada da faculdade de arquitetura. O prédio era novo, mas despretensioso como edifício institucional. Tinha sido projetado por volta de dois anos antes, por um de seus futuros professores — o arquiteto Enrico Del Debbio. A composição simétrica, a base de mármore travertino claro contrastando com o vermelho-escuro, e as duas fileiras de amplas janelas sem ornamentos em toda a volta satisfaziam os princípios básicos estabelecidos por Marcello Piacentini, que estava prestes a se tornar diretor da instituição.

Lina entrou para a faculdade de arquitetura sob a liderança de Gustavo Giovannoni, o principal responsável pela fundação da escola romana. Quase uma década mais velho que seu sucessor, Marcello Piacentini, ele tinha uma experiência considerável como planejador urbano, arquiteto e historiador da arquitetura. Era um defensor obstinado dos costumes locais e da preservação arquitetônica, da integração disciplinar bem como do projeto com pesquisa histórica.[103] Como ficou evidente na sua proposta de recuperação do Mausoléu de Augusto, que Lina conhecia bem, ele promovia um programa pedagógico profissional fundamentado num processo analítico de desenho de monumentos, seus materiais e suas técnicas construtivas como componente prático, e a teoria do restauro como uma ferramenta do projeto arquitetônico. De acordo com registros de avaliações da escola, Lina tirava notas muito boas nesses cursos.

Ela fora aceita numa instituição que desfrutava de grande prestígio nacional e internacional. Um sinal desse status é que dois arquitetos que contribuíram para a modernização da arquitetura brasileira, algumas décadas antes que Lina o fizesse, tinham sido diplomados pela escola romana: Gregori Warchavchik, o ucraniano que introduziu a arquitetura racionalista no Brasil, havia se formado em 1920, e Rino Levi, que ajudou a transformar a paisagem arquitetônica de São Paulo, graduou-se ali em 1926. Enquanto muitos alunos acabaram tomando caminhos estéticos próprios, a ênfase culturalista de Giovannoni na arquitetura e no planejamento urbano marcou seu legado na escola. Ele concebeu um programa educacional que evidenciava a imagem idealista e humanista de um profissional generalista, um *architetto integrale*. Esperava que um projetista fosse ao mesmo tempo artista, técnico e uma pessoa de cultura, modelo que influenciou em grande medida o enfoque profissional abrangente de Lina Bo.[104]

Em 1935, poucos meses após o ingresso de Lina, a Regia Scuola Superiore di Architettura em Roma passou a se chamar Facoltà di Architettura, quando Marcello Piacentini tomou posse como diretor.[105] Esse foi o corolário de seu controle sem precedentes das instituições profissionais e pedagógicas, bem como do discurso arquitetônico na Itália. Sob sua direção, a faculdade fez história como um reduto contra a estética industrial. Ele compartilhava esse sentimento com os burocratas fascistas, que viam o taylorismo, o capitalismo liberal e o comunismo coletivista como fatores que levavam à padronização e, como consequência, à perda de identidade cultural. De maneira hábil, intermediava e agregava, num mesmo polo, a disputa entre o historicismo e o racionalismo na Itália contra o pano de fundo das importantes mudanças no panorama da arquitetura europeia nesse período, tais como a criação da escola da Bauhaus.

Piacentini tomou conhecimento das ideias propostas por Gropius e chegou a desenvolver relações cordiais, embora distantes, com o arquiteto alemão, mas nunca adotou os princípios defendidos pela Bauhaus como fizeram os arquitetos ligados ao Politecnico de Milão. Em vez disso, Piacentini reforçou o tom convencional da escola com uma pauta oficial conciliatória para a arquitetura moderna, muitas vezes criticado por Bardi. Sua metodologia era designada de modo informal como *stile littorio* e geralmente associada com a arquitetura imperialista fascista. Baseava-se na simplificação de princípios formais clássicos do academicismo, com os quais o racionalismo moderno se propunha a romper. A simetria, as composições axiais, a hierarquia das plantas e da escala, os volumes aterrados e fechados e a descontinuidade entre os espaços interiores e exteriores eram princípios aos quais Lina Bo foi amplamente exposta durante sua formação, tendo os transformado em sua prática e em sua linguagem peculiar.

Ela começou seus estudos ciente de que sua renomada faculdade era um dos epicentros do terreno movediço da arquitetura no início dos anos 1930, em particular em função da disputa entre grupos tradicionalistas e racionalistas. As ruínas de Roma a amedrontavam, mas a cidade também parecia um grande canteiro de obras. Em sua opinião, apesar das ressalvas emocionais que tinha pela cidade, "Roma foi uma grande escola de arquitetura".[106] Longe do contato direto com as ideias racionalistas durante sua formação arquitetônica, a experiência de Lina Bo na escola romana ajudou a moldar a sensibilidade compositiva híbrida que ela desenvolveria ao longo do tempo. Esse contexto ofereceu-lhe uma distintiva base humanista e histórica que foi útil em sua primeira experiência profissional em Milão durante a Segunda Guerra e em particular na obra crítica que desenvolveu no Brasil nas décadas finais de sua vida.

O ambiente ansioso e estimulante, no qual a discordância estética coexistia com um regime fascista cada vez mais autoritário, provavelmente combinava com o temperamento anticonformista de Lina Bo. O fato de não haver mais que um punhado de mulheres frequentando a faculdade entre os 120 alunos tampouco parecia uma desvantagem para ela, que tratava os homens como iguais, mesmo que o oposto não fosse sempre verdadeiro. Ela podia às vezes ser um pouco indiferente, mas não era tímida nem pudica. Nessa época, tinha um corpo mais volumoso que a fina silhueta adquirida nos anos de guerra e, mais tarde, sugeriu que apreciava quando alguns de seus colegas flertavam com ela. No entanto, parecia se sentir mais segura — como se sentiu em toda a sua vida — ao se conectar com aqueles cuja sexualidade, no ambiente homófobo sancionado pela Igreja e pelo fascismo, não representava um desafio ou uma ameaça para ela.

Seus colegas mais próximos eram Fabrizio Clerici, que depois se tornaria um conhecido pintor surrealista, e, em especial nos anos finais de faculdade, Carlo Pagani, que iria desenvolver uma produtiva carreira nas áreas editorial e arquitetônica. Há pouca informação sobre a longa amizade de Lina com Fabrizio além de algumas cartas, porém sua colaboração com Carlo é amplamente documentada, fornecendo um quadro substancial do início de sua vida profissional. Carlo Pagani era um estudante abastado e entusiasta, filho de um influente advogado. Começara seus estudos arquitetônicos em Roma, mas logo se transferiu para Milão, finalmente retornando à instituição romana no início de 1938, depois de ter completado o quarto ano no Politecnico de Milão. A motivação para concluir sua graduação em Roma veio de um parente seu, o monsenhor Spirito Maria Chiappetta, na época engenheiro-arquiteto-chefe do Vaticano, que vislumbrava futuras colaborações para o jovem aspirante a arquiteto uma vez concluídos seus estudos. Porém o ambiente profissional milanês parecia mais promissor do que o da Igreja.[107] Durante seus anos na faculdade milanesa, Pagani tinha estudado sob orientação próxima do arquiteto Gio Ponti, que foi basilar no início de seu desenvolvimento profissional e, indiretamente, na primeira experiência de trabalho de Lina Bo.

Lina e Carlo ficaram amigos perto do fim da graduação e mais tarde trabalharam juntos durante a Segunda Guerra. Não compartilhavam apenas ambições profissionais e aparentemente procuraram desenvolver, no início, um relacionamento íntimo. A relação entre os dois teve tons platônicos e românticos, apesar da ambiguidade sexual de Carlo e do interesse limitado dela por sentimentalismo e contato físico. Pagani permaneceu um amigo leal a Lina enquanto ela viveu na Itália. Além de abrir seus olhos para o que ocorria em termos culturais no norte do país nos últimos anos de faculdade, ele também lhe deu ajuda profissional depois que ela se formou. Os dois colaboraram em Milão em muitas das oportunidades de trabalho que ele conseguia com arquitetos e editores renomados durante a guerra e até quando Lina deixou a Itália, tendo cortado laços com ele em definitivo ao se casar com Bardi e se estabelecer no Brasil.

Apesar dos desafios cotidianos internos e externos à escola, do embate entre arquitetos racionalistas e tradicionalistas e de suas lembranças seletivas sobre o período, há indicações de que sua educação lhe forneceu uma base sólida em história da arquitetura e representação arquitetônica, que marcaram o desenvolvimento de sua carreira no Brasil. Segundo ela, grande parte de sua educação profissional seguiu a orientação dada por Giovannoni e Piacentini, com maior enfoque em preservação histórica do que em projetos inovadores.[108] Como demonstram seus registros escolares, ela se destacava em desenho, documentação de monumentos, restauro, cenografia, história da arte e da arquitetura, mas não em "composição", que é como o projeto arquitetônico era definido em termos acadêmicos. A informação limitada sobre seus trabalhos pedagógicos sugere que tenha adotado o modelo de um arquiteto generalista, promovido por Giovannoni. Sua formação em princípios artísticos, técnicos e arquitetônicos, com cursos em restauro, projeto de edificações e planejamento urbano, que eram dominantes desde a criação da instituição,[109] marcou, desde cedo, seu pensamento e sua carreira como polímata.

Também são esparsos os relatos pessoais e desenhos que Lina deixou sobre sua formação arquitetônica. As imagens mais relevantes, e ainda assim isoladas, que restaram desse período se referem a dois projetos: um deles, representado por plantas simples, era para uma casa de dois andares na praia, revelando habilidades ainda neófitas de desenho arquitetônico, e o outro, fotos da maquete que ela apresentou como seu projeto de graduação em 1939, um centro de assistência à maternidade e à criança. Seus croquis para a casa, cujas paredes haviam sido preenchidas com uma tinta guache laranja marcante, sugerem um edifício despretensioso, concebido primordialmente com base em sua distribuição interna e como objeto isolado, prática que nunca abandonaria por completo em sua obra madura. Não é possível precisar a data, a fase e as habilidades correspondentes ao projeto da casa, com pouco indício do espírito inovador que ela desenvolveria mais adiante.

Seu projeto de graduação, entretanto, mostra sinais de um entendimento complexo da arquitetura, ainda que suas memórias nem sempre fossem fiéis à realidade. No final da vida, Lina sugeriu que havia projetado um hospital modernista exclusivo para mães solteiras, uma imagem imprecisa que ela gostava de identificar como prova de seu espírito irreverente. Enquanto Lina estudava arquitetura, e em particular quando se formou, o racionalismo estava em crise na Itália. Enquanto isso, as instituições fascistas que celebravam a maternidade e a visão de Piacentini continuavam a prosperar, especialmente em projetos para edifícios públicos. Além disso, Lina não tinha sido a única a adotar esse tipo de programa como hipótese de trabalho. Segundo documentação de arquivo da faculdade, a maior parte dos alunos de graduação desenvolvia projetos relacionados às instituições fascistas, vários deles com um programa de assistência à infância, o que significa que suas teses não eram tão independentes quanto Lina havia dado a entender. Sua referência a um tema feminino é inegável, mas, nesse contexto histórico, denotava um objetivo mais a serviço do controle do Estado do que valorizando a autonomia social das mulheres ou a individualidade artística dos arquitetos. Era comum o regime fascista construir maternidades e creches para reforçar o papel da mulher como cidadã dedicada à concepção e à criação de filhos. Mais que um projeto de visão original, como Lina descreveu em retrospecto, sua tese revela a ponta do iceberg de um importante embate cultural e político com o qual, desde o início dos anos 1920, duas gerações de arquitetos, críticos e educadores italianos tinham estado envolvidas. Dadas tais circunstâncias, ela fez o que era possível fazer.

Apesar dos poucos documentos iconográficos que manteve de sua formação profissional, Lina revelou, em entrevistas e cartas, histórias sobre os anos que passou na faculdade em Roma. Segundo ela, os primeiros anos tinham sido um desafio pedagógico. Como notou, por um lado, "muitos alunos perdiam o fôlego depois do primeiro ano por causa do núcleo *biennio delle matematiche* [programa técnico introdutório às ciências]".[110] Esses cursos intimidadores eram em sua maioria ministrados por professores da faculdade de engenharia e incluíam física, análise matemática e geometria analítica.[111] Por outro lado, o *biennio propedeutico*, ou o programa essencial de dois anos em arquitetura, conjugava cursos de história, arte e ciência e se dedicava a estudar a arquitetura histórica e a cultura de Roma. Suas memórias eram ambivalentes. Algumas vezes, ela elogiou seus professores, mas também menosprezou muitas de suas "tardes de universidade dedicadas a 'interpretar' santo Apolinário de Ravena ou Monreale, a extrair inspirações nobres das formas 'clássicas' ou 'classicistas'".[112] Lina dizia ter recordações especialmente negativas do "odor de Roma, de louro queimado, com o som de músicas militares ao longo do Tibre" e, de modo um tanto exaltado, "[d]aquele resultado adocicado, nauseabundo, insuportável da ruminação estilística que nos envenenara na universidade e nos impelira a abandoná-la".[113]

O programa artístico de Lina na universidade incluía elementos de composição de projeto, desenho de observação à mão livre e documentação associados à perspectiva e à geometria descritiva, tudo isso com foco na análise de monumentos históricos, como era usual na época. Até o fim da Segunda Guerra, os cursos de história tiveram papel central no ensino da arquitetura na Itália e eram vistos como uma fundamentação importante para o ensino de projeto. Uma das diferenças curriculares entre as escolas de arquitetura de Roma e de Milão era o papel exercido pelo estudo e pela pesquisa da história de arquitetura. Enquanto em Roma a história era introduzida no *biennio*, ou nos primeiros dois anos do programa, em Milão eram-lhe reservados os dois últimos anos. Giovannoni via o conhecimento sobre o passado como o fundamento de uma nova arquitetura, enquanto o grupo milanês, ligado à engenharia, via o estudo de edifícios históricos como conhecimento complementar para situar o modernismo no fim de um processo de evolução estilística.[114] Dentre seus cursos, Lina teve aulas de teoria da arquitetura com Enrico Calandra, que lhe deixou boa impressão ao ensinar a ela que ideias conceituais são constructos históricos, e não dados universais. Ela lembrava dele como alguém que possuía "uma intuição essencial e antirretórica, um método destituído de falsos entusiasmos e, contudo, rico de um sentido de indagação humana profundo, que nos acompanhara por toda a vida".[115]

Os anos seguintes de seu programa, o *triennio d'applicazione* [três anos de programa prático], servindo um objetivo profissional, dedicavam-se aos sistemas de projeto e de construção, mantendo a ênfase na orientação de Giovannoni para o restauro de monumentos — o emprego de seu "método filológico", de inspiração germânica, que exigia que toda análise de objeto histórico fosse substanciada por documentação escrita.[116] Seu procedimento de caráter científico avançava a abordagem ao restauro proposta por Viollet-le-Duc décadas antes, evitando a tentativa de restituir ruínas ao seu estado original e, em seu lugar, propondo relacionar, de modo interpretativo, registros escritos, fragmentos arquitetônicos e o estado contemporâneo de diferentes obras históricas.[117] Lina Bo evocaria esse método vinte anos depois nas poucas aulas que deu na Universidade Federal da Bahia, na cidade histórica de Salvador, assim como em seus anos de maturidade, quando teve de se confrontar cada vez mais com os problemas da reutilização e conservação de edifícios históricos.

No entanto, nem tudo era história em Roma. Segundo ela, os engenheiros que lecionavam as disciplinas científicas no *biennio delle matematiche* eram mais tolerantes em termos de estilo que Marcello Piacentini.[118] Embora tivesse minimizado a influência de sua experiência romana — talvez por causa das implicações com o regime fascista e em decorrência de sua abordagem conservadora —, Lina Bo Bardi reconheceu, em sua maturidade, aspectos importantes da educação que recebera na faculdade de arquitetura. Segundo ela, não só Giovannoni e Piacentini eram "capazes", mas "muitos deles eram inteligentíssimos",[119] como Lucio Silla, Arnaldo Foschini, Enrico Del Debbio e Vincenzo Fasolo, pertencente àquela geração mais velha de defensores tradicionalistas da *romanità* fascista que se confrontava com a geração mais jovem de racionalistas.

Lucio Silla, professor dos cursos fundamentais de ciências oriundos da Escola de Engenharia e da Academia da Força Aérea, deixou marcas duradouras na experiência de Lina como estudante. A lembrança que tinha dele não se referia tanto ao conteúdo de suas aulas, mas ao modo como elas a fizeram se sentir bastante orgulhosa e autoconfiante pelo fato de ser uma jovem mulher entre tantos homens. Silla tinha má fama na escola porque, todo ano, começava seu curso de física com comentários obscenos. Segundo Lina, ele gostava de comparar um dinamômetro com os afrescos de Pompeia, provavelmente aqueles relativos a Príapo, a divindade greco-romana da fertilidade, reconhecido facilmente por seu falo ereto. Preocupados, seus colegas de classe haviam sugerido que ela não fosse à primeira aula, mas Lina insistiu. Fez questão de estar presente enquanto "ouvia os comentários picantes do professor Silla sem pestanejar".[120] No decorrer do ano, ela passou a gostar das aulas dele e recebeu uma nota alta no seu exame final.

Com mais respeito do que por Silla, Lina recordava o curso de projeto de Arnaldo Foschini, também conhecido como elementos de composição.[121] Outro professor evocado por ela, com afeto, era Enrico Del Debbio, que ensinava desenho à mão livre e de observação, enfatizando elementos de composição clássicos e o estudo de monumentos romanos.[122] Ambos eram arquitetos atuantes e bem conhecidos, completamente adeptos do classicismo simplificado de Piacentini e das atividades políticas conservadoras do regime. Eles exerceram papéis importantes na criação do grupo ultrafascista Rami (Grupo de Arquitetos Modernos Italianos), que havia sido instrumental na dissolução do Miar (Movimento Italiano de Arquitetura Racionalista), por sua vez apoiado por Pietro Maria Bardi na Itália no início da década de 1930. Juntos, Foschini e Del Debbio foram protagonistas da arquitetura que representava a fase mais autoritária do regime de Mussolini, ainda que Lina nunca tenha mencionado esse aspecto.

Por fim, ela também guardava lembranças anedóticas do professor Vincenzo Fasolo. Os alunos costumavam chamá-lo de *metà sudante*[123] [meio suado] — provavelmente um trocadilho com Meta Sudans [mastro que transpira], a antiga fonte romana construída perto do Arco de Constantino no complexo do Coliseu —, porque era muito gordo e transpirava em excesso. Era um arquiteto de projeto, mas, sobretudo, um proeminente historiador da arquitetura e diretor do Instituto de História da Arquitetura da Universidade La Sapienza, em Roma. Fasolo deu a Lina aulas de história da arquitetura grega, romana e renascentista, salientando as linhas estilísticas, os tipos de edifícios, as técnicas de construção, a forma e a expressão.[124] Por coincidência, também havia projetado o neobarroco Regio Liceo Ginnasio Terenzio Mamiani, em 1924, que Lina havia frequentado no ensino médio. Ele ensinava aos alunos como estudar arquitetura in loco, usando desenho à mão livre, e no estúdio por meio do esboço e da análise de complexos desenhos axonométricos e vistas "explodidas" de monumentos romanos.[125] Aliado intelectual de Giovannoni, Fasolo era conservador e considerava o debate racionalista um equívoco, mas também era conhecido por sua grande índole humanitária. Mais tarde, Lina pode ter minimizado a importância de todas aquelas aulas para a sua formação, porém nunca se esqueceu delas nem dos professores que a ajudaram a construir sua visão abrangente e culturalista da arquitetura.

A educação profissional de Lina lhe ofereceu os instrumentos e habilidades básicos para construir seu pensamento multidisciplinar e para negociar entre referências tradicionais e modernas que marcaram a sua geração assim como a sua carreira. A faculdade romana, empenhada em afirmar valores nacionais e históricos, forneceu-lhe uma base teórica sólida. A esse conhecimento somou-se uma sensibilidade humanística que ela aprimorou nos anos de guerra em Milão e, mais tarde, no Brasil. Ainda assim, a escola não atendia a todas as suas aspirações pessoais e ambições artísticas. O enfoque dado a métodos históricos e convenções rígidas de projeto e a dominação ideológica não a impediram de presenciar a crise enfrentada pelos arquitetos modernos italianos. Ela pôde acompanhar publicações sobre arquitetura racionalista quando estudante, mas, ao resistir ao modelo de produção industrial em massa, seu programa de ensino não oferecia a formação técnica encontrada no Politecnico de Milão, onde se formavam muitos arquitetos de vanguarda da época.

Enquanto Lina ingressava na faculdade de arquitetura em Roma, o fascismo entrava em sua fase mais autoritária e isolacionista. E à medida que a nação marchava para a guerra e o império, a cultura que a apoiava seguia o mesmo rumo.[126] O laço simbólico cada vez mais forte entre a arquitetura promovida pelo regime e aquela clássica, a custo da crise do discurso racionalista na Itália, na segunda parte da década de 1930, passou a sustentar um regime político que começava a mostrar sinais de megalomania e que, por fim, entraria em colapso. Enquanto o fascismo abandonava aos poucos sua ideologia reformista e se tornava abertamente imperialista e ditatorial, o apetite de Mussolini pela monumentalidade e pelo nacionalismo minava cada vez mais as posições internacionalistas e racionalistas. A monumentalidade promovida pela faculdade de Lina Bo era parte desse sistema de representação, mas não demoraria a perder seu papel como protagonista no palco da arquitetura italiana.

Além da disputa política e estética entre tradicionalistas e racionalistas, a posição privilegiada da arquitetura como representação simbólica do fascismo começou a decair à medida que o regime se tornava mais autoritário. Em meados dos anos 1930, inovações tecnológicas como o rádio e o cinema passaram a ser mais fácil, rápida e eficazmente usadas como principal meio de propaganda nas mãos da hierarquia fascista.[127] A última iniciativa arquitetônica em grande escala do regime, que foi também uma causa perdida para o racionalismo, teve lugar em 1937.[128] Mussolini seguiu o conselho do financista Vittorio Cini e concebeu um plano para construir as instalações da Exposição Universal de Roma em 1942, nos arredores da cidade histórica. Piacentini terminou controlando o processo de criação do projeto, que esteve inicialmente nas mãos de um grupo de arquitetos racionalistas, impondo-lhe um monumentalismo arquitetônico simplificado e um traçado urbano quadriculado como o da Antiguidade romana. O plano foi interrompido com a eclosão da Segunda Guerra Mundial e só foi concluído depois, como uma marca anacrônica do regime fascista.[129]

A arquitetura moderna havia servido a um desejo inicial de mudança na Itália na época em que Lina entrou para a escola de arquitetura. Porém as disputas estéticas e políticas e o previsível comprometimento de muitos arquitetos racionalistas com o regime acabaram por limitar a maioria das inovações de projeto à experimentação de vocabulários formais. Concretamente, poucas encomendas públicas, como a estação ferroviária de Florença, a Casa del Fascio, em Como, e o plano funcionalista para a nova cidade de Sabaudia, representaram por completo suas aspirações.[130] Os arquitetos modernos italianos também passaram a enfrentar cada vez mais problemas práticos, desde o estabelecimento do sistema econômico autárquico e corporativo. Além de ter de se submeter às exigências do dogmatismo político, também estavam sujeitos aos constrangimentos de um mercado nacional isolado e deficiente, o que incluía o racionamento de materiais de construção, como o cimento e o ferro. Em consequência, reduzia-se muito a representatividade da arquitetura, e em particular do funcionalismo moderno, no roteiro traçado pela hierarquia fascista depois que Mussolini deixou claras suas intenções imperialistas e expansionistas.

No começo dos anos 1930, o crítico Edoardo Persico, que tinha colaborado com Pietro Maria Bardi, começara a chamar a atenção para a ilusão cultivada por muitos arquitetos italianos diante da promessa de um Estado-nação moderno em artigos nos quais sugeria que eles eram mais nacionalistas e românticos do que de fato modernos.[131] Ele era um dos poucos críticos que haviam resistido, desde o início, à ideologia fascista, que espetacularizava as narrativas arquitetônicas monumentais e nacionalistas promovidas pela unificação da Itália no século XIX. Persico morreu jovem, e Lina, que na época começava o período do *triennio* na faculdade, só se familiarizou mais tarde com as suas ideias. Ele anteviu os dilemas originais do racionalismo como associados à sua incapacidade de estabelecer uma clara proposta conceitual para lidar com a dimensão social da arquitetura e para fomentar transformações culturais e políticas mais profundas.[132] Recriminava duramente a identificação que a arquitetura italiana, fosse racionalista ou tradicionalista, havia estabelecido com o fascismo e o classicismo. Também não poupava críticas aos arquitetos europeus e norte-americanos por deixarem o movimento moderno se reduzir a um problema estilístico ou construtivo com tons doutrinários. Ele propunha que uma nova arquitetura, na forma de um racionalismo crítico, deveria ser descoberta não na imitação de modelos estrangeiros ou segundo referências abstratas ou históricas, mas com base na realidade e na vida cotidiana de localidades comuns, que estariam ao alcance imediato dos arquitetos.[133]

A crítica de Persico, que viria a ressoar no desdobramento da carreira de Lina Bo Bardi no Brasil, só floresceu postumamente no seio da geração dela no contexto da reconstrução do pós-guerra e do crescimento econômico da Itália nos anos 1950, com influência duradoura no modo de pensar de Lina anos depois de ter deixado seu país natal. A contribuição mais significativa de Persico à renovação da arquitetura italiana veio da palestra "Profezia dell'architettura", proferida em Turim em janeiro de 1935 e publicada mais tarde como um ensaio.[134] Ele enfatizava que a verdadeira profecia da arquitetura não deveria se relacionar a formas e a adjetivos, mas reivindicar a liberdade de pensamento e de espírito.[135] De acordo com Persico, ele próprio um idealista, a arquitetura, assim como a arte, era parte de um movimento de consciência coletiva e ainda carregava uma característica essencial — substância, segundo ele — de coisas almejadas.[136] Inquietava-se em especial com a falta de apreço, por parte dos arquitetos, pelo debate sobre a simplificação técnica, a padronização da produção industrial, das necessidades urgentes de prover habitação e equipamentos sociais acessíveis às classes trabalhadoras e o planejamento de cidades eficientes e habitáveis, sob influência da chancela dominante e conservadora de Piacentini.[137] Para Persico, o propósito da arquitetura e do planejamento urbano deveria moldar o mundo para acolher a vida humana e ajudar a sociedade a definir e a compartilhar suas realidades concretas e seus valores coletivos, como viria a preconizar Lina Bo Bardi na maturidade.

A reivindicação duradoura e a crítica incompleta deixada pela morte prematura de Persico coincidiram com o crescente sentimento nostálgico em torno do valor das comunidades rurais na Itália, o declínio das forças racionalistas e a criação de novas cidades e centros rurais desencadeados pelos problemas econômicos intrínsecos ao regime e à Grande Depressão. Desiludidos com o crescente apetite fascista pela monumentalidade, mas também alheios ao esforço de Mussolini para reconstruir e reinventar vilas serranas históricas, muitos arquitetos de uma geração anterior à de Lina Bo começaram a se concentrar no fato de que a Itália era um país predominantemente agrário e era necessário criar soluções de moradia adequadas às massas camponesas, infundindo a arquitetura rural com valores modernos.

Contemporâneo de Persico, Giuseppe Pagano decidiu prosseguir no estudo da arquitetura rural e colocá-la no centro da Trienal de Milão, a arena de experimentação das artes decorativas, do desenho industrial e da arquitetura moderna. Em 1936, propôs, com a assistência de Guarniero Daniel, organizar a sexta exposição trienal baseada no sugestivo tema "A funcionalidade da casa rural". Seu objetivo era apresentar uma perspectiva técnica e econômica contra a visão pictórica e culturalista da arquitetura vernacular, considerada *architettura minore* por seus antecessores, como Gustavo Giovannoni, com seu restauro filológico, e inclusive por arquitetos do século XIX que tinham transformado algumas cidades italianas com seu *restauro di ripristino* [restauro de recuperação], que era mais dado à fantasia romântica do que à restauração rigorosa. A mostra via um valor moralizante nas formas planas, na simplicidade técnica e na economia de meios da arquitetura rural, como método para distanciar a arquitetura moderna italiana do classicismo monumental promovido pelo regime fascista.

Ao se ater a questões estéticas, a proposta de Pagano e Daniel deixou de lado o caráter etnográfico da vida do campo, negligenciando a dimensão social e antropológica das construções simples que celebravam. Com isso, distanciaram-se das aspirações de Persico, ainda que tenham produzido, embora temporariamente, a mais significativa autocrítica coletiva do movimento racionalista durante o regime de Mussolini. Até mesmo Pietro Maria Bardi, que havia apoiado de forma radical a geração racionalista mais jovem, criticada por Persico, planejava dedicar um número inteiro da *Quadrante* à moradia rural. Sempre atento aos desenvolvimentos da arquitetura sob o fascismo e imbuído de um sentimento crédulo de otimismo ante a modernização, Bardi havia proposto expandir sua retórica para abordar os problemas correntes nas comunidades rurais, incluindo o saneamento e a habitação para as classes camponesas e operárias. No entanto, a revista foi fechada sem que essa edição tenha sido produzida.[138]

Havia razões políticas para que Lina, que na época começava o terceiro ano de faculdade, não estivesse ciente das repercussões da exposição sobre arquitetura rural. Não só por não ter acesso a Milão nesse período, mas porque, depois que a mostra terminou, membros do Sindicato Fascista dos Arquitetos forçaram a organização da Trienal de Milão a transferir seu controle para o Estado fascista. Novas exposições enfocando a propaganda nacionalista e a diplomacia expansionista deixaram pouca margem tanto para o racionalismo quanto para trabalhos experimentais de arquitetura. Pagano, Daniel e Persico haviam lançado as sementes de um racionalismo crítico em meados da década de 1930 em Milão,[139] mas elas só iriam penetrar com profundidade no solo arquitetônico de Roma uma década mais tarde, em especial depois que Carlo Levi escreveu seu livro autobiográfico *Cristo si è fermato a Eboli* [Cristo parou em Eboli], publicado em 1945. Sua história alarmante expunha as realidades inclementes e desumanas do que ele descrevera como uma cultura invisível no interior da Basilicata: uma civilização camponesa, marginalizada da história, intocada pelo progresso e pela racionalidade moderna, e imersa num sofrimento paciente e numa profunda sabedoria.[140]

Até então, a falta de unidade e as contradições entre os arquitetos e, principalmente, a involução do regime fascista e a eclosão da Segunda Guerra contribuíram para enfraquecer o discurso e a produção da arquitetura na Itália no fim dos anos 1930 e início dos 1940. Esses obstáculos adiaram a revisão prenunciada por Persico até encontrar novas energias depois do fim da guerra,[141] quando Lina Bo se engajou nos esforços de reconstrução com seu trabalho como colaboradora e editora de várias revistas em Milão. Até então, ela iria absorver referências históricas, vernaculares e modernistas de modo fragmentado em seus estudos e no início da carreira profissional.

Em vez de sentir esse cenário desconcertante como um obstáculo, Lina encontrou, como estudante, um terreno fértil para desenvolver seus interesses, seu caráter não conformista e suas sensibilidades artísticas. Ela tinha consciência das potenciais alternativas fora do ambiente cultural de Roma que julgava ser ultrapassado e não oferecer desafios. Manteve sua curiosidade muito provavelmente motivada pelo mesmo espírito de experimentação e irreverência que a havia levado, quando adolescente, a vestir calças contra a opinião autoritária de sua mãe. Sua atitude não foi diferente em relação ao trabalho final de graduação, que apresentou a um júri encabeçado por Marcello Piacentini apenas poucos meses antes da eclosão da Segunda Guerra na Itália.

Lina Bo concluiu o curso de arquitetura em 1939, num período em que não só os arquitetos italianos mas o povo italiano em geral percebia que as ilusões do fascismo estavam chegando ao fim.[142] A cena política se agravava, e Mussolini se envolvia cada vez mais em batalhas na África, nos Bálcãs e na Guerra Civil Espanhola, causando grandes privações à vida cotidiana dos cidadãos italianos. Além disso, a perseguição racial, iniciada em 1938, tornou mais difícil para alunos judeus como Bruno Zevi, que Lina Bo conheceria depois do fim da guerra, continuarem seus estudos e manterem perspectivas profissionais no país.[143] Embora o regime não tivesse oficialmente declarado a supremacia racial, a promulgação de leis antissemitas ampliou a perda de credibilidade do fascismo entre os italianos. Essa regra discriminatória era o sinal sombrio do desenvolvimento de uma aliança entre Mussolini e Hitler, que culminou no Pacto do Aço, em maio de 1939, depois que a Câmara dos Deputados foi dissolvida, e terminou por impelir a entrada da Itália na guerra, apesar de Mussolini ter assinado um acordo de não beligerância.[144]

Além das adversidades políticas e materiais da época, no terreno familiar e emocional as perspectivas tampouco pareciam animadoras para Lina. "Minha mãe vivia dizendo que eu não iria me formar", reclamava.[145] Ela perdeu os exames finais porque decidira ajudar Carlo Pagani com seu trabalho de graduação, antes que ele se mudasse de Roma para Milão. Além disso, com a ameaça de bombardeios e a iminência da Segunda Guerra, sua família se mudou temporariamente da Viale di Villa Massimo para um lugar mais seguro nos Abruzos, onde sua mãe havia passado parte da infância. Nesse meio-tempo, no outono de 1939, Lina decidiu ir embora de vez de Roma e aceitar o convite do seu amigo Carlo para trabalhar em Milão. Outro amigo próximo, Fabrizio Clerici, já tinha partido para a capital lombarda depois de se formar, alguns anos antes. Para receber seu diploma e tentar conseguir um trabalho fora de Roma, unindo-se a Pagani, era necessário apresentar seu projeto de tese. Assim, ela se organizou e, segundo conta, "trabalhei como louca, dia e noite",[146] para acelerar a conclusão e a entrega do trabalho.

Em 1º de dezembro de 1939, quatro dias antes de completar 25 anos, Lina Bo apresentou, para uma banca examinadora bastante formal, seus desenhos e uma elaborada maquete da maternidade e de um centro de assistência diurna. O projeto tinha o título oficial de Entidade Nacional para a Maternidade e a Infância,[147] aquele que mais tarde ela chamaria indevidamente de "hospital para mães solteiras".[148] O único registro sobre o projeto é uma série de três imagens da maquete arquitetônica contra um fundo preto e uma etiqueta onde se lê "Lina Bo".

À primeira vista, o projeto pode parecer uma combinação antifascista e racionalista, como mais tarde ela o classificou, mas sob um olhar atento revela referências mais ambíguas. A maquete sugere mais um mostruário de experimentação formal do que uma demonstração conclusiva sobre arquitetura ou mesmo sobre a condição social da mulher. O edifício central é o único que abandona por completo os princípios clássicos, sendo assimétrico no conjunto e rompendo com a hierarquia nas plantas e com a composição de uma perspectiva única, frontal, além de incorporar elementos racionalistas, como as delgadas colunas. É plausível imaginar que esse edifício central deve ser aquele que Lina Bo concebeu para abrigar o centro de assistência diurna, oferecendo ao mesmo tempo instalações para atividades no interior e ao ar livre, comuns aos equipamentos para cuidados da infância na época.

Mais tarde, ela afirmou que havia acompanhado, com grande interesse, a construção de um projeto feito pelo arquiteto Luigi Piccinato de uma casa para mães solteiras em Roma. Mais uma vez, suas memórias careciam da precisão filológica que Giovannoni havia lhe ensinado. Piccinato projetou a pouco conhecida Casa da Mãe e da Criança em 1937, mas foi em Treviso, no norte da Itália.[149] Ela deve tê-la confundido com o plano do arquiteto para a célebre nova cidade fascista de Sabaudia, ao sul de Roma, que de fato possuía um hospital, uma maternidade e uma creche, representando a oficial Entidade Nacional para a Maternidade e a Infância. Esses eram equipamentos sociais comuns propostos pela administração de Mussolini, mas, no caso de Sabaudia, ambos tinham sido projetados pelo arquiteto Angelo Vicario,[150] e não por Luigi Piccinato.

Outro aspecto que ela revela em suas inventivas memórias é o significado original ambíguo do programa do edifício, que ela queria apresentar como engajado em políticas sociais e de gênero provocativas. Sua menção posterior a um hospital para mães solteiras era sinal de um pensamento político que ela cultivaria na maturidade, e não o real significado do projeto em sua juventude. Na verdade, o Entidade Nacional para a Maternidade e a Infância representava uma instituição moderna e ao mesmo tempo condizente com a doutrina fascista.[151] E, como tal, era um instrumento importante do Estado autoritário para promover suas políticas de natalidade e seus esforços demográficos no sentido de equilibrar os índices de nascimento e de mortalidade no período entreguerras, o que contradizia as aspirações da jovem estudante de arquitetura.

Nesse contexto, a escolha de Lina Bo para o seu projeto de graduação pode não ter sido o sinal de um sentimento politicamente engajado, mas, na verdade, da inescapável conivência com o controle do Estado sobre a identidade social das mulheres e talvez com os professores que controlavam os projetos de graduação. Lina não era a única nem a primeira aluna da faculdade a apresentar esse tipo de trabalho. Quando se formou, estava entre as dez mulheres a se graduar na escola nas duas décadas desde a sua criação. Contudo, não eram apenas as estudantes mulheres que trabalhavam com temas como esse. Vários projetos finais apresentados tanto por alunas como por alunos em anos anteriores se relacionavam com instituições domésticas fascistas para atendimento à infância e à maternidade.[152] Seu projeto pode não ter se destacado entre os outros da turma, como ela mais tarde sugeriu. Ele apresentava um dilema similar ao da obra de muitos arquitetos italianos que estavam atentos para a modernidade nesse período: era ousado na forma e na superfície, mas quase inevitavelmente conformista na sua essência.

O relato de Lina, já adulta, sobre seu projeto de graduação é evidência de uma personalidade que procurava atrair atenção, além de sua habilidade para cruzar fronteiras ideológicas. Às vezes, esse movimento requeria um vestuário especial. Para a apresentação oficial à banca de professores, todo aluno de graduação devia vestir um uniforme de jovem fascista. Lina não possuía um deles, pois não era filiada ao Partido Fascista, embora, como notou sua família, houvesse sido entusiasta das ações dos fascistas quando jovem.[153] No entanto, logo encontrou alguém para lhe emprestar um. Um de seus colegas apareceu em sua porta na manhã de 25 de novembro de 1939 com um uniforme masculino de duas peças com um brasão de bronze em cada ombro. Quando o recebeu, Lina teve uma forte reação ao cheiro de suor que emanava das roupas. Não havendo muito o que fazer, borrifou água-de-colônia no uniforme. Torcendo o nariz com repugnância, vestiu a camisa e o paletó. Por fim, enrolou o cachecol azul no pescoço e se olhou no espelho para conferir o resultado. Parecia um rapaz fascista, ela comentou depois, mas achou que ainda assim estava bonita.[154]

Tal como o formoso e mitológico Aquiles, que se travestiu para sobreviver a uma batalha, Achillina Bo abriu a porta da sua casa carregando os materiais do seu trabalho de graduação e foi para a faculdade. Irreverente e irônica como era, gostava de dizer que as pessoas a confundiram com um dirigente fascista quando ela chegou ao edifício próximo da Villa Borghese para a apresentação. Com uma mistura de orgulho, medo e desdém, sentou-se em frente à pomposa banca e explicou sua proposta, apontando para os desenhos e a grande maquete branca sobre a mesa. A banca incluía o reitor, seu professor Marcello Piacentini, e o presidente da Regia Scuola, que ela descreveu como "um homem baixinho com pernas tortas, vestindo uma capa de arminho que ia até o chão".[155] Ela estava confiante, "era um belo trabalho", mas depois lamentou que "a banca, com pesar, levantou o problema de que o trabalho não atendia às rígidas diretivas do regime [fascista], que requeria que toda a arquitetura fosse feita com tijolos estabelecidos pela autarquia".[156]

Lina Bo Bardi ficou desapontada com a resposta à sua apresentação. Sua nota, 106 de 110 pontos, segundo os registros da escola[157] — e 108 de 110, de acordo com os dois pontos adicionais de seu relato posterior —, era classificada como média e menos que excelente, como ela talvez esperasse. Embora Piacentini fosse conhecido por sistematicamente dar notas mais baixas aos alunos que não respeitassem a orientação estética da escola,[158] ele na verdade apoiou o trabalho de Lina. Ela reclamou em uma carta ao amigo Carlo Pagani, escrita quatro dias depois de sua avaliação, que o conservador Arnaldo "Foschini retirou o 110 que Piacentini tinha me dado" e reafirmou que Vincenzo "Fasolo [tinha sido] o maior entusiasta do projeto".[159] No fim da vida, ela contou que Piacentini haveria lhe dito pessoalmente: "Vou dar-lhe o diploma, mas me perguntando se um dia lhe será útil".

Apesar da avaliação da banca, Lina não desistiu. Como jovem arquiteta durante o início da Segunda Guerra Mundial, as perspectivas de futuro eram incertas para ela. Quando ainda estava na faculdade, aos poucos tomou consciência dos ventos menos convencionais, provenientes do norte, que entravam na vida cultural da cidade. Carlo Pagani não demorou a convidar Lina Bo a segui-lo, prometendo ajudá-la a encontrar trabalho.[160] Houve certa relutância de sua família à mudança para Milão, embora seus pais não soubessem bem para onde eles próprios iriam, à medida que a guerra se tornava mais evidente. Sua irmã não aprovava a amizade com Carlo, acusando-o de tirar vantagem de Lina.[161] A mãe não apoiava o fato de ela ir embora sozinha, mas o pai, que no começo não concordara com sua decisão de estudar arquitetura, dessa vez decidiu dar-lhe apoio, oferecendo-se a enviar dinheiro à filha durante um ano, para que ela pudesse seguir seu desejo de construir uma vida profissional fora da capital.[162] Em suas esparsas notas biográficas, Lina Bo Bardi escreveu: "Fugi das antigas ruínas recuperadas pelos fascistas".[163] E depois acrescentou: "Eu nunca quis ser jovem. O que eu queria era ter história. Com 25 anos queria escrever memórias, mas não tinha matéria".[164] No entanto, ela já tinha desenvolvido um amplo conjunto de ferramentas e uma sensibilidade plural para adquiri-las. E assim, deixou Roma. Com habilidades artísticas e a sensação de já ter vivido uma vida admirável e significativa, ela se preparava para uma aventura pessoal e profissional que ficaria longe do padrão.

Camera dell'architetto
1943

2. Quando nada era construído, só destruído

LINA BO, ARCHITETTO

Milão era agitada. Era o fim da primavera de 1940. Lina Bo já havia visitado a cidade por um curto período em janeiro daquele ano,[1] depois de se formar. Aquela breve passagem havia confirmado suas expectativas e, por fim, ela se mudou para Milão depois de passar por Veneza, mais precisamente pelo Istituto Superiore di Architettura, onde fez o *esame di Stato*, prova para obter seu registro profissional, em 23 de abril de 1940.[2] Sem grande alarde, chegou à sua nova cidade em busca de caminhos para realizar suas ambições, disposta a coletar materiais para as memórias que nunca escreveu. Ainda alheia ao crescente conflito político na Europa, ansiava por experimentar sua liberdade recém-adquirida longe da vida na capital italiana. Segundo ela, "Roma era uma cidade parada. A Itália toda era meio parada. Mas Milão, não".[3] E, assim, esse novo ambiente a expôs aos atrativos de um mundo cosmopolita, oferecendo-lhe o primeiro gosto de sua independência e de sua segunda educação.

No início, Lina alugou um quarto na Pensão Corecco, quase em frente à igreja de San Gioachimo, numa área que viria a ser parcialmente destruída durante a guerra e onde, no início dos anos 2000, foi construído um centro empresarial com torres de vidro. Embora o novo empreendimento em nada se asseme-

Lina Bo no jardim interno do edifício na Via Gesù em Milão, onde dividia um pequeno escritório com Carlo Pagani, c. 1941.

lhe às ideias arquitetônicas de Lina Bo Bardi, a praça em frente à interseção com a igreja foi batizada postumamente com seu nome, em memória aos cinco anos em que ela foi cidadã de Milão. Esse seu primeiro endereço ficava bastante próximo da imponente e histórica estação ferroviária e a apenas vinte minutos de caminhada ao norte do pequeno escritório que Carlo Pagani alugara, numa área central, mas, na época, sem prestígio especial, na Via Gesù.[4]

Logo depois de se instalar na pensão, ela manifestou interesse em trabalhar para Giuseppe Pagano como desenhista, mas não conseguiu emprego no seu escritório.[5] Sem conexões nem experiências profissionais, Lina teve de contar com o apoio de Pagani para trabalhar, enquanto seu pai a ajudava com as despesas de moradia. Pagani foi o primeiro a lhe oferecer apoio profissional. Ao longo da vida, a maior parte dos projetos que ela desenvolveu foi realizada em colaboração com outros arquitetos, e esse começo não foi diferente. Segundo declarou no fim da vida: "Eu sou meio diferente. Não me fiz sozinha".[6] Lina dependia dos contatos de Carlo, sobretudo nos primeiros anos da guerra e até que ela conquistasse certa autonomia. A colaboração entre os dois se manteve até que ele fosse convocado pelo Exército e, mais tarde, ela se envolvesse em um romance furtivo, que se tornaria sério, com Pietro Maria Bardi, entre 1943 e 1944.

Pagani havia retornado a Milão após se formar em Roma, no verão de 1939.[7]

Logo em seguida, começou a lecionar no programa de arquitetura do Politecnico de Milão, cargo que manteve até 1948.[8] Também trabalhava como freelancer para seu antigo mentor e professor de design de interiores, o arquiteto Gio Ponti, que liderava o movimento que propunha integrar o artesanato ao desenho industrial italiano. Ponti era uma figura influente nos círculos profissionais e editoriais milaneses e conseguiu manter muitos contratos vultosos durante a guerra, o que lhe permitia passar trabalhos menores para seu ex-aluno, que, por sua vez, os compartilhava com Lina. Ela não foi empregada do escritório de Ponti, como declarou mais tarde, apesar de lhe prestar serviços, frequentando-o com assiduidade e sendo notada por sua insubordinação, como quando uma vez se pôs a cantar ópera enquanto desenhava sobre uma escrivaninha.[9] Lina estabeleceu boas relações pessoais e de trabalho com ele em seus primeiros anos em Milão, em especial em projetos editoriais compartilhados com Pagani. Apesar de ela e Ponti terem se distanciado após o fim do fascismo, as influentes ideias do arquiteto estão entre algumas das contribuições mais significativas e duradouras à sua formação logo após concluir a faculdade de arquitetura.[10] Entre elas se destaca a continuidade estética entre tradição e modernidade que ele herdara da Secessão Vienense, o movimento que se propôs a associar o artesanato ao desenvolvimento industrial.

Assim como a vida dela se transformava, também a do país havia mudado depois que Mussolini declarou guerra aos Aliados em 10 de junho de 1940. Alguns dias mais tarde, esquadrões aéreos britânicos começaram a cruzar os Alpes pelo norte, durante a noite, e a bombardear Milão, Gênova e Turim, os maiores centros industriais italianos. Entre junho e dezembro, os meses posteriores à chegada de Lina à cidade, Milão foi atacada oito vezes, causando grandes danos físicos e humanos. Essa recepção traumática no seu novo lar, seguida do acirramento do conflito armado, marcou profundamente sua vida pessoal e sua primeira experiência profissional, ainda que muita gente, incluindo ela própria, no início, continuasse a realizar suas tarefas cotidianas sem grandes mudanças. Mas esse sentimento durou pouco. Olhando para o passado, Lina afirmou, com alarde e resignação, que começara a trabalhar como arquiteta "quando nada era construído, só destruído".[11]

A expansão imobiliária patrocinada pelo regime fascista cessou por completo alguns meses após o início da guerra, deixando os arquitetos com pouco ou nenhum trabalho. Tais adversidades, porém, não detiveram as ambições de Lina.

A alternativa foi usar suas habilidades como desenhista, as ferramentas mais imaginativas e qualificadas que ela possuía a essa altura. Com a ajuda de Pagani, começou sua carreira como freelancer em ilustração e desenho gráfico, duas atividades que lhe permitiram também escrever esporadicamente pequenos artigos, ampliando aos poucos sua rede de contatos profissionais e orbitando em torno de alguns dos mais influentes arquitetos e críticos italianos nos anos 1940, muitos dos quais também eram próximos de Gio Ponti, como o grupo BBPR, Franco Albini e Pietro Maria Bardi.

A parceria de Bo e Pagani se dividia entre trabalhos editoriais para revistas e pequenos projetos. Ela, no começo, o ajudava com material gráfico sobre mobiliário, design de interiores e de exposições, e, em especial, com publicações, enquanto ele mantinha certa autonomia em outros trabalhos. Às vezes, dependendo da revista e do ano de publicação, os dois assinavam juntos tanto os desenhos quanto os textos. Em outras ocasiões, apenas os textos eram assinados, ainda que, muitas vezes, a qualidade gráfica das imagens remeta claramente às habilidades manuais e artísticas de Lina. Os desenhos dela eram, em geral, mais bem executados que os de Pagani.

Apesar das excelentes qualificações dela, ele estabeleceu no início certa hierarquia no trabalho: era Pagani quem mantinha os contatos profissionais, em especial com Ponti, e em geral decidia como as tarefas seriam distribuídas. Lina trabalhava sobretudo como freelancer nos projetos gráficos que eram encaminhados a Pagani, principalmente pela filha de Ponti, a designer Lisa Ponti. Às vezes, ela fazia contato com lojas de materiais de acabamento e fabricantes de móveis. Essa separação de tarefas e as reduzidas oportunidades disponíveis de projetos de edificação durante os anos de guerra reforçavam a divisão social e de gênero no trabalho, comum entre as vanguardas artísticas.[12] Os homens abastados em geral tinham exposição pública, enquanto as mulheres se limitavam a colaborar na esfera privada do escritório ou do estúdio, onde produziam trabalhos de pequena escala e objetos utilitários cotidianos, como materiais gráficos, têxteis, móveis, equipamentos domésticos e design de interiores.

Essas limitações não inibiram os interesses da jovem arquiteta. A divisão de trabalho, inclusive, ajudou-a a desenvolver sua capacidade para a escrita e a apurar suas aptidões visuais. Seu primeiro projeto individual foi produzir seu próprio cartão de visitas timbrado, com um logotipo simples, mas altivo, composto de dois longos retângulos justapostos em vermelho e em verde, as cores nacionais italianas. O retângulo vermelho, à esquerda, continha seu nome, "lina bo", e o outro, verde, à direita, trazia a sua qualificação, "architetto". Ao longo da vida, ela transferiu para o português o hábito idiomático italiano de nomear as profissões exclusivamente no masculino, definindo-se como "arquiteto", o que em sua língua adotada soa como uma provocação à separação binária de gênero. Sob o logotipo corria uma única linha, simples, com sua informação de contato: "milano — via gesù 12 — telef. 70-526", tudo em fonte Bodoni e em caixa-baixa. Esse cartão moderno, simples e ao mesmo tempo clássico, foi sua introdução num mundo profissional dominado por homens. Também inaugurou sua incursão no universo do trabalho editorial e de design gráfico, que se beneficiou das mãos e do pensamento de uma mulher talentosa. Impulsionada por Pagani e, em especial, por suas habilidades, Lina não tardou a se tornar conhecida entre os editores e as casas editoriais mais influentes de Milão.

COM *STILE*

Em geral, durante a guerra, mais do que nas encomendas de governos e de construtoras, os arquitetos tinham nas grandes editoras seus melhores clientes, em especial até 1943, quando o regime fascista, que mantinha os meios de comunicação de massa sob controle, entrou em colapso. Por causa dos tempos difíceis, editoras acadêmicas e literárias resolveram ampliar suas linhas editoriais com novas temáticas para aumentar o mercado consumidor, incluindo desenho de mobiliário e de interiores e revistas para o público feminino. Desde os anos 1930, a nova técnica da rotogravura — processo de impressão baseado no uso de chapas rotativas gravadas por processos fotográficos — havia se tornado amplamente acessível à imprensa italiana. Esse método possibilitava a impressão de enormes quantidades de imagens e em cores, fazendo nascer um jornalismo mais ágil, leve e popular, com artigos pequenos e ricamente ilustrados. Essa mudança deu a Lina a oportunidade de produzir e publicar belos desenhos enquanto Milão era bombardeada.

Em vista da expansão desse mercado editorial, a demanda por trabalhos de desenho gráfico cresceu em proporção maior do que a demanda por projetos de arquitetura. Durante a guerra, Gio Ponti controlou grande parte desse mercado e investiu em múltiplos projetos editoriais. Desse modo, Lina teve a oportunidade de colaborar com diferentes editoras. Seu nome apareceu pela primeira vez junto com o de Pagani em dois pequenos artigos ilustrados, "Stanza per due ragazzi" [Quarto para dois meninos][13] e "Un giardino disegnato da Bo e Pagani" [Um jardim projetado por Bo e Pagani],[14] publicados na revista *Domus* no fim de 1940, pouco antes de Ponti se demitir de seu cargo como diretor da publicação que havia fundado doze anos antes. Os desenhos de Lina Bo, em geral, apresentavam colagens alegóricas de um mundo imaginário, no qual elementos naturalistas, clássicos e modernos coexistiam como num gabinete de curiosidades, um tipo de enquadramento que a fascinaria por toda a vida.

Logo depois que Bo e Pagani publicaram os artigos na *Domus*, Ponti embarcou em uma série de novos projetos editoriais que contaram com a colaboração assídua desses dois jovens arquitetos. Em janeiro de 1941, Ponti lançou uma nova revista: *Lo Stile*, cujo título oficial era *Lo Stile nella Casa e nell'Arredamento* [O estilo na casa e no mobiliário], e que circulou até 1947. Além de passar a desenvolver prática também como redatora, Lina Bo mergulhou na revista como um meio para a experimentação gráfica, com seu dom para alterar fotografias em preto e branco, adicionando desenhos e cores, e sua curiosidade para explorar diferentes formatos de design, inclusive páginas com recortes e orelhas dobradas, que acrescentavam elementos de surpresa com um estilo marcante.

O uso abundante da técnica de ilustrações e imagens retocadas combinado à rotogravura impulsionou o desenvolvimento profissional de Lina Bo como designer gráfica e ilustradora. Ela aprendeu, sob orientação de Ponti, a traduzir as habilidades artísticas que lhe haviam sido transmitidas pelo pai e no liceu de artes em colagens e retoques de fotografias. Numa época em que os arquitetos não viajavam muito e em que as leis de direitos autorais estavam em fase embrionária, sendo em geral ignoradas, as imagens e as revistas já haviam entrado na era da rápida reprodutibilidade técnica. Ponti assinava regularmente revistas internacionais, cujas ilustrações, que ele recortava e colava com notas, terminavam nas mãos de Lina. Enquanto muitos jovens profissionais italianos tinham dificuldade para encontrar um emprego naqueles anos difíceis, ela se debruçava sobre sua mesa no escritório improvisado que dividia com Pagani, rearranjando e retocando imagens existentes para serem usadas em novos artigos, uma prática que deixou vários testemunhos de sua acuidade visual, espontaneidade imaginativa e dos repertórios múltiplos que adquiriu e desenvolveu durante os anos da guerra. Foi um período inusitadamente produtivo.

Os dois jovens arquitetos colaboraram com *Lo Stile* desde o nascimento da revista, em janeiro de 1941, até julho de 1943, quando deixaram a publicação, rompendo sua parceria com Ponti. Nesse período, Lina Bo também teve a oportunidade de escrever alguns artigos sozinha, depois de suas primeiras matérias a quatro mãos cobrindo decoração de interiores, com sugestões para a escolha de cor, tecidos e peças de mobiliário, descritas delicadamente com diminutivos como *tavolino* [mesinha] e *poltroncina* [poltroninha].[15] Esse tipo de linguagem sentimental, talvez uma concessão de iniciante, contrariava a atitude irreverente de Lina em relação às declinações tidas como femininas. No entanto, ordens eram ordens, e esse maneirismo continuaria a ressoar em outros trabalhos durante alguns anos até que ela saísse da revista.

Além de escrever de forma esporádica, as atribuições principais de Lina eram diagramar as páginas para impressão e produzir ilustrações. Foi até mesmo coautora de várias capas da revista com outros três colaboradores, incluindo seu pai, que assinavam em conjunto as ilustrações sob o acrônimo Gienlica. Esse pseudônimo excêntrico, um tanto dadaísta mas melódico, agregava as duas letras iniciais dos nomes de batismo de cada autor — Gio, Enrico, Lina e Carlo — e condizia com a fusão de elementos formais que eles reuniam em suas composições. Apesar das diferenças individuais, todos compartilhavam a preferência pela representação figurativa sobre a abstrata, o uso do desenho e das perspectivas cavaleira e renascentista, a atenção aos detalhes, a cuidadosa organização do campo visual e a profusão de cores.

O léxico visual variado de *Lo Stile* representava a ideia de uma casa para todos, moderna e italiana, idealizada por Ponti, assim como a associação entre técnicas produtivas artesanais e industriais para o ambiente doméstico. Essa visão, ainda que inovadora, também revelava os valores populistas legitimados pelo apoio oficial do regime fascista. Não por coincidência, a revista foi lançada com um artigo introdutório escrito pelo ministro da Educação, Giuseppe Bottai, advogando que a casa italiana seria a peça mínima capaz de realizar a grande unidade nacional.[16]

As imagens que apareciam no periódico até o fim do fascismo eram tão pitorescas, e os artigos, tão joviais e despreocupados que, lidos fora de contexto, dificilmente se suporia que a população italiana estava vivendo sob enormes privação material e repressão política. Lina guardou muitos dos numerosos documentos e desenhos originais dessa fase em seu arquivo pessoal, mas raras vezes falou em público sobre sua colaboração para a revista. Quando o fez, nunca tocou na complexa situação de como era negociar com questões ideológicas durante aquele período. *Lo Stile* não escondia seu alinhamento com a burocracia fascista, nem mesmo com as ações do regime e das potências do Eixo. Por exemplo, os números do verão de 1941, que ela diagramou, foram dedicados à paisagem mediterrânea, em especial a edição de agosto, que anunciava "um número fabuloso para aqueles que amam o mar e a costa dalmaciana".[17] Entre o material que promovia atividades turísticas estavam artigos assinados e ilustrados por Lina Bo e Carlo Pagani com sugestões para barracas de praia, cabanas, móveis e, inclusive, pequenos edifícios.[18] Tudo isso ocorria enquanto as forças nazistas ocupavam a Iugoslávia, e Benito Mussolini tentava, sem sucesso, invadir a Grécia.

Como muitas iniciativas editoriais durante esse período de desgaste do regime fascista, *Lo Stile* caminhava por uma linha tênue entre seus interesses comerciais e a conformidade política. Sob a pressão da ocupação nazista, por exemplo, a revista passou a incluir sumários em alemão e podia ser comprada tanto em liras quanto em marcos. O número de julho de 1942 chegou a publicar um artigo sobre cerimônias políticas urbanas na Itália com imagens que retratavam guirlandas de pequenas bandeirinhas italianas, japonesas e nazistas cruzando a rua principal de um vilarejo e não deixando dúvida sobre a submissão política do país e da revista. Milão pode ter parecido mais efervescente para Lina Bo do que a sua antiquada Roma, mas o fantasma de Mussolini continuava presente em sua vida cotidiana. Havia pouca ou nenhuma escolha em relação às concessões que ela tinha que fazer para construir sua carreira em um período tão desafiador como aquele.

Foi nesse contexto político controverso que Lina assinou seu primeiro artigo sozinha, uma resenha de livro que ocupava uma página da revista. Ela elogiou o livro *Das Grundrisswerk* [A planta baixa, podendo significar também Trabalho de base],[19] escrito pelo modernista alemão Otto Völckers, por seu esforço em documentar "esse importante levantamento de obras realizadas, consideradas de um ponto de vista rigorosamente distributivo, eu diria quase matemático".[20] Ignorando o fato de que o mesmo raciocínio que calculava, defendido pelos arquitetos modernos alemães, servira à criação de vários campos de concentração, Lina afirmava que "das demandas da humanidade nasce a arquitetura; ela está a serviço dessas necessidades", e concluía: "A arquitetura, portanto, é a expressão da vida humana e como tal possui um conteúdo profundamente moral".[21] Idealista e um pouco ingênua, a consciência política de Lina Bo ainda precisaria de algum tempo para se desenvolver.

Junto com esse artigo individual, a colaboração de Lina com Pagani e *Lo Stile* se intensificou depois que Ponti o nomeou editor-chefe em maio de 1941. Desde então, Pagani mudou a sede editorial da Via Palermo, número 10, para a Via Gesù, número 12, local em que dividia o escritório com Lina Bo e de onde ela contribuía para duas outras revistas criadas por Ponti: *Linea* [Linha], uma publicação de moda que depois mudou o título para *Bellezza*, e *Vetrina e Negozio* [Vitrine e loja], um periódico dedicado a projetos comerciais. Em todas, Lina Bo foi responsável pela diagramação e pelas ilustrações. Enquanto isso, a eficiência de Pagani e seus bons contatos sociais em Milão também criavam possibilidades para que eles colaborassem com outras editoras, incluindo um pequeno trabalho para *Cordelia* — revista voltada para um público feminino, jovem e de classe média — e *Il Tempo Illustrato* — revista semanal que seguia o modelo da norte-americana *Life* —, criadas por Aldo Mondadori, a quem Lina Bo dizia admirar muito porque "ele era tão fascinante quanto o meu pai".[22]

De maneira mais ativa que em *Il Tempo Illustrato* e quase tanto quanto em *Lo Stile*, Bo e Pagani estavam envolvidos na produção de *Grazia*, outra publicação de baixo custo dirigida a um público feminino jovem e de classe média, também nas mãos da família Mondadori. Usando sempre a rotogravura, eles produziam uma coluna semanal de uma página, intitulada "La Casa", com sugestões de design de interiores e de mobiliário, como, por exemplo, para uma casa de praia, dizendo: "Seria lindo ver barracas e cabines em cores extravagantes, em vez das cabines usuais", enquanto para o campo, "você pode permitir algumas loucuras [...], como combinar amarelo e roxo. Quem ousaria combinar verde-esmeralda e vermelho-cereja na cidade?".[23]

Apesar da frivolidade desses artigos, que cada vez mais faziam Lina se sentir incomodada, conforme viria a relatar a Pagani em carta, dadas a sua resistência à domesticidade convencional e à consciência da agravante situação de guerra, as publicações ajudaram-na a estabelecer alguns princípios estéticos que permeariam os trabalhos editoriais e de design que ela viria a desenvolver no Brasil poucos anos depois. Por um lado, os artigos a colocavam em contato direto com aspectos artísticos e técnicos do projeto de interiores e de mobiliário. Por outro, endossavam a continuidade entre o modo de viver moderno e os objetos domésticos tradicionais, entre materiais novos e reutilizados, e entre padrões figurativos, históricos e vernáculos e composições abstratas, racionalistas e princípios formais que marcaram o desenvolvimento de sua obra peculiar. Desde o começo, Lina se opôs aos ornamentos vistosos, à artificialidade e à ostentação no mobiliário e na arquitetura, mas, seguindo a posição de Gio Ponti, não era contra a tradição e a autenticidade. As conciliações, afinal, tinham suas vantagens.

Lina Bo passou a ganhar o suficiente para se manter, sem precisar mais da ajuda financeira do pai para viver longe de casa. Com a queda da construção civil na Itália e a crescente apreensão sobre morar em Roma durante a guerra, em 1942 e com 62 anos, Enrico Bo fechou sua pequena firma e decidiu se mudar com a esposa e com a filha mais nova, Graziella, para Milão. Lina saiu, então, da pensão em que morava e foi viver com eles num apartamento no último andar do grande e eclético Palazzo Bolchini, situado na Piazza Francesco Crispi (renomeada Piazza Filippo Meda), número 3.[24] O edifício estava convenientemente posicionado na metade do caminho entre o escritório de Lina e Carlo na Via Gesù e a vizinha Piazza del Duomo. Para o desalento de Lina, sua família estava de novo reunida sob o mesmo teto. Contudo, eles não ficariam juntos por muito tempo.

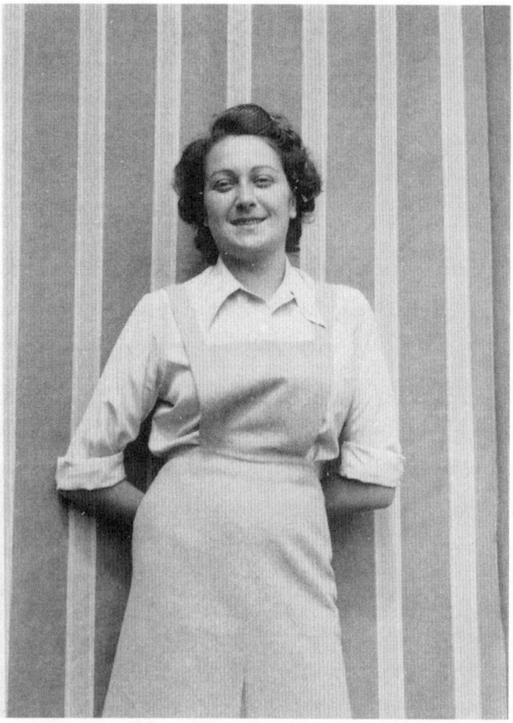

Lina Bo no início de sua carreira em Milão, c. 1941.

Após os bombardeios iniciais do verão e outono de 1940, Milão foi poupada dos ataques aéreos por um bom tempo depois do fim daquele ano. Ainda assim, as limitações materiais e físicas aumentavam e, mesmo resistindo às ameaças externas, seus residentes pouco a pouco se tornavam cientes do agravamento da guerra, acentuado pelos avanços malsucedidos de Mussolini. Apesar dessas dificuldades, a aparente segurança da cidade havia permitido que Enrico Bo, naquele momento sem nenhuma ocupação profissional, se dedicasse por completo às suas pinturas. Sua convivência com Lina, naquele período, também lhe trouxe o reconhecimento e a satisfação de que sua filha tinha feito uma corajosa escolha profissional. No entanto, quando a ameaça de ataques aéreos ressurgiu, seus pais e sua irmã se mudaram para Parma, em busca de um local mais seguro. Lina permaneceu em Milão, trabalhando como podia. E, ali, manteve suas esperanças.

COMO NUM SONHO

Apesar da guerra, Lina Bo não perdeu sua verve idealista e seu realismo mágico, capaz de imaginar situações diferentes daquelas oferecidas pelo mundo exterior. Quando criança, esses traços ajudaram-na a afastar as dificuldades emocionais de sua criação e a inventar outras realidades. Em Milão, eles a ajudaram a lidar com a carência material e com a ansiedade trazidas pela solidão e pela necessidade de afirmação profissional. O fato de ser mulher e recém-chegada à cidade fez com que ela dependesse quase que exclusivamente dos contatos de Pagani em seus primeiros anos na Lombardia. No entanto, ela passou à liderança dos trabalhos, tendo suas tarefas se intensificado em especial entre o fim de 1942 e o início de 1943, quando Pagani foi convocado pelo Exército Real Italiano para combater na guerra como segundo-tenente. Lina teve, então, de sair dos bastidores de sua mesa no escritório, passando a lidar sozinha com as tarefas administrativas e editoriais que até então tinham ficado a cargo de Pagani. Começou a cuidar do contato com as editoras e da papelada administrativa, além dos projetos gráficos e das ilustrações que já fazia. Passou, inclusive, a escrever alguns artigos sozinha para *Lo Stile* e *Grazia*. Essas tarefas não só lhe deram mais autonomia como lhe conferiram maior trânsito e visibilidade nos círculos profissionais milaneses e italianos em geral. Foi um período de grande euforia, oportunidades e descobertas, mas também de insegurança. Ela estava orgulhosa por assumir um papel público aos 28 anos, mas também se debatia internamente para administrar todas essas atividades, sua agenda e os sentimentos conflitantes de excitação e desânimo, tensão e depressão que vivenciou, a maior parte do tempo, sozinha durante a guerra.

Nesse período, Lina aceitou encomendas pessoais para ilustrações, que eram bem remuneradas. Também trabalhou um pouco com seu amigo romano de longa data Fabrizio Clerici para *L'Illustrazione Italiana*, revista de notícias e de cultura dirigida por Aldo Garzanti. Para esse periódico, Lina ilustrou o romance *Magoometto*, do escritor toscano Enrico Pea, publicado em episódios semanais a partir de agosto de 1942.[25] Seus desenhos ilustravam as aventuras de três irmãos órfãos pobres e indefesos que viviam numa fazenda com a mãe e o avô, evocando as realidades que ela observara em suas viagens de infância às montanhas dos Abruzos com seu próprio avô. O protagonista, Magoometto, que, em italiano, significa mago invisível, tinha poderes encantados para transformar a realidade cotidiana. Esse personagem de fábula era uma metáfora para os desafios enfrentados pelos camponeses durante a guerra, coincidindo com os devaneios que Lina havia desenvolvido desde a infância para lidar com as adversidades ao seu entorno. Juntos, ficção e realidade, autor e ilustradora, expunham sinais da angústia e da esperança que marcaram a sensibilidade artística de quem, como ela, viu de perto a violência da guerra.

Nos trabalhos que fez sozinha para editoras italianas, Lina Bo produziu peças gráficas, desenhos avulsos, ilustrações e gravuras, que resistiram ao tempo como evidências de seu pensamento independente. Aquelas imagens indicavam o que se confirmaria mais tarde em seus projetos de arquitetura e de design: que a linguagem do desenho estava íntima e simultaneamente ligada a seu pensamento e a seu processo criativo. Vários dos trabalhos que conseguiu guardar desse período consistem em pequenos desenhos e caricaturas, alguns de pessoas que ela conhecia bem. Um deles foi feito especialmente para o casamento de sua irmã, em 1942. Como Graziella se casou com um homem alto, Lina a desenhou, vaidosa, segurando uma coleira atrelada ao pescoço de uma girafa, enquanto ostentava uma elegante pulseira em seu outro braço. Mas nem tudo era feito com ironia. Lina também preservou algumas composições relativamente pequenas que retratavam situações observadas ou imaginárias, não muito diferentes das composições figurativas e metafísicas que seu pai e o amigo dele, Giorgio de Chirico, produziram, representando situações que oscilavam entre a realidade e a fantasia.

Dentre aquelas imagens há uma alegoria exemplar que revela o sistema de valores artísticos a que Lina foi exposta e que acabou por definir o imaginário estético que a acompanhou por toda a carreira. Um desenho de 1943 intitulado *Camera dell'architetto* [Gabinete do arquiteto], depois transferido para uma litogravura, mostra uma mesa, uma cadeira e um armário repletos de maquetes de todos os tipos de edifícios e monumentos. Entre aquelas obras de arquitetura, Lina Bo retratou templos clássicos, obeliscos, pirâmides, a torre de Pisa, o Coliseu, uma pequena torre medieval, alguns edifícios residenciais, um capitel coríntio e alguns sólidos platônicos. Do lado direito do desenho, um pequeno console de madeira preso à parede apoia a maquete de uma casa modernista ao lado de um outro pequeno obelisco. A casa se destaca das outras maquetes, com suas superfícies planas e sem ornamentos, o uso de pilotis delgados e uma longa janela horizontal como as da icônica Villa Savoye, de Le Corbusier. Apesar de sua localização especial, elevada porém distante, Lina não trata o edifício moderno com deferência em relação aos modelos dos templos romanos ou gregos, dispostos, respectivamente, sobre a mesa e a cadeira e dentro do armário. Todos parecem fazer parte da mesma constelação de valores, como as vitrines de formas que ela compôs repetidas vezes nas exposições que veio a organizar no Brasil.

O propósito dessa ilustração é incerto, uma vez que não há documentos ou anotações que ajudem a identificá-la ou contextualizá-la. Contudo, ela evoca tanto a educação e a experiência inicial romana de Lina Bo quanto o pensamento pluralista da arte e da arquitetura italianas da época. Por um lado, a justaposição despojada de imagens clássicas com objetos comuns, em uma perspectiva distorcida, remete aos significados inconscientes da modernista *pittura metafisica* tão cara ao seu pai; por outro, seu arranjo evoca o dilema da arquiteta entre a presença ubíqua de tradições construtivas e o surgimento de novas manifestações estéticas. Seu desenho sugere que não deveria haver hierarquia entre aquelas manifestações, abrindo o gabinete da história como um glossário para a arquitetura moderna. Em outras ocasiões, Lina Bo produziu desenhos e croquis que ridicularizavam o uso irrestrito de ornamentos superficiais por arquitetos e seus clientes pomposos. Sua ironia contra o gosto desinformado já estava evidente na ilustração que fizera para o calendário intitulado "Le cose che non si usano più" [As coisas que não se usam mais], publicado na revista *Bellezza* em 1941, repleta de objetos decorativos encontrados em casas abastadas. Para o observador informado, *Camera dell'architetto* aponta para a modernidade, mas sem deixar de celebrar a tradição e a formação acadêmica do meio que ela frequentava.

Enquanto Lina Bo desenhava e sonhava com o gabinete do arquiteto, Pagani estava na guerra. Do front, ele continuava com o cargo de editor-chefe da *Lo Stile*, e os dois se correspondiam com frequência. Na primavera de 1943, Pagani passou algumas semanas no hospital militar de Ciano, em Livorno, na costa da Toscana, onde foi internado com ferimentos, antes de ser, por fim, dispensado no verão. As cartas entre eles eram em geral amigáveis e calorosas, mas não sentimentais. À distância, ele seguia incentivando-a a continuar o trabalho que fazia sozinha. Nesse período, Lina viajou algumas vezes a Roma — a trabalho, ao menos no início — e encontrou seu antigo professor Marcello Piacentini, então com 62 anos, com quem desenvolveria uma relação bastante próxima entre o verão de 1942 e o de 1943, documentada nos telegramas e nas cartas pessoais que trocaram.[26] Ela deixou que Piacentini, que ainda desfrutava de grande prestígio nos círculos italianos, criasse a expectativa de uma ligação amorosa.

Lina Bo mantinha sua vida pessoal de forma bastante reservada, e após se mudar para o Brasil nunca mencionou esse relacionamento. Ao contrário, deu a entender que Piacentini havia feito pouco-caso dela quando estudante e que a vida deles nunca mais havia se cruzado. No entanto, como mostra o desenrolar de sua correspondência no início dos anos 1940, seus caminhos de fato se sobrepuseram várias vezes. Em uma de suas visitas a Roma, segundo as cartas e os bilhetes que Piacentini enviou a Lina, eles discutiram possíveis parcerias e a publicação do projeto de uma das primeiras casas que ele havia construído em Camilluccia, um subúrbio na parte noroeste de Roma.[27] Piacentini previu que eles fariam "grandes coisas juntos" e recomendava que ela "se ocupasse dos desenhos e da organização da revista", assim como demonstrava preocupação com a saúde e o bem-estar dela.[28] Ela continuou a viajar entre Milão e Roma.

Durante a primavera de 1942, quando a Itália começou a perder força na guerra, Milão passou a ser mais uma vez alvo de ataques aéreos isolados. Os pais de Lina Bo se mudaram de novo, procurando zonas mais seguras na Ligúria e em Parma até o verão de 1945, enquanto ela ficou praticamente sozinha na cidade. Eles fecharam o apartamento no Palazzo Bolchini e ela alugou por um tempo um quarto no luxuoso hotel Principe di Savoia.[29] O dinheiro que recebia por seus trabalhos independentes permitia que fizesse tal extravagância.[30] O hotel, que foi ocupado, em parte, pelas forças nazistas, situava-se numa área que Lina conhecia bem, próxima da antiga pensão onde se hospedara logo após a chegada à cidade. Seu quarto se localizava na parte norte do edifício, com vista para a igreja neobramantesca de

San Gioacchino e as fábricas circundantes com suas chaminés. Ela capturou essa cena em um detalhado desenho de traços simples, que reproduziu numa gravura que evocava seus primeiros anos em Milão, inconsciente do fato de que parte daquela paisagem industrial logo desapareceria com os bombardeios aéreos.

A essa altura, Lina Bo e seu antigo professor Piacentini tinham se tornado bastante próximos, e ele estava encantado por ela. O talento sedutor que Lina, de maneira inofensiva, havia praticado com homens mais velhos na adolescência, durante as férias em Bordighera, tinha cativado o arquiteto mais poderoso da Itália de então. Em março de 1943, ela voltou a Roma mais uma vez e o encontrou durante alguns dias. Na volta para Milão, segundo os registros dele, Lina lhe teria escrito uma carta amorosa, "doce e melancólica, [...] de oito páginas", que ele viu como um "prodígio de sinceridade, de abandono". Acima de tudo, sentiu que ela "se abriu, abandonou sua atitude habitual, defensiva, quase apreensiva". Para Piacentini, Lina havia "se transportado para um espírito mais brincalhão, espontâneo, a um relaxamento dos seus sentimentos, um tipo de rebelião contra sua vida voluntariamente dura e inacessível, dedicada ao trabalho [...], armada contra todo tipo de ataque".[31] Ele estava seguro de que, "como nenhuma outra mulher teria sido capaz, [ela] havia transformado sua vida por completo, como num sonho", assinando a carta com "Beijo-te apaixonadamente. Teu, Marcello".[32] Poucas semanas depois, Piacentini lhe enviou dois telegramas. No primeiro, perguntava o endereço da irmã de Lina. No outro, comunicava-lhe vagamente que tinha reservado um quarto de hotel para 19 de maio.[33] Apesar das palavras de grande intimidade, o contato entre Lina e seu antigo professor parece ter sido interrompido de forma abrupta. Depois daqueles telegramas, não há mais registros de comunicação entre os dois.

EU O ACHO BONITO

Numa viagem de trabalho a Roma posterior à sua longa carta a Piacentini, Lina encontrou outro homem influente que lhe parecia ainda mais tentador para sua ambiciosa autoimagem e de cuja importância ela tinha estado ciente desde a adolescência. Era um homem bem mais jovem do que seu professor — aliás, seu rival —, ainda que catorze anos mais velho do que ela. Em uma nota escrita à mão no fim da vida, hesitante e riscada várias vezes, como se estivesse tentando encontrar o modo mais apropriado de recontar uma história complicada, Lina descreveu aquele encontro: "Maio 1943 — ~~Diretora da~~ Pela revista *Stile* de Gio Ponti ~~fui em~~ viajei para Roma entrevistar P. M. Bardi ~~que morava numa~~ a respeito dum~~a casa~~ conjunto do ~~Figi~~ arquiteto Figini, uma casa-coletiva, ~~onde ele tinha o "estúdio" dele~~ onde ~~P. M. Bardi~~ ele tinha um "Estúdio" — ~~Pela primeira vez P. M. Bardi Pela primeira vez encontrei~~ Era a primeira vez que o encontrava: ~~Pela primeira vez P. M. Bardi era ainda era~~ jovem, elegante, tinha um ar oriental — ~~A~~ Fiz a reportagem, andamos ~~kilometros~~ quilômetros até ~~as~~ casas de artistas, ver quadros e obras de arte".[34]

O início da relação entre os dois, bem como seu desdobramento depois desse suposto primeiro contato em Roma, permanece tão nebuloso quanto o relato de Lina sobre o assunto. As circunstâncias eram complexas. Ela vivia em Milão e a guerra estava em curso. Ele morava em Roma, estava casado com Gemma Tortarolo, uma mulher sem ambições profissionais, e era pai de duas adolescentes, Elisa e Fiorella, ainda que não fosse de todo discreto sobre suas várias relações extraconjugais.[35] A verdade sobre o primeiro encontro e a relação inicial entre Lina e Pietro permanecem um segredo bem guardado; os relatos hesitantes dela, junto ao silêncio dele, ajudaram a obscurecer essa história. Segundo Lina, ela tinha ouvido seu tio falar de Bardi em 1931. Em outro relato, mencionou de passagem uma história sobre ter sido convidada para participar de uma exposição de estudantes na galeria dirigida por Bardi em Roma no início da década de 1930. Naquele período, ela havia participado de um grupo de jovens, a Società Spensierata [Sociedade despreocupada], criada por colegas dela do liceu em uma garagem na Via di Ripetta. Eles teriam proposto organizar uma exposição de seus trabalhos de arte e de arquitetura na Galleria d'Arte di Roma com o apoio de Mussolini, mas sem a aprovação de Bardi, quando era diretor da instituição.[36] Lina afirmou não ter participado da mostra, mas sabia que ele havia rejeitado a empreitada. Ela tinha quinze anos e, segundo essa versão dos fatos: "Ali foi a primeira vez que ouvi falar do Pietro, mas não o conhecia". E acrescentou: "E Pietro, ainda hoje, com aquele gênio que não atrai muitas pessoas. Tem muita gente que não o entende, mas eu o acho bonito". E concluiu dizendo que, depois daquele episódio, "o tempo passou e eu esqueci o Pietro Maria Bardi".[37]

Numa outra versão sobre seu primeiro encontro, tanto sua irmã quanto seu amigo Carlo, em diferentes ocasiões, afirmaram que a relação entre Lina Bo e P. M. Bardi havia começado com uma briga por causa de um desenho que Bardi emprestara a ela para reproduzir em um artigo.[38] Ela teria devolvido o desenho pelo correio, dobrado em um envelope, o que o deixara furioso, e ela teve que viajar de Milão a Roma para se desculpar pessoalmente pela ilustração danificada. Esse relato parece contradizer o que Lina escreveu em suas notas pessoais sobre a entrevista com Bardi, mas o fato de que pessoas muito próximas a ela escolheram o mesmo conflito para descrever o primeiro encontro do casal não deixa de ser alegoricamente notável. Em retrospecto, parece se tratar tanto de uma profecia que cumpriu sua promessa quanto da antecipação de uma parceria difícil, ainda que perene. Apesar da imprecisão em torno da origem e do desenvolvimento de sua relação, uma coisa é certa: Lina foi cativada pela figura pública e pela personalidade marcante de Pietro. Ela o admirava por ser um homem bem articulado, inteligente, empreendedor, charmoso e que havia se feito por esforço próprio. Identificava-se com o seu gosto por atividades intelectuais e artísticas, como também por seu caráter provocador e por sua falta de hesitação para conseguir o que queria. Mais do que um parceiro romântico, apesar de seu genuíno afeto por ele, ela viu em Bardi um aliado singular, intelectualmente estimulante, e um poderoso veículo para suas ambições.

Se o primeiro encontro dos dois ocorreu ou não durante a entrevista em Roma no verão de 1943, com certeza Lina Bo e Pietro Maria Bardi sabiam da existência um do outro ao menos por meio das páginas de *Lo Stile*. Ambos colaboravam de maneira assídua com a revista e apareceram diversas vezes no mesmo número nos anos imediatamente anteriores. É possível, inclusive, que ela tenha editado e preparado mais do que um dos artigos dele para publicação.[39] Afinal, o círculo artístico e intelectual no qual ela convivia era pequeno. Apesar das diferentes histórias, a entrevista com Bardi parece ser a versão mais provável para o dito primeiro encontro, seguido pelas desculpas relativas à ilustração dobrada. Essa é também a narrativa que remonta a um passado mais distante e pode ser confirmada por testemunhos coincidentes e por alguns documentos, como suas próprias notas biográficas e o artigo "Casa e nuclei abitativi in Roma" [Casa e unidades habitacionais em Roma], que Lina preparou para *Lo Stile* no verão de 1943 e foi publicado no número 35 da revista, em julho daquele ano.

Esse artigo singular, sobre um conjunto habitacional projetado pelo arquiteto Luigi Piccinato — e não por Figini, como ela havia mencionado de maneira equivocada —, de fato colocou Lina em contato pessoal com Pietro. Acima de tudo, o texto marcou sua introdução na crítica de arquitetura e selou sua despedida de *Lo Stile*. Além de seu novo papel profissional, o artigo também indica o início de sua conversão ao racionalismo crítico na Itália, que ressurgia de um silêncio que se instaurara desde a morte de Edoardo Persico, vários anos antes. O texto de Lina Bo expõe alguns dos valores fundamentais que ela promoveria ao longo da vida, ligados em especial à sua busca pela simplificação e à relação entre a modernização e a vida cotidiana. Ao deixar a revista, Lina resolveu adotar um discurso mais liberal do que o tom conformista estabelecido pela linha editorial de Ponti até então. Sobretudo, seu relato sugere que o encontro dela com P. M. Bardi produzira forte identificação por interesses mútuos, além do encanto físico e intelectual. No artigo, ela descreve sua visita a um estúdio de arte que representava o gosto e os hábitos de Bardi, com "coisas do modo como devem ser: simples, um cavalete, uma pintura, um esboço, uma escultura; o escritório de um escritor com móveis escolhidos com esmero, pinturas valiosas e uma atmosfera de familiaridade, com beleza e exclusividade por toda a parte".[40] Foi assim, muito provavelmente, que começou o fascínio pessoal que aquele homem exótico, como Lina viria a descrevê-lo, passou cada vez mais a exercer sobre ela.

EM CASA NA *DOMUS*

Na época em que Lina Bo publicou seu último artigo em *Lo Stile*, em 1943, sua vida entrou numa nova fase, depois da formatura e da mudança para Milão. A independência financeira, acompanhada por maior reconhecimento editorial e crescente exposição pública, incluindo relações pessoais influentes, deram a ela confiança para investir em suas ambições profissionais. Até mesmo os desdobramentos dramáticos da Segunda Guerra Mundial na Itália lhe ofereceram, de maneira indireta, oportunidades incomparáveis para se engajar num debate crítico cada vez mais intenso sobre arquitetura, reservado em geral aos seus colegas homens.

Numa carta a Carlo Pagani de 10 de maio de 1943, enquanto ele se recuperava no hospital militar em Livorno, Lina havia expressado profundo incômodo em relação ao trabalho que ela fazia para *Lo Stile*. Lamentara-se: "Meu trabalho com Ponti é quase insuportável para mim do ponto de vista moral [...], sua superficialidade me enoja [...], me sinto uma hipócrita; por que preciso continuar fazendo isso?".[41] Essa declaração reveladora ressoa em outros comentários inflamados, porém vagos, feitos por ela mais tarde sobre o período: "Recém-formada, tive experiências terríveis".[42] Em outra ocasião, elaborou melhor sua crítica, dizendo: "Na época em que me formei, [...] tive uma depressão terrível ao pensar que se eu abrisse um escritório, alguém viria bater na minha porta e perguntar: 'Você quer fazer uma casa para mim?'".[43] Carlo, por sua vez, mais sensato e precavido, respondeu da cama de hospital elogiando-a pela qualidade do número mais recente de *Lo Stile*, apontando alguns erros, mas também fazendo comentários esperançosos sobre a continuidade do trabalho.[44] Contudo, as reclamações dela sobre Ponti de algum modo acabaram convergindo com a avaliação de Pagani, que, após ter alta do hospital e retornar a Milão, demitiu-se do cargo de editor-chefe de *Lo Stile* assim que o trigésimo número da revista foi publicado, em junho de 1943.

Apesar dos dias claros e longos, aquele verão anunciava um período sombrio na vida de Lina Bo e uma fase conturbada na vida política do país. Depois que os Aliados conquistaram a Sicília, em 10 de julho, e foram avançando aos poucos para o norte, as forças nazistas se deslocaram para a península. Em especial, foi um período crítico para Milão. Crescia a insatisfação geral contra a vaidade e os esforços megalomaníacos de Mussolini para promover uma guerra que subordinara toda a nação ao regime alemão. O Grande Conselho do Fascismo se reuniu em Roma, em 24 de julho de 1943, e votou uma moção de não confiança em Mussolini, que foi preso no dia seguinte, levando oficialmente ao fim do regime fascista, porém não a relação oportunista entre o duce e Hitler.[45]

Lina se lembrava dessa data com ironia: "25 de julho de 1943: O fascismo cai. E lá se vai a história da geração de 1900: [o filósofo Benedetto] Croce etc., a geração feliz".[46] Em seu lugar, uma sensibilidade anti-idealista, existencialista, enraivecida e melancólica emergiu lentamente no país, sobretudo entre os intelectuais, cineastas e arquitetos. Para piorar a situação, a paisagem de Milão tinha sido reduzida a uma imagem desesperadora. A cidade havia sido bombardeada de maneira sistemática pelas Forças Aliadas entre julho e dezembro com o objetivo de tentar conter a ocupação nazista no norte do país, tendo como alvo áreas urbanas estratégicas. A maioria dos ataques consistia em bombardeios consecutivos e em rajadas de metralhadora que ocorriam logo que o sol se punha.[47] As luzes da cidade e a catedral alta, próxima à casa e ao escritório de Lina, eram as principais referências visuais do ponto de vista aéreo. Para se proteger, a prefeitura havia estabelecido, desde o início da guerra, uma política de semiapagões ao anoitecer, seguidos de escuridão total durante a noite. Apesar dessas medidas e do crescente racionamento de alimentos, combustível e bens materiais, a vida cotidiana de Bo Bardi prosseguiu razoavelmente inalterada até que o ataque dos

Aliados foi retomado, encontrando uma cidade que havia adiado a complexa e onerosa construção de abrigos públicos antibombas com penosas consequências.[48]

Várias das noites de verão escuras, silenciosas e sufocantes de agosto de 1943 foram interrompidas pelo soar do alarme que informava que as pessoas deveriam se proteger ou correr para os poucos abrigos antiaéreos existentes. Lina, como muitos dos que haviam permanecido na cidade, acordou de sobressalto durante a noite de 8 de agosto, tendo de procurar refúgio antes que seiscentos edifícios fossem destruídos, causando quatrocentas mortes. Logo depois, entre 12 e 16 de agosto, Milão passou a ser alvo de bombardeios todas as noites por volta de uma hora da madrugada. O cenário era assustador: grande parte do centro histórico em chamas, a cidade engolida pela fumaça, muitos edifícios reduzidos a escombros.[49] Ao acordar na manhã de 13 de agosto, Lina descobriu que seu velho edifício, com um pátio acolhedor e uma fonte na Via Gesù, número 12, onde certa vez ela e Carlo teriam se beijado — pela primeira vez, conforme ele a lembrou de maneira ambígua em uma de suas cartas —, tinha sido gravemente danificado.[50] Sob os escombros, jazia grande parte dos trabalhos que eles tinham feito para clientes e para várias revistas, incluindo a *Lo Stile*.[51]

Mais devastação ocorreria nos dias e nas semanas seguintes. Bairros inteiros foram destruídos; nem mesmo monumentos históricos, como a catedral, o teatro Scala, a igreja de Santa Maria delle Grazie, projetada por Bramante, e o castelo Sforzesco foram poupados. O fornecimento de alimentos se tornou escasso. O sistema de bondes e trens estava destruído. Milhares de pessoas perderam suas casas. Os jornais continuaram a circular com tiragens limitadas por causa da dificuldade de se conseguir papel. No inverno, muitas árvores em parques, quintais e ruas foram cortadas para fornecer combustível para uso doméstico. A cidade havia se reduzido a uma sombra do que fora antes, e isso pesou profundamente no espírito de Lina.

Aos devastadores ataques desferidos pela força aérea britânica contra Milão durante aquele verão seguiu-se a esmagadora ocupação alemã. No início de setembro de 1943, a Itália assinou um armistício com as Forças Aliadas, que foi de imediato rebatido pelo avanço das tropas alemãs no norte e no centro do país. Com isso, Mussolini acabou confinado às margens do lago de Garda, no seu Estado fantoche, a República Social Italiana (RSI), apelidada injuriosamente República de Salò.[52] Nesse período, ex-soldados italianos, prisioneiros de guerra e as tropas clandestinas antiocupação, os *partigiani*, começaram, com cautela, a ser atraídos para a ação política, em particular pelo Partido Comunista Italiano e seu líder Palmiro Togliatti. Juntos, eles organizaram uma eficiente coalizão antifascista, o Comitê de Libertação Nacional, que levou à criação do movimento de Resistência, ao qual mais tarde Carlo Pagani se associou e que Lina passou a admirar.

Sua decisão, junto com Pagani, de deixar a *Lo Stile* nesse período era arriscada em termos profissionais, mas não foi tomada em vão. Com o escritório destruído, eles tiveram de dispensar uma fonte de renda substancial, mas logo se envolveram em novas empreitadas editoriais e pessoais, incluindo observar de perto a cena política em transformação. Ainda naquele verão de 1943, depois de retornar do front, Pagani havia viajado por pouco tempo a Roma para se encontrar com Gianni Mazzocchi,[53] editor-chefe da revista *Domus*, que nos meses anteriores tinha perdido editores importantes para a guerra. Pagani estava desempregado e tinha o currículo adequado para ocupar aquele cargo de liderança, incluindo sua ampla experiência com diversas publicações. No entanto, havia um problema. Ele ainda era oficial do Exército e havia se recusado a aderir à República de Salò, decisão que o colocava na clandestinidade, ficando sujeito a toques de recolher e a constantes operações combinadas entre as tropas nazistas e fascistas.[54] De pronto, Carlo encontrou uma solução que muito beneficiou Lina: propôs a Mazzocchi que ela se juntasse a ele como coeditora da revista.

Ironicamente, os infortúnios provocados pela ocupação alemã e a desvantagem de ser mulher em um ambiente profissional dominado por homens jogaram a seu favor num momento de grande fatalidade. Por causa da destruição parcial de sua sede, o escritório editorial da *Domus* havia sido transferido para Bergamo, a uma hora de trem a leste de Milão, sofrendo menos com os ataques aéreos. O fato de ser mulher permitia que Lina se deslocasse entre uma cidade e outra sem levantar suspeitas sobre o tipo de informação que estaria levando em sua bagagem, quando guardas nazistas passassem em revista à procura de material considerado subversivo. Pagani improvisou um escritório em sua casa, na Via Borgonuovo, número 9, em Milão, onde eles continuaram a exercer algumas de suas atividades profissionais e também a receber amigos,[55] enquanto alternavam suas viagens entre as duas cidades lombardas.[56]

Aos trinta anos, Lina Bo apareceu pela primeira vez como coeditora da *Domus*, em janeiro de 1944. Sem dúvida, era uma grande conquista para uma jovem arquiteta. Pouco tempo antes, Mazzocchi publicaria dois artigos produzidos por ela e Pagani, apresentando-os ao público apenas com suas iniciais e testando a recepção da ideia de criar uma série de ensaios organizados em torno de temas específicos, intitulada *Quaderni* [Cadernos]. Nos dois casos, eles repetiram a prática de copiar e colar materiais de outras publicações — nem sempre fornecendo as fontes. A grande mudança se deu ao se afastarem da ideia de *italianità*, agora comprometida com as memórias do fascismo, para abordar exemplos de relações entre arquitetura, cotidiano e natureza.

A edição da *Domus* de novembro de 1943 incluiu o artigo "Architettura e natura; La casa nel paesaggio"[57] [Arquitetura e natureza; A casa na paisagem], com uma introdução de página inteira assinada apenas como L. B., anunciando o sistema híbrido de valores que Lina materializaria em seus trabalhos maduros no Brasil. Esse artigo dialogava com a redescoberta dos escritos do filósofo iluminista Marc-Antoine Laugier,[58] que idealizava a cabana primitiva como paradigma da autêntica morada, feita pelos arquitetos de sua geração à procura de alternativas ao racionalismo. Influenciada por aquele debate, Lina declarou: "O instinto primordial do abrigo que inspirou a cabana feita de palha e galhos, os refúgios cônicos e cúbicos em blocos de pedra, pode ser encontrado hoje na evolução das casas".[59] No entanto, em vez de procurar ilustrações europeias para o artigo, sua introdução foi seguida de várias páginas com fotografias retiradas anonimamente da revista modernista *California Arts and Architecture*, que havia feito a cobertura da exposição Western Living [O modo de morar do Oeste], organizada um ano antes por Grace Morley, diretora-fundadora do Museu de Arte Moderna de San Francisco.[60]

A segunda publicação-teste, em dezembro de 1943, começou com o ensaio intitulado "Alla ricerca di una architettura vivente" [Em busca de uma arquitetura viva], que era, na verdade, uma tradução literal para o italiano do livro de 1939 do arquiteto suíço-americano Albert Frey, *In Search of a Living Architecture.*[61] No centro da primeira página do artigo, quatro tímidas iniciais — L. B. C. P. — aparecem na vertical, sugerindo de maneira ambígua que os coeditores da *Domus* eram os autores do ensaio, enquanto o nome de Frey e o título do livro apareciam apenas na pequena bibliografia no topo da página seguinte. Para ilustrá-lo, Lina fez desenhos coloridos a partir dos desenhos em preto e branco preparados por Frey, mostrando conceitos abstratos de forma e espaço.

Ainda que a maior parte desses dois artigos inaugurais não fosse originalmente produzida pelos dois jovens editores, eles reforçavam o princípio ideológico que reemergiu durante e após a Segunda Guerra Mundial de que o racionalismo podia e devia ser legitimado em relação à simplicidade da arquitetura tradicional e popular, e não mais vir de uma agenda cultural clássica e nacionalista. Suas escolhas editoriais não deixam dúvida sobre sua ênfase na continuidade entre tradição e modernidade e a relação entre arquitetura e paisagem, abrindo caminho para introduzir a noção naturalista de arquitetura orgânica proposta por Frank Lloyd Wright e, mais tarde, legitimada pelo arquiteto e crítico Bruno Zevi e com significativa ressonância no pensamento que Lina veio a desenvolver no Brasil.

Em parceria com Pagani, ela editou doze números da *Domus*, com uma grande variedade de artigos, sempre no árduo contexto do fim da Segunda Guerra Mundial. Lina usou mais uma vez suas habilidades gráficas para recortar, colar e retocar imagens e para diagramar páginas. Propôs recursos inovadores de desenho gráfico, como o seu recorrente croqui de uma mão com o dedo indicador apontando para partes da página que deveriam ser enfatizadas, imagem que permaneceu como sua marca pessoal por toda a vida. Quando se sentia confiante, dirigia o dedo para seus alvos críticos. Quando estava ansiosa ou angustiada, voltava-o de maneira inconsciente para si própria.

Além de aprimorar sua experiência profissional, Lina Bo também participou do debate revisionista que tinha a reconstrução do pós-guerra em seu horizonte. Com Pagani ao seu lado, usou a revista para cobrir assuntos como arquitetura residencial, artes decorativas e arte em geral, promovendo a relação entre a arquitetura rural e o racionalismo. Por exemplo, publicaram uma casa híbrida projetada pelo arquiteto suíço Max Bill em Bremgarten,[62] que ele construíra improvisando com técnicas simples e materiais naturais muito semelhantes aos empregados por Lina nos primeiros esboços que ela produziu para sua própria casa no Brasil, no início dos anos 1950. Além disso, publicaram um artigo não assinado, curto e provocador intitulado "Case sui trampoli" [Casas sobre palafitas]. Agrupando imagens e citações, propunham uma analogia entre casas funcionalistas, com estrutura leve e sobre pilotis projetadas por Le Corbusier e Albert Frey, e uma pequena casa de madeira construída por um pescador sobre estacas de madeira. Segundo eles, a simples cabana mostrava "os atributos e as proporções da mais expressiva arquitetura moderna".[63]

A revista *Domus* circulou mensalmente durante todo o ano de 1944, apesar dos crescentes problemas econômicos e técnicos causados pela ocupação alemã, que por fim interromperam a publicação em 1945. Em sua maior parte, Bo e Pagani mantiveram um discurso neutro e a favor da modernização dos repertórios arquitetônicos, sem se engajar em questões políticas. A única exceção a essa neutralidade foi a série *Quaderni di Domus*, que conceberam como uma linha editorial independente e crítica. Em vez de mostrar e descrever projetos residenciais, aqueles encartes — impressos de forma emblemática em papel craft no meio da revista — discutiam tópicos atuais, como habitação e vida cotidiana, incluindo, por exemplo, a reportagem de Luciano Canella e Renato Radici "Centri di attesa per 'senza tetto'" [Abrigos para os "sem-teto"]. À medida que a guerra se aproximava de um final dramático para a Itália, Lina Bo se envolvia com a dura realidade à sua volta e em todo o país. Sentiu-se compelida a rever suas crenças e seu discurso profissional, embora outras duas décadas ainda fossem necessárias para que ela virasse esse sistema de valores completamente do avesso.

OS MAIS INCRÍVEIS VAGABUNDOS

Os ataques aéreos a Milão, a esse ponto, tinham como alvos principais fábricas, infraestruturas estratégicas na periferia urbana e a circulação de trens de carga. Durante o período final da guerra, o centro da cidade sofreu danos físicos menores, pois já havia sido dilapidado de maneira considerável por bombardeamentos anteriores. Contudo, a vida cotidiana continuava difícil. Tudo era racionado: papel, gás, comida e o suprimento de bens de consumo em geral. Milhares de famílias e indivíduos ficaram desabrigados, incluindo alguns dos amigos de Lina. Dada a situação de risco, a família de Alberto Mondadori se ofereceu para hospedar Lina Bo temporariamente em sua *villa* em Miena, no Lago Maggiore, depois que os pais dela se mudaram de Milão, deixando o Palazzo Bolchini vazio.[64] O Exército alemão tinha ocupado o térreo do edifício com uma de suas centrais de comunicação, e Enrico Bo acabou concordando que Lina oferecesse seu apartamento no andar superior para abrigar alguns de seus amigos que precisavam de uma casa temporária. Logo, o grande espaço se tornou um refúgio para jovens artistas, como os pintores Fabrizio Clerici e Felicità Frai, o escritor Raffaele Carriere e, por um curto período, sua companheira Carla Marzoli. Lina costumava chamá-los de *sfolatti* [desabrigados] e também, por brincadeira, de "os mais incríveis vagabundos".[65] Eles ocuparam os aposentos mais seguros, no fundo do apartamento, improvisando lugares para dormir e trabalhar. Já que o estúdio na Via Gesù tinha sido destruído, quando Lina vinha à cidade, ela desenvolvia com Carlo a maioria dos seus projetos para a *Domus* entre o escritório improvisado do amigo na Via Borgonuovo e o apartamento dos pais dela na Piazza Francesco Crispi.

Com tantos sentimentos difíceis e tanta gente jovem à procura de distração, o apartamento logo se transformou num lugar para muitas noitadas. A tensão emocional, a ameaça de bombas e a proximidade das forças nazistas eram fontes constantes de medo e de angústia. A comida escassa consistia em macarrão integral racionado, acesso limitado ou nenhum a carne e vegetais frescos e, no lugar de um farto minestrone, uma sopa de ervas com muita água. Mais tarde, Lina contou que, durante a guerra, tinha de escolher entre comer e beber. Sem alimento, paz ou conforto, a alternativa foi clara e perene: ela logo encontraria consolo no álcool para compensar as dificuldades emocionais, hábito que manteve ao longo da vida. Diversão e bebedeiras se tornaram cada vez mais um modo de lidar com as privações materiais e emocionais, amplificadas pelas incertezas da guerra. A atmosfera geral do apartamento era mais festiva que produtiva, e Raffaele Carriere decidiu chamá-lo de Pensione Eldorado,[66] que eles comparavam a um caravançará, um alojamento temporário islâmico para viajantes distantes.[67] Lina gostava de contar que "para quebrar o gelo de uma noite de guerra, tediosa e escura, Carriere se vestiu como uma mulher grávida bem pouco convincente, junto com Clerici, que se fantasiou de vidente". Ela convenceu Carriere a substituir o vaso caro que estava usando para simular a gravidez por uma almofada, e inclusive o ajudou a melhorar seu traje. Essa noite de brincadeiras terminou com uma saída para festejar.[68] Depois de ouvir algumas dessas histórias, P. M. Bardi, que já se fazia presente na vida de Lina, escreveu uma carta a ela, de Roma, em tom de desaprovação, dizendo: "Disseram-me que coisas terríveis estão acontecendo na sua casa".[69]

Lina guardou uma fotografia de uma dessas noites de drama e folia, em que ela aparece com uma maquete de caravela na cabeça, como se fosse um chapéu burlesco. Mas nem tudo era festa na Pensione Eldorado. Muitas vezes, assim que o alarme anunciava a iminência de bombardeios, eles tinham de largar tudo e ir para um dos abrigos locais. Esses lugares aterrorizavam Lina, que resistia a deixar o apartamento.[70] Certa vez, ela e Clerici levaram tanto tempo para sair que tiveram de descer a rua correndo, esbaforidos, para o abrigo. Ele, de repente, parou-a no meio do caminho, rindo de nervoso e dizendo que eles pareciam aquelas figuras desajeitadas que costumavam estampar a capa do suplemento dominical do *Corriere della Sera*. O jornal enviava seus fotógrafos para documentar pessoas fugindo pelas ruas em momentos de desespero e, naquele momento, eles se viram na mesma situação. Depois de se acalmar, alcançaram a Piazza della Scala, a poucas quadras do apartamento, mas encontraram as portas do abrigo fechadas. Só conseguiram entrar depois que Clerici mentiu, insistindo que tinham sido enviados por um burocrata fascista.[71] Não eram só eles que hesitavam em ir para os abrigos antibombas. Em Milão, buscar refúgio no subsolo durante a guerra era um dilema comum entre os residentes que tinham permanecido na cidade. Quando o alarme soava, eles fechavam as cortinas, bloqueavam o gás e apagavam as luzes. Muita gente saía correndo de seus apartamentos para compartimentos nos próprios edifícios ou para abrigos públicos na vizinhança. Contudo, muitos vacilavam com medo de ficarem presos sob os escombros.[72]

Apesar de toda a diversão e das bebidas, Lina Bo só sentia um alívio temporário da tensão psicológica que havia aumentado com a guerra, o que deu margem a inúmeras crises emocionais nunca tratadas, que se manifestaram ao longo de sua vida. Ela se lamentava, já distante no tempo, que "aqueles que deveriam ter sido anos de sol, céu azul e alegria, eu passei debaixo da terra, correndo e me protegendo de bombas e de metralhadoras".[73] A suscetibilidade emocional de

Lina Bo em uma das noitadas com seus amigos no apartamento apelidado de Pensione Eldorado, *c. 1944.*

Lina durante a guerra teve impacto negativo em sua produtividade, em especial nos períodos em que teve de tomar a frente da responsabilidade do trabalho realizado com Carlo, dado que ele havia se envolvido com o movimento de Resistência e procurava passar despercebido. Lina tinha dificuldade em cumprir os cronogramas e recebia cartas constantes de editores cobrando a entrega de trabalhos e reclamando de seus atrasos.[74] Carlo apoiava o avanço da carreira dela, mas não estava satisfeito com sua inabilidade para lidar com prazos, pressões e situações difíceis. Ele julgava o comportamento dela como caprichoso e chegou até a questionar sua ética no trabalho. Apesar de ter afirmado, em suas notas biográficas, que o trabalho, naquele período, ia "das oito da manhã até meia-noite, incluindo sábados e domingos",[75] ele a corrigiu, insinuando que "ela sabia bem como encontrar tempo livre".[76] E Carlo não estava sozinho em sua avaliação. Valentino Bompiani, influente editor milanês, que a conheceu nessa época por intermédio da família Mondadori, costumava chamá-la, irônica e sugestivamente, "*la dea stanca*" [a deusa cansada], admirável e melancólica.[77]

SOBREVIVER, DE PREFERÊNCIA ILESA

Enfrentando dificuldades pessoais e profissionais, o trabalho editorial de Lina com Carlo para a *Domus* não durou muito. Apesar do temperamento dela ou da ausência dele, foram o custo crescente de produção e os problemas que a revista enfrentava com a censura nazista que levaram a publicação a ser interrompida. Carlo havia apoiado de imediato os esforços dos *partigiani* desde a queda de Mussolini, mas não Lina — ela precisou de mais tempo para desenvolver uma consciência crítica da gravidade da ocupação alemã no norte da Itália. Segundo um relato dela no final de sua vida, um acontecimento específico teria provocado sua mudança radical de perspectiva na época em que o comando nazista mantinha um posto de comunicação no térreo do Palazzo Bolchini. Durante aquele período, ela havia conhecido um dos oficiais alemães que costumava tocar um piano deixado no saguão. Lina gostava de escutá-lo, e chegaram a trocar algumas palavras, até que, certo dia, ele a convidou para visitar suas instalações. Ao segui-lo, ela se viu face a face com Joachim von Ribbentrop, o sanguinário ministro do Exterior alemão. Chocada com o encontro, percebeu que a situação era bem mais grave do que havia imaginado.[78] Depois disso, começou a escutar com mais atenção seus colegas e a se engajar na escrita de textos críticos. Como era o braço editorial de Pagani na *Domus*, passou a ver com outros olhos a censura que a polícia política nazista impunha à revista. No final de 1944, vivenciou diretamente a censura imposta a um artigo que alertava sobre o plano de um engenheiro alemão para construir cidades subterrâneas para proteger, como dizia o texto, "os traidores da vida e da humanidade".[79] Sob esse clima ameaçador, Pagani sugeriu a Mazzocchi que suspendesse a publicação em dezembro, até que a situação melhorasse. Assim, a *Domus* deixou de ser publicada em 1945 e só foi retomada após o fim da guerra, em janeiro de 1946, com uma nova linha editorial, dessa vez coordenada pelo arquiteto Ernesto Nathan Rogers e dedicada ao tema "a casa do homem", que veio constituir o novo subtítulo da revista.

O término do contrato de Lina Bo com a *Domus* foi acompanhado de mudanças políticas, mas também de novas oportunidades culturais nutridas pela crescente expectativa do fim da guerra. Opiniões combativas, que haviam sido reprimidas, voltaram pouco a pouco a emergir. Com elas, por algum tempo, ganharam nova vida os esforços de Giuseppe Pagano, que vinha revisitando o tema da arquitetura rural que havia advogado em meados da década de 1930 com Enrico Persico, antes de seu assassinato num campo de extermínio, em abril de 1945. Nessa altura, o movimento político paralelo e subterrâneo de oposição ao nazifascismo já estava em curso, em especial no norte do país.

A Resistência estimulou um grande número de cidadãos comuns e intelectuais progressistas, inclusive vários arquitetos, a atuar de maneira clandestina junto aos *partigiani*. Sua ação coesa e combativa contribuiu de forma significativa para a libertação do país, associada a valores como liberdade, democracia, humildade, honestidade, modernidade e abertura política, responsáveis por nutrir a confiança na criação de um novo país e de uma nova ordem social.[80] Lina simpatizava com suas ações e retórica, sem se envolver na luta direta. Ela descrevia sua experiência durante aquele período de maneira heroica, transformando a memória de seus desafios em uma odisseia existencial. Segundo escreveu: "Em tempo de guerra, um ano corresponde a cinquenta anos [...]. Entre bombas e metralhadoras, tomei consciência da situação: o importante era sobreviver, de preferência ilesa; mas como? Senti que o único caminho era o da *objetividade* e o da *racionalidade*, um caminho terrivelmente difícil quando a maioria opta pelo 'desencanto' literário e nostálgico". Em seu habitual modo hiperbólico e impreciso, ela concluiu: "Entrei na Resistência, com o Partido Comunista clandestino.

Só via o mundo em volta de mim como realidade imediata, e não como exercício literário abstrato".[81]

Aquelas afirmações expressavam mais uma fantasia retrospectiva que de fato a sua experiência. Elas dissimulavam a complexa reação emocional de Lina perante a guerra, buscando enobrecer uma posição política ainda ambígua e transformando-a de uma observadora periférica e admiradora, em si um ato de grande valor, a uma participante central e ativa do movimento. Com gravidade, ela recordava que, nesse período, "cada minuto vivido era uma vitória. Escondida, eu escutava a Rádio BBC de Londres, que, todos os dias, abria sua transmissão internacional com a *Quinta sinfonia* de Beethoven. Acompanhava atentamente as notícias sobre a heroica resistência em Stalingrado [entre o outono de 1942 e a primavera de 1943]".[82] Em outra ocasião, ela sugeriu que: "Após 1943 [...], eu me encontrei no centro de um importante movimento político-cultural. Conheci [o historiador da arte Raffaello] Giolli e [o romancista Elio] Vittorini depois que haviam saído da prisão".[83] Porém, até aquele momento, Lina admitia acreditar que "a arquitetura, a ciência e as artes podiam ser apolíticas. No meu pedido de inscrição no Sindicato dos Arquitetos Milaneses [em 1941], assinei com '*Saluti fascisti*' [Saudações fascistas], porque, sem isso, as cartas enviadas a Roma eram devolvidas ao remetente". [84] E completava sua declaração dizendo, sem procurar esconder a contradição, que "isso não quer dizer que eu tenha sentido qualquer tipo de remorso político".[85]

Carlo Pagani foi mais objetivo e ofereceu nuances sobre a posição dela quando leu as notas biográficas de Lina após a morte da amiga. Afirmou que a visão política dela "evoluiu com o tempo, tendendo à profunda revisão autocrítica" que os arquitetos italianos empreenderam no fim da Segunda Guerra Mundial, e "com grande ênfase na crítica social".[86] Nesse sentido, a visão política de Lina, na época, era mais retórica, o que se confirma por alguns de seus primeiros ensaios individuais, do que plasmada em ação política direta. Apesar de ela ter convivido de perto com membros ativos da Resistência e de ter dado a entender que usou o carro de sua família para, certa vez, ajudar alguns *partigiani* a cruzar a fronteira italiana, não foram encontrados registros que atestassem seu envolvimento direto nas atividades do movimento. Além disso, um fato documental confirma os comentários de Pagani: o nome de Lina Bo não consta da lista oficial dos arquitetos que participaram do Comitê de Libertação Nacional na Lombardia, como constam o dele próprio, de Piero Bottoni e de Enrico Peressutti.[87]

O que é certo é que Lina se engajou de maneira ativa no debate intelectual e arquitetônico que reemergia então na Itália, tanto na esfera privada quanto na pública. Desde 1944 e antes do fim da Segunda Guerra, à medida que o que restava do regime fascista desmoronava e a ocupação alemã parecia chegar ao fim, muitos arquitetos desenvolveram uma luta cultural paralela à libertação do país. Eles se tornaram cada vez mais sensíveis aos problemas que afetavam as populações urbanas que não tinham tido recursos para fugir da cidade para o campo. Com o aumento substancial de favelas nas periferias de cidades como Milão e Roma, causado pela massa de despejados pela guerra, os periódicos de arquitetura começaram a publicar artigos relatando suas condições e propondo soluções emergenciais para essa situação catastrófica.

Milão não havia se tornado apenas alvo de pesados bombardeios e de ações da Resistência, mas também palco de intensa renovação intelectual e cultural. Com o fim da guerra se aproximando, alguns grupos profissionais clandestinos e pequenas revistas de arquitetura e planejamento urbano começaram a aparecer. A raiva e a esperança incitaram esforços desses grupos para promover uma revisão esteticamente embasada do racionalismo e politicamente associada aos problemas urgentes de habitação e de urbanismo, assim como a condições específicas de diferentes populações e regiões da Itália. Esse estado de emergência também ofereceu elementos críticos para a nascente sensibilidade neorrealista dos anos do pós-guerra e para o interesse idealizado que ressurgia, entre os arquitetos, pelas construções rurais e pela vida cotidiana nos vilarejos de montanha.

Depois que a revista *Domus* foi suspensa, em dezembro de 1944, Lina Bo, Carlo Pagani, Pietro Maria Bardi e o escritor Rafaelle Carriere começaram a pensar em criar uma revista simples, de baixo custo, sobre assuntos italianos contemporâneos, mas seus planos tiveram que ser adiados por motivos financeiros. Ainda assim, eles não desistiram. Junto com alguns jovens arquitetos milaneses, começaram a se reunir de forma casual para discutir questões relacionadas à coordenação profissional.[88] Chamaram seu pequeno grupo de Organização de Arquitetos Associados e se encontravam no escritório que Pagani mantinha no número 9 da Via Borgonuovo.[89] Suas esperanças cresceram quando a derrota do nazifascismo começou a despontar no horizonte. Eles acreditavam, como Lina diria mais tarde, que "era preciso fazer alguma coisa para tirar a arquitetura do pântano [e para] levar o problema da arquitetura ao viver de cada um, de modo que todos pudessem se dar conta da casa na qual deveriam viver, da fábrica onde deveriam trabalhar, das ruas onde deveriam caminhar".[90] O grupo inicial acabou se transformando num movimento oficial. Apenas uma semana antes de Mussolini ser capturado e executado por alguns *partigiani* em 28 de abril de 1945, e de seu corpo e os de seus colaboradores próximos serem pendurados de cabeça para baixo num posto de gasolina em Milão,[91] um total de quinze arquitetos — incluindo Lina Bo — se reuniu para fundar o MSA — Movimento Studi Architettura [Movimento de Estudo pela Arquitetura, ou apenas Movimento Estudo Arquitetura].[92] Com grande idealismo, o grupo se antecipou à gigantesca tarefa de reconstruir o país, que era também uma fértil oportunidade de renovação profissional.

PRECISAMOS CRIAR CONSCIÊNCIA

A Itália se rendeu incondicionalmente às Forças Aliadas em 2 de maio de 1945, poucos dias após a execução de Mussolini. A sua participação na Segunda Guerra Mundial, que seria declarada concluída quatro meses mais tarde, tinha terminado, deixando o país numa situação social catastrófica. O número de mortes e a destruição física tinham sido menores do que na Primeira Guerra, porém seu efeito, mais estratégico e violento. Várias cidades e grandes extensões de áreas agrícolas tinham sido devastadas; muitas famílias estavam fragmentadas; a migração interna, a fome e o desemprego eram avassaladores. A Itália esteve muitas vezes na iminência de uma guerra civil, que só foi contida com o resultado republicano no referendo de 1946.[93] Em meio àquela situação, o jornal *Milano Sera* enviou Lina Bo, Carlo Pagani e o fotógrafo Federico Patellani a uma viagem para documentar áreas arrasadas em toda a península.[94] Lina guardou lembranças assustadoras da experiência: "Fazia uma semana que havia acabado a guerra e eu estava no meio do Exército americano. Foi aterrorizante! Não aconteceu nada por um milagre!".[95]

O objetivo dos jovens repórteres era chegar até o sul do país, mas no caminho cruzaram com tropas que deslocavam um amplo contingente de soldados, caminhões e armas na direção de Roma e do mar. O motorista contratado pelo jornal decidiu tomar um atalho pelas montanhas, o que não ajudou muito. Seu plano era contornar Roma por Martignano e cruzar as montanhas dos Abruzos até Ancona, na costa do Adriático, onde pegariam, por fim, os antigos caminhos romanos. A possibilidade de explosões das minas deixadas pelos alemães e pelos membros da Resistência exigia cuidado dobrado e tornava a viagem tensa.[96] Muitas estradas estavam bloqueadas e, em determinado momento, Lina e seus companheiros se viram em meio a dois tanques. Ela ficou apavorada e, mais uma vez, teve uma crise nervosa. Juntos, decidiram não continuar. Em vez de encontrar as fontes concretas de renovação esperadas pelos membros do MSA para promover a revisão da arquitetura moderna com significados locais e autênticos, só encontraram devastação. Lina voltou a Milão extremamente decepcionada com a situação e com as perspectivas para o futuro. Sua viagem pela Itália com Pagani e Patellani teve um resultado sombrio, e eles nunca publicaram a reportagem. Contudo, ela guardou algumas fotos da viagem que mostravam edifícios históricos destruídos, escombros e uma imagem que enquadrava uma parede espessa com um grande rombo causado por uma bomba, que curiosamente lembra as janelas irregulares que ela desenharia em seus projetos tardios no Brasil.[97]

Apesar dessa experiência dramática, nem todos perderam a esperança. Foi nesse contexto que se consolidou uma sensibilidade estética fundada em realidades imediatas e que influenciou amplamente a cultura italiana. Tanto a arquitetura e o planejamento urbano como a literatura, a arte e o cinema não tardaram a voltar sua atenção para o estado emergencial do país. O investimento em ação humanitária, a crença romântica na benevolência inerente das pessoas simples e a imersão nos aspectos frugais da vida cotidiana nutriram o sentimento neorrealista como antídoto a duas décadas de governo fascista. No centro dessa nova cultura estava o esforço de reconstrução, que visava restaurar obras e locais significativos e recompor politicamente a base do regime democrático a partir das ruínas do regime autoritário. À medida que os arquitetos buscavam uma nova ideologia para a modernização de sua profissão, incorporaram essa sensibilidade, cada vez mais generalizada, acionada pela redescoberta de práticas e de valores locais enraizados nas diferentes regiões da Itália.[98]

Com essas aspirações em mente, o recém-criado MSA cresceu e se tornou cada vez mais ativo em Milão, colocando no centro de suas pautas a preocupação com a provisão de habitação digna em grande escala e a responsabilidade social da profissão. Enquanto isso, o nascente debate arquitetônico em Roma orbitava em torno da figura entusiasta de Bruno Zevi, com quem Lina Bo e Pagani terminariam se associando através de contatos mútuos com Pietro Maria Bardi. Zevi tinha voltado havia pouco tempo dos Estados Unidos e fundado a Apao — Associazione per l'Architettura Organica [Associação pela Arquitetura Orgânica], que incluía algumas mulheres arquitetas.[99] Apesar das diferenças entre os dois jovens grupos, tanto os membros da Apao quanto os do MSA compartilhavam a busca por

Lina Bo celebrando o fim da Segunda Guerra pelas ruas do bairro milanês da Baia del Re, 1945.

um novo discurso e uma nova prática na arquitetura, bem como da melhoria das condições de vida para a formação de uma sociedade democrática.[100] E nesses dois casos — mais que em sua suposta participação mítica na Resistência — Lina exerceu um papel significativo, um aspecto que ela subestimou em suas memórias.

O principal desdobramento de sua participação nesse debate arquitetônico emergente foi sua contribuição para um amplo encontro profissional que ocorreu em dezembro de 1945, com o propósito de discutir estratégias para a reconstrução italiana, o I Congresso Nacional para a Reconstrução de Edifícios.[101] O objetivo era reunir um grupo multidisciplinar e colaborativo de engenheiros, arquitetos, economistas e sociólogos, residentes em Milão, para estudar problemas referentes à recuperação das cidades italianas, desenvolvendo novos projetos e técnicas construtivas. Por fim, esperavam conseguir o apoio dos cidadãos italianos, fomentando a realização de outras reuniões pelo país.

Como planejado, cerca de oitocentas pessoas se encontraram entre 14 e 16 de dezembro de 1945 na Sala del Gonfalone, no castelo Sforzesco, no centro de Milão, que havia sido gravemente danificado pelos bombardeios dos Aliados. O arquiteto Ernesto Nathan Rogers ficou encarregado da apresentação do encontro. Seu discurso teve um tom urgente, dramático e direto, alertando o público para o fato de que os interesses privados não deveriam se sobrepor aos coletivos. Sua fala foi seguida de uma intensa lista de apresentações, ocorridas durante os três dias de convenção e abrangendo diversos assuntos, que iam de modelos de planejamento urbano e da experiência do pós-guerra em outros países europeus até a preservação histórica e os programas habitacionais, além de questões legais, políticas e administrativas.[102]

Aos 31 anos, Lina Bo era a única mulher a fazer uma apresentação oficial no encontro — sua primeira comunicação pública para uma plateia daquele porte. Fez uma fala breve mas incisiva, enfatizando a importância de envolver a imprensa e a opinião pública no processo de decisões sobre a reconstrução, assim como na difusão de valores democráticos. Durante dez minutos, abordou a importância de educar novos públicos, insistindo que "é necessário inflamar [a opinião pública], criando interesse por tudo o que a Itália precisa fazer".[103] Sua apresentação tinha o mesmo vigor intelectual contestador da revista de baixo custo que ela começara a preparar com Bruno Zevi e Carlo Pagani, e que seria lançada poucas semanas depois, representando as aspirações dos líderes da Apao e do MSA. Acompanhando o tom profético da nova temática editorial de Nathan Rogers na *Domus*, da qual havia recentemente se tornado editor, ela declarou: "Precisamos criar consciência sobre a casa do homem, que é a base de qualquer civilização",[104] sugerindo de forma otimista que a arquitetura era o norte para a vida e a sociabilidade humanas.

O envolvimento de Lina Bo com os movimentos arquitetônicos em Milão foi diminuindo de maneira gradual depois de sua apresentação na convenção de dezembro de 1945. A partir de então, ela começou a passar cada vez mais tempo em Roma com Pietro Maria Bardi. Ele havia inaugurado, em 5 de maio de 1944, um mês antes da chegada das Forças Aliadas na cidade,[105] uma nova galeria de arte privada, o Studio d'Arte Palma, e Lina decidiu colaborar com ele logo após o fim da guerra.[106] O relacionamento entre os dois estava se firmando, e fizeram naquele verão uma pequena viagem à ilha de Giglio, próxima à costa da Toscana. Nas fotos de um passeio de barco que Lina guardou dessa excursão, seu rosto jovem e sorridente brilhava de novo, depois de tantos anos de aflição. A galeria de Pietro também estava luminosa. O espaço amplo, sóbrio e elegante era circundado por paredes brancas, pisos de granilite, cavaletes e pinturas.[107] Para um homem que havia combatido as preferências arquitetônicas de Piacentini, era paradoxal que sua galeria se situasse num novo edifício projetado pelo famoso arquiteto, em seu monumental *stile littorio*. O negócio de Bardi ficava acima de uma *loggia* majestosa, no primeiro andar do número 32, a leste da Piazza Augus-

Lina Bo em companhia de Pietro Maria Bardi durante excursão que fizeram a Isola del Giglio, c. *1945.*

to Imperatore.[108] As amplas janelas da galeria davam para o Mausoléu de Augusto, em grande parte restaurado.

Com a ensolarada e ao mesmo tempo sombria paisagem de Roma despontando nas janelas, Pietro começou a falar sobre a possibilidade de expandir os negócios de sua galeria de arte no exterior. Havia pouco dinheiro no falido mercado de arte europeu, e a América do Sul contava com elites capitalistas emergentes — algumas de ascendência italiana — ávidas por investir em bens artísticos e empreendimentos culturais cosmopolitas. Ele já havia visitado o continente no início dos anos 1930 e estava considerando continuar a explorá-lo comercialmente. Também o preocupava o efeito de suas relações anteriores com o regime fascista, uma vez que, depois do fim da guerra, a incerteza, as acusações recíprocas e a vingança política haviam se generalizado na Itália.[109] Talvez um país da América do Sul pudesse oferecer uma solução temporária segura e lucrativa para esses problemas. Lina começou a alimentar a ideia de viajar com ele e buscar novos horizontes. "O importante é recomeçar com a bagagem que pode ser salva", declararia ela mais tarde em tom de desabafo.

Durante o período em que transitou entre Roma e Milão depois do fim da guerra, Lina Bo realizou suas últimas colaborações com Carlo Pagani. Com um pé de volta na capital, ela também colaborou com Bruno Zevi, animada por uma intensa troca intelectual. Com o término do conflito, antes de oferecer o cargo a Ernesto Nathan Rogers, Giannni Mazzocchi havia convidado Pagani a retomar a publicação da *Domus*, mas em vez de aceitar a proposta, Pagani sugeriu publicar o projeto alternativo que ele, Lina Bo e Pietro Maria Bardi vinham discutindo informalmente desde 1944 com seus amigos Raffaele Carriere, Elio Vittorini e Irenio Diotallevi.[110] Carriere não prosseguiu com o projeto, e Bardi, Vittorini e Diotallevi logo recuaram para a posição de colaboradores, mas Pagani e Bo foram adiante e decidiram incluir Bruno Zevi no corpo editorial, em vista de suas boas conexões e dos objetivos comuns entre o MSA e a Apao. Os dois amigos tinham sido apresentados a Zevi por Bardi, que o recebeu em Roma e o introduziu no meio profissional italiano quando ele retornou de seus estudos em Harvard.

Zevi era um pouco mais jovem que Bo e Pagani, mas muito ativo e eloquente. Era um membro atuante do Partito d'Azione (Partido de Ação), antifascista; começara a publicar a revista *Metro*, que era pró-reconstrução; e, por ter dupla nacionalidade, também estava trabalhando para o Serviço Secreto dos Estados Unidos (Usis, na sigla em inglês) como oficial de engenharia do Exército. Com apenas 27 anos, tinha publicado o livro *Verso un'architettura organica* [Por uma arquitetura orgânica], fundado a Apao e estabelecido uma ampla rede de colaboradores. Sua participação na revista seria estratégica, sendo ele de uma abastada família, para captar recursos e dar à publicação maior alcance nacional e internacional.[111]

Lina Bo iniciou a correspondência com Bruno Zevi em nome do grupo, ainda de maneira bastante respeitosa e sem conhecê-lo muito bem.[112] Ela lhe enviou sua primeira carta de Milão, em 6 de julho de 1945, duas semanas antes de uma viagem a Roma, elogiando seu recente livro por "tirar a arquitetura do pântano". Depois de relatar a intenção do grupo de criar "uma revista ou um jornal ao alcance de todos, e que atacasse os erros típicos dos italianos", ela sugeria que "se quisermos fazer isso, precisamos estreitar as conexões entre Roma e Milão".[113] Seu texto destacava que o programa que eles tinham em mente visava "tornar a arquitetura acessível a todos". Sintonizada com sua recente apresentação pública em Milão, anunciou a Zevi que "isso é o que pretendemos fazer através de nossa revista e por meio de uma propaganda justa".[114] Para Lina, a revista deveria ser uma colaboração entre arquitetos, jornalistas, escritores e artistas para "tratar de todos os problemas relativos à arquitetura; arquitetura como 'vida'", não hesitou em salientar.[115] Bruno Zevi logo confirmaria que concordava com ela.

No fim de agosto de 1945, Lina e Carlo viajaram a Roma e se encontraram com Bruno pela primeira vez para falar sobre a revista e planejar a logística da publicação e do contrato editorial. Em 15 de outubro, esboçaram um contrato com Gianni Mazzocchi propondo Carlo Pagani como editor-chefe em Milão, e Lina Bo, Bruno Zevi e Ortensio Gatti como membros da equipe editorial. Segundo o contrato, a revista, que se chamaria *A*, deveria ser uma publicação quinzenal de grande formato (27 por 36 centímetros), em papel fosco e impressa em duas cores. Deveria ter aquele título simples e evocativo e conter dezesseis páginas — metade do tamanho da *Domus* e da *Casabella* —, com anúncios limitados. Zevi só assumiria seu cargo oficial quando deixasse o trabalho no escritório da Usis e, nesse ínterim, figuraria como autor e coordenador da cobertura norte-americana. A galeria de Bardi deveria receber o mesmo valor que os diretores pelos "serviços especiais ao braço romano da revista", que funcionaria nos escritórios da Editoriale Domus em Roma.[116]

Mazzocchi aprovou o plano, mas com reservas, em vista da conjuntura de forte crise econômica, política e editorial na Itália. Um grande número de novas publicações proliferava no país, num contexto que era um misto de devastação e falta de recursos, e de impulso democrático e conservadorismo paralisante. Pagani encampou o projeto com sua seriedade e diligência prática habituais, mas imaginando, de maneira quase profética, que poucas dessas novas iniciativas editoriais sobreviveriam.[117] Zevi, ao contrário, mergulhou de cabeça, com muita confiança e irreverência. Escreveu uma carta imperiosa a Bardi, Bo e Pagani em 29 de outubro de 1945, insistindo que eles deveriam abandonar seus planos e suas visões de mundo anteriores e ocupar um espaço político que ficara vazio após a guerra.[118] Acima de tudo, ele via a revista como um instrumento para suas próprias ambições políticas e profissionais ligadas ao Partito d'Azione e à Apao.

A revista *A*, segundo Zevi, deveria apresentar uma "acusação violenta contra a cultura, o estilo de vida, o liberalismo, o socialismo tradicional, o falatório, o governo, [...] o pernicioso crocianismo e a não menos perniciosa Igreja católica. ACUSAÇÃO[119] deve ser nossa maior motivação, e a palavra ACUSAÇÃO começa com A".[120] Escreveu, de modo enfático, que "é necessário que nós, arquitetos ou homens da arquitetura, nos tornemos homens da cultura. Se a arquitetura é a expressão mais avançada [...], nós, junto com nossos amigos, devemos sair dos nossos escritórios e descer para a praça pública".[121] E eles de fato deram o primeiro passo nessa direção quando elegeram Lina Bo para representar seu plano de propaganda no I Congresso Nacional de Reconstrução de Edifícios, pouco tempo antes de a revista ser finalmente publicada.

O primeiro número saiu em 15 de fevereiro de 1946. O escritório editorial e de produção, chefiado por Carlo Pagani, mudou-se para a Editoriale Domus, na Via Monte di Pietà, número 15, em Milão, enquanto Bruno Zevi permaneceu em Roma, trabalhando para a Usis e supervisionando a pequena equipe do escritório local da *Domus* na Via Veneto, número 108. Lina Bo ficou em Milão até aquele verão morando com os pais, que tinham voltado para o Palazzo Bolchini após o fim da guerra. Há poucos registros do trabalho que ela de fato realizava para a revista, além de algumas ilustrações e das cartas iniciais. O trabalho editorial e gráfico estava oficialmente a cargo dos arquitetos Luciano Canella, Aldo Buzzi e Egidio Bonfante, e embora nenhum dos artigos fosse assinado por ela, muitos deles, em particular na sessão sobre casa e decoração, devem ter sido em parte, se não totalmente, esboçados por ela por se assemelharem bastante a seus projetos editoriais anteriores.

Segundo Pagani, que, em idade madura, recordava-se daqueles anos com certo ressentimento, a participação de Lina Bo na *A* nesse período havia sido limitada. Ele declarou também que ela tinha renunciado ao conselho editorial da revista em novembro de 1945 e voltou para Roma em fevereiro de 1946.[122] Ela de fato começara a viajar mais para Roma naquela época por causa de sua proximidade com Bardi, mas a afirmação de Pagani sobre sua decisão de se mudar de maneira permanente de Milão não está completamente de acordo com os fatos documentados. Por exemplo, seu nome continuou a figurar nos créditos da página de rosto da revista. Além disso, segundo a correspondência entre Zevi e Pagani, Lina Bo continuou a participar das discussões editoriais com seus usuais comentários mordazes, além de também desenhar vinhetas para capas de números posteriores da revista junto com seu pai.[123] Até mesmo aproveitou a oportunidade para ajudar na carreira do pai como pintor, incluindo-o na coluna de arte do primeiro número de *A* e anunciando a abertura da Exposição de Enrico Bo da Barbaroux em Milão, cujas pinturas ela descreveu como "uma expressão poética que é ao mesmo tempo ingênua e maliciosa".[124]

Lina Bo também posou numa página dupla central do número 8 da revista, no papel de uma designer de interiores fictícia que indica a um cliente imagens que ilustram um artigo não assinado, muito provavelmente de sua autoria. Esse pequeno artigo intitulado "In cerca di mobili" [À procura de móveis] lembra os que ela publicara antes com Pagani para *Lo Stile* e *Grazia*. Dessa vez, o texto acrescenta um toque humorístico ao seu tom pedagógico. Evoca a história de uma mulher jovem, moderna e urbana que olha pela janela de uma loja de móveis e pensa: "Eles são tão caros e feios! Tudo falso, antiguidade falsificada! Muitas mulheres como eu, que precisam decorar uma casa, querem móveis simples e confortáveis".[125] A personagem da história decide então procurar a ajuda de sua "amiga Giorgina, que é arquiteta e tem conhecimentos sobre casa e mobiliário". Giorgina, papel representado por Achillina Bo, aparece em uma fotografia mostrando à sua cliente exemplos de "móveis americanos, modulares e produzidos em série, como automóveis. Seu principal objetivo é ser útil", diz ela.[126] O alter ego de Lina, a arquiteta Giorgina, vai além na educação de sua amiga fictícia, ao repetir um argumento aprendido com Gio Ponti: "Devemos colocar os artesãos italianos em pequenas indústrias e ter os móveis projetados por especialistas técnicos, mas esta é uma longa história, e se você estiver interessada, podemos falar disso em outro momento".[127] Lina não esqueceu aquelas lições. Mais tarde, em sua carreira, iria tentar criar uma escola de design no Brasil para materializar aquelas ideias.

Em paralelo às suas contribuições a respeito de mobiliário doméstico e ilustrações para a revista *A*, Lina projetou um estande comercial para uma grande exposição sobre móveis populares que Carlo Pagani organizou para a União Italiana para Exposições de Mobiliário (Rima, na sigla em italiano), no verão de 1946. Esse foi o último grande trabalho independente que ela produziu na Itália antes de se mudar para o Brasil. A mostra ocorreu no Palazzo dell'Arte, edifício que tradicionalmente abriga a Trienal de Milão, e fez parte de um movimento que emergia em torno do mobiliário moderno italiano, baseado em conceitos de flexibilidade e economia de espaço e sob o slogan "uma casa melhor significa uma vida melhor".[128]

A exposição de móveis precedeu a primeira Trienal de Milão do pós-guerra, que reafirmava a necessidade de "uma casa para todos", nas palavras de seu curador-chefe, o arquiteto Piero Bottoni. Talvez seja por isso que, mais tarde, Lina tenha se equivocado com datas e eventos e dito, com suas usuais hipérboles: "Eu organizei uma Trienal, uma grande exposição para a Rhodia, a fábrica de seda francesa. Ah, Rhodia! Eles me pagaram bem e me deram um corte de tecido para um vestido vermelho. Era lindo, eu me lembro. E fiquei muito feliz".[129] No entanto, tal feito não ocorreu exatamente como ela descreveu. Ainda que tenha participado da exposição de móveis naquele pavilhão, a oitava exposição de desenho industrial na Trienal de Milão só aconteceu em 1947, quando ela já estava morando no Brasil.

O projeto de estande de Lina Bo para a exposição de móveis da Rima foi, na verdade, um showroom para o Rhodoïd, ou acetato de celuloide, um plástico não inflamável criado pelos laboratórios Rhône-Poulenc com celulose purificada uma década antes. Seu trabalho recebeu destaque na imprensa especializada. A revista *Domus* cobriu a exposição de mobiliário e ressaltou que seus objetivos principais eram a economia, a praticidade e o bom gosto.[130] A reportagem mostrou em conjunto o trabalho de três mulheres designers: a arquiteta Lina Bo e as artistas têxteis Gegia Bronzini e Fede Cheti, que se tornaram conhecidas pela pesquisa e pela produção de estampas modernas de tecido baseadas em tradições rurais de tecelagem. Em consonância com as vozes inovadoras da época, a exposição estava a serviço da educação de um grande público sobre as virtudes de combinar o conhecimento tradicional com a produção industrial para o uso doméstico.

A proposta de Lina Bo era quase literal e, ainda assim, muito imaginativa em seu uso de símbolos pedagógicos. Do estande só restaram fotografias em preto e branco, mas originalmente deve ter sido tão colorido quanto os croquis de estudo que ela havia preparado. Artesanato, arte e desenho industrial foram reunidos em uma única instalação, apresentada com a peculiar intuição estética de Lina e uma boa dose de irreverência. Vitrines modernas de madeira branca e vidro, junto com elegantes prateleiras suspensas, mostravam exemplos de usos possíveis de acetato de celuloide no centro do espaço, como numa galeria de arte. Em torno delas, Lina optou por evocar ao mesmo tempo ambientes de fábrica, rurais e escolares, já sugerindo os elementos e a metodologia de várias outras exposições que projetaria ao longo da vida. Contra a maior parede de fundo, instalou um painel coberto por um rolo aberto de tecido com um vívido padrão floral, que sugeria um campo primaveril, uma alegoria simples de tempos em transformação. Em lados opostos do painel, colocou uma árvore e uma série de mastros listrados coloridos típicos de festividades rurais, que se tornaram elementos recorrentes em toda a sua longa carreira curatorial. Perpendicular ao longo painel florido, dispôs um quadro-negro com amostras de desenhos e notas escritas com giz que explicavam a necessidade de escolher de maneira correta os tecidos para a casa. Como em vários artigos que ela produziu para *Lo Sitle* e *Grazia*, suas anotações no quadro-negro eram inequívocas. Escreveu, à mão, "Vi ricordate?" [Vocês se lembram?], e, em letras garrafais: "BASTA!", acusando o mau gosto de pessoas desinformadas e talvez registrando um desabafo por ter sobrevivido às agruras da guerra e até mesmo a uma juventude nem sempre feliz.

NÓS GOSTAMOS DELA MESMO ASSIM

Enquanto os projetos de Lina para o estande do Rhodoïd e a exposição de móveis ocupavam o Palazzo dell'Arte, a revista *A* apareceu pela primeira vez nas bancas, com uma linguagem visual marcante. Uma grande fotografia em preto e branco se apresentava como imagem de fundo e anunciava o assunto da página dupla central. Nela, uma jovem de cabelos loiros olhava pensativa para a maquete de uma casa pré-fabricada típica dos subúrbios americanos. No topo à esquerda, destacava-se o título em cores: uma enorme letra *A* em caixa-alta, incluindo as palavras *Attualità, Architettura, Abitazione, Arte* [Atualidades, arquitetura, habitação, arte]. Logo abaixo do título, uma chamada retangular trazia a pergunta: "Por que vivemos tão mal?". Ecoando as atividades que Lina Bo já havia desenvolvido, o parágrafo defendia: "Propomos criar em todo homem e toda mulher a consciência do que é a casa e a cidade; é necessário que todos conheçam os problemas da Reconstrução, porque todos, e não apenas os técnicos, devem colaborar [com ela]".[131]

O primeiro número de *A* começava com um pequeno artigo de Bruno Zevi com imagens impactantes de destruição e uma manchete identificando a bomba atômica como um problema cultural. O texto era impresso ao lado de uma reportagem de Irenio Diotallevi sobre o recém-realizado congresso para a reconstrução, no qual Lina Bo apresentara seu apelo ao engajamento público da causa dos arquitetos. Carlo Pagani escreveu um artigo relatando as condições trágicas dos desabrigados, da pobreza e da coabitação em Valmontone, cidade localizada a sudeste de Roma que havia sido destruída quase por completo pelos Aliados em janeiro de 1944. As fotografias catastróficas usadas para ilustrar seu primeiro artigo, assim como as de outros números da revista, eram aquelas tiradas por Federico Patellani em sua incursão recente com Lina e Carlo pelo país devastado. Como um antídoto àqueles problemas urgentes, vários artigos apresentavam exemplos de pré-fabricação nos Estados Unidos aliados a uma preocupação sobre a necessidade de encontrar soluções construtivas industriais, eficientes e racionais, do interior das casas à escala urbana. A última página de cada número se dedicava a personalidades culturais proeminentes, informações sobre concursos de projeto e anúncios oferecendo trabalho, assim como uma coluna polêmica intitulada "Sì & no", ao lado de tiras de quadrinhos e ilustrações irônicas sobre arquitetura. Esse formato e esse tipo de abordagem influenciaram, poucos anos depois, a criação da revista *Habitat* em São Paulo por Lina Bo, em parceria com Pietro Maria Bardi, além das crônicas culturais que ela desenvolveu sozinha, no fim dos anos 1950, para o suplemento dominical de um jornal de Salvador.

A revista *A* foi publicada quinzenalmente entre fevereiro e junho de 1946, com colunas temáticas regulares e o mesmo padrão gráfico, que usava preto e branco e uma cor chapada — com um tom diferente a cada quinzena. No entanto, a produção enfrentou problemas constantes de distribuição e vendas, além de ter recursos financeiros limitados. Zevi insistia que ela deveria ser um veículo cultural em vez de uma revista sobre habitação e mobiliário para arquitetos. Queria que ela fosse publicada semanalmente, com textos mais simples e sem as palavras "Atualidades, arquitetura, habitação, arte" na capa, pois, no seu entender, isso poderia limitar potenciais compradores.[132] Segundo ele, esse subtítulo deveria ser substituído pelo mais popular *Cultura della Vita* [Cultura da vida], que coincidia com o interesse inicial de Lina em abordar a arquitetura de modo mais amplo, como experiência de vida e que, mais tarde, fez parte do título de sua página dominical em Salvador. O sétimo número, que saiu em 25 de maio de 1946, já trazia o novo título e uma nova coluna anônima concebida por Zevi, intitulada "Attaco" [Ataque], materializando sua intenção de que a revista deveria denunciar maus hábitos políticos e culturais.

Desde o início, Lina, Pagani e Zevi publicaram artigos corajosos questionando códigos sociais, tais como papéis de gênero tradicionais e temas sexuais, várias vezes propostos por Zevi. Esses textos consolidaram a visão sobre o papel social das mulheres e a perspectiva profissional que Lina Bo iria defender ao longo de toda a sua carreira. Em retrospecto, ela declararia que "o desenho industrial no fim da Segunda Guerra oferecia uma esperança de libertação", explicando que, para os homens, significava superar o trabalho pesado e, para as mulheres, livrar-se das tarefas do lar, pois elas eram "prisioneiras da cozinha e da casa", com poucas alternativas para "trabalhar fora do ambiente doméstico".[133] Embora fosse contra o movimento feminista na sua maturidade, Lina sem dúvida pertenceu à primeira geração de mulheres que criou espaços próprios fora da esfera privada, introduzindo-se na esfera pública da cultura e da vida profissional. Sua ação era um exemplo de como o papel social da mulher italiana foi pouco a pouco se transformando, e a revista *A* contribuiu para introduzir novos paradigmas culturais.

Como exemplo dessa contribuição, o segundo número trazia o irreverente artigo "Terra senza uomini" [País sem homens], ilustrado com fotos de mulheres engajadas em comportamentos antipatriarcais. Numa delas, uma jovem assovia para um homem que passa, enquanto numa outra foto uma jovem disputa um par de dança masculino, sugerindo que em vez de se embrenhar na caça aos maridos, as mulheres deveriam questionar de maneira ativa o modelo tradicional da dona de casa e assumir sua independência e sua função como agentes sociais e intelectuais, contradizendo os hábitos culturais remanescentes da burocracia fascista. Bruno ousou questionar tais limites sociais, e Lina e Carlo o seguiram, os três convencidos de que a revista ganharia projeção, e em grande estilo.[134]

Apesar dos avanços sociais e da coragem do grupo, o clima político italiano estava polarizado e apreensivo. Depois de intensa troca de cartas que demonstravam a cautela de Pagani e a resistência moral de Mazzocchi, Zevi por fim publicou um artigo sobre controle de natalidade e planejamento familiar no nono número de *A, Cultura della Vita*, em 8 de junho de 1946. O texto se chamava "Introduzione all'etica sessuale" [Introdução à ética sexual] e vinha assinado anonimamente por "Il Biologo", apesar de, segundo os arquivos de Zevi, ter sido escrito por ele próprio. Uma fotografia sensacionalista de uma mulher desamparada, deitada num leito de hospital e cercada por dois recém-nascidos, oito crianças de várias idades e duas enfermeiras ilustrava o artigo, escrito num tom sério e médico. O texto questionava de modo aberto a desinformação geral da população a respeito de saúde, aborto e orgasmo feminino, e incluía descrições técnicas sobre os órgãos genitais humanos e suas funções. O artigo parecia escandaloso aos olhos dos lombardos frequentadores de igreja, e deixou Mazzocchi, que era um católico fervoroso, transtornado.[135]

Esse foi o golpe final na longa batalha editorial para manter viva uma publicação impopular e financeiramente precária. Embora Pagani, Zevi, Bo e sua equipe já tivessem mais quatro números quase prontos para a impressão, a editora decidiu suspender de maneira permanente a publicação de *A, Cultura della Vita*, antes de ela completar seis meses de existência. Mazzocchi fechou a revista, pagou toda a equipe e sugeriu como alternativa a Pagani e a Zevi que continuassem com uma publicação, também quinzenal, de reportagens da *A* dedicadas à casa e a assuntos correlatos, seguindo a linha editorial anterior da *Domus*. Nesse meio-tempo, Lina Bo tinha decidido voltar a viver em Roma. Mazzocchi ainda insistiu em oferecer a publicação de *Casabella-Costruzioni* a Pagani e a Zevi. No entanto, eles nunca aceitaram seus termos, e o editor acabou passando a revista às mãos dos arquitetos Franco Albini e Giancarlo Palanti.

Assim como Lina Bo, Carlo Pagani estava afinado com as sensibilidades neorrealistas da época e desejava dar à revista um enfoque existencialista e antropológico, nem sempre de acordo com o extremismo de Bruno Zevi. Pagani lastimava que a linha editorial da *A, Cultura della Vita* tivesse se tornado politizada demais e achava que ela deveria ter se ampliado para questões da vida humana em todas as suas dimensões, sendo a política apenas uma delas.[136] Lamentou o fim da revista em uma carta a Zevi, criticando o fato de que Mazzocchi nunca tinha investido o suficiente na publicação. Também comentou: "Não tenho nenhum apoio de Lina, que voltou a fazer seus 'caprichos', com todas aquelas suas incertezas e indecisões que a atormentam faz tempo". É provável que o comportamento caprichoso de Lina estivesse ligado ao relacionamento com Pietro Maria Bardi e com seu tentador plano de sair da Itália. A viagem de Bardi à América do Sul estava se aproximando e, segundo Pagani, "Lina não quis falar com Mazzocchi para que ele apoiasse nossa causa, e confirmou que mesmo se Mazzocchi continuasse, ela não poderia mais ser codiretora da *A*".[137] Respondendo à carta de Pagani, Zevi comentou que, "em relação ao que você disse sobre Lina, não sei o que falar. Se ela não está satisfeita por determinadas razões, deveria ter dito a você ou escrito a mim. Mas se a insatisfação dela tem a ver com desconfiança e mal-estar psicológico, não devemos ficar com raiva, porque não adianta nada. Não vamos dar muita atenção ao que ela diz. Gostamos dela mesmo assim".[138]

Estremecida por esses sentimentos, a colaboração entre os três jovens arquitetos chegou ao fim. Lina Bo optou pelo que prometia ser uma vida emocionante e pela companhia de um homem maduro que considerava tão fascinante quanto seu pai. Ela e Zevi continuaram amigos por várias décadas; no entanto, depois da experiência com *A, Cultura della Vita*, a amizade com Carlo Pagani esfriou. Ele continuou a promover a revisão crítica do racionalismo, como muitos de seus colegas milaneses do MSA, e pouco a pouco foi se retirando para sua prática privada nas áreas de editoria e de projeto.[139] Por motivos desconhecidos, ele e Lina nunca mais se viram, embora Pagani tenha tentado encontrá-la quando visitou São Paulo em 1961, mas a visita coincidiu com a época em que ela se mudou temporariamente para Salvador. Ainda assim, Lina nunca esqueceu das lições culturais e políticas herdadas de sua parceria com ele e, mais tarde, com Zevi, assim como não se esqueceu dos intensos anos de seu amadurecimento profissional, num ambiente estimulante e, ao mesmo tempo, assustador, de guerra e de reconstrução, de revolta e de esperança.

ESTOU INDO EMBORA

Enquanto a revista *A* encerrava suas atividades, Lina Bo se preparava para embarcar em uma nova empreitada, uma aventura aparentemente temporária que acabou se tornando permanente: iria com Pietro Maria Bardi à América do Sul. Com a onda de suspeitas e acusações que se ergueu depois da guerra contra as alianças entre intelectuais italianos e o fascismo, Bardi colhia em silêncio os frutos de seu comportamento ambíguo durante o desenvolvimento e a queda do regime. Ele se viu em um purgatório público, em meio a acusações que vinham dos dois lados do espectro político: de um lado, os burocratas com inclinações fascistas que tinham permanecido no poder após as eleições de 1946 não o toleravam;[140] de outro, os intelectuais e arquitetos antifascistas não o consideravam redimido das estreitas alianças que mantivera com o regime nos anos 1930.[141] No entanto, Bardi resolveu não se engajar nesse mea-culpa coletivo. Não queria submeter suas atividades anteriores ao escrutínio instaurado no pós-guerra, com medo de que sua licença profissional para atuar como negociante de arte, crítico e jornalista fosse revogada. Era o momento de manter distância de potenciais problemas.

A breve visita que Bardi havia feito ao Brasil em 1933 lhe havia permitido estabelecer contato com intelectuais brasileiros, como o jovem escritor e crítico literário Mário da Silva Brito, cuja obra ele inclusive publicara na *Quadrante*. Silva Brito também apoiava a arte moderna e compartilhava outros traços de personalidade com Bardi, como sua audácia e seus hábitos galanteadores. Após o fim da guerra, quando a representação diplomática do Brasil foi restabelecida em Roma, Bardi retomou os contatos com seus conhecidos brasileiros e se encontrou com o embaixador Pedro de Moraes Barros, que costumava frequentar as aberturas de exposições em sua galeria de arte. Numa dessas ocasiões, Bardi ouviu falar de

Francisco de Assis Chateaubriand, um jornalista e empresário brasileiro excêntrico e arguto, que pretendia criar um museu de arte capaz de cultivar a educação geral no Brasil e de dar a ele visibilidade internacional como mecenas.[142]

Era difícil imaginar uma perspectiva mais conveniente que essa para os negócios de Bardi. Chateaubriand dirigia o então principal conglomerado de mídia no Brasil, os Diários Associados, e exercia enorme influência na política e no controle da opinião pública no país, contando até mesmo com o apoio financeiro de Getúlio Vargas durante o período autoritário de seu governo. Por intermédio dos contatos de Moraes Barros e de Silva Brito no Rio de Janeiro, Bardi teria três mostras comerciais das obras de sua galeria em espaços importantes da capital do Brasil na época, incluindo o saguão público do emblemático Ministério da Educação e Saúde (MES, atualmente chamado de Edifício Gustavo Capanema). O edifício recém-inaugurado tinha se tornado um ícone, com grande visibilidade internacional, em especial depois que o Museu de Arte Moderna de Nova York (MoMA) realizou, em 1943, a exposição Brazil Builds [O Brasil constrói], que traçava uma genealogia da arquitetura moderna brasileira a partir de origens históricas e lhe conferia protagonismo e esperança no panorama mundial.

Sob tais circunstâncias, uma viagem ao Brasil e, talvez, para outros lugares na América do Sul parecia muito atraente e potencialmente revigorante para Lina Bo, sobretudo logo após ter enfrentado os infortúnios da guerra. O futuro de sua relação com Pietro era incerto, assim com o eram suas perspectivas profissionais na Itália. Para todos os efeitos, ela era uma ilustradora e designer jovem e talentosa, porém não tinha experiência em escritórios de arquitetura. As possibilidades de desenvolver uma carreira independente como mulher arquiteta eram limitadas na Itália. Apesar de sua participação em importantes projetos editoriais, ela o havia feito sempre com o apoio de seus jovens colegas, que estavam eles próprios desiludidos e tomavam diferentes rumos profissionais. Mais que um parceiro romântico, Pietro representava a associação com um homem estabelecido, maduro e influente, bem como a promessa de um futuro profissional estimulante. Eles gostavam um do outro por diferentes razões. Ela admirava seu conhecimento, sua sagacidade e seu comportamento destemido e sentia prazer em seduzir uma figura pública importante como ele. Bardi se sentia lisonjeado com a juventude e o vigor físico de Lina, e achava sua ousadia caprichosa, seu talento e sua ambição atraentes e estimulantes. A ideia de explorar outros horizontes, ainda que de maneira temporária, deixava-os entusiasmados.

Na época, Roma e sua economia estavam devastadas, e as memórias dolorosas da guerra ainda eram vistas por toda parte, como mostra o antológico filme *Roma, cidade aberta*, que o amigo de Bardi, Roberto Rossellini, havia lançado no ano anterior.[143] Viajar para a América do Sul parecia uma oportunidade ideal para se afastar de tudo isso por algum tempo. Contudo, havia um obstáculo: os pais de Lina Bo não aprovariam que ela viajasse para fora do país sozinha e muito menos com um homem casado. Pietro e Lina decidiram, no verão de 1946, que, para poder viajar juntos, a solução seria se casarem. Como não havia divórcio na Itália nessa época, Bardi deu um jeito de seu casamento civil ser anulado e, assim, deixou repentina e permanentemente sua mulher e suas duas filhas, que eram então jovens adultas.[144]

Lina Bo comunicou o plano aos seus pais e relatou que, quando disse "estou indo embora, [a] mãe ficou desesperada".[145] Pietro tomou um trem e foi a Milão para jantar com a família Bo no apartamento na Piazza Crispi e pedir formalmente a mão de Lina em casamento. Seus pais se surpreenderam, mas sabiam que nada deteria a filha. Enrico Bo consentiu ao pedido de Bardi, apesar de depois ter tratado com certo desdém o fato de a filha, em seus termos, ter decidido se casar com um homem, segundo ele, quase da sua idade — embora, na verdade, Enrico fosse vinte anos mais velho que Bardi.[146] De volta a Roma, na manhã de um sábado quente de verão, em 24 de agosto de 1946, Achillina di Enrico Bo deixou seu nome de solteira, com sua marca paterna, para se tornar Signora Lina Bo Bardi, aos 31 anos. Os dois tiveram uma cerimônia curta e simples para assinar os papéis no cartório de registro da prefeitura, localizado na parte de trás da Piazza del Campidoglio, que se abre para o antigo Foro Romano. Ela usava um vestido branco e simples, com saia plissada e um pequeno ramalhete de flores na lapela, e ele, um terno de linho claro. Sua fotografia de casamento mostra, sem sinais de afeição física, uma jovem com sorriso ingênuo e um homem maduro, resignado e austero. Em seguida, houve um almoço para celebrar um casamento que, decerto por ser baseado num vínculo intelectual e não no desejo de constituir família, era mais conveniente do que convencional.

Não sobrou muito tempo livre para o casal depois da cerimônia. Eles já haviam comprado suas passagens e nas semanas seguintes daquele verão trabalharam na galeria de arte de Bardi, mantendo as janelas abertas para a Piazza Augusto Imperatore para minimizar o calor da tarde. Prepararam com cuidado várias caixas com uma seleção de pinturas, peças de mobiliário, antiguidades e objetos decorativos da

Lina Bo Bardi e Pietro Maria Bardi após a cerimônia de casamento civil em Roma, 24 de agosto de 1946.

coleção do marchand e trataram dos papéis para despachar todo esse material para o Rio de Janeiro. Em sua bagagem pessoal, Lina levou um colar de peças de coral que Pietro havia comprado para ela na Settepassi, uma joalheria histórica localizada na ponte Vecchio, em Florença, depois que eles se conheceram.[147]

Terminado o fim de semana de 21 de setembro de 1946, tudo estava pronto para a viagem. Lina e Pietro tomaram um trem na antiga Estação Termini em Roma e, em poucas horas, desembarcaram em Nápoles.

Na terça-feira, dia 24 de setembro, exatamente um mês após o casamento, eles embarcaram no *Almirante Jaceguay*, na época o mais luxuoso navio brasileiro de passageiros, ainda que relativamente pequeno, que vinha do norte da Europa com destino ao Recife e ao Rio de Janeiro.[148] Por coincidência, entre os 270 passageiros, tiveram a companhia de uma mulher deslumbrante que haviam conhecido anteriormente em Roma. Segundo sugeriu Lina Bo Bardi com ironia, tratava-se de uma das embaixadoras pessoais de Assis Chateaubriand. Lina a descreveu como uma mulher bela e extravagante, com traços africanos, cujo nome era

Sylvinha Betancourt, mas que gostava de ser chamada de Maijoi — provavelmente a transliteração para o português de *my joy* [minha alegria]. Ela comparecera a um dos vernissages da galeria de Bardi na primavera de 1946, vestida com um uniforme do Exército americano e, com tanta audácia quanto exuberância, acompanhada pelo próprio dono da roupa.[149]

Assim que o barco deixou o porto e rumou para o sudoeste, Lina Bo Bardi foi sozinha para o convés esquerdo. Encontrou um ponto propício de onde avistava o casco de um navio militar afundado durante a guerra, agora habitado por pássaros, que ela rapidamente registrou. Com uma sensação de alívio e excitação, começou a documentar sua jornada com desenhos. Entre eles, esboçou o potente e imprevisível Vesúvio, que entrara em erupção poucos anos antes e que agora observava adormecido enquanto ela se afastava calmamente da costa. Assim, ela partiu para o Brasil em uma aventura com P. M. Bardi, pronta para viver sua independência, mas acompanhada de sua solidão.

Lina Bo Bardi no convés do navio Almirante Jaceguay, *deixando o porto de Nápoles em 24 de setembro de 1946.*

3. Onde tudo era possível

PÔR A MÃO NA MASSA E RESPIRAR FUNDO

Depois de deixar a Itália no outono de 1946, o navio que levava Lina Bo Bardi precisou de mais de duas semanas para cruzar a imensidão do oceano Atlântico após partir pelo mar Mediterrâneo. Era a primeira vez que ela saía da Europa, e sua travessia para a América do Sul foi povoada por sensações novas e conflitantes. Conforme a paisagem se ampliava, seus horizontes pessoais se estreitavam. Era a primeira vez que ela convivia com Pietro em tempo integral. O elegante *Almirante Jaceguay* era relativamente pequeno, e o espaço confinado da cabine de Lina contrastava com o horizonte sem fim que ela entrevia pela escotilha. Sua sonhada independência também revelava o dilema existencial que vinha com a companhia de um homem instigante, mas controlador. O companheiro romântico que ela idealizara havia se transformado em um marido convencional. O tempo passava devagar em meio a águas tão profundas — e às vezes conturbadas —, fazendo da viagem de negócios de Pietro a oportunidade para uma atmosfera de lua de mel, ainda que sem muito romance. Lina estava contente, porém também ansiosa.

Na reclusão de sua cabine, ela mergulhava inevitavelmente nas profundezas de seu impasse com a intimidade física e emocional, algo que sentiria a vida inteira. Em suas notas de viagem, registrou consternação pelos avanços insensíveis de Pietro.[1] Aqueles dias longos e parados — e noites aparentemente perturbadoras — de convite ao idílio corporal não eram sua prioridade quando ela se decidira pela viagem ao Brasil. Mas Pietro era um homem mais velho e, agora, seu marido, e ela aceitou o desejo dele e o indesejado papel de esposa. Como consolação, de seu lugar de poder e autoridade, ele lhe oferecia recompensas. A incipiente coleção de joias de Lina ganharia um acréscimo na viagem transatlântica e muitos outros mais tarde. Eram mimos que Pietro costumava conceder a ela pelos momentos inescapáveis de intimidade.[2]

Dali em diante, e ao menos na década seguinte, a vida pessoal e, mais que isso, profissional dela ficaria entrelaçada com a dele de forma intensa e ambígua. Em sua mente, ela era Lina, dona do próprio nariz. Na cabeça dele, era uma mulher talentosa e, acima de tudo, atraente e bem mais jovem por quem ele deixara a família e outras amantes. Sem perceber, a viagem marítima prenunciava um relacionamento repleto do entusiasmo volátil e da solidão e da insegurança emocional que ela sentiria na vida de forma geral, e com ele em particular. As duas semanas de travessia oceânica lhe pareceram mais longas do que esperava. Mas quando o navio se aproximou da costa brasileira, seus medos mais recônditos sucumbiram ao impulso entusiástico de ver e aprender coisas novas — uma disposição para se proteger de emoções difíceis que ela parecia ter desenvolvido desde cedo.

No dia 12 de outubro de 1946, um sábado, o *Almirante Jaceguay* chegou às águas tropicais verde-azuladas da costa brasileira, acercando-se do porto do Recife, na época o centro cultural e político do Nordeste brasileiro e o porto brasileiro mais próximo do hemisfério Norte. Conforme o navio chegava ao porto, Lina se apressou para o convés com seu caderno de desenhos na mão para registrar a vila colonial de Olinda, traçando suas casas à beira-mar e, apinhados no alto do morro, os antigos monumentos brancos dos colonizadores portugueses.

Além da arquitetura, ficou impressionada com a visão, nova para ela, da areia clara, do verde luxuriante e das palmeiras espalhadas pela linha horizontal de terra que se comprimia sob o sol equatorial, entre a imensidão de água translúcida e o céu azul infinito. Usou a paleta de cores de sua aquarela, lembrando-se das paisagens mediterrâneas que conhecia, mas suas linhas a lápis traçaram formas completamente novas. O navio estava afastado demais da costa para que ela percebesse, entre as construções que desenhou, um dos primeiros edifícios modernistas brasileiros: o reservatório de água de Olinda, de aspecto austero, projetado uma década antes entre igrejas barrocas pelo arquiteto Luiz Nunes.[3] Estavam a apenas alguns quilômetros do porto, que Lina também registrou, destacando a infraestrutura de docas, píers, armazéns e guindastes altos que formavam uma composição longa e monótona.

Em sua fantasia, ela acreditou estar chegando a um país intocado pela Segunda Guerra Mundial. Não sabia, porém, que apesar de o Brasil ter assumido uma posição neutra no começo do conflito, milhares de moradores da costa pernambucana haviam testemunhado cenas de aflição e incerteza em 1941, quando chegaram os primeiros náufragos sobreviventes dos ataques de submarinos alemães a navios comerciais e durante as batalhas travadas entre Alemanha e Grã-Bretanha na costa brasileira. Sem ter ideia desses acontecimentos, Lina e Pietro foram conduzidos ao sul pela costa brasileira, até que, em 17 de outubro de 1946, seu navio entrou na sublime baía de Guanabara. Os Bardi viram a linha sinuosa do horizonte, composta de montanhas de granito cobertas por matas tropicais que desciam em direção ao oceano. Passaram pelo morro do Pão de Açúcar em um silêncio solene. Viram a paisagem natural ir dando lugar à cidade, até que o centro do Rio de Janeiro entrou em foco, marcado pelo edifício modernista azul e branco do Ministério da Educação e Saúde,[4] onde Pietro abriria sua primeira exposição em um mês. Depois de o navio atracar, eles observaram Maijoi, sua exótica conhecida de viagem, descer o convés rapidamente, na ponta dos pés, em direção ao marido que a esperava, como relembrava Lina, mais tarde, com humor. Uma vez passadas as burocracias de alfândega, Lina e Pietro puderam por fim descansar em terra firme.

Os Bardi passaram suas primeiras semanas no Hotel Serrador, um edifício art déco de 22 andares inaugurado pouco tempo antes e que havia se tornado um símbolo da cena social e cultural da cidade. A viagem ao Brasil demandava conforto e animação. Em seu quarto, numa tarde chuvosa de primavera, Lina fez um registro significativo de seu primeiro encontro com o país, enquanto Bardi trabalhava na exposição. Da janela, ela resolveu pintar uma aquarela que identificou como *Largo Getúlio Vargas*, mas que, na verdade, retratava parte do Passeio Público,[5] o parque histórico na Cinelândia, bairro do centro que na época concentrava a vida noturna e os teatros mais conhecidos da cidade, um ao lado do outro. Vibrante, o desenho continha muitos dos elementos que ela trazia em sua bagagem cultural e em sua imaginação, e que alimentariam sua identificação com o novo país.

Como a vidraça de um gabinete de curiosidades, sua janela do hotel, alta e de esquina, emoldurava árvores verdejantes, uma vida cotidiana animada, reuniões espontâneas de gente, certa desordem e, acima de tudo, dois mundos opostos que coexistiam: a formalidade e a espontaneidade; a riqueza e a pobreza; a gentileza e a vulgaridade; tons claros e escuros, e os muitos outros entre eles. A agitação da vida urbana, a rua barulhenta e as calçadas apinhadas de gente faziam Lina se lembrar das efervescentes cenas retratadas pelo pai. Na porção superior do desenho, sinais familiares a ela — como um anúncio de Cinzano e luminosos dos cinemas Metro e Plaza — atestam o ar boêmio e internacional da cidade. No nível da rua, ela retratou a multidão se movendo em meio ao trânsito, um caminhão colorido carregado de produtos alimentícios, com dois homens sentados em caixas de madeira na caçamba, um deles segurando um guarda-chuva aberto, como se estivesse em um cortejo de Carnaval. Juntos, chamavam a atenção para algo que ela viria a achar admirável: a liberdade e o dom de improvisar dos brasileiros. Lina terminou o desenho três dias depois de chegar ao Rio de Janeiro e o enviou pelo correio ao pai. Uma vez recebido, ele desenhou uma cópia, saboreando, vicariamente, tanto as novas aventuras da filha quanto as lembranças que guardava dela.[6]

Imersa na natureza tropical do Rio de Janeiro, exuberante e colossal, Lina se viu em uma cidade inusitada e surpreendentemente cosmopolita, de uma autoindulgência desavergonhada e cheia de contrastes, com uma aura nobre e decadente, um pouco como a Nápoles de onde havia partido, mas sem uma classe média e sem os *borghese* da sua Itália. Em vez disso, segundo ela, "havia apenas duas aristocracias no país: a da terra e a do povo".[7] A essência da paisagem cultural do Rio de Janeiro na década de 1940, assim como sua miscigenada urbanidade, logo a cativaram.[8] Por trás da energia vibrante e sofisticada do centro histórico da cidade escondiam-se uma história e uma realidade cotidiana que de início permaneceram imperceptíveis para a recém-chegada. A vista encantadora do Passeio Público retratada por Lina e os contrastes sociais observados revelavam um processo social, cultural e político complexo, que ela só entenderia melhor com o tempo.

Aos poucos, Lina se familiarizaria com as realidades conflitantes da cidade e do país, encontrando no Brasil tanto semelhanças quanto diferenças com a sua Itália natal. Observou a nova cidade com calma; Pietro, porém, andava bastante ocupado, ainda que ela o ajudasse. Sem certeza sobre o futuro e precisando agir rápido, eles tiveram apenas algumas semanas para organizar duas exposições com obras da galeria romana. A primeira, concebida por Pietro para estabelecer sua reputação entre os colecionadores de arte locais, reunia pinturas da Renascença italiana e foi montada em novembro de 1946 no saguão do moderno Ministério da Educação e Saúde. A outra, de móveis europeus e direcionada a uma clientela comercial abastada, ocupou um espaço exclusivo e aristocrático no bem cotado Copacabana Palace, tendo sido inaugurada às vésperas do Natal, no dia 19 de dezembro de 1946.[9] Com as exposições abertas, Bardi fez uma viagem rápida à Itália para preparar o material para uma terceira mostra, dedicada à pintura italiana moderna, que inaugurou, semanas depois da primeira, também no edifício ministerial. Nesse ínterim, Lina permaneceu no Brasil. Essas exposições ajudaram Bardi a prospectar oportunidades lucrativas para a sua galeria. O plano do casal não era ficar no Brasil, mas talvez seguir para a Argentina, alternativa que, afinal, não se fez necessária.

O momento da mudança de país não poderia ter sido mais oportuno, nem o ambiente cultural local, mais receptivo. Na década anterior, o Rio de Janeiro havia se tornado o epicentro do movimento modernista que começara em São Paulo, no início dos anos 1920, e se espalhara aos poucos pelo país. O amadurecimento da arte e da arquitetura modernas no Brasil, assim como a modernização cultural da Itália, se deu no contexto de um Estado nacionalista cada vez mais centralizado e autoritário, e emergira de afiliações estéticas pluralistas, multiculturais e históricas. O edifício ministerial que abrigou a exposição aberta em dezembro por Bardi havia sido construído entre 1936 e 1945 e era o símbolo mais completo daquele processo. A edificação racionalista exemplificava os esforços de uma equipe de jovens arquitetos,[10] comandada por Lúcio Costa, para consolidar a arquitetura moderna brasileira e associá-la a um projeto de construção de um Estado-nação moderno.[11]

Durante sua estada no Rio de Janeiro, Lina conheceu alguns daqueles arquitetos em uma recepção no Instituto de Arquitetos do Brasil (IAB). Mas não chegou a chamar a atenção deles, mesmo sendo uma mulher jovem e estrangeira em meio a tantos arquitetos homens e mais velhos. Apesar de se dar conta do trabalho que muitos deles vinham realizando, ela inicialmente se concentrou menos neles do que em tentar entender a cidade e o seu cotidiano, além de se adaptar às mudanças recentes que estavam ocorrendo em sua vida. Suas feridas emocionais dos anos de guerra ainda estavam abertas, e ela tentava enfrentar suas sequelas como sobrevivente. Em uma carta enviada a Bardi em suas primeiras semanas no Brasil, enquanto ele estava temporariamente na Itália, ela lhe apresenta uma solução prática e decidida para seus dilemas. "Há dois modos para se viver, só dois", escreveu, em tom resoluto. "O primeiro é acreditar em uma fábula para esquecer a vida, que é como a morte, bebendo e tomando a morfina do heroísmo e do idealismo para poder respirar a cada dia. O outro é pôr a mão na massa e respirar fundo, todos os dias, com tranquilidade, até que não se possa mais respirar."[12] Seu encontro com o Brasil a fizera refletir, mas também a deixara entusiasmada. Mais tarde, ela faria uma associação alegórica entre essa alegria e sua primeira impressão do edifício que era na época o maior símbolo do Rio de Janeiro: "Para quem chegava do mar, o Ministério da Educação e Saúde avançava (navegava) como um grande navio branco e azul na frente do Rio de Janeiro. (Primeiro encontro com a Arquitetura Brasileira.) Primeira mensagem de Paz, para nossa geração, após o dilúvio da Segunda Guerra Mundial".[13]

Em sua primeira visita ao edifício ministerial, os Bardi chegaram pela praça da esquina, que ficava a alguns quarteirões de seu hotel. Atravessaram em direção aos pilotis de altura dupla que sustentam a torre de escritórios, lançando sombras longas e acolhedoras na praça, um oásis urbano projetado por Roberto Burle Marx. Aproximaram-se caminhando da entrada principal, envidraçada e situada no volume adjacente, que se estende de norte a sul do terreno. Atravessaram o hall, subiram o pequeno vão da cerimoniosa escadaria helicoidal e emergiram no espaço iluminado e transparente do amplo foyer do auditório, o saguão envidraçado onde a primeira exposição da Galleria d'Arte Palma seria montada, com vista para a cidade.

Um símbolo da síntese das artes e da arquitetura modernas, o lugar oferecia condições ideais para suas inovações curatoriais. Não havia paredes-cegas para pendurar quadros — apenas um espaço neutro e aberto. Dois contêineres grandes haviam chegado do porto,[14] e com o auxílio de alguns ajudantes improvisados, os Bardi desempacotaram com cuidado 53 pinturas[15] e as dispuseram em cavaletes de madeira espalhados livremente pelo grande espaço. Ao montar essa exposição, Lina e Pietro estavam, sem perceber, plantando as sementes de um projeto de museu que se materializaria duas décadas mais tarde no edifício definitivo do Museu de Arte de São Paulo na avenida Paulista, o MASP: um volume único, envidraçado, com planta livre, sem divisórias, elevado do chão e visualmente aberto à cidade.

Um dos visitantes que Bardi esperava receber na exposição de pintura italiana era o excêntrico jornalista Francisco de Assis Chateaubriand Bandeira de Melo, o controverso magnata da imprensa brasileira de quem ela havia ouvido falar na Itália.[16] Criativo, competitivo, inescrupuloso e oito anos mais velho que Bardi, Chateaubriand havia capitaneado, a partir dos anos 1920, diversos projetos de modernização no Brasil, inclusive nas artes. Conquistara enorme influência — e ingerência — na política, entre os mecenas das artes, em diversas campanhas de modernização com alcance nacional (em áreas que iam de educação básica à aviação comercial) e na construção da base das redes de comunicação e de cultura de massa no país.

Inspirado em filantropos estrangeiros, mas sem ter uma visão clara sobre arte, Chateaubriand procurou imitar e se aproximar de nomes como Nelson A. Rockefeller, o então presidente do MoMA e figura que nutria grande interesse geopolítico pela América Latina. Chateaubriand também havia começado a negociar a fundação de um museu de arte com outros empresários e industrialistas brasileiros, como Francisco Matarazzo Sobrinho (também conhecido como Ciccillo Matarazzo),[17] seis anos mais jovem e grande mecenas das artes no Brasil na época. Chateaubriand e Matarazzo, ambos beirando os cinquenta anos, eram ativos participantes da vida política brasileira, ainda que com visões e práticas distintas. Além disso, Chateaubriand contava com o controle do maior conglomerado de veículos de imprensa do país para materializar esse sonho. Ele considerava estar acima da lei — sendo sempre seguido por um entourage de guarda-costas duvidosos — e usava sua rede de jornais para manipular governantes e a elite econômica, recorrendo de maneira deliberada a insultos, chantagem e até violência. Seus ataques, públicos ou pessoais, buscavam desde obter favores políticos até extorquir dinheiro para financiar seus projetos de estimação, como o museu de arte.[18]

Depois de conhecer Bardi na abertura da exposição no Rio de Janeiro, Chateaubriand comprou uma pintura dele e convidou o casal para um jantar elegante em Copacabana, durante o qual explicou, em detalhes, seu plano e sondou se Bardi tinha interesse em participar da empreitada. Deixou claro que, apesar de estar morando no Rio de Janeiro na época, pretendia alocar o novo museu no edifício que estava construindo para sediar os Diários Associados em São Paulo, e que esperava que a instituição contribuísse para o avanço da arte moderna no país.[19] Esse jantar foi um preâmbulo às futuras aventuras do casal no Brasil, que estavam prestes a começar.

SEM RUÍNAS DE GUERRA

Com um trabalho novo e promissor à vista, Lina passou seu 32º aniversário no Rio de Janeiro, assim como o Natal e o Ano-Novo, seguidos do início de um verão quente e úmido. O casal havia se mudado para um endereço temporário no Leme, mais adequado que o hotel no centro da cidade. Em geral, Lina começava suas manhãs respirando o ar marinho na varanda do apartamento, enquanto contemplava a vista da longa fileira de prédios de Copacabana, espremida entre a praia e as montanhas que ela havia esboçado do convés do navio, ao chegar ao porto. O Rio de Janeiro despertava sua imaginação de maneira intensa. "Não havia ruínas de guerra",[20] ela lembrou em suas anotações biográficas. A perspectiva de ficar mais tempo no país para ajudar a montar um novo museu com Bardi era sedutora, tanto em termos profissionais quanto pessoais, apesar da diferença nas expectativas que os dois tinham em relação à longa permanência no Brasil, mais atraente a ela do que a ele.

No início de 1947, Bardi se dedicou a estudar o futuro patrão e seu império midiático, e a aferir o estado da produção, do mercado e do público de arte no novo país. Servindo-se da ampla influência de Chateaubriand, fez aquilo que fizera tão bem nas duas décadas anteriores: conheceu artistas locais, comprou e vendeu obras de arte e se autopromoveu profissionalmente para verificar a possibilidade de, aos poucos, transferir seus negócios da Itália para o Brasil.[21] A parceria comercial e cultural dos dois empreendedores começou a tomar forma. Chateaubriand comprou mais algumas pinturas renascentistas de Bardi, que o convenceu a abandonar a ideia de montar uma pinacoteca exclusivamente moderna e a chamar seu projeto apenas de Museu de Arte — um espaço cultural e educativo, mais do que um repositório especializado em determinada produção artística.[22]

Lina passava a maior parte do tempo na companhia do marido e de seus novos conhecidos brasileiros ou com outros estrangeiros. Olhando em retrospecto, ela descreveu sua vivência no Brasil da época como "uma terra onde tudo era possível", "um espaço privilegiado para a criação artística" e "um novo lugar para as utopias".[23] Também foi surpreendida pelo que considerou uma imaginação lírica e ingênua da parte dos intelectuais brasileiros. "Era divertido ver aqueles jovens todos se dizendo poetas", contou. "Naqueles anos do pós-guerra, *poesia* era uma expressão proibida no vocabulário europeu. Se alguém se apresentasse como poeta na Itália ou na França, as pessoas ririam."[24] Além de poetas autodeclarados, ela também conversou com alguns arquitetos bem estabelecidos.

Na primeira vez em que encontrou Oscar Niemeyer, Lina ficou fascinada — nem tanto pelas opiniões dele sobre arquitetura, que não eram novidade para ela, mas por ele estar vestindo, segundo relatou, um terno lilás.[25] Ela achou a cor bastante peculiar, uma escolha que seria, assim como a poesia, muito improvável no velho continente. Esse encontro inicial pode bem ter sido uma surpresa para ambos, já que ele confrontou as ideias dela — que, diferentemente das suas, carregavam o peso da experiência da guerra e da crise da arquitetura moderna — ao dizer a Lina que "os europeus fazem as coisas parecerem complicadas demais".[26] Ela não ficou impressionada com a atitude dele, que estava em conformidade com a arrogância que havia escutado no passado, de que um diploma em arquitetura talvez não lhe tivesse serventia, e que continuaria a ouvir em forma de comentários machistas e misóginos durante a vida toda.

Mais do que demonstrar um interesse especial ou mesmo alguma compreensão pela arquitetura moderna brasileira, Lina descreveu com enorme entusiasmo seu encontro com a vida cotidiana carioca, que lhe era alheia por completo: "Senti que estava em um país inimaginável, vivendo em uma atmosfera humana e cordial".[27] Ficou impressionada com a rispidez das pessoas na rua, e tomou essa falta de elegância como uma prova revigorante da distância genuína a que estavam da ideia europeia de civilização. Ela via esses sinais de falta de refinamento com olhos curiosos, como Jean-Jacques Rousseau ou Auguste de Saint-Hilaire, mas não como outros europeus que conheceu na cidade. O Rio de Janeiro lhe pareceu cosmopolita, um lugar que havia recebido muitos estrangeiros sobreviventes da Segunda Guerra Mundial, que agora lutavam para se adaptar a um novo mundo. Gostava em especial da história de um professor alemão que decidiu ir embora do Brasil no dia em que, ao passar pelo largo da Carioca, no centro, foi atingido acidentalmente pela cusparada de um homem distraído que estava na porta de um bar bastante conhecido.[28] O fascínio de Lina com o choque cultural que esses comportamentos sociais causaram, ao opor espontaneidade rude e boas maneiras, foi tão revelador do efeito que o Brasil teve sobre ela quanto suas lembranças do encontro com a arquitetura do país.

Embora tenha conhecido alguns dos protagonistas da modernidade cultural no Rio de Janeiro, entre intelectuais e artistas, Lina, assim como outros jovens estrangeiros sem experiência, não atraiu a atenção deles. Àquela altura, a narrativa oficial da arquitetura moderna brasileira e o círculo fechado dos luminares cariocas já estavam bem estabelecidos. Mais tarde, ela se lembraria de certa resistência que alguns deles demonstraram em relação a seu modo de projetar. Recordava-se de ter ouvido de um deles, sem nomear ninguém em particular: "Você é tão maçante, faz tantos desenhos", insinuando que seu trabalho nunca saía do papel,[29] o que também sugere que ela pode ter feito sondagens, na época, a respeito de suas perspectivas profissionais. Lina deu a impressão de ficar chocada, mas também fascinada, diante das críticas que mencionavam o fato de ela não ter obras construídas. Os comentários sobre seus desenhos acabariam provocando uma autocrítica, relacionada ao que Lina chamava de sua educação suíço-milanesa, ainda que ela tenha permanecido ligada às discussões sobre a arquitetura italiana que tomaram forma depois do fim da guerra. Apesar da incompreensão, o que mais a surpreendeu foi ouvir de Lúcio Costa que, às vezes, os arquitetos brasileiros se limitavam a rabiscar com uma vareta na terra para explicar um detalhe da construção ao mestre de obras — querendo dizer, com isso, que o objetivo deles era construir, não desenhar.

Mesmo que não conseguisse despertar muito interesse por seu trabalho, Lina ainda podia contar com sua língua afiada. Não queria apenas poder se expressar em português, mas também que os arquitetos brasileiros entendessem melhor a sua linguagem arquitetônica. Diante da possibilidade de permanecer no Brasil, Lina tentou ficar conhecida no meio cultural carioca pela imprensa, como havia feito na Itália. Em fevereiro de 1947, publicou seu primeiro artigo assinado em um periódico local. Com o título "Na Europa, a casa do homem ruiu", o texto saiu na revista mensal *Rio*,[30] veículo do magnata da imprensa Roberto Marinho, importante concorrente de Chateaubriand.[31] A publicação não poderia ter acontecido em momento mais peculiar. Crítico e um pouco melancólico, o artigo saiu durante o Carnaval, gerando um contraste evidente com as notícias sobre jantares de gala, festas, destinos turísticos elegantes, alta-costura[32] e o estilo de vida extravagante que Lina criticava em suas palavras.

Ela assinou o artigo apenas com seu nome de solteira. Ao lado do texto impresso, uma foto sua posando confiante no convés do *Almirante Jaceguay*, com uma legenda que a descrevia como "A arquiteta Lina Bo, da direção da revista *Domus*, de Milão, agora no Brasil" e anunciando que ela escrevera "esse artigo magnífico especialmente para a *Rio*". Na verdade, ela não representava mais a *Domus*, mas essa apresentação ambígua talvez fosse parte de sua intenção de ser vista como uma especialista credenciada em arquitetura, tão respeitável e independente quanto seu marido em relação às artes. Acima de tudo, o artigo estabeleceu o tom da busca à qual Lina dedicaria sua vida, no trabalho como designer, arquiteta e curadora que desenvolveria e amadureceria nas décadas seguintes em seu país de adoção. "A casa deve ser a 'vida' do homem", escreveu. "Deve servir, deve consolar; e não mostrar, numa exibição teatral, as vaidades inúteis do espírito humano."[33] Apesar de todo o seu esforço, porém, é difícil imaginar que alguém, sobretudo seus novos colegas brasileiros, tenha prestado muita atenção em suas palavras sombrias, cercadas de páginas sobre as extravagâncias carnavalescas e abafadas pelo som do samba carioca.

Ainda assim, esse primeiro texto abriu caminho para muitos outros que Lina escreveria sobre arquitetura brasileira nos anos seguintes. Naquele momento, contudo, ela seguiu de perto os passos do marido, que se envolvia no projeto de Chateaubriand de criar um museu de arte. Não convencidos sobre São Paulo, os Bardi discutiram com Chateaubriand a possibilidade de abrir o museu no Rio de Janeiro. Lina chegou a começar um estudo preliminar para um pequeno museu no centro histórico da capital — seu primeiro projeto arquitetônico no Brasil. Imaginou uma galeria inovadora com espaços abertos, grandes vidraças e rampas, um projeto modernista inovador de reúso que adaptaria um edifício comercial longo e estreito de quatro andares em estilo eclético na tradicional e então elegante rua do Ouvidor.

Enquanto os Bardi imaginavam essa galeria e montavam sua terceira exposição no Brasil, dedicada à arte moderna europeia, Chateaubriand tomou de maneira súbita uma decisão final. Uma manhã, foi ao apartamento do casal, bateu à porta e avisou, sem maiores cerimônias, que eles iriam para São Paulo, porque era lá que o dinheiro estava.[34] A cidade crescia depressa e se tornava a maior metrópole comercial e industrial do país. Chateaubriand continuou a insistir, como já havia feito uma vez, que abrissem o museu na capital paulista.[35]

Lina argumentou inutilmente a favor da permanência no Rio de Janeiro, mas Pietro acabou decidindo aceitar a proposta de Chateaubriand de criar e dirigir o museu. Os dois juntaram seus pertences e se mudaram para São Paulo.[36] Deixar a efervescência da vida cultural da capital por um lugar que, àquela altura, lhes parecia ser pouco mais do que a promessa de um centro industrial emergente — e ainda acanhado — foi uma grande decepção para Lina. Desde o início, ela nunca escondeu o desgosto de viver em São Paulo, uma cidade que, ao chegar, achou provinciana e, ainda por cima, lotada de imigrantes italianos gananciosos e superficiais.[37] São Paulo a lembrava do ambiente da sua infância, com uma cultura conservadora e uma vida social paroquial. "Encontrei aqui", diria, em uma de suas últimas entrevistas, "todo o ranço que havia em Roma."[38] No entanto, São Paulo logo se tornaria sua casa permanente, oferecendo ao casal oportunidades profissionais e pessoais inigualáveis à medida que a economia e a cultura da cidade floresciam. A escolha dos dois seria produtiva, mas também viria com um preço a ser pago.

4. Cidadela da civilização

CONSTRUINDO UM MUSEU EM SOLO (QUASE) VIRGEM

Desde a primeira visita de Bardi a São Paulo, treze anos antes, a cidade havia passado por um crescimento impressionante e um desenvolvimento econômico acelerado. Eles já não precisavam atravessar as tortuosas montanhas, os vales e as florestas tropicais que cobriam o litoral, como Bardi fizera na sua primeira visita. Dessa vez, viajaram de avião e viram tudo do alto.

De início, o casal havia ficado fascinado com o entusiasmo do magnata da imprensa em criar o museu, mas logo entenderam que estavam lidando com um homem de caráter imprevisível — tiveram sua primeira surpresa já no curto voo entre Rio de Janeiro e São Paulo. Conforme Chateaubriand ia falando animado sobre seus planos, Lina e Pietro descobriram que as obras que o jornalista tinha em sua coleção particular não eram suficientes nem para abrir uma pequena galeria. Do aeroporto, foram direto ao centro da cidade, para visitar o local do futuro museu. Outra descoberta esperava por eles na chegada: a construção do prédio na rua Sete de Abril, número 230, estava ainda muito atrasada.

Ao entrar no canteiro da obra pela rua estreita e movimentada, espremida entre cânions cada vez mais profundos de altos edifícios comerciais, viram que apenas a estrutura de concreto estava concluída, com umas poucas divisórias e

Lina Bo Bardi e Pietro Maria Bardi, em uma das primeiras viagens que fizeram ao Brasil, c. *1947.*

paredes de tijolo erguidas.[1] Sem coleção, sem sede pronta e sem nenhuma experiência prévia em museus, os dois teriam de criar uma nova instituição artística e cultural literalmente do nada. E tinham menos de quatro meses para concluir a tarefa. Foi assim que Lina assumiu a responsabilidade de traduzir as ideias do marido em um novo espaço museológico para São Paulo.

Bardi estava preocupado, mas otimista. No artigo "Building a Museum on Virgin Soil" [Construindo um museu em solo virgem], publicado uma década mais tarde em Nova York, ele chamou São Paulo de "cidade virgem"[2] e se referiu ao Brasil de forma parecida. "Este é um país ilimitado, que ainda não foi descoberto", anunciava, idealista, ponderando que essa condição genuína oferecia "o ponto de partida da arte: um imenso caos de beleza natural, que abriga em suas profundezas uma população obscura de índios, cuja arte ainda está no estágio pré-histórico".[3] Para dar à mudança de país e à aventura cultural e civilizatória que eles haviam empreendido um tom ainda mais profético e dramático, ele lembrava aos leitores de que "Manet visitara o país na juventude, quando era marinheiro, mas [diferente dos Bardi] havia se limitado, cautelosamente, a circular pelas ruas do Rio de Janeiro".[4]

Logo que chegaram a São Paulo, Lina e o marido se instalaram de forma provisória em um apartamento de um dos primeiros arranha-céus da elegante avenida Paulista, alguns quilômetros ao sul do centro histórico e do prédio dos Diários Associados. Nem Pietro nem Lina tinham escritório — passavam a maior parte do tempo na sede improvisada da direção do museu, na velha casa onde Chateaubriand mantinha sua redação, em frente ao canteiro de obras da rua Sete de Abril.[5] Foi a partir de lá que passaram a explorar a nova cidade e começaram a entendê-la melhor.

Na época em que chegaram, São Paulo contava com uma população semelhante à do Rio de Janeiro, ainda que carecesse da espetacular paisagem tropical da capital. Ao se reinventar como metrópole industrial, a cidade crescia tanto para os lados quanto para cima, tentando imitar as imagens de Chicago e de Nova York. Bardi provavelmente se surpreendeu com as mudanças urbanas empreendidas desde sua rápida visita em 1934. Áreas residenciais e comerciais novas e cheias de gente, com arranha-céus como o dos Diários Associados, brotavam no entorno do futuro museu, entre a elegante praça da República e o vale do Anhangabaú. O legado conservador das antigas oligarquias rurais, contudo, ainda estava presente na São Paulo dos anos 1940, e seus círculos sociais e culturais continuavam limitados, sobretudo se comparados aos da capital, ou à visão de recém-chegados como os Bardi. Havia um pequeno grupo de artistas modernistas em atividade na cidade, mas Bardi ficou surpreso ao descobrir que ela contava com apenas uma única galeria comercial,[6] para não falar na falta de um museu de arte de caráter cosmopolita.

A oportunidade de criar um centro que promovesse a vida cultural paulistana, conectando-a à cena de arte europeia e norte-americana do fim dos anos 1940, era extremamente promissora. O projeto de estimação de Chateaubriand, entre outras iniciativas modernizadoras, seria sua principal arma na guerra cultural que animaria a vida da cidade, projetando-a no cenário internacional na década seguinte. Não foi por acaso que Chateaubriand alocou o MASP no prédio dos Diários Associados, a uma quadra do inovador Edifício Esther, concluído em 1938, com suas linhas retas e funcionalistas em frente à praça da República. Além de abrigar os escritórios da Usina Esther (a enorme usina de cana-de-açúcar que construiu e batizou o prédio), artistas e arquitetos modernistas influentes moravam e trabalhavam no pioneiro condomínio. Lá estavam o escritório de arquitetura de Rino Levi — modernista pioneiro que se formara na mesma faculdade que Lina, em Roma, nos anos 1920 — e os apartamentos do arquiteto Vital Brazil e dos pintores Emiliano Di Cavalcanti e Noemia Mourão.

Além dos condôminos ilustres, o Edifício Esther abrigava a filial paulistana do Instituto dos Arquitetos do Brasil (IAB) em seu subsolo, onde também ficava o Clube dos Artistas Contemporâneos. Logo, os edifícios Esther e Diários Associados — que, além do MASP, abrigaria seu concorrente, o Museu de Arte Moderna (MAM) — compartilhariam o epicentro de um trecho compacto e efervescente de alguns quarteirões, que deu origem a um movimento renovado de adesão da cidade à arte e à arquitetura modernas. O desejo de mudanças culturais, impulsionado pela Semana de Arte Moderna de 1922 e pela introdução da arquitetura racionalista no Brasil por Gregori Warchavchik — que também se graduara na mesma faculdade de arquitetura que Lina em Roma, nos anos 1920 —, por fim tinha energia suficiente e múltiplos agentes para se estabelecer, mais de duas décadas depois.

Quando Lina chegou a São Paulo, em 1947, membros veteranos e jovens do IAB — como Levi, Warchavchik, Eduardo Kneese de Mello, Oswaldo Bratke e João Vilanova Artigas —, que não haviam sido beneficiados pelo regime de Vargas, se identificavam com as vanguardas artísticas assim como com as políticas progressistas direcionadas a causas democráticas e nacionalistas.[7] Também estavam fortemente envolvidos em promover manifestações culturais importantes na cidade, ação que compartilhavam com o Clube dos Artistas, liderado pelo arquiteto e artista anarquista Flávio de Carvalho. Contudo, não estavam tão ávidos por incluir recém-chegados, como os Bardi logo notaram. Juntos, o IAB e o Clube colaboraram para fundar, em 1948, com o apoio do industrial Ciccillo Matarazzo, o MAM e para organizar a Primeira Bienal Internacional de Arte de São Paulo, em 1951. Juntas, as duas instituições trabalharam para projetar a cidade no cenário internacional, concorrendo com os interesses de Chateaubriand e provocando disputas simbólicas e políticas na cidade. O solo onde P. M. Bardi plantou o MASP não era tão virgem quanto ele acreditava. Tampouco era tão arejado quanto ele e Lina esperavam. Ainda assim, não se deixaram intimidar nem desistiram do projeto de criar um museu inovador.

Com mais experiência como galerista, jornalista e agitador cultural do que como museólogo, Bardi se guiou pela revisão de diretrizes que o Conselho Internacional de Museus da Unesco (Icom, na sigla em inglês) propôs após o fim da guerra, segundo a qual essas instituições deveriam ter, antes de tudo, uma proposta pedagógica e cultural dinâmica, em vez de funcionar apenas como repositórios especializados da produção artística, voltados à contemplação.[8] Depois de abandonar seus planos de firmar uma parceria filantrópica com Matarazzo para criar um museu dedicado exclusivamente à arte moderna e abstrata, Chateaubriand deu a Bardi e a Lina carta branca para montarem uma coleção e um programa plural para o seu museu. Tanto Chateaubriand como Matarazzo continuariam a competir ferozmente pelo apoio de um grupo diverso de intelectuais, artistas, arquitetos e mecenas locais, e pelo suporte financeiro e artístico oferecido por Nelson A. Rockefeller por meio de sua Companhia Internacional de Economia Básica (Ibec, na sigla em inglês), que acabara de abrir um escritório em São Paulo, e de sua influência como presidente do MoMA, em Nova York.[9]

No começo da Guerra Fria, a alta cultura entrava no contexto da produção e do consumo de massa e enfrentava, tanto em âmbito local quanto internacional, conflitos ideológicos que desafiavam os planos dos Bardi.[10] Se fosse para criar um museu de arte sozinho, Chateaubriand teria de ampliar sua coleção de modo substancial; mas conseguir fundos para isso era um desafio. Dado o apoio financeiro limitado, ele traçou um plano para alcançar seus objetivos: optou pela chantagem. Usando a hipótese conspiratória sobre a expansão soviética para apavorar os ricos, alardeou que ela traria o fim de seus privilégios sociais. E precavia às suas potenciais fontes de dinheiro que só poderiam garantir sua posição de influência caso se fortalecessem como grupos de elite, afirmando que uma das melhores formas de derrotar a ameaça comunista era doar obras-primas, como Cézannes, Renoirs e El Grecos — que, por acaso, Bardi tinha para vender —, para o seu museu de arte.[11] Para pressionar os ricos e poderosos das elites locais a doar dinheiro para a compra de obras de arte, Chateaubriand não teve escrúpulos ao ameaçá-los com a publicação de histórias pessoais constrangedoras em seus jornais. Essas táticas, que acabariam se voltando contra ele, ilustram o contexto cultural, social e político com o qual os Bardi se depararam — e acabaram por aceitar sem críticas — no começo de sua vida em São Paulo.

Conforme o museu oferecia oportunidades únicas de desenvolvimento profissional para o casal, as dúvidas iniciais que Lina e Pietro haviam tido sobre as questionáveis habilidades de Chateaubriand foram sobrepujadas pelos benefícios que ele lhes proporcionava. Pelo menos, foi o que ocorreu na primeira década em que estiveram no Brasil. Dado o curto prazo disponível para completar o projeto, Lina e Pietro trabalharam praticamente dia e noite no escritório temporário que ficava em frente ao arranha-céu ainda em construção para trazer à vida a instituição e a sua coleção. Os dois sabiam falar pouco o português e não conheciam ninguém além de Chateaubriand, mas com a ajuda de alguns colaboradores locais, recomendados pelo novo chefe, criaram rapidamente uma pequena rede social e profissional, fora do circuito de expatriados na cidade.

Chateaubriand reservou, de início, mil metros quadrados do prédio dos Diários Associados, um andar inteiro acima do hall de entrada, para abrigar os programas pedagógicos e as exposições temporárias do museu. Mais tarde, adicionou outro pavimento, logo acima do primeiro, para instalar a pinacoteca com a coleção permanente do museu.[12] Em tempo recorde, Lina coordenou a montagem do salão principal, em colaboração com o arquiteto Jacques Pilon, que projetara o arranha-céu. Mandou remover um teto falso em estilo art déco e uma fonte já instalada, ambos "referências sentimentais" que não queria no museu.[13] Seu projeto modernista incluía um amplo salão para exposições temporárias, virado para a rua, assim como um elegante e moderno auditório e salas para aulas e escritórios administrativos na parte posterior. Sua experiência milanesa acabaria sendo útil e tendo um efeito inovador na acanhada cena paulistana do design. Depois de revirar a cidade, sem sucesso — como a arquiteta Georgina, personagem que Lina criara alguns anos antes para a revista *A* —, atrás de cadeiras modernas que pudessem ser empilhadas para criar usos mais flexíveis, Lina acabou projetando e produzindo uma série de cadeiras dobráveis leves com encosto de lona para o auditório.

Apesar de tanto trabalho, a dedicação dos Bardi não bastava. Impaciente e impulsivo, Chateaubriand mal podia esperar pela inauguração do museu e, mesmo que o novo prédio-sede de seu império midiático ainda não estivesse pronto, o MASP recebeu seus primeiros visitantes no dia 2 de outubro de 1947.[14] Os convidados tiveram de entrar no andar térreo em obras por uma portaria temporária, que Lina de maneira hábil montou com um painel de treliça de madeira pintada de branco, ao qual afixou o programa de atividades oferecido pelo museu. Os elegantes cavaletes e os suportes de metal que iam do chão ao teto, criados por ela com ajuda de seus assistentes para expor as obras de arte no meio da galeria, eram uma novidade absoluta no Brasil. Como vários de seus contemporâneos italianos haviam feito desde a década de 1930, com especial destaque às leves estruturas tubulares metálicas propostas por Franco Albini, Lina e Bardi se recusavam a exibir os quadros diretamente na parede. Queriam, assim, dar aos visitan-

Lina Bo Bardi sentada em uma das cadeiras dobráveis que criou para o auditório do Museu de Arte de São Paulo na rua Sete de Abril, São Paulo, 1948.

tes acesso direto às obras, como se estivessem dentro de um ateliê. Além disso, como o edifício ainda estava em construção, foi uma solução prática para evitar colocá-las em contato com a umidade das paredes.[15]

O sucesso imediato das exposições e dos programas educativos do museu provou para os Bardi que, apesar das decepções iniciais, eles haviam, de fato, encontrado um solo fértil para disseminar suas ideias, incluindo a criação da revista *Habitat* e do Instituto de Arte Contemporânea (IAC) com uma equipe de competentes colaboradores locais. Chateaubriand anunciou em um de seus jornais, o *Diário de S. Paulo*, que não era mais preciso atravessar o Atlântico para ver obras de grandes mestres do Ocidente. E ele estava certo. Em poucos anos, o museu e sua programação passaram a ocupar quatro andares do edifício; mas só depois de quase duas décadas ele se estabeleceria em sua sede permanente na avenida Paulista. Nesse ínterim, Chateaubriand continuou desenvolvendo diversos projetos.[16] Em uma ocasião particular, chegou a colocar Lina em destaque — um evento do qual ela se lembraria com grande orgulho. Chateaubriand pediu que ela participasse, como convidada de honra, de um batismo de pequenos aviões no Campo de Marte, o primeiro aeroporto de São Paulo. Ela chegou a guardar uma foto na qual, vestindo um tailleur escuro feito sob medida, derrama vinho na hélice de um Paulistinha, uma pequena aeronave civil de produção local que se tornou popular na época. No verso da foto, escreveu: "Pareço a Anna Magnani",[17] comparando-se à atriz do neorrealismo italiano que se casara com Roberto Rossellini, amigo de Bardi. Tinha razão sobre a semelhança. E com tantas novidades, por algum tempo Lina foi feliz, desfrutando de um estilo de vida distante do que havia imaginado ter fora da Itália.

Com o sucesso crescente de suas atividades no museu de São Paulo e uma vida social movimentada, os Bardi perceberam que sua temporada brasileira estava se tornando permanente. Depois do êxito da inauguração do museu, Lina passou o Natal de 1947 na Itália, como faria com frequência nos anos seguintes, e antes de voltar ao Brasil recebeu seu visto de residente temporária do consulado brasileiro em Roma, primeiro passo para a imigração. Ela deixaria o seu país nativo sem ter jamais participado de uma eleição política, pois, até então, a Itália não conferia às mulheres o direito de votar, opção que já existia no Brasil. Voltou a São Paulo no fim de janeiro de 1948,[18] pronta para participar de um baile de Carnaval

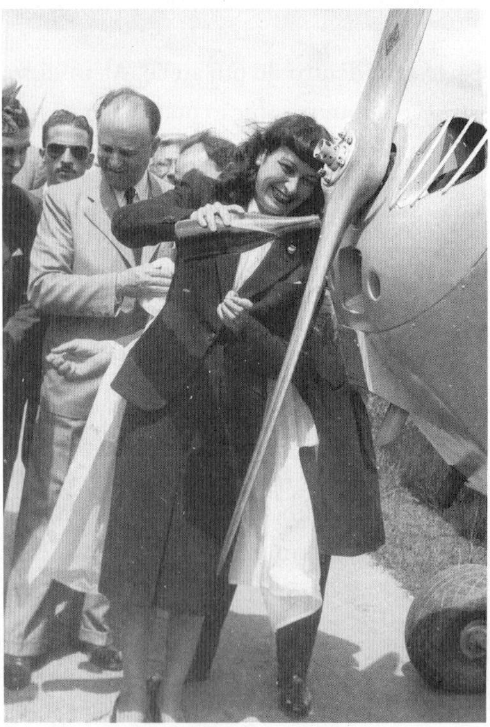

Lina Bo Bardi como musa da festa de inauguração de um avião Paulistinha promovida por Assis Chateaubriand no Campo de Marte, São Paulo, c. 1948.

organizado pelo IAB. Sem demora, pôs em prática seus talentos artísticos e sua personalidade dramática: usando um conjunto de dezenas de águas-marinhas azul-claras que Bardi lhe dera pouco antes — um de seus mimos pessoais —,[19] criou um elaborado colar e uma pulseira para usar com sua fantasia feita por encomenda, que consistia em um vestido tomara que caia branco longo, luvas negras até o cotovelo e um pássaro empalhado na cabeça. O traje também incluía uma longa piteira, lembrando aquela usada por Lina ainda na adolescência para provocar oficiais fascistas num cassino em San Remo. Durante o baile de Carnaval, ela se divertiu posando para os fotógrafos com seu glamoroso conjunto.

No entanto, Lina tinha projetos mais sérios para desenvolver. Logo depois das férias, começou a ajudar Bardi a transferir sua Galleria d'Arte Palma de Roma para São Paulo. Eles mantiveram o nome original, que fazia ainda mais sentido na nova paisagem tropical, passando a chamar então Estúdio de Arte e Arquitetura Palma Ltda. Além de vender pinturas e objetos de arte para as elites recém-ilustradas, também abriram uma pequena firma para projetar interiores de casas e espaços comerciais e produzir móveis modernos. Para homenagear as madeiras

Lina Bo Bardi carregando o colar que desenhou com as águas-marinhas que ganhou de presente de Pietro Maria Bardi, em traje criado por ela para o baile de Carnaval do IAB, em São Paulo, 1948.

nativas brasileiras e o manifesto modernista de Oswald de Andrade, de 1924, chamaram-na de Oficina Paubrá,[20] uma abreviação do nome "pau-brasil". A essa altura, haviam se mudado do elegante apartamento na avenida Paulista para um endereço ainda mais exclusivo, na rua Traipu, número 1231, no arborizado bairro do Pacaembu. Eles alugaram a Villa Paolina Segre, projetada pouco antes pelo arquiteto italiano Daniele Calabi, conhecido do casal, durante o período em que residiu em São Paulo.

Diferente da nova casa, o Estúdio Palma ficava a apenas duas quadras do museu, no epicentro da emergente vida cultural da cidade. Eles oficializaram o registro do estúdio no nome de Lina em fevereiro de 1949, embora a loja já estivesse funcionando alguns meses antes no número 66 da rua Dr. Bráulio Gomes, em um edifício modernista projetado por outro arquiteto imigrante, Lucian Korngold, na praça que fica atrás da então nova Biblioteca Municipal (renomeada depois Biblioteca Mário de Andrade).[21] Bardi não assumiu a responsabilidade ju-

Lina Bo Bardi no terraço da Villa Paolina Segre, onde viveu temporariamente com o marido no bairro do Pacaembu, em São Paulo, c. 1950.

rídica da galeria, provavelmente em razão de suas obrigações contratuais com o MASP, mas aprovou os termos do documento, firmando, conforme as leis da época, que "Achillina Bo Bardi, italiana, casada, está devidamente autorizada por seu marido a cuidar de um negócio"[22] — o que confirmou para ela, em termos legais, o tipo de sociedade patriarcal em que estava vivendo.

Dado seu envolvimento com o museu e os poucos contatos em São Paulo, os Bardi resolveram contratar dois colaboradores para reforçar a frente comercial do empreendimento. A negociante de arte e decoradora Valéria Piacentini Cirell, casada com o meio-irmão brasileiro de Fabrizio Clerici, amigo romano de Lina,[23] passou a trabalhar como assistente do casal na galeria e se tornou uma ligação importante entre os Bardi e sua clientela paulistana. Uma década mais tarde, ela acabaria por encomendar a Lina o projeto de sua casa no Morumbi, e as duas continuariam amigas próximas — uma de suas poucas amigas mulheres — e vizinhas até a morte prematura de Valéria, nos anos 1970. Os Bardi também convidaram o arquiteto e designer italiano recém-radicado no Brasil Giancarlo Palanti, que conheciam bem desde Milão, para coproduzir uma série de móveis voltados ao mercado local. Ele chegara ao Brasil mais ou menos na mesma época em que os Bardi deixaram Roma, mas era quase dez anos mais velho e mais experiente que Lina.

Enquanto ela seguia o interesse de Gio Ponti, sentindo-se atraída pela manufatura simples e artesanal, Palanti acompanhara a introdução do taylorismo industrial, trabalhando para o empresário Adriano Olivetti em Milão.[24] Para Lina, suas colaborações com Palanti foram "a primeira tentativa de produzir móveis modernos (em escala não industrial) com compensado recortado (em vez de dobrado, como fez [Alvar] Aalto) e outros materiais locais", referindo-se ao arquiteto finlandês.[25] Às vezes, os dois projetavam juntos a mesma peça; outras vezes, criavam móveis separadamente.[26] Entre os exemplos mais longevos das criações dessa parceria estão as cadeiras tripé de aço e madeira que lembravam as redes usadas "como cama e cadeira" nos barcos que navegavam pelos grandes rios brasileiros. Sua "aderência perfeita à forma do corpo, o movimento ondulante, fazem dela um dos instrumentos de repouso perfeitos", escreveu Lina sobre a rede.[27] Ela acreditava que "para fazer uma cadeira não vale a pena o trabalho de procurar uma solução, bastam um plano [para sentar] e quatro pernas", da mesma forma que "para um cabide, basta um prego".[28]

O Estúdio Palma e a Oficina Paubrá ajudaram a renovar o design de interio-

Lina Bo Bardi sentada em uma das poltronas que criou, com Giancarlo Palanti, para a Oficina Paubrá, exposta na Galeria de Arte Palma de Pietro Maria Bardi, em São Paulo, c. 1948.

res em São Paulo, dando um ar milanês a lojas, galerias e restaurantes, e também combinando abstração racionalista com formas e técnicas vernáculas brasileiras em seus projetos comerciais e residenciais. Entre os projetos desenvolvidos pelo estúdio estavam vários interiores para lojas de alto padrão, que cresceram com a industrialização e a sofisticação do mercado consumidor da cidade. Em parceria com Palanti, Lina colaborou em uma das várias lojas Olivetti Tecnogeral, que ele projetou para seu cliente italiano no Brasil.

O portfólio dos dois sócios incluía projetos híbridos, variando da Galeria Ambiente a alguns estudos para residências familiares, duas lojas de tecido e o restaurante Prato de Ouro, todos bem perto do museu e do estúdio.[29] Lina usou as paredes do Prato de Ouro como páginas de suas revistas ilustradas. Em uma delas, criou um mural com listras esparsas pintadas sobre um grande retângulo negro. Na outra parede, pintou retângulos, losangos e círculos coloridos que lembravam pipas e paraquedas. Em segredo, ela extraiu esses fragmentos visuais de uma das pinturas feitas pelo pai, quando refugiado em Parma durante a guerra, e que representava bombas caindo durante um ataque aéreo noturno, uma memória trágica atenuada pela geometria cromática que passava despercebida aos frequentadores do restaurante.

Apesar de ter produzido experiências importantes, a parceria de Lina e Palanti na oficina de móveis e nos projetos comerciais logo começou a dar sinais de crise. Depois de quase dois anos de atividade, a Oficina Paubrá fechou as portas, devido a diferenças pessoais e por questões práticas, como problemas com leis de patente e dificuldades de lidar com o sistema brasileiro de produção industrial, então incipiente. Ainda assim, os sócios conseguiram dar à empreitada uma dimensão cultural. No início da colaboração com Palanti, Lina organizou uma exposição pioneira sobre a história do design de cadeiras no MASP, com várias peças que variavam de exemplares toscanos do século XV a cadeiras de autor do início do século XX.[30] Para apresentar a mostra, publicou um artigo no *Diário de S. Paulo* de Chateaubriand, esperando alertar os leitores sobre a importância de educar o seu gosto para elementos simples e brasileiros. O título provocador — "Uma cadeira de grumixaba e taboa [tábua] é mais normal que um divã de babados"[31] — introduzia, de forma inequívoca, a ética de trabalho do Estúdio Palma e da Oficina Paubrá. Para deixar tudo ainda mais claro, ela salientou um detalhe da exposição: "Colocamos a imagem de um homem sentado em uma pedra ao lado de outra, de uma mulher sentada numa cadeira sofisticada e de proporções erradas, mais adequada a um elefante do que a um ser humano".[32]

O POVO É ARQUITETO

A exposição de cadeiras que Lina Bo Bardi produziu para o MASP integrava um programa variado de atividades que, à medida que o museu crescia, ajudaram a fazer dele um novo foco de cultura na São Paulo de fins dos anos 1940. Entre aquelas atividades havia várias mostras pedagógicas baseadas na ideia da produção artística como fenômeno histórico e que se expressa em diferentes meios. As expografias que os Bardi criaram atraíam um público cada vez maior, e o museu chegou a receber quatrocentas pessoas por dia. Esse reconhecimento estimulou novas experiências, como o Clube Infantil de Arte, a Escola de Cinema e até uma orquestra com jovens músicos.[33]

A reputação cada vez maior do MASP levou o grupo de arquitetos e artistas locais que se aquartelavam no Edifício Esther — e que tinham o apoio de Francisco Matarazzo Sobrinho e de sua esposa, a quatrocentona Yolanda Penteado — a acelerar seus planos de construir um centro de arte dedicado exclusivamente à arte moderna.[34] No começo de 1948, a ideia de criar um Museu de Arte Moderna em São Paulo começou a sair do papel. Um ano mais tarde, e depois de considerar vários endereços, a equipe de Matarazzo por fim abriu o novo museu assim que Chateaubriand, por ironia dos fatos, concordou em alugar para eles um espaço no edifício dos Diários Associados, alguns andares acima do MASP. Seguindo o exemplo de seu vizinho e concorrente, o time de Matarazzo contratou um especialista europeu para dirigir o novo espaço, o crítico de arte franco-belga Léon Degand, que começou a trabalhar em março de 1949.[35] Diferentemente da visão de Bardi, Degand era inflexível em suas ideias de que a estética ocidental evoluía para uma forma de arte autônoma e abstrata.[36]

Enquanto o MAM acolhia o abstracionismo e o prolífico grupo de artistas abstracionistas que emergia no Brasil,[37] o MASP continuou a defender uma abordagem plural, crítica e historicista da arte e da cultura. A divergência crescente entre os dois museus vizinhos alimentou uma renovação cultural na cidade, com a expansão de sua programação cultural e pedagógica, culminando na criação da Bienal Internacional de Arte de São Paulo, em 1951. No entanto, as disputas ideológicas e as diferenças pessoais entre os elementos dos dois grupos foram convertendo o que havia começado como uma concorrência produtiva em crescente rivalidade e difamação mútua, fato que afetaria de maneira profunda o trabalho de Lina e Pietro em São Paulo.

Nesse meio-tempo, o projeto artístico do MASP avançava em ritmo constante: Chateaubriand continuava empenhado em sua questionável campanha de arrecadação de fundos, e Bardi viajava com mais frequência a Roma, Milão, Florença, Paris e Nova York à procura de boas oportunidades de negócio com galerias de arte e colecionadores particulares, aproveitando que ainda havia obras importantes a preços acessíveis.[38] Motivada por essa onda de crescimento, Lina começou a trabalhar no projeto de ampliação das instalações do museu. Já era hora de ocupar mais um andar do prédio dos Diários Associados, ainda maior do que os outros, para ampliar as atividades e acomodar a coleção permanente do MASP. Chateaubriand planejou a reinauguração de modo estratégico para tentar abafar a influência local e a visibilidade internacional do MAM, que se tornavam cada vez maiores. Dessa vez, ele tinha em mente um convidado de honra: seu ídolo e modelo Nelson A. Rockefeller, que não hesitou em aceitar o convite.[39]

O MASP foi inaugurado pela segunda vez na fria noite de 5 de julho 1950, dois anos e meio depois da chegada dos Bardi a São Paulo. O evento, bem documentado em fotografias da imprensa, reuniu personalidades da política e da cultura em black tie e socialites que aproveitaram a ocasião para usar seus casacos de pele, extravagância rara nos trópicos, que Lina deve ter notado com a mesma curiosidade com que um dia lhe disseram que, no Brasil, todos eram poetas. Em seu discurso de abertura, Rockefeller incorporou a missão artística do MASP em uma mensagem abertamente geopolítica, ajustada sobretudo às doutrinas do Pan-Americanismo e da Boa Vizinhança, que ele endossava. Comparou o MASP à expressão usada por Franklin D. Roosevelt em seu discurso na reabertura do MoMA, em 1939, ao falar do museu nova iorquino como uma "cidadela da civilização".[40] Lina nem sempre via com bons olhos o conceito de civilização devido à sua sombria relação com o fascismo; mais tarde, porém, parafrasearia Rockefeller ao definir

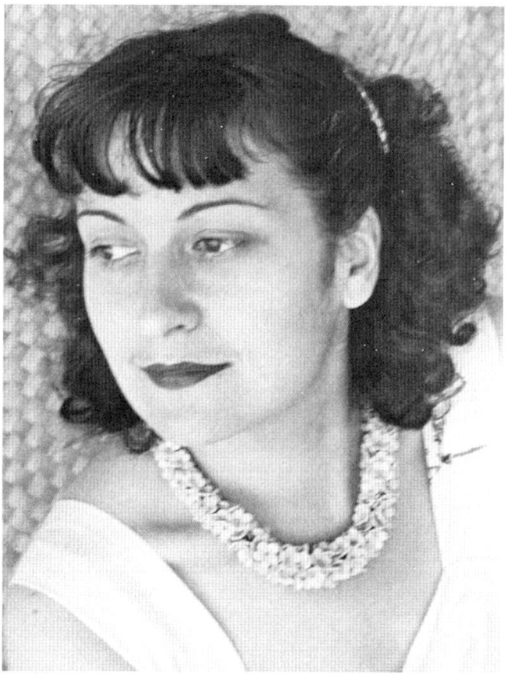

Lina Bo Bardi, c. 1948.

seu maior projeto, o Sesc Pompeia, como uma "cidadela da liberdade". Naquele momento, com a presença de Rockefeller, o museu de Chateaubriand ganhava seu primeiro certificado de aprovação internacional, enquanto Lina e Pietro conseguiam concretizar suas inovadoras concepções arquitetônicas e expositivas.

Nos programas de atividades e de mostras, ficou evidente a lealdade dos Bardi à ideia de que o propósito fundamental do MASP seria pedagógico. Lina estudou o projeto de ampliação do museu de maneira meticulosa em vários esboços e desenhos, tirando vantagem dos espaços abertos do edifício para permitir que os visitantes se movimentassem livremente entre os painéis suspensos das exposições temporárias. Outra ideia pedagógica inovadora e instigante do novo hall do museu era a sua "vitrine das formas". Tratava-se de uma longa caixa envidraçada, sustentada por uma estrutura metálica delgada, que continha um "conjunto orgânico de formas variáveis",[41] dispositivo que seria uma referência constante no trabalho curatorial de Lina Bo Bardi. Ela controlou com cuidado a visibilidade e a iluminação dos objetos expostos dentro e fora da vitrine, de antiguidades a utensílios artesanais, e de pequenas esculturas modernas a uma máquina de escrever, organizados como em um gabinete de curiosidades. Para controlar a iluminação natural, mandou colocar painéis semitransparentes feitos com ripas de madeira branca ao longo das grandes janelas viradas para a rua, que iam de parede a parede e do chão até o teto, voltando o espaço do museu para dentro, de forma a produzir "uma atmosfera, uma abordagem que permita ao visitante criar um estado mental adequado à compreensão das obras de arte, sem distinção entre uma peça antiga e uma obra moderna".[42]

Com a ampliação do MASP, em 1950, São Paulo ganhava, pela primeira vez, uma coleção de arte de porte e significativa. E, mais do que expandir fisicamente, o museu também cresceu em escopo e alcance. Com apoio do conglomerado de mídia de Chateaubriand, criaram-se uma escola de arte e uma revista voltadas à formação de novos públicos e de novos artistas e designers.[43] O IAC foi criado junto com a revista *Habitat* e com a ampliação do museu, mas só começou a funcionar em março de 1951, ocupando outros dois andares do edifício dos Diários Associados. O currículo se baseava no programa do Chicago Institute of Design e oferecia oficinas de gravura, desenho, pintura, escultura, desenho industrial e publicidade, além de seminários sobre história da arte, cinema e literatura. Dedicado a formar "jovens estudantes para uma carreira nas artes industriais",[44] foi uma das primeiras iniciativas de larga escala no país nesse campo e contratou muitos talentos brasileiros e estrangeiros, como a própria Lina, para dar aulas. No fim de 1953, contudo, a escola de arte encerrou suas atividades por causa de problemas de verba, da concorrência crescente dos programas educativos do MAM e até da falta de interesse por parte do setor manufatureiro local de oferecer estágios aos alunos.

A cidadela do MASP não era tão invencível quanto parecia, e os projetos concebidos pelos Bardi com frequência envolviam condições desafiadoras; mesmo assim, conseguiram criar, recém-chegados, marcos importantes na vida cultural brasileira. Além do IAC, que teve vida curta, mas deixou uma importante contribuição pedagógica, o legado do casal inclui a criação da *Habitat: Revista das Artes no Brasil*. Lina tinha 35 anos quando eles publicaram a primeira edição da revista, em outubro de 1950. Ela comandou o editorial da publicação, baseando-se em sua experiência em Milão, e ajudou Bardi a coordenar uma equipe de colaboradores que incluía o animado Flávio Motta, recém-formado em pedagogia, e o dedicado Luís Hossaka, um aluno de arte do IAC que depois seria seu assistente no museu por muitos anos, e que cuidava de boa parte dos trabalhos de envio, documentação e edição na produção da revista no trâmite entre a redação e a gráfica, localizada em um bairro distante.[45]

A coordenação do trabalhoso processo editorial da *Habitat*, do design à produção, mantinha Lina bastante ocupada. As longas reuniões aconteciam tanto no museu quanto na casa de Motta, estendendo-se até tarde da noite. Improvisava-se bastante. Os textos eram muitas vezes escritos a várias mãos, atentando-se pouco para a linguagem e o estilo, e as traduções apressadas davam um sotaque italiano ao projeto coletivo. Vários artigos acabavam saindo sem assinatura, ou eram assinados com pseudônimos similares por pessoas diferentes.[46] Ao lado do marido e dos colaboradores, Lina usou a revista, de forma sábia, para articular as ideias sobre arquitetura, design e cotidiano que vinha desenvolvendo, e para ensaiar sua própria voz crítica na cena cultural da cidade. Chegou até a tentar criar uma ponte cultural com o Rio de Janeiro, contatando pessoalmente o arquiteto Oscar Niemeyer na capital, como havia proposto a Bruno Zevi alguns anos antes, entre Milão e Roma.[47] Apesar de seus esforços, Niemeyer recusou o convite, dizendo que uma aliança entre as cidades não funcionaria e que seria "melhor que cada um seguisse seu caminho".[48] Depois dessa tentativa frustrada de estabelecer uma rede mais ampla, os Bardi se cercaram de um grupo local mas não menos significativo de pessoas. Mais uma vez, estavam semeando em solo virgem. E ao plantar polêmica, Lina e Pietro acabaram colhendo resistência e hostilidade nos quatro anos em que estiveram à frente da revista, de 1950 a 1954.

Desde o início, como o editorial publicado no primeiro número indica, a revista trimestral tinha um caráter experimental e estava intimamente ligada à missão educativa do museu. "*Habitat* significa ambiente, dignidade, conveniência, moral de vida e, logo, espiritualidade e cultura",[49] anunciava o texto inaugural. Sua aspiração era explorar "a beleza imaginativa da floresta, a cabana de pau a pique, a cerâmica nativa, uma igreja barroca, artefatos de ourives da Bahia, a Ópera de Manaus, o Ministério da Educação e Saúde no Rio de Janeiro, assim como artistas e artesãos conhecidos e anônimos, de origem nativa, africana ou europeia — em suma, todos os que contribuíram e continuam contribuindo para a arte brasileira".[50] A revista foi um salto no escuro: de formato grande, era uma publicação cara, e os anúncios mal davam para cobrir os custos de produção, o que preocupava Rodolfo Klein, o editor que financiava a publicação.

Segundo atestam diversos documentos dos arquivos do MASP, para ilustrar as páginas e as capas da *Habitat* Lina recortava à mão, retocava e colava imagens de um grande número de revistas, livros e até de jornais brasileiros e estrangeiros, como havia feito tantas vezes para publicações em Milão. Cada edição fechava com uma coluna de notas curtas sobre a vida cultural e social da cidade, escritas anonimamente pelos Bardi, Chateaubriand ou qualquer um cuja opinião se alinhasse à da revista. No alto da coluna, uma caricatura de dois olhos perscrutadores e penetrantes ilustrava a assinatura do personagem fictício que lhe servia de título: "Crônicas do Alencastro". Esse pseudônimo, que sugere alguém de sangue aristocrático, tinha sido uma escolha irônica e espirituosa para provocar as elites paulistanas que gravitavam em torno do MAM. Os projetos e as pessoas que Alencastro apoiava mereciam comentários elogiosos; já os dissidentes recebiam críticas devastadoras. O tom mordaz, intolerante e desregrado da coluna dava voz pública a rivalidades privadas, que acabariam gerando represálias e ostracismo, levando o MASP a ser acusado, à revelia, de manter obras falsificadas no acervo.

Além de coordenar o fechamento da *Habitat*, Lina editou e escreveu diversos textos curtos — e muitas vezes anônimos — sobre arquitetura e design. Ainda sem uma prática própria, independente, ela usou a revista como veículo para explorar a ideia de uma cultura projetual genuinamente brasileira ao documentar aspectos da cultura popular e artefatos anônimos e de uso cotidiano. Suas fontes imaginárias — já que não as conhecia pessoalmente — eram as regiões rurais, a

Amazônia e, sobretudo, o Nordeste árido e empobrecido, que estava cada vez mais no centro das críticas de escritores e sociólogos brasileiros engajados em valores nacional-populares e ideologias progressistas. Nesses artigos ensaísticos, Lina começou a afiar não só sua sensibilidade estética em relação aos objetos artesanais, como também sua consciência política sobre o potencial papel de inovação representado pelas pessoas sem recursos que os produziam.

Foi também com a *Habitat* — sobretudo nas primeiras edições, publicadas entre 1950 e 1951 — que Lina Bo Bardi aos poucos adaptou suas referências simbólicas ao novo país, conquistando autonomia intelectual sem perder o gosto pela simplicidade, pela economia e pelo sentido de propósito social que trazia da Itália. Os artigos que publicou na revista anunciaram, desde o início, sua admiração pelo potencial da nova arquitetura que estava sendo criada no Brasil, mas também pelo que via como genuinamente brasileiro. A revolta e a esperança que conformaram o sentimento neorrealista de sua geração italiana encontraram uma válvula de escape romantizada em seu país de adoção, que lhe oferecia um possível antídoto aos sentimentos e ao ressentimento que guardava, em algum lugar recôndito dentro de si mesma, da experiência pessoal de ter vivido em uma cidade em ruínas e entre duas guerras. Ao imaginar um Brasil e um povo brasileiro não afetados pela civilidade, Lina abraçou, como o fez o filósofo Jean-Jacques Rousseau no século XIX, o ideal do "bom selvagem", do indivíduo autônomo, autodeterminado e livre para criar, longe e em oposição aos vícios e luxos da existência urbana. E ela nunca desistiria desses ideais, mesmo diante de suas decepções.

Foi desse ponto de vista romântico que ela escreveu um ensaio incomum para a primeira edição da *Habitat*, intitulado "Amazonas: O povo arquiteto".[51] Seu conteúdo antecipava outros artigos que ela publicaria pouco depois na revista com o mesmo tom. Além da idealização do homem leigo por Rousseau, Lina também fazia referência ao legado das teorias iluministas de Marc-Antoine Augé, que marcaram a educação de sua geração romana, sobre a cabana primitiva como alegoria da necessidade humana de abrigo. Ela dizia que "o verdadeiro sentido do trabalho no Brasil, país do concreto, do espaço e da riqueza, deveria começar pelas populações do interior, ao longo de seus fabulosos rios, nas plantações de algodão e café, nas florestas de seringueiras, nas pontes e oficinas".[52] E, para provar sua tese, apresentava "uma fotografia do hábitat do nosso povo do Amazonas, com sua casa e sua arquitetura extremamente funcionais, agradável e estética, cercada por cenas cotidianas, manifestando a alegria das pessoas simples".[53] Essas ideias reverberaram no artigo seminal que ela assinou na edição seguinte da revista e que conclamava a uma revisão crítica da arquitetura brasileira que tivesse como base a simplicidade das tradições de construção popular.[54]

Com tom pungente e o título "Bela criança",[55] o ensaio abria a segunda edição da revista. No texto, Lina apresenta uma definição alternativa da arquitetura modernista brasileira, na contramão dos críticos europeus, que começavam a considerar a produção brasileira como um caso de cega adesão ao formalismo. Uma grande fotografia do Ministério da Educação e Saúde, que ela conhecia como a palma da mão àquela altura, ilustrava o curto artigo. Destemida, Lina dizia com todas as letras: "A luta deve ser dirigida contra essa generalização perigosa — a difamação do espírito da arquitetura moderna, que é um espírito de intransigência e de amor pelo homem [sic], que nada tem a ver com formas exteriores e as acrobacias formalísticas [sic]".[56]

No artigo, possivelmente um dos mais importantes de sua carreira, reiterava premissas fundamentais que nortearíam sua perspectiva intelectual e profissional até sua morte, em 1992, no Brasil. O título escolhido sintetizava sua opinião sobre a arquitetura brasileira, que "tem muitos defeitos; é jovem, não teve muito tempo para se deter e pensar, nasceu subitamente como uma bela criança".[57] Sem renegar sua visão romântica, sugeria que a arquitetura brasileira deveria derivar "do 'pau a pique' do homem solitário que trabalhosamente cortara os galhos da floresta [...], da casa do 'seringueiro', com seu soalho de troncos e o telhado de capim [...]".[58] Evocando a fantasia de Rousseau sobre o bom selvagem e a cabana primitiva de Laugier, professava a crença de que a arquitetura anônima, produzida pelo povo, "possui em sua resolução furiosa de fazer, uma soberba e uma poesia [...] do homem do sertão, que não conhece as grandes cidades da civilização e dos museus, que não possui a herança de milênios".[59]

Passando do romantismo do século XIX para o existencialismo abraçado por sua geração no pós-guerra, Lina repetia uma ideia que já antecipara em seu trabalho editorial na Itália, dessa vez aplicando-a ao futuro do Brasil: acreditava que a arquitetura não teria significado até que "seu espírito seja o espírito do homem, sua pesquisa, a busca dos valores de sua vida em evolução, até quando colherá sua inspiração da poesia íntima da terra brasileira".[60] Afirmava, em seu português híbrido: "Não sabemos por que ela nasceu bonita, mas precisamos educá-la, tomar conta dela, curá-la [sic, cuidar dela], encaminhá-la, seguir sua evolução".[61] E concluía, em tom político: "Houve o milagre do nascimento, a diretriz, a continuação da vida, o conseguimento de um intento dependendo da consciência humana, de suas possibilidades para a luta, a convicção e a intransigência. É isso o que se deve afirmar".[62] "Bela criança", título sugestivo para uma mulher que recusou a maternidade, colocava a arquitetura no berço das esperanças de Lina Bo Bardi em um projeto cultural renovado — o marco inicial de uma outra vida, longe das ruínas de Roma e das memórias difíceis da infância.

Enquanto concluía esse texto seminal, publicou dois artigos curtos — não assinados, mas atribuídos a ela — que ampliavam e reforçavam a ideia defendida pela revista de uma proximidade entre a cultura profissional, a formação acadêmica e as manifestações populares. O primeiro lançava uma questão já no título: "Por que o povo é arquiteto?". A resposta era, simplesmente: "O povo é arquiteto porque não compartilha as ideias extravagantes dos ricos sobre a casa. Os pobres sabem o quanto custa ter uma parede lisa, enquanto os ricos se perguntam como ter uma parede lisa".[63] O argumento central desse artigo corrobora os textos anteriores em que Lina defendia que a casa não é um cenário teatral destinado a satisfazer impulsos de ostentação, mas um lugar para prover necessidades humanas básicas.

O segundo artigo, mais longo, "Casa de 7 mil cruzeiros",[64] levava ainda mais longe aquela discussão, assim como seus valores filosóficos e projeções culturais de uma vida simples, mas prenhe de recursos criativos. O texto é o relato ilustrado de uma visita de fim de semana a uma família que vivia na estrada do M'Boi Mirim, na periferia (então) semirrural de São Paulo, não muito longe da casa em que Lina viria a morar no Morumbi. A protagonista da matéria é retratada como uma heroína popular, uma mulher construtora que trabalhava em uma olaria produzindo a matéria-prima de sua própria morada, uma mítica casa rural. A casa e o terreno são tratados com enorme reverência pelo autor anônimo, que dá voz às aspirações de Lina Bo Bardi. A construção refletia a coragem atávica da protagonista, que havia incorporado, por exemplo, janelas e portas reutilizadas de um prédio antigo. Privada de bens materiais, mas criativa e habilidosa, a mulher também construíra sua mobília com madeira crua e "proporções maravilhosas" e pintara com cuidado latas de conserva para usar como vasos de flores. "Era tudo lógico, preciso, bem-proporcionado, correto, no lugar certo", e associado ao "gosto natural das pessoas do campo, fato que contribuiu fortemente para dar beleza, racionalidade e inteligência" à construção.[65]

Além de fazer incursões por áreas rurais próximas a São Paulo, no seu trabalho para a revista, Lina se familiarizou com a simplicidade do artesanato brasileiro, publicando artigos não assinados sobre cerâmicas e objetos cotidianos produzidos por leigos no sertão do Nordeste.[66] Enquanto os paulistanos abastados que frequentavam o MASP e liam a *Habitat* — eles mesmos, uma minoria — tendiam a ver os migrantes nordestinos pobres como cidadãos de segunda classe e sem cultura, Lina Bo Bardi procurava, no interior do Brasil, os sinais de riqueza que espreitavam no horizonte e na imaginação social da cidade. Buscar essas características em seu novo país não era diferente de observar com atenção os bairros antigos de Roma e a região interiorana, montanhosa e pobre dos Abruzos, como havia feito na infância. Uma década antes de editar a *Habitat*, ainda na Itália, ela escrevera sobre a região natal de seu avô materno: "O instinto primordial do abrigo que inspirou a cabana de palha e galhos, e os refúgios feitos com blocos de pedra, em forma de cone ou cubo, podem ser encontrados hoje na enorme evolução das casas".[67] As memórias italianas continuavam vivas na sua escrita.

Isolada profissionalmente no Brasil, Lina continuou a manter um diálogo com seus contemporâneos italianos, como Bruno Zevi, que endossava a ideia de Edoardo Persico de que a verdadeira profecia da arquitetura, em suas palavras, era reivindicar a liberdade como fundamento do pensamento e do espírito,[68] e de que, como a arte, ela era parte de um movimento destinado a acolher a vida humana e a ajudar a sociedade a definir e partilhar valores coletivos. Não chega a surpreender que Lina idealizasse, enquanto construía uma casa de vidro para ela e Bardi em São Paulo, aquela mulher desconhecida, retratada em seu artigo, que construiu sua moradia com as próprias mãos e com os tijolos da olaria onde trabalhava. De forma menos evidente, mas não menos significativa, Lina procurou traduzir a simplicidade que viu na casa da estrada do M'Boi Mirim para o seu quintal do Morumbi.

Lina não se limitou a produzir artigos idealistas, que questionavam a civilização ocidental e a alta cultura. Às vezes, quando não estava trabalhando na revista ou em alguma curadoria ou projeto arquitetônico, usava referências populares como antídotos bem-humorados ao convívio social em altas-rodas. Achava aqueles encontros enfadonhos, mas se via obrigada a frequentar os muitos eventos oficiais do MASP. Apesar de seu repertório apurado e de gostar de atenção, Lina, que nasceu em um bairro humilde de Roma, nunca se sentiu de todo à vontade entre gente abastada e arrogante. Em 1951, enquanto escrevia sobre arquitetura rural, compareceu a uma recepção de gala no museu, dedicada a um desfile de moda de Christian Dior. O desfile foi coroado com a aparição exclusiva do vestido futurista que Salvador Dalí criara com o título "Mulher do Ano de 2045". Nas fotografias oficiais produzidas pelo MASP, Lina aparece elegante e séria. Na festa fechada após o evento, porém, optou, com toda a sua irreverência, por usar seu modelo Dior preto com um par de Congas brancos, tênis baratos de lona e sola de borracha que na época as escolas públicas brasileiras adotavam como parte de seu uniforme e que eram em geral associados à população de baixa renda. Ninguém além de Lina teria ousado combinar tênis e alta-costura na conservadora São Paulo dos anos 1950.

Além de momentos de provocação como aquele, Lina nunca abandonou seu romantismo idealista, para não falar do senso de responsabilidade social em relação aos menos privilegiados. Sem ferramentas emocionais para apaziguar os conflitos internos sociais e pessoais que a atormentavam, Lina os projetava à realidade externa, imaginando que a autenticidade das pessoas mais simples pudesse ser reconhecida. Assim, ela pertenceu a um mundo imaginário interno melhor do que aquele em que vivia. Convocada a organizar, com um ano de antecedência, um show para arrecadar fundos para o museu, ela havia mergulhado de cabeça, colocando seus talentos a serviço do planejamento do evento. Ajudou a organizar uma festa-baile com música ao vivo no Clube da Barra Funda, agremiação social popular do bairro operário paulistano de mesmo nome, não muito longe de onde, três décadas depois, criaria sua obra-prima da arquitetura popular, o centro de lazer Sesc Pompeia.

Preparar o evento, que resolveu chamar de Baile do Arrabalde, realizado no dia 24 de abril de 1950, foi um enorme prazer para ela. Em torno do palco do salão, espalhou objetos populares e ligados a temas rurais em arranjos casuais. Conseguiu até trazer Aracy de Almeida, cantora de samba de verve melancólica que ficara famosa no país inteiro por suas aparições em programas de rádio, para se apresentar ao público. O salão foi decorado com faixas pintadas à mão com dizeres como "vaca", "fumaça" e "pastel", e com uma fileira de pequenos objetos cotidianos pendurados no teto, com arame. Entre eles havia rodas de bicicleta, peças de carros e soquetes de cerâmica usados em redes elétricas rurais. Uma rampa improvisada de madeira, íngreme, ligava a pista de dança ao mezanino do clube, criando uma estrutura que lembrava um canteiro de obras, conforme envolvia o palco e atravessava postes delgados, pintados com listras coloridas como os mastros das festas populares, uma referência constante na carreira de Lina. Ela criou até mesmo o convite para o baile, que mandou imprimir em papel-jornal, bem barato.

Para garantir a atmosfera do evento, supervisionou pessoalmente a preparação das bebidas que seriam servidas, um hábito que manteria por toda a vida. Criou a roupa que vestiria durante a festa, um vestido tomara que caia de veludo escuro que acentuava sua silhueta magra e graciosa. Arrematando o modelo elegante, usou salto alto, um colar pesado e todo trabalhado (presente de Bardi) que cascateava por seu colo e uma meia-peruca com duas tranças negras, longas e espessas, que caíam uma de cada lado do pescoço. A foto que guardou do baile mostra que ela se divertiu muito, apresentando-se como uma sedutora mulher de 35 anos, uma moça do campo, cosmopolita e burlesca, tudo ao mesmo tempo. Dessa vez, porém, ela dispensou os Congas nos pés.

No mesmo ano do baile beneficente, Lina Bo Bardi se envolveu com o grupo de artistas e arquitetos que montou a Exposição da Agricultura Paulista, realizada graças às conexões políticas de Chateaubriand e parte de uma campanha de conscientização promovida pela Secretaria Estadual de Agricultura de São Paulo.[69] Ela

Lina Bo Bardi vestindo o traje que criou para o Baile do Arrabalde, no Clube da Barra Funda, em São Paulo, 24 de abril de 1950.

ajudou a projetar a estrutura da mostra no Parque da Água Branca, bem perto do clube onde o Baile do Arrabalde acontecera. Seu projeto incluía um portal alto de treliça, um estande para expor o maquinário, cercado por seus recorrentes mastros coloridos, e um pavilhão com estrutura tênsil, com cabos e lona.[70] Ela também supervisionou o pôster promocional do evento, feito em colaboração com o artista gráfico Alexandre Wollner, aluno de Max Bill — na época, o MASP oferecia exposições de artistas gráficos suíços para promover a criação de sua Escola de Propaganda. A imagem escolhida para o cartaz, registrada em um de seus coloridos desenhos para um estande da mostra, sintetizava o espírito da exposição e também o híbrido de romantismo e irreverência da linguagem de Lina. Na serigrafia para o cartaz, veem-se as silhuetas de uma vaca e de um bezerro postados diante de um helicóptero colorido que avança decidido em sua direção, enquanto asperge inseticida na paisagem verde, chapada e sem fim do fundo. A contraposição de animais, paisagens rurais vastas, construções rústicas e máquinas agrícolas estava presente na identidade visual que Lina imaginou para a exposição, desde o estudo para um pavilhão de estandes até o portão do parque. Esses elementos bucólicos, que ela idealizara desde a infância, nunca deixariam sua sensibilidade inventiva, que vivia em busca de imagens inovadoras e, sobretudo, de um lugar no mundo para alguém que sempre se sentira estrangeira.

PARA SER COMANDADA, A NATUREZA DEVE SER OBEDECIDA

Enquanto Lina Bo Bardi idealizava a natureza e a vida campestre em seus projetos editoriais e expositivos, foi, no início da década de 1950, convidada a pensar sobre como projetar edifícios na cidade, longe daquelas condições bucólicas. Como muitos dos arquitetos formados no começo do século XX, seus valores oscilavam entre a racionalidade proposta pela modernidade e a irracionalidade da natureza e da condição humana. Em sua formação como arquiteta havia optado pelo pensamento abstrato, mas suas preferências estéticas nunca se renderam por completo às novidades do mundo industrial. Em seu trabalho de projeto, seus artigos e suas investigações teóricas sobre a arquitetura, o campo e a natureza idealizados ofereceram uma espécie de compromisso artístico tanto aos ciclos previsíveis quanto às forças ingovernáveis e irracionais do mundo físico. Seu universo visual permaneceu clássico e romântico mesmo quando abraçou o moderno, tendo o mundo natural como uma alegoria recorrente e, em geral, optando por tratar sua arquitetura como suporte de paisagens domesticadas. Plantas e pedras, e não flores delicadas ou montanhas impressionantes — no meio-termo entre o pitoresco e o sublime —, foram elementos que usou para fazer referência à natureza, mesmo ao projetar arranha-céus.

Os primeiros anos depois da abertura do MASP foram produtivos para a carreira de Lina como arquiteta, que começava a florescer no Brasil. Ela vivia na órbita do museu, e Bardi e Chateaubriand criaram pontes diretas para projetos estimulantes, que davam à sua imaginação naturalista oportunidades concretas de experimentação. Enquanto ela organizava exposições e editava a *Habitat*, Chateaubriand inaugurou a primeira rede brasileira de televisão, a TV Tupi, no dia 18 de setembro de 1950, com ajuda técnica de Nelson A. Rockefeller, dono do Radio City Music Hall, que o magnata brasileiro queria replicar em São Paulo. Chateaubriand resolveu construir uma nova sede para o seu empreendimento e pediu ajuda a Lina. A caminho do escritório do MASP, ela viu uma multidão de homens usando terno e chapéu — e algumas poucas mulheres entre eles — que se apinhavam para assistir, maravilhados, à transmissão inaugural da rede, exibida em cinco televisores dispostos em altos pedestais improvisados em torno do hall de entrada do edifício dos Diários Associados, logo abaixo do museu.[71] Para abrigar aquele grande centro cultural e midiático, Lina esboçou várias versões do edifício que Chateaubriand imaginara no centro de São Paulo e cujo nome homenageava outra tribo indígena, os guaianases. Todos os seus desenhos para o conjunto são repletos de plantas, como ela sonhava.

Embora o projeto para o Complexo Taba Guaianases nunca tenha saído do papel, as propostas de Lina exemplificam sua busca conceitual da integração entre arquitetura e natureza, que vinha dos anos 1940. Imaginou torres altas, perfuradas, que permitiriam criar jardins suspensos, como o mato que crescia entre as rachaduras das ruínas que ela havia visto em Roma — uma imagem recorrente em suas memórias de infância e que ela usaria em vários projetos ao longo de sua carreira.[72] No começo do projeto, contou com a ajuda do influente engenheiro italiano — e amigo próximo de Bardi[73] — Pier Luigi Nervi, que estivera em São Paulo em 1951 para dar palestras no MASP sobre o uso do concreto armado.[74] Ela descreveu sua parceria com Nervi como uma importante experiência de aprendizado sobre estruturas, lembrando-se sempre de como ele defendia a ideia de uma "arquitetura sincera", citando a máxima do filósofo Francis Bacon segundo a qual "a natureza, para ser comandada, deve ser obedecida".[75] Embora a abordagem que Lina tinha da natureza houvesse produzido analogias mais visuais que estruturais, ela gostava de citar aquele aforismo para dar peso às escolhas pitorescas e não construtivas que fazia para relacionar natureza e arquitetura.

Na mesma época em que desenvolvia seus estudos para o Taba Guaianases, Lina recebeu uma encomenda de Charles Dantas Forbes, prefeito de São Vicente, no litoral de São Paulo, que havia procurado Bardi para propor a criação de um museu de arte na cidade dedicado à pintura brasileira.[76] Mais uma vez, Lina lançou mão de sua habilidade para combinar referências visuais distintas, tanto no projeto quanto na forma que escolheu para apresentar suas ideias, com colagens que evocam as pinturas metafísicas de De Chirico, amigo de seu pai, e desenhos à mão livre que lembram os de Le Corbusier.[77] O resultado foi um volume horizontal, semitransparente, elevado do chão e com acesso pela areia, assentado diretamente na praia e cercado pelo mar e pelas montanhas cobertas de matas que costeiam o litoral paulista. Lina explicou que a decisão de elevar o edifício se devia "à proximidade da água e à umidade, que prejudicam as telas", e também porque tinha "a vantagem de não 'ocupar' por completo o terreno, permitindo a vista do mar a partir da rua principal".[78] Para validar seu projeto, citou, como raras vezes fez, a sua referência: o Crown Hall, que Mies van der Rohe acabara de projetar em Chicago (mas que ainda não estava concluído),[79] revelando assim a origem de seu projeto posterior para o edifício definitivo do MASP na avenida Paulista, concluído em 1968. O museu de São Vicente nunca foi construído e, apesar da admiração de Lina pela advertência filosófica de Francis Bacon citada por Nervi, o edifício que ela queria erguer na praia — um ambiente inóspito para o seu propósito — mais desafiava do que obedecia aos ditames da natureza.

Enquanto se dedicava em seus textos e estudos às relações entre arquitetura e natureza, Lina por fim conseguiu ver seu primeiro projeto arquitetônico tomar corpo, o edifício com o qual manteria a relação mais longa e íntima: a casa onde viveu com Pietro em São Paulo até o fim da vida. Mais uma vez, ajudava a plantar a arquitetura moderna em terra — quase que literalmente — virgem. Ela encontrou solo fértil para esse projeto, iniciado em 1949, nas colinas cobertas de pastagem, mato e vales alagadiços do Jardim Morumbi, loteamento que acabara de ser aberto nas terras da antiga fazenda Müller Carioba. Os incorporadores contrataram os arquitetos Gregori Warchavchik e Oswaldo Bratke — na época, muito atentos à arquitetura californiana — para transformar o que tinha sido uma plantação de chá naquela região aprazível e isolada dos arrabaldes ao sul de São Paulo, à margem direita do vale do rio Pinheiros, em um bairro moderno e arborizado, capaz de atrair uma clientela abastada.

Como a situação profissional dos Bardi havia melhorado e seu compromisso de ficar no Brasil se solidificara, ter uma casa própria parecia um passo lógico. Além disso, eles estavam, na época, buscando um lugar para acomodar as atividades pedagógicas do IAC, então alocado temporariamente em dois andares do edifício dos Diários Associados. Inspirados pela experiência da Bauhaus, tinham pensado em criar um conjunto de estúdios inspirado nas *Meisterhäuser* [casas dos mestres] na escola em Dessau para receber artistas residentes e oferecer oficinas educativas, seguindo também o exemplo de algumas novas escolas de arte norte-americanas no pós-guerra.

Enquanto procuravam um terreno para construir as casas-estúdios, Warchavchik, amigo do casal, sugeriu que visitassem o Morumbi. Em uma tarde de 1949, ele levou Lina e Pietro para conhecer o novo bairro. Passaram de carro pelas ruas recortadas nos morros, ainda em obras, que serpenteavam a topografia natural. Além de se impressionar com a infraestrutura esmerada, Lina pôde respirar o aroma da terra e das folhas úmidas que inundavam o carro à medida que adentrava os recônditos do bairro e deixava o movimento da cidade para trás. Eles estacionaram o carro e aproveitaram para dar uma volta a pé. Parecia o lugar ideal para construir as oficinas planejadas para o museu. E também começou a parecer um bom lugar para se viver. Ali, Lina encontrou as condições para materializar suas aspirações arquitetônicas.[80]

Eles voltaram ao Morumbi algumas vezes, durante o dia e no crepúsculo. Lina se encantou com o cenário bucólico do bairro e viu nele a oportunidade de se afastar de uma cidade da qual nunca gostou particularmente. Apreciou sobretudo a iniciativa dos incorporadores de preservar um pequeno lago, a ampla casa-sede da fazenda e sua pequena capela de alvenaria caiada de branco, como era típico da arquitetura rural. Aquele cenário se assemelhava às paisagens das primeiras aquarelas que ela pintara quando criança, com a ajuda do pai. Em volta das velhas construções e do lago, havia um bosque cheio de pequenos animais, pássaros, orquídeas e araucárias; tudo a deleitava.[81] Projetou seu olhar imaginativo sobre aquela paisagem, elevando a beleza do lugar ao descrever o "barulho de muitos sapos e grilos à noite", assim como "cobras lindas e muitas cigarras".[82] No limite entre uma metrópole moderna que emergia e os restos de uma sociedade agrária arcaica, Lina Bo Bardi por fim teria a oportunidade concreta de realizar a experiência que desejava: combinar seu interesse pela arquitetura racionalista com sua reverência ao ambiente natural e às coisas simples e rústicas da vida no campo.

Em 19 de dezembro de 1949, os Bardi compraram dois terrenos do lado norte do loteamento, na rua 30 (que depois passaria a se chamar rua General Almério de Moura), cuja escritura estava no nome de Lina.[83] Ela começou a trabalhar no projeto imediatamente,[84] mas passariam meses até que tivesse a aprovação das plantas que Warchavchik submetera ao registro da prefeitura com a sua assinatura. Como, na época, Lina não tinha ainda cidadania brasileira nem registro profissional para trabalhar como arquiteta no país, ela e Warchavchik contrataram a Sociedade Comercial e Construtora S.A. para cuidar da documentação. O alvará da prefeitura saiu no dia 5 de julho de 1951,[85] e ainda que em geral se diga que a obra tenha terminado nesse mesmo ano, os documentos do arquivo demonstram que ela só foi concluída em 1952, com a estrutura de concreto sendo realizada apenas em maio daquele ano.[86] O projeto de Lina Bo Bardi foi o primeiro a ser erguido no novo bairro, mas o projeto das casas-oficinas não chegou a se concretizar, já que o Instituto de Arte Contemporânea fechou as portas em 1953. Apesar disso, a casa dos Bardi acabaria se transformando em um centro informal das artes e da cultura paulistanas, e o casal, ao longo dos anos, recebeu muitos artistas, que se deleitaram com a vista para a paisagem verdejante desvelada por suas grandes vidraças.[87]

Não foram só os Bardi que se interessaram pela atmosfera idílica do loteamento; também os incorporadores foram atraídos pela linhagem dos novos clientes, incentivando-os a optar por um projeto inovador, para legitimar em termos culturais um novo nicho no mercado imobiliário local. Durante os longos meses até a conclusão da obra, o projeto de Lina teve diferentes versões, com sua aparência final replicando, de forma livre, as Case Study Houses[88] construídas nos Estados Unidos no segundo pós-guerra, uma iniciativa que interessava muito Oswaldo Bratke, o arquiteto que criara o conceito do loteamento do Morumbi, e que Lina havia usado para ilustrar artigos sobre arquitetura e natureza publicados uma década antes na Itália. Uma vez pronta, fotografias da casa dos Bardi foram amplamente usadas na campanha de publicidade que os investidores fizeram para vender os 178 terrenos restantes do exclusivo loteamento.[89]

Além do seu aspecto californiano, a casa era equipada com uma cozinha moderna, nos moldes da icônica e pioneira "cozinha de Frankfurt", elaborada pela arquiteta vienense Margarete Schütte-Lihotzky em 1926. Lina posou como modelo, elegante mas sem mostrar o rosto, para fotografias que recomendavam eletrodomésticos e equipamentos inovadores de cozinha e de lavanderia, como um lava-louça, um triturador de lixo, um incinerador e uma tábua de passar roupa embutida, todos incomuns na época no Brasil. Aquela cozinha moderna se destinava a resolver a vida de uma dona de casa idealizada, muito mais próxima da realidade das mulheres das sociedades industrializadas, que trabalhavam fora, do que das donas de casas brasileiras abastadas, que comandavam trabalhadores domésticos.

Como não podia deixar de ser, Lina não perdeu a chance de publicar o projeto de sua casa na *Habitat*. Com o mesmo tom crítico do personagem Alencastro, ela compartilhava suas ideias na revista, defendendo que a arquitetura das casas do Morumbi deveria seguir "moldes rigorosamente contemporâneos", para que os futuros moradores não passassem à história como "gente com muito dinheiro e muito mau gosto também".[90] Ela não queria que as coisas acabassem como um "carnaval do tipo do Jardim América ou Europa", dois bairros endinheirados ao sul da avenida Paulista, onde, segundo escreveu, "a fantasia mais doentia pode se satisfazer em achados, recursos, ideias fúteis, brincadeiras que mal foram escondidas por uma natureza exuberante".[91] Acreditava ter projetado sua casa como a antítese do casarão paulistano tradicional, apesar de não ver nenhuma contradição em ter, como as elites que criticava, uma família de empregados morando com eles e para quem construiu um bloco fechado com aposentos bastante modestos e pequenas janelas — e sem as mesmas qualidades que via nas moradias simples do campo — nos fundos do terreno.

Sua casa envidraçada ocuparia por muitos anos um lugar proeminente no alto da colina, com vista para o vale do rio e para a cidade que crescia ao longe, até que o Morumbi fosse ocupado e os vizinhos plantassem, como fez Lina, árvores altas ao redor das construções, terminando por transformar o bairro inteiro num mar de colinas verdejantes.[92] Ela insistia que sua intenção tinha sido de "situar a casa na natureza, participando dos 'perigos' sem se preocupar com as 'proteções usuais'".[93] Com esse sentido de liberdade e de segurança em mente, Lina se imaginava testemunhando desde vistas pitorescas até tempestades tropicais sublimes, que davam à casa uma atmosfera tanto de tranquilidade quanto de dramaticidade.[94]

Lina Bo Bardi na sala de sua recém-construída Casa de Vidro, vislumbrando a paisagem do bairro do Morumbi, em São Paulo, c. 1952.

A visão inusitada de um volume branco, translúcido e anguloso, que parecia pairar à beira de um bosque, fez com que as pessoas que moravam nas imediações a chamassem de "Casa de Vidro", o que ajudou a promover o loteamento. Essa percepção se firmou porque praticamente só é possível acessar a casa pela delicada escada de aço e granito que sobe de um ponto abaixo da barriga do edifício — como um cordão umbilical —, conduzindo à ampla sala envidraçada. Essa aproximação privilegiada e dramática se assemelha à solenidade de se aproximar de um monumento clássico — uma experiência que, aliás, condizia com as ideias de Bardi, que resolveu dispor uma antiga estátua romana da deusa Diana em lugar de destaque no salão envidraçado.

Apesar dessa implantação em posição de acrópole, que Lina abandonaria por configurações mais simples em seus projetos residenciais futuros, a visão daquele volume protuberante, cristalino e flutuante, que a incorporadora fazia questão de promover, acabou ofuscando o bloco posterior opaco, sólido e menos evidente fincado no chão. Um exame mais detido da casa revela que ela não se resume à estrutura frontal transparente, construída ao redor de uma árvore. Fundada na ideia das tradições populares e rurais que Lina valorizava com grande apreço — mas os incorporadores e Pietro nem tanto —, a casa de planta livre se ancora, tanto como conceito quanto em termos físicos, não apenas nos pilotis audaciosamente delgados e desproporcionalmente altos projetados pelo engenheiro Tullio Stucchi, mas também no volume sólido e compartimentado assentado sobre o cume do morro na parte de trás. Esse volume, onde ficavam os serviços da casa, evoca, em sua simplicidade, as casas rurais brasileiras, com paredes de pedra caiadas de branco e janelas com venezianas de madeira — como as que um dia existiram na antiga plantação de chá ou até mesmo como a singela casa construída pela trabalhadora de olaria na estrada do M'Boi Mirim, admirada por Lina —, além de um jardim suspenso de rosas, quase sem acesso, no platô entre os serviços e os quartos.

Para complementar a atmosfera rural dos fundos da casa, ela acrescentou aquilo que descreveu — com orgulho evidente — na *Habitat* como "dois fornos construídos por caboclos ao lado da casa, com barro e tijolo", dizendo se tratar de "um momento em que a arquitetura popular entra em acordo com a arquitetura contemporânea".[95] Apesar de seu desejo de reconciliá-las, as representações desses dois mundos, que estavam a apenas 25 metros um do outro, continuavam tão distantes em termos sociais quanto o Foro Romano de uma bucólica casa de fazenda no interior do Brasil. Lina ainda não havia desenvolvido o discurso pautado pela justiça social que nortearia suas decisões como arquiteta na maturidade. No início de sua carreira no Brasil, ela ainda estava experimentando, segundo seus valores italianos, as características formais híbridas que a arquitetura brasileira poderia ter. Alguns anos mais tarde, refletindo sobre suas escolhas de novata, ela concluiu que poderia ter projetado sua própria casa de outra maneira e com outro vocabulário, mais próxima de uma estética naturalista que da industrial, como a que imaginara, originalmente, em seus primeiros esboços.

Uma análise mais cuidadosa dos diversos desenhos que Lina Bo Bardi produziu enquanto desenvolvia o projeto para sua casa no Morumbi revela a ambivalência — e talvez o dilema — de suas escolhas. Seu primeiro estudo mostra vários temas que seriam recorrentes no desenvolvimento dos seus projetos seguintes. Nele, ela desenhou uma vinheta com a casa em primeiro plano e o *skyline* da cidade no horizonte. Imaginou um volume horizontal único, parcialmente elevado do chão por colunas delgadas, revestido de tijolo e vidro e coberto por um telhado de duas águas um pouco inclinadas, perfurado por dois pátios com árvores. A sucinta anotação que escreveu na parte baixa do desenho não deixa dúvida sobre sua intenção de criar uma estrutura híbrida e incomum para a casa: "Madeira assentada sobre conglomerado ou pedra". Ao longo do desenvolvimento do projeto, essa ideia foi abandonada, mas ressurgiria em outros projetos residenciais que ela viria a realizar no futuro.[96]

O interesse de Lina pela rusticidade da arquitetura e pela contraposição de elementos naturais e abstratos não era algo novo em seu repertório conceitual e formal, assim como ela não foi a única pessoa a refletir sobre esses aspectos. Sua abordagem revelava a discussão que ocorria entre os arquitetos de sua geração na Itália e que voltara a ganhar fôlego com a Trienal de 1948. Dedicada ao tema "Casa", a exposição se propunha a revisar o racionalismo no entreguerras seguindo as lições das tipologias tradicionais do morar e a economia dos materiais e das técnicas construtivas simples. Essas mesmas ideias também haviam sido compartilhadas por pouco tempo por arquitetos brasileiros como Lúcio Costa e Francisco Bolonha, embora suas experiências nesse campo tenham ficado à margem do discurso arquitetônico hegemônico no Brasil.[97] No caso de Lina, aquelas associações estéticas já tinham surgido em sua experiência editorial anterior em Milão, como no já citado artigo "Case sui trampoli" [Casas sobre palafitas], de 1944, que ela e Pagani publicaram na *Domus*, comparando a modernidade das casas de estrutura leve, sobre pilotis, com a simplicidade das cabanas de madeira construídas por pescadores.[98] Mais um exemplo dessa comparação também havia aparecido em um projeto que ela publicara na *Domus*: uma pequena casa de campo que Max Bill construíra em Bremgarten, na Suíça, com postes de madeira assentados sobre pedras redondas, como alternativas econômicas em tempos de guerra. Ambos os artigos contêm, provavelmente não por coincidência, elementos técnicos e formais que fazem parte do repertório do primeiro desenho que Lina fez de sua casa em São Paulo.[99]

À medida que a Casa de Vidro era projetada e erigida, Lina continuou a publicar artigos sobre a necessidade de injetar referências populares na arquitetura brasileira contemporânea. Enquanto via a arrojada estrutura de colunas ser erguida no Morumbi, ela escrevia, com grande admiração, sobre aquela operária de olaria que construíra sua própria casa com um orçamento muito limitado não muito longe dali. Lina romantizou a prática de autoconstrução realizada por aquela personagem corajosa e sem estudos — a "boa selvagem", se vista pelo seu prisma europeu — como uma conquista hercúlea. No entanto, parece não ter notado o abismo social que se escondia atrás daquela proximidade geográfica: os Bardi pagavam a cada mês 9266 cruzeiros pela hipoteca da casa,[100] ao passo que a moradia da mulher cujo feito descrevera na *Habitat* tinha custado, no total, 7 mil cruzeiros.

Ambivalente quanto à sua própria posição social, Lina era ao mesmo tempo amável com seus empregados domésticos e impiedosa com as classes médias e altas emergentes de São Paulo. Ainda assim, se sua casa no Morumbi desafiava e renovava o gosto arquitetônico dos bairros ricos da cidade, ela não questionava a estrutura social interna das casas abastadas, mantendo intactas as separações convencionais de gênero e de classe. Embora trouxesse elementos de inovação industrial e tecnológica para emancipar as donas de casa, eles não alteravam o fato de que, na verdade, a mão de obra empregada nas tarefas domésticas era de mulheres com acesso limitado à educação formal. Esteticamente, seu projeto da Casa de Vidro era transparente, mas do ponto de vista social era opaco, reforçando o status quo, em particular de uma sociedade desigual como a brasileira, que, numa descrição da própria Lina, não tinha classe média, "só aristocracia e o povo".[101]

Lina Bo Bardi em uma das recepções sociais organizadas pelo casal Bardi na Casa de Vidro, São Paulo, década de 1950.

Sua casa despojada em termos visuais confrontava o gosto burguês pelo ornamento, mas não o estilo de vida burguês, concentrando-se mais nas aparências do que no seu sentido social e político.

Os Bardi viveram quatro décadas na sua casa semirrural de vidro. Foram inscrevendo nela as marcas de seu cotidiano, conforme a convertiam em lar e à medida que Lina amadurecia e se tornava mais independente de Pietro em sua vida profissional e pessoal. Com o passar dos anos, ela criou seus próprios espaços de conforto em torno da lareira, no quintal com os gatos, na biblioteca formada por estantes de vidro[102] e, sobretudo, em volta da longa mesa de jantar de tampo de mármore. Lina dizia, com orgulho, que eles não tinham sofá, só cadeiras e poltronas, como a sua Bowl, que lhe deu reconhecimento internacional como designer. Ainda que o sonho de construir outras casas para artistas residentes no Morumbi não tenha sido realizado, sua casa serviu como uma coxia da cena cultural e da vida política de São Paulo na segunda metade do século XX, com constantes almoços animados e jantares festivos, que reuniam personalidades nacionais e internacionais. Acima de tudo, como qualquer casa, era o lugar de rituais domésticos. Um lugar para se coabitar, o que envolvia intimidade, criatividade, trabalho árduo, diálogo, discordâncias, alegria, sofrimento, vida e morte.

5. Guerras culturais, batalhas pessoais

A DEFESA É O MELHOR ATAQUE

Quando os Bardi se instalaram no promontório de sua nova propriedade no Morumbi, já ocupavam um lugar proeminente na cena cultural paulistana, como aliados de Chateaubriand em suas muitas empreitadas. Mas eles não estavam sozinhos. Cada vez mais, a concorrência profissional MASP e MAM passou a andar de mãos dadas com a rivalidade pessoal entre seus principais representantes. A equipe do MASP criticava duramente as iniciativas do MAM, chamando-as de amadoras nas crônicas de Alencastro na *Habitat*.[1] Nesse meio-tempo, os projetos de Chateaubriand para o MASP começaram a sofrer diversos revezes políticos em virtude de sua forma inescrupulosa de fazer negócios e de sua tendência a criar conflito com as elites paulistanas, sobretudo com o grupo do museu vizinho.

Diferentemente do MASP, o MAM era uma iniciativa cultural coletiva. Nesse período inicial, visitar os dois museus num mesmo dia proporcionava experiências bastantes contrastantes. Quem visse uma exposição do MASP no começo dos anos 1950 perceberia que Lina Bo Bardi havia coordenado de forma meticulosa todos os elementos visuais. Por sua vez, os visitantes do MAM notariam nas suas montagens alguma falta de profissionalismo, quando não improvisação.[2] Apesar das instalações menores e menos elaboradas, o MAM também tinha um bar, o que o tornou conhecido entre os paulistanos que viviam e trabalhavam no centro. Dizia-se, à boca pequena, que o prédio dos Diários Associados abrigava duas instituições importantes: o museu do Bardi e o museu do bar. Essa anedota espirituosa mal disfarçava o conflito crescente entre as duas instituições, seus diretores e as elites culturais da cidade, que acirravam cada vez mais as diferenças entre os grupos em torno de Matarazzo e de Chateaubriand. A rivalidade, que no começo parecera saudável, acabou se tornando hostil, com consequências duradouras para Lina e Pietro.[3]

Críticos e jornalistas ligados a Matarazzo insinuavam que as pinturas adquiridas por Bardi na Europa e nos Estados Unidos não eram obras-primas originais. Esses boatos logo desembocaram em uma campanha de difamação, que levou os Bardi a organizar exposições internacionais para desmentir as acusações. A discórdia entre os dois grupos escalou quando a equipe de Matarazzo decidiu criar a Primeira Bienal Internacional de Arte de São Paulo, em 1951, com apoio logístico substancial de Nelson A. Rockefeller, através do MoMA de Nova York e dos escritórios do Ibec em São Paulo.[4] Com a anuência da prefeitura da cidade, o comitê da Bienal propôs construir um pavilhão temporário no espaço do tradicional Belvedere Trianon, que ficava na avenida Paulista. O Trianon era um parque público com uma estrutura pequena, erguida em meio ao terreno inclinado, que abrigava um salão de festas, um restaurante e, sobre eles, um terraço cercado por pergolados rebuscados e uma balaustrada, com uma bonita vista do centro da cidade. Apesar de seu valor histórico, no fim dos anos 1940 a prefeitura havia passado a alugar o salão para eventos populares, ao gosto da classe média urbana, como espetáculos de bolero, o que levou as elites a tentar retomar o controle do uso de um pedaço da cidade carregado de significado visual e simbólico, que historicamente havia sido dominado por elas.

A primeira tentativa foi feita em 1950 pela esposa de Matarazzo, Yolanda Penteado, que organizou e promoveu, nos salões do Trianon, o baile O Triunfo do Mau Gosto como parte de uma campanha de arrecadação de fundos para a Bienal. Artistas, arquitetos, intelectuais e patronos ligados ao MAM, ao MASP e ao IAB foram convidados para a festa à fantasia. Naquela noite, Lina Bo Bardi foi o centro das atenções, como bem gostava. Ganhou o primeiro prêmio por sua fantasia irreverente, que consistia em um vestido tomara que caia de cetim enfeitado com rendas e puxadores de cortina e um enorme chapéu de babados adornado com pingentes de cristal de um velho lustre. Como as fotos que guardou sugerem, a festa parece ter sido uma farra para ela. Como o Baile do Arrabalde, que organizara alguns meses antes, o do Trianon se apresentava como uma nova ocasião para repetir as brincadeiras que gostava de fazer com os amigos nas noitadas de ansiedade durante a guerra em Milão. Dessa vez, e acima de tudo, foi sua oportunidade para zombar de maneira discreta do gosto de pessoas que ela considerava culturalmente pretensiosas e desinformadas, apesar de influentes, incluindo a própria anfitriã do evento e seu marido.

Após o baile à fantasia, o grupo de Matarazzo e a prefeitura sedimentaram um acordo — de bom gosto — para realizar a Primeira Bienal de Arte no Trianon. Não tardou para que o espaço fosse ocupado e transformado em um pavilhão modernista temporário, branco, de madeira e tijolo, construído sobre a estrutura do terraço.[5] E, como seus organizadores previam, a primeira bienal foi um grande sucesso, algo que o grupo do MASP nunca engoliu. Porém Lina e Pietro não perderam a chance de jogar lenha na fogueira da disputa cultural nas páginas da *Habitat*. Sua mensagem era clara e cáustica: "Exposições devem ser feitas por poetas, artistas, arquitetos e pessoas da criação, em vez de industriais bondosos".[6]

Lina Bo Bardi vestindo o traje que criou para o baile O Triunfo do Mau Gosto, no Terraço do Trianon, em São Paulo, 1950.

As reações aos insultos autoconfiantes dos Bardi e às manipulações de Chateaubriand acabaram gerando uma contraofensiva pública. Dois respeitados críticos de arte brasileiros, Mário Pedrosa e Ciro Mendes, que colaboravam para os principais concorrentes dos periódicos dos Diários Associados, respectivamente o *Jornal do Brasil* e *O Estado de S. Paulo*, escreveram artigos em que acusavam Bardi de adquirir obras ilegítimas, ainda que não tivessem provas de suas denúncias.[7]

Não contentes em questionar a autenticidade das obras-primas europeias do MASP, os críticos também atacavam Bardi por seu passado político como consultor de Mussolini no começo dos anos 1930, fazendo dele alvo de fofocas e motivo de desconfiança. Depois disso, boatos xenófobos contra os Bardi — acusados de se declararem autoridades em cultura brasileira sem terem nascido no país, de que a *Habitat* era escrita em mau português, de que Lina Bo Bardi era encrenqueira e Pietro Maria Bardi, um ex-fascista[8] — levaram o casal a um crescente ostracismo.

A disputa continuou quando a *Habitat* publicou uma carta, supostamente escrita por um leitor anônimo — provavelmente externalizando o ponto de vista próprio dos Bardi —, com a seguinte queixa: "Tivemos que defender o princípio de que o Trianon não era tabu e, portanto, não reclamamos quando ele foi cedido à Bienal de Arte para que se realizasse a exposição, agora fechada. Contudo, se tivéssemos imaginado o tipo de arquitetura que usariam, teríamos proposto transformar aquelas bobagens do velho terraço em um monumento arquitetônico".[9] E, de fato, foi o que seus detratores acabaram planejando. No fim da Bienal, não apenas o pavilhão temporário foi desmontado, como o prédio inteiro do salão de festas e do belvedere foi demolido. O lugar que havia sido por quarenta anos o centro da vida social abastada de São Paulo de repente se transformou em um terreno arrasado. Logo, Matarazzo e o comitê executivo do MAM propuseram erguer ali seu Palácio das Artes, para transferir o museu e sua programação do prédio de Chateaubriand para o elegante bairro que crescia ao longo da avenida Paulista.

Como o Trianon pertencia à prefeitura, Matarazzo e os membros do IAB, que também estavam alinhados com o MAM, convenceram a Secretaria de Obras Públicas da prefeitura, em abril de 1952, a organizar uma concorrência fechada para criar o projeto do museu, para o qual esperavam contar com o apoio de Nelson A. Rockefeller. De acordo com documentos dos arquivos pessoais do americano, apenas dois arquitetos foram convidados a apresentar propostas: Affonso E. Reidy, que era carioca, notório e muito respeitado pelos profissionais de São Paulo, e estava projetando a sede permanente do Museu de Arte Moderna do Rio de Janeiro (concluída em 1954); e José Augusto Bellucci, um nome local, com trabalho de qualidade, mas de reputação modesta. As regras da concorrência ofereciam ampla liberdade aos arquitetos, ressaltando, no entanto, a demanda de criar "uma perspectiva que permita apreciar a paisagem urbana agigantada que é tão característica de São Paulo, e que se descortina da avenida Paulista e atravessa a [avenida] Nove de Julho em direção ao centro da cidade".[10] Parece ter sido esse documento, e não um suposto decreto urbano que se fixou na mitologia do projeto, que acabou fazendo com que Lina decidisse projetar um museu elevado em relação ao nível da rua.

De acordo com documentos oficiais, Bellucci apresentou apenas um estudo preliminar de um edifício de sete andares. Já o trabalho de Reidy foi visto pelo secretário de Obras da prefeitura como uma "solução feliz para um problema complexo",[11] por preservar a vista panorâmica da cidade. Matarazzo pediu a ajuda de Rockefeller para financiar o projeto,[12] sugerindo que a Câmara de Comércio norte-americana propusesse que empresas do país no Brasil financiassem o Palácio das Artes,[13] mas não teve sucesso.[14] Assim, o museu nunca chegou a ser construído, e o grupo MAM-Bienal voltou sua atenção para a edificação de um complexo cultural e de lazer muito maior, em homenagem aos quatrocentos anos da fundação de São Paulo: o parque Ibirapuera, cujas construções modernistas, projetadas por Oscar Niemeyer, incluíam um grande pavilhão que sediaria a Fundação Bienal.

Bardi continuou criticando os projetos de Matarazzo, inclusive do novo parque, e mobilizou os talentos gráficos e arquitetônicos de Lina para ilustrar suas ideias num "projeto ideal, gratuito, para a exposição do Quarto Centenário de São Paulo no parque Ibirapuera",[15] publicado sem assinatura na 11ª edição da *Habitat*, em 1953. Lina apelava para a sensibilidade visual e espacial do leitor, mas, dessa vez, sem usar referências rurais e lugares aconchegantes como em seus artigos anteriores. Ela produziu uma colagem que representava um espaço arquitetônico horizontal, transparente, amplo e neutro, como o interior metafísico de seu projeto para o museu de São Vicente. A imagem tinha um mosaico colorido de máquinas dispostas em uma constelação intrigante, como a que imaginaria para a pinacoteca do edifício definitivo do MASP, muitos anos depois. Lina publicou esse elaborado porém menos conhecido desenho na revista, e não hesitou em desqualificar o prédio projetado por Niemeyer, ainda em construção no parque Ibirapuera, chamando-o de uma "floresta de colunas de concreto, uma vergonha, uma humilhação de um recuamento provinciano e ignorante".[16] Não tiveram medo de cutucar a onça com vara curta.

A crescente animosidade e intolerância do casal em relação ao grupo que gravitava em volta de Matarazzo teria sérias consequências para o MASP, a galeria de Bardi, a carreira de Lina como arquiteta e sua aceitação no meio arquitetônico paulistano, assim como para a continuidade do trabalho deles na *Habitat*. Com tais instabilidades, até sua vida pessoal e a relação do casal seriam indiretamente afetados. Ambos eram vistos como defensores arrogantes de uma cultura que não era a deles, o que ameaçava seu plano de permanecer no país e sua perspectiva de não voltar para a Itália. Bardi buscou reverter a situação tentando obter uma comprovação da autenticidade das obras que comprara para a coleção do museu, mas para isso precisou de um plano mais amplo que envolvia especialistas estrangeiros. Para mostrar que estavam comprometidos com o Brasil, tanto ele quanto Lina decidiram pedir a cidadania brasileira em 1953. Depois de alguns meses de burocracia, receberam a confirmação do registro no dia 28 de abril e renunciaram oficialmente à nacionalidade italiana.[17] Ela estava com 38 anos, ele, com 53. Assim, do mesmo modo que se casaram mais por conveniência que por convicção, tornaram-se brasileiros, porém continuaram em essência italianos.

Nesse período, a organização de exposições internacionais se tornou prioridade na vida dos Bardi, preocupados com sua reputação no Brasil, o que, por ironia, fez com que os recém-naturalizados intensificassem suas viagens ao exterior. Em três anos, as folhas do primeiro passaporte brasileiro de Lina ficaram repletas de vistos de entrada na Itália, na França, na Suíça e na Espanha.[18] Nessa época, seus pais viviam na Via Borgogna, número 5, em Milão, e ela e Pietro os visitavam com frequência, usando o apartamento como endereço de contato em suas temporadas europeias. As condições de vida e de transporte haviam mudado e as pressões no Brasil os obrigaram a trocar as relaxantes travessias oceânicas por voos entre São Paulo e Milão ou Paris, que eram mais rápidos, porém não menos exaustivos, fazendo frequentes escalas no Rio de Janeiro, no Recife, na Ilha do Sal e em Lisboa antes de chegar ao destino.[19]

Bardi havia começado a fazer contatos com vários museus europeus por volta de 1952; e, na época em que ele e Lina se naturalizaram, ambos estavam prontos para montar a primeira exposição internacional do acervo do MASP na Europa. Com a ajuda de Germain Bazin, diretor do Louvre, e de Georges Wildenstein, influente galerista parisiense que vendia obras ao MASP, o presidente francês, Vincent Auriol, abriu no Musée de l'Orangerie, no Jardim das Tulherias, em Paris, no dia 19 de outubro de 1953, as portas de uma exposição composta de parte das pinturas que Bardi acabara de adquirir para a coleção do MASP.[20] Ele e

Lina montaram a exposição em tempo recorde e, apesar das expectativas de seus detratores paulistanos de que a mostra teria vida curta, ela foi aplaudida por especialistas europeus. Por três meses, parisienses e turistas fizeram fila à porta do museu pariense para ver os 63 Chefs-d'œuvre du Musée d'Art de São Paulo [Obras-primas do Museu de Arte de São Paulo].[21] Seguindo essa aclamação generalizada, a turnê europeia das obras continuaria fazendo sucesso nos anos seguintes, ainda que os jornais que concorriam com Chateaubriand mantivessem silêncio a respeito: não elogiaram e tampouco publicaram mais calúnias.

Nos meses que antecederam a itinerância internacional da coleção do MASP, Chateaubriand, que havia sido eleito senador, convidou o então governador de São Paulo, Lucas Nogueira Garcez, para selar o acordo da turnê. Os Bardi publicaram uma foto do governador fechando um contêiner com obras que seriam despachadas de navio para Paris na 12ª edição da *Habitat*, anunciando "um fato sem precedentes na história da cultura e dos museus brasileiros".[22] O editorial estendia os elogios aos detratores do MASP, dizendo que o "Brasil largou quase em último lugar na corrida do desenvolvimento artístico, com as iniciativas de museus do Rio de Janeiro e de

Lina Bo Bardi auxiliando, com Pietro Maria Bardi ao fundo, na montagem da exposição da coleção do MASP no Musée de l'Orangerie, em Paris, 1953.

São Paulo",[23] mas que agora tinha "a honra de apresentar uma coleção nacional em museus estrangeiros".[24] O texto terminava com os comentários ferinos e autocongratulatórios de sempre, lembrando ao leitor que, de acordo com o governador, "a festa do Quarto Centenário começara, de fato, na Europa".[25]

O ARQUITETO E O POVO

Enquanto ajudava o marido a organizar as exposições internacionais da coleção do MASP, a promissora carreira de Lina Bo Bardi na arquitetura foi temporariamente interrompida. Se 1951 havia sido um ano produtivo, nenhuma encomenda surgiu depois que a Casa de Vidro foi concluída, em 1952. Os projetos do novo centro cultural dos Diários Associados e do museu no litoral não haviam sido concretizados, e a parceria com Giancarlo Palanti na oficina de criação de móveis se encerrara meses antes. Sem trabalho novo à vista, Lina continuava a se dedicar à escrita, tentando provocar alguma discussão sobre a arquitetura brasileira. Ainda assim, passava boa parte de seu tempo no museu, ajudando a organizar a logística de montagens, as viagens e o transporte das obras, e também preparando algumas exposições para o MASP — com trabalhos de artistas e designers brasileiros, como Roberto Burle Marx e Flávio de Carvalho, uma seleção das gravuras espanholas de Goya e uma série de desenhos do artista romeno-americano Saul Steinberg, que visitou São Paulo com a esposa.

Steinberg fazia parte do grupo de amigos dos Bardi com conexões milanesas. Como Pier Luigi Nervi e Gio Ponti, ele estava entre os designers e artistas que o casal recebeu em festividades em sua nova casa em São Paulo. Lina se sentia especialmente à vontade com Steinberg. Os dois tinham a mesma idade e experiências semelhantes, como expatriados[26] vivendo em duas das maiores e mais efervescentes metrópoles das Américas: São Paulo e Nova York, cidade que ela acabaria visitando alguns anos depois. Lina apreciou a companhia dos dois hóspedes, acompanhando-os em passeios pela cidade, e ficou decepcionada e constrangida quando pouquíssima gente apareceu na abertura da exposição dos trabalhos de Steinberg no MASP.[27] Alguns dias depois da inauguração, ela acompanhou o casal em uma viagem ao Rio de Janeiro, uma cidade que, embora apreciasse muito, já não parecia estar ao alcance de suas ambições. Na praia de Copacabana, os três amigos conversavam enquanto o vento suave e frio soprava a areia na qual Steinberg desenhou uma de suas caricaturas.

Logo depois daquela viagem ao Rio de Janeiro, Lina começou a se distanciar da *Habitat*. Após concluir a nona edição da revista, publicada no fim de 1952, ela já tinha passado o bastão ao seu leal assistente Flávio Motta, que assumiu a publicação como editor-chefe do número dez ao catorze, mantendo a linha polêmica da publicação. Tanto Lina quanto Bardi tiraram uma licença da *Habitat* durante todo o ano de 1953 para se concentrar na itinerância das obras-primas do MASP e, possivelmente, se proteger de retaliações. Mas haviam preparado material suficiente para cobrir pelo menos os três próximos números, impressos durante a sua ausência. Isso incluía uma matéria sobre a Casa de Vidro, que seria tratada como a pièce de résistance da décima edição, que elogiava a construção por negar "efeitos decorativos ou de composição, pois o objetivo é a sua extrema aproximação com a natureza",[28] e o bairro do Morumbi pela localização peculiar, descrevendo-o como "o melhor exemplo do amor que os paulistanos podem ter pela natureza".[29] Em duas fotografias da casa, Lina aparecia vestida de forma casual mas elegante, fazendo uma pose teatral, de costas para a câmera, como se tivesse sido cativada pela vasta paisagem e suas matas, que encantaram tanto seus pensamentos mais líricos quanto seus medos mais sublimes.[30]

Entre os artigos sobre o Morumbi e a Casa de Vidro, que foram destaque naquela edição, uma página chamava a atenção ao contrastar o seu festejado projeto com uma realidade de grande despojamento. Esse texto curto e solitário, que Motta atribuiu a Lina, continha o último de uma série de seis ensaios anônimos sobre as qualidades da arquitetura produzida por leigos em áreas remotas do Brasil. Mais uma vez, o título — "O povo é arquiteto"[31] — afirmava sua crença de que a linguagem da arquitetura moderna não precisava excluir o elemento local e tradicional, e que os arquitetos não deviam buscar ideias e motivação apenas na modernização e na educação acadêmica, mas também nos aspectos prosaicos e criativos da vida cotidiana.

"As pessoas simples nascem com a arquitetura no sangue", escreveu, "porque nascem com o espírito inato da procura, das necessidades, das oportunidades e das funções da vida."[32] Reiterando o idealismo romântico de Laugier e Rousseau, Lina argumentava que "ideias extravagantes [...] são vedadas às pessoas pobres que constroem suas casas",[33] enunciando, com suas usuais hipérboles, que os "telhados de palha não deixam nada a desejar, se comparados aos mais belos telhados".[34] Nos edifícios que Lina construiu quando trabalhava em parceria com Bardi, esse arcabouço conceitual só se traduziu de forma marginal, já que sua prática ficava circunscrita sobretudo ao trabalho editorial da *Habitat* e às atividades do MASP. Isso, contudo, iria mudar. Ela precisaria de mais tempo e autonomia do que tinha então para conseguir articular de maneira integral, no fim dos anos 1950, os princípios que delineara em sua série de ensaios sobre arquitetura vernácula e autoconstruída — e para, finalmente, encarnar ela mesma, agora como cidadã brasileira, sua versão do bom selvagem.

A defesa que Lina Bo Bardi fazia da integração entre arquitetura e natureza, além de seu apelo à simplicidade técnica e à singeleza formal das construções populares, não se encaixava no discurso predominante da arquitetura brasileira, que, àquela altura, voltava suas atenções para o ambicioso plano desenvolvimentista de Juscelino Kubitschek. Depois de um ano afastada da *Habitat* em virtude da turnê da coleção do museu, Lina voltou à revista na virada para 1954, durante as comemorações do Quarto Centenário. Dessas festividades, das quais fizeram parte a Segunda Bienal de Arte e Arquitetura e a Quarta Conferência Nacional de Arquitetos, ela e Bardi haviam sido excluídos. Ao ver fissuras no projeto geral da arquitetura moderna brasileira, Lina continuou tentando se posicionar de modo estratégico no território ainda pouco mapeado da crítica de arquitetura local. Sua abordagem não era tão entusiástica quanto a do grupo do MoMA, que organizara a exposição Brazil Builds [O Brasil constrói] no começo dos anos 1940, nem tão cética quanto a de muitos críticos e arquitetos europeus do pós-guerra. Ainda assim, ela se identificou com a palestra realizada alguns meses antes, no dia 9 de junho de 1953, por Max Bill — que voltara ao Brasil após seu prêmio na Primeira Bienal —, na Faculdade de Arquitetura da Universidade de São Paulo. A palestra causou polêmica, mas Lina Bo Bardi não perdeu tempo e decidiu publicar uma transcrição do texto em um suplemento especial da *Habitat*.[35]

Bill falara a um pequeno grupo de docentes, estudantes e arquitetos no edifício Art Nouveau da rua Maranhão, no elegante bairro de Higienópolis, onde professores eminentes, como Rino Levi e João Vilanova Artigas, haviam projetado arranha-céus residenciais que se tornariam símbolos da arquitetura moderna paulistana. A palestra "Arquiteto, arquitetura e sociedade" surpreendeu o público. Bill criticou duramente as últimas realizações da arquitetura brasileira, em particular o Conjunto Califórnia, de Oscar Niemeyer, que estava sendo construído a poucas quadras do MASP e do MAM, como "uma distorção da forma livre" e "o caos absoluto". Para o designer suíço, mais do que criar formas, "a função do arquiteto, na sociedade moderna, é a de tornar o que rodeia o homem habitável e harmonioso".[36]

A abordagem de Bill causou grande incômodo, ainda que velado, nos círculos acadêmicos e profissionais de São Paulo e do país, principalmente depois que a famosa revista *Manchete* publicou, alguns dias após a palestra, uma entrevista com suas opiniões.[37] Ao publicar a íntegra da fala de Max Bill meses depois, Lina endossou a visão de uma prática humanizada que vinha defendendo em seus próprios artigos. Além disso, o fictício Alencastro validou a coragem de Bill, protestando, em uma nota de suas crônicas: "A lista de jurados da mostra de arquitetura da Segunda Bienal já não inclui o nome de Max Bill (tão incensado e alardeado no passado). Quem teve a ideia de cortá-lo do *senado*? Com certeza foi por causa de sua sinceridade".[38] Enquanto isso, as festividades do Quarto Centenário continuaram, com a inauguração do parque Ibirapuera e da Segunda Bienal.

Apesar das críticas dos Bardi, os eventos culturais durante as comemorações do Quarto Centenário foram um sucesso, sobretudo por reunir um número grande de arquitetos brasileiros e estrangeiros em encontros que acabaram contribuindo de fato para revigorar o debate sobre a arquitetura no Brasil. Alguns meses depois, o arquiteto italiano Ernesto Nathan Rogers, que apresentara uma fala na Bienal, publicou uma coletânea de ensaios intitulada "Report on Brazil" [Relatório sobre o Brasil][39] na revista inglesa *The Architectural Review*. A maioria dos autores estrangeiros elogiava o trabalho de Affonso Reidy, e alguns falavam bem da obra de Rino Levi e de Roberto Burle Marx. Apesar de partirem de pontos de vista diferentes, eles convergiam em relação aos excessos formalistas da arquitetura brasileira, tendo como alvo sobretudo Oscar Niemeyer, por enfatizar as aparências e o virtuosismo formal e dar pouca ou nenhuma atenção a questões técnicas e sociais.

No cômputo geral, a controvérsia gerada por Max Bill em 1953 e pelo relatório sobre arquitetura brasileira de 1954 explicitaram as ressalvas de muitos profissionais e críticos internacionais endossados por Lina, mas também tiveram um lado saudável. O debate estimulou os arquitetos brasileiros, ainda que de maneira gradual, a avaliar sua situação, engajar-se politicamente e revisar a trajetória da arquitetura brasileira em um período de intensa modernização e urbanização, que trazia evidências cada vez maiores de problemas sociais, econômicos e ambientais no fim dos anos 1950. O Brasil não apenas continuaria em pauta nas publicações e polêmicas internacionais na década seguinte, como novas vozes emergiriam, sobretudo em São Paulo, trazendo para o primeiro plano uma revisão adiada e difícil da arquitetura do país. Lina Bo Bardi seguiria, cada vez mais, no rumo dessa transformação, e acabaria produzindo uma das contribuições mais originais àquela revisão, depois de uma luta longa, peculiar e solitária.

Para presenciar as comemorações do Quarto Centenário, às vésperas de 1954, Lina antecipara sua volta de Milão, onde fora visitar os pais, como sempre fazia no Natal. Ela chegou a São Paulo um pouco antes do Ano-Novo.[40] A Casa de Vidro e o MASP continuavam sediando eventos e recepções sociais, e não menos nessa época, quando um grande número de personalidades nacionais e estrangeiras do mundo das artes passava por São Paulo. Ela tinha acabado de completar quarenta anos e sua passagem de ano foi festiva mais uma vez, comemorada com uma recepção animada, em trajes tropicais. Ela e sua amiga Franca Sebasti resolveram combinar seu figurino: as duas apareceram na festa com vestidos claros, cintos enormes e chapelões. Lina acrescentou ao modelo alguns acessórios chamativos, que lembravam as fantasias burlescas que vira na juventude, em idas ao teatro com o tio Natalino: uma fita escura e larga, que amarrava o chapéu em um laço, e um pássaro branco empalhado que pregou no vestido, como um broche, tudo registrado de forma alegre em algumas fotografias que guardou em seus arquivos pessoais.[41]

Mas nem tudo foram flores naquele período. Lina lutava para estabelecer uma carreira independente, e apesar de continuar colaborando de maneira intensa com os projetos culturais de Bardi, o relacionamento dos dois se tornava tenso e distante. Quando voltou à revista depois dos preparativos iniciais para a turnê europeia das obras do MASP, ela retomou suas funções, sabendo que o editor Rodolfo Klein queria mudanças. A revista não vendia bem, e a fama de antagonistas arrogantes criada pelo casal o preocupava. Mas os Bardi não queriam se adaptar às exigências do chefe, aparentemente, já que concordaram em terminar o trabalho que haviam começado e deixar a revista assim que a saísse 15ª edição. Em suma, voltaram à publicação para colocar um ponto-final em uma fase importante de sua parceria e da vida cultural da cidade.

Em suas derradeiras participações autorais como editora da *Habitat*, Lina manteve a verve sarcástica das edições anteriores. Pediu a Chateaubriand que escrevesse um artigo sobre a importância dos povos indígenas nativos na formação de São Paulo. Foi a forma indireta que encontrou de criticar um aspecto que havia sido negligenciado — ou tratado como caricatura — nas comemorações do Quarto Centenário. Chateaubriand aceitou o convite com entusiasmo e agradeceu que "uma artista com a lucidez de Lina percebeu imediatamente os aborígenes [sic] como matéria-prima de novas inspirações artísticas, uma contribuição de valor inestimável à causa de nossa cultura".[42] Chateaubriand afirmava, concordando com a opinião de Lina, que a floresta ainda continha "uma das peças da carpintaria nacional".[43] Os dois compartilhavam a mesma visão romântica dos aspectos que tornavam o Brasil autêntico.

Ela também aproveitou o último número da *Habitat* que editou para registrar suas ideias sobre o papel dos arquitetos na sociedade, tendo em mente a pesquisa a respeito das condições de vida dos pobres de São Paulo que o arquiteto Vilanova Artigas vinha conduzindo. Seu ensaio "Eles também precisam de casas" lembrava os artigos que ela editara nas revistas *A*, *Cultura della Vita* e *Domus*, apoiando os esforços de reconstrução na Itália. Ela criticava a incompetência profissional, as leis reacionárias, a iniquidade econômica e a falta de organização da indústria brasileira de construção civil e da incorporação imobiliária, insistindo que "do Sul da Itália, Espanha e Portugal às favelas dos trópicos, dar moradia às pessoas torna-se um problema cada vez mais urgente, criando uma enorme responsabilidade social". O texto homenageava Giuseppe Pagano, que ela descrevia como uma figura heroica, parafraseando a declaração em que ele dizia que "um paralelepípedo em um bairro sem nome vale muito mais do que um monumento".[44]

O último artigo assinado por Lina Bo Bardi na *Habitat*, na coluna "Polêmica", era uma crítica à arquitetura neogótica da nova Igreja da Sé de São Paulo, concluída e inaugurada em meio às comemorações do Quarto Centenário. Ela contava sobre sua visita à igreja, relatando sobretudo os sentimentos de choque e frustração que tivera. "Outra causa perdida", afirmou, descrevendo a multidão — "todos, na ponta dos pés, mulheres, moças, meninos, sentindo uma vaga bondade, e diante das pobres mães com filhinhos no colo"[45] —, que se movia rapidamente, empurrada por guardas, em meio àquela "arquitetura equivocada, inútil, vazia como uma pele soprada e com a cúpula ridícula sobreposta".[46] Segundo ela, a cena a fez lembrar de suas tardes "irritantes" na universidade, em Roma, interpretando monumentos da Antiguidade e sentindo o "odor de louro queimado" da cidade, além do "produto adocicado, nauseabundo, insuportável da ruminação estilística".[47]

Mais do que uma despedida da revista e de sua diligente parceria com Bardi, a crítica de Lina, sem ter essa pretensão, pressagiava o rumo que ela tomaria como pensadora e como praticante de um tipo de arquitetura que, até ali, só havia conseguido articular de forma conceitual e que tinha sentido dificuldade para colocar em prática. Observando a ornamentação anacrônica da igreja, ela se perguntava sobre "as 'outras catedrais', com paredes caiadas ou deixadas apenas em tijolos, pobres e miseráveis entre dois coqueiros ou rente ao litoral, catedrais de uma aldeia de pescadores ou lavradores velando um cemitério cheio de plantas selvagens, onde a obra de arte se revela de improviso, não com abundâncias decorativas, mas através de uma linguagem diretamente".[48] A *Habitat* lhe dera a chance de exercitar, em termos intelectuais, o projeto do que sua prática profissional viria a se tornar. A 15ª edição da revista, publicada entre março e abril de 1954, encerrava a colaboração dos Bardi com uma carta de demissão formal, em que declaravam: "Nenhum trabalho verdadeiramente apaixonado pode continuar ad infinitum, especialmente no campo da arte, cujo exercício sério pressupõe a polêmica".[49] E, como eles sabiam, as controvérsias que promoveram haviam gerado grande resistência e problemas.

Depois de deixar a *Habitat*, Lina voltou à Europa, em maio de 1954, para ajudar a montar a exposição itinerante do MASP em Berna, na Suíça, e voltou a fazer uma parada na Itália.[50] Antes disso, o marido fora a Bruxelas e a Utrecht com a mostra, que havia seguido em turnê depois de Paris. Eles também preparavam uma grande exposição de pintura francesa contemporânea para o MASP no ano seguinte, imaginando que, enquanto a coleção estivesse em trânsito, Pietro e Chateaubriand continuariam adquirindo novos trabalhos de colecionadores, para quem essas exposições eram grandes oportunidades de negócios. O casal continuava em sintonia, ao menos profissionalmente, conformando-se com o fato de que, como muitas de suas experiências editoriais na Itália, também a *Habitat* tivera caráter contingencial e vida curta, mas com uma personalidade forte. E, seguindo seus hábitos, os dois terminavam perguntando: "Ainda assim, quantos artistas de verdade, do artesão nativo ao pintor primitivo, de simples mestres de obra a jovens arquitetos, se beneficiaram de nossa proposta renovadora?".[51] Depois de sua saída, Rodolfo Klein transformou a *Habitat* em uma revista dedicada à arquitetura, embora continuasse cobrindo assuntos das artes e da cultura em geral.

Enquanto a *Habitat* mudava, a arquitetura brasileira passava por uma revisão já bastante atrasada em relação aos acontecimentos internacionais. Com isso, os arquitetos brasileiros, principalmente aqueles que trabalhavam em São Paulo, se abriram a alternativas que não as modas predominantes que vinham do Rio de Janeiro, enquanto o país fazia uma transição do legado ditatorial de Getúlio Vargas para o discurso desenvolvimentista e tecnocrata de Juscelino Kubitschek. Os eventos relacionados à celebração do Quarto Centenário de São Paulo ajudaram a consolidar o surgimento de uma nova cultura arquitetônica. Os efeitos das palestras e textos desabonadores de alguns arquitetos estrangeiros, além da diversidade que as exposições revelavam e da incipiência do debate entre os arquitetos brasileiros, já não podiam ser ignorados. A análise dos críticos internacionais e a ideia de que a arquitetura precisa ter uma relevância social acabaram por sensibilizá-los.

Alguns desses arquitetos aderiram aos conceitos de economia, simplicidade e criatividade popular que eram tão caros a Lina Bo Bardi, tanto por razões estéticas quanto éticas. Outros, da geração mais jovem, como Vilanova Artigas, começaram a orbitar, naquela época, em torno do Partido Comunista Brasileiro, ainda que sua orientação política perdesse coerência e coesão conforme a Guerra Fria se conflagrava. Pessoalmente, Lina não se alinhava com esses grupos, nem com outros arquitetos que, como ela, não se afiliaram a nenhum partido político. Ela continuou isolada. Ainda assim, entendia a preocupação deles. Admirava o talento, o carisma e as reivindicações socialistas de Artigas, mas, em defesa de uma cultura genuinamente brasileira, associou-se aos princípios de uma cultura nacional-popular que motivaram uma série de artistas e intelectuais de esquerda no país.

Com os anos, e conforme se emancipava de suas obrigações no MASP, Lina se aproximaria, como fizera no começo da vida profissional, de círculos culturais periféricos e emergentes no Brasil, convertendo de maneira gradual sua solidariedade em relação aos menos favorecidos em um discurso de contornos radicais, a partir do fim dos anos 1960. Naquele momento, porém, e diferente de alguns de seus colegas brasileiros mais progressistas, ela se sentia menos impelida a abraçar uma causa ou uma convicção política do que a ceder à comichão de sua própria irreverência. E, sem procurar muito, acabou achando boa companhia.

Em maio de 1954, em sua viagem à Itália, Lina visitou Bruno Zevi em Roma. A correspondência entre os dois se intensificou em 1955, logo que ele lançou a revista *L'Architettura, Cronache e Storia* [Arquitetura, crônicas e história]. De acordo com as cartas trocadas pelos dois velhos amigos, a revista italiana ainda crescia devagar, mas ele estava esperançoso. Aprendera, na experiência que tiveram juntos na *A, Cultura della Vita*, que era preciso persistir, algo que, ele sugeria, sem conter suas palavras, ela não havia feito: "Você continuou a mesma. Não tivemos sorte em 1945. E você não teve paciência",[52] escreveu, referindo-se às crises emocionais dela e à sua decisão de romper a parceria que tinham para seguir Bardi em suas empreitadas. Como ela estava com pouco trabalho no Brasil, Zevi sugeriu que colaborasse com a nova publicação, escrevendo uma coluna de duas ou três páginas chamada "Lettera dal Brasile" [Carta do Brasil], em que publicaria projetos inéditos de edifícios brasileiros. Ele lhe propôs que começasse respondendo a artigos que os jornais *Borghese* e *Corriere della Sera* haviam publicado pouco tempo antes, criticando a arquitetura brasileira. Zevi lhe escreveu: "Livre da *Habitat*, que, méritos à parte, não chegou a achar sua fórmula definitiva, você agora pode se dedicar a uma revista que é exatamente o oposto, ou seja, bem europeia".[53] Tentou animar a amiga, reconhecendo seu temperamento difícil e fazendo uma tentativa afetuosa de imaginá-la trabalhando em uma redação. "Às vezes ainda ouço você dizendo: 'Isso está horrível', 'Não serve para nada', 'Não acredito nisso'", provocava ele, concluindo: "Você é cheia de vida e de caprichos, então nem preciso ficar imaginando o que você faria ou diria. Dane-se, diga e faça!".[54]

E, de fato, ela o fez, e imediatamente. Mas só uma vez. Em lugar de uma coluna, sua "Carta do Brasil" foi uma carta propriamente dita — irritada como Zevi havia previsto —, um único texto, que ele recebeu em novembro de 1955. Em vez de mostrar edifícios contemporâneos, como ele sugerira, Lina Bo Bardi falava do país que acabava de adotar, de sua cultura arquitetônica, da febre construtiva que vivia e de suas regiões mais remotas, revisitando alguns trechos dos textos que escrevera para a *Habitat*. Acabou sendo uma longa resposta ao pedido de Zevi para que ela se posicionasse em relação aos artigos publicados pelos jornais italianos. Segundo ela, aqueles ataques à arquitetura brasileira eram parte de uma "longa série de jornalistas apressados [...] que escrevem reclamando do calor [...], que vão ao Rio, a São Paulo e, às vezes, a Porto Alegre e ao Recife, e não sabem nada do Brasil".[55]

Sem se dar conta de sua própria percepção fantasiosa do país e da sensibilidade romântica que prevalecia entre a intelligentsia brasileira da época, Lina descrevia o Brasil da perspectiva de sua vastidão natural e da vida cotidiana de seu povo, falando tanto das cidades pequenas quanto das áreas metropolitanas que estavam sendo modernizadas. Relatou a luta das pessoas com as forças da natureza, a contribuição inovadora de Roberto Burle Marx ao paisagismo e à botânica, a vida simples nas vilas do Nordeste, em geral menos acessíveis aos turistas e aos estrangeiros, e a batalha dos arquitetos brasileiros para construir cidades que cresciam rapidamente, em um contexto de privação e improviso.

Ela criticava os jornalistas italianos por terem visto pouco do que descrevia, uma vez que não se aventuraram pelo vasto território brasileiro. Em vez de novos edifícios-símbolo, sugeria que os europeus atentassem para elementos menos visíveis, "autênticos", aqueles que "independem das limitações impostas pelo excesso de consciência e de cultura".[56] Deveriam se concentrar nas "formas de construção extremamente simples e novas, no gosto pelas soluções claras e limpas das construções primitivas, na falta total de retórica e na modéstia humana aliada a uma forma festiva de viver".[57] Os comentários da carta refletiam sobretudo o raciocínio que desenvolvera no artigo "Bela criança", escrito para a *Habitat* em 1951, assim como os textos sobre as situações emergenciais da Itália do segundo pós-guerra, que havia editado para a *A, Cultura della Vita* antes de partir para o Brasil. Somando sua experiência estética e cultural, ela insistia que "a arquitetura brasileira moderna não deriva dos edifícios coloniais, mas da arquitetura primitiva criada pelo 'caipira', ou camponês".[58] Seu pensamento romântico e revolucionário começou a se afirmar de maneira mais forte com essa carta.

Ela não esqueceu de mencionar as agruras das pessoas que viviam naquelas regiões ou que eram obrigadas a emigrar, usando "carro de boi, caminhão, trem ou barco, para chegar vinte, trinta dias mais tarde"[59] a cidades grandes como São Paulo, onde encontrariam ainda mais pobreza. A falta de moradia e de recursos, Lina explicava, "levaram os brasileiros a sofrer com a improvisação e a ânsia de ter de construir rapidamente", com impactos negativos para a arquitetura brasileira. Nesse contexto, afirmava, "o arquiteto brasileiro é um jovem convocado a pegar em armas sem ter nenhum plano; ele põe suas mãos à obra com coragem e generosidade [...], seu impulso é avançar; depois da batalha, é preciso verificar se ele fez por merecer uma medalha ou não",[60] pouco sabendo da complexidade do problema que enfrentava. Ela fazia exceção para aqueles que, como talvez ela própria, eram sensíveis às "formas de construção extremamente simples e novas [...], e à modéstia humana aliada a uma forma festiva de viver".[61]

Para Lina, a questão central era até que ponto esses esforços tinham sido, de fato, bem-sucedidos, já que, como apontava, até pouco antes "os arquitetos brasileiros achavam que tudo era permitido e que não havia nada a ser revisto". Para ela, eles haviam abraçado a liberdade de forma produtiva, enquanto os arquitetos europeus a tinham tomado como um peso intelectual. Os europeus, segundo ela, temiam renovar uma cultura repleta de conexões comprometedoras e tinham muito medo de errar. Mas ela o fizera e, como europeia-transformada-em-brasileira, acharia maneiras de reexaminar diversas vezes suas crenças, para concluir, esperançosa, que a situação estava mudando: "Hoje, os jovens já saem da universidade sabendo dessa mudança; agora, uma nova arquitetura brasileira pode nascer".[62] Lina Bo Bardi nunca perderia por completo essa esperança, mesmo em tempos difíceis e enquanto sua própria voz continuava a não ser ouvida.

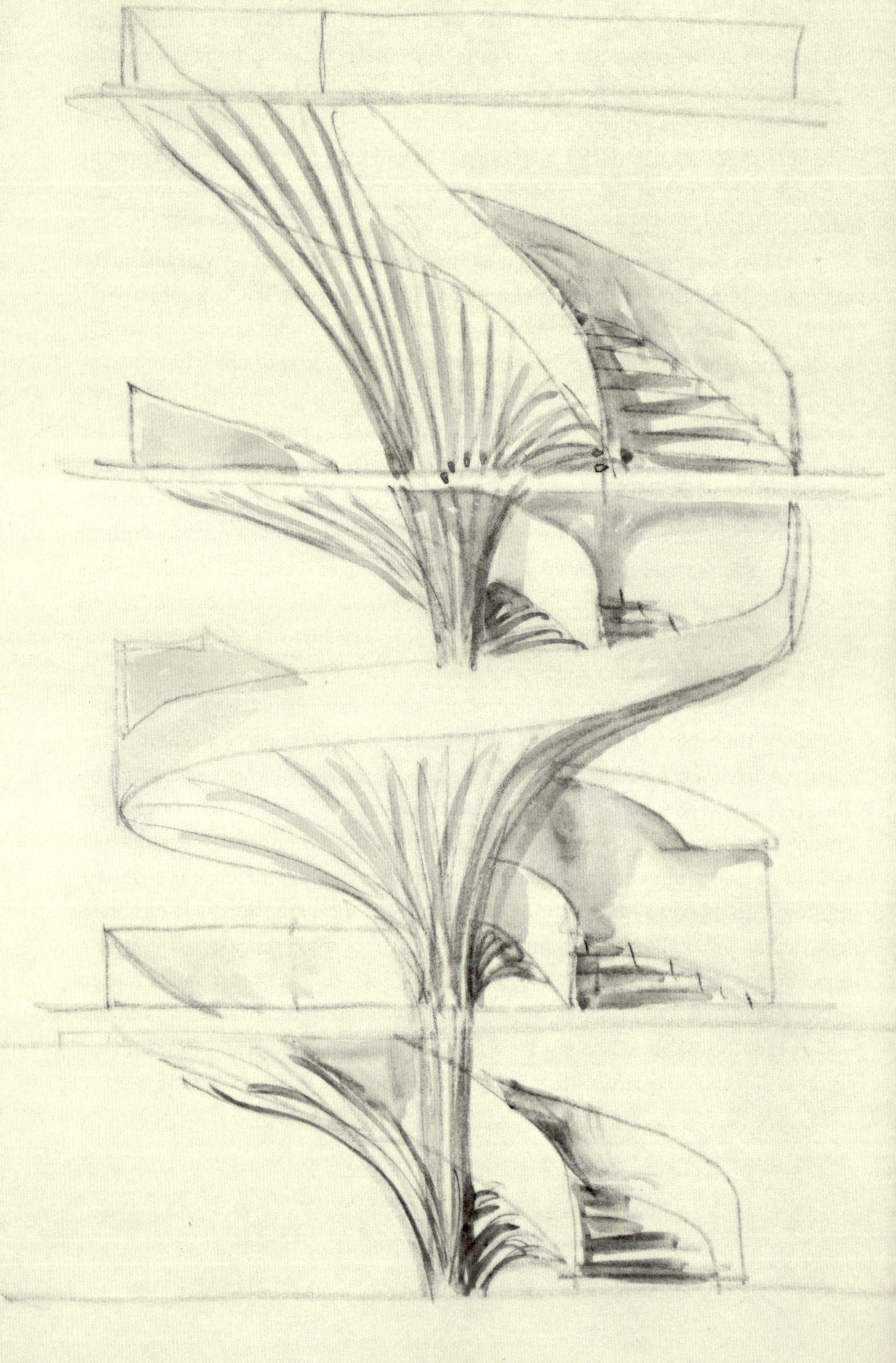

6. As raízes que brotam de uma epífita

É PRECISO ESCOLHER ALGUMA COISA

Em meados dos anos 1950, quando arquitetos brasileiros da geração de Lina que ganhariam proeminência já tinham uma prática profissional estabelecida, a única experiência concreta dela continuava sendo o projeto e a construção de sua casa. A arquitetura sempre foi sua principal área de interesse, ainda que só na maturidade viesse a ganhar destaque entre suas atividades. Até lá, suas experiências mais intensas permaneceram circunscritas à criação de mobiliário, de interiores e de exposições, áreas cuja modernização ela defendera bravamente e nas quais sua experiência italiana a deixava em vantagem no ambiente profissional brasileiro.

Com o fim de seu contrato com a *Habitat*, no começo de 1954, e dos cursos de design industrial que havia lecionado um ano antes no IAC, Lina se viu sem uma perspectiva profissional definida. Continuava trabalhando com Bardi, principalmente na montagem das exposições itinerantes do acervo do MASP, mas já começava a perceber que havia pouco espaço para ela no museu.[1] Seu desejo de seguir a trilha de seu pensamento independente e de seu espírito irreverente exigia um ambiente distinto. Esperando poder fazer mais projetos de edificação, ela por fim recebeu seu registro profissional do Conselho Regional de Engenharia e Arquitetura (Crea) no dia 28 de fevereiro de 1955,[2] mas nenhuma encomenda apareceu.

Uma nova porta se abriu quando ela foi convidada para dar aulas na Faculdade de Arquitetura e Urbanismo[3] da Universidade de São Paulo (FAU-USP), onde seus conhecidos Rino Levi e Vilanova Artigas eram professores ativos e influentes. Lina Bo Bardi foi contratada para ensinar composição decorativa para alunos do último ano do curso de arquitetura no período de fevereiro de 1955 a fevereiro de 1956.

Àquela altura, ter um emprego público parecia mais promissor do que abrir um escritório independente. Mas ela enfrentou certa resistência na faculdade, porque seu foco era o projeto de móveis e de interiores, e não de edificações, e suas ideias sobre formas culturais simples e populares eram vistas como folclóricas e nacionalistas, em especial por Artigas. Suas aulas se relacionavam de maneira direta com a narrativa editorial que ela desenvolvera nos quinze anos anteriores, tanto na Itália quanto no Brasil, e também com sua experiência em design ao lado de Giancarlo Palanti, alguns anos antes. Ela acreditava que a educação devia começar pelo lado prático da vida.[4] Seu pensamento era humanista. Já o de Artigas era político e, sem ter assistido às aulas dela e compreendido sua visão, ele as via como menos importantes, pois considerava a arquitetura de interiores uma atividade burguesa. Mais do que com Artigas, cujo trabalho ela admirava, as ideias de Lina, na época, rimavam com a abordagem didática de Levi, que defendia uma arquitetura projetada de dentro para fora, ou seja, que se pensasse como um lugar para viver antes de subir paredes e telhados e abrir janelas.[5]

Dado o sucesso de seu curso, seu contrato foi estendido por mais um ano; mas ela só lecionaria o primeiro semestre. Depois disso, pediu uma licença não remunerada de quatro meses, a partir de agosto de 1956, oficialmente para "viajar ao exterior para concluir uma pesquisa em educação superior em instituições na Itália e na França".[6] De fato, ela planejava escrever um livro, mas também estava enfrentando um período de dificuldades emocionais. Lina estava desanimada com sua vida profissional e pessoal e queria estar perto de Pietro, que fora passar alguns meses em Fiesole, nas montanhas ao norte de Florença, para produzir um livro apresentando a coleção do MASP ao público internacional. Ela ansiava pelo apoio dele, como expressou em uma série de cartas que lhe escreveu naqueles meses difíceis de verão e outono, sentindo grande solidão no Brasil. "Não tenho ideal. Estou convencida que não há propósito em ter um 'ideal'", escreveu ao marido no dia 28 de fevereiro de 1956, sentindo-se impotente e desamparada diante de sua própria existência. "Eu não me 'coloquei no mundo' sozinha, mas aqui me encontrei (se pudesse ter escolhido, não sei o que teria decidido)", continuava, concluindo que havia escolhido tarefas, e não ideais: "É preciso escolher algo, ou então é melhor nem ficar neste mundo".[7] Embora eles tenham continuado a se escrever nesse período, não há registro do tom da resposta de Pietro ao seu pedido de ajuda.

Algumas semanas depois, ela voltou a lhe escrever, expressando como via o dilema da relação entre os dois. "Ontem pensei muito em nós e concluí que é bom que você esteja longe, porque, por carta, conseguimos conversar e nos entender. Nunca consegui conversar com você; sempre precisei muito, mas você era como uma parede." Sua fonte de inspiração tinha se tornado sua fonte de sofrimento. Ela manifestava seu desejo de independência e, ao mesmo tempo, de apoio, enquanto encarava a fragilidade de sua solidão, escrevendo que "para uma vida como a minha, dedicada a pensamentos novos para uma mulher, absolutamente intransigente, ajuda e esclarecimento eram necessários e indispensáveis". E, lamentando a união entre os dois, mas não ele em si, reconhecia: "Casei-me com você com essa esperança, que era quase uma certeza", ressentindo-se de que "eu não precisava de aberturas sentimentais, mas de uma demonstração de solidariedade humana, completa".[8] Insatisfeita e frustrada, ela sentia o fosso entre eles aumentar enquanto seu trabalho conjunto também minguava.

Uma semana depois, Lina escreveu uma nova carta a Pietro, falando das dúvidas que tiveram sobre continuar no Brasil quando, depois de uma década no país, se viram enredados na constante crise financeira e política que o MASP havia enfrentado desde sua criação e que gerava grande instabilidade, ameaçando seu futuro profissional. Diferente das cartas anteriores, dessa vez ela parecia mais positiva em relação ao aspecto cultural de sua escolha do que à sua vida pessoal. "Não escondo que passei por uma profunda crise nesses dois últimos anos e que resolvi meus conflitos quando decidi ficar no Brasil", lembrava. "Você sabe que fui eu quem insistiu em ficar aqui e que decidi voltar ao trabalho com tudo, ou, melhor dizendo, decidi começar a trabalhar. É o que você está fazendo com o livro e o que fará quando voltar para cá",[9] concluía. Duas semanas depois, ela retomou o assunto em outra carta, declarando que "não temos mais raízes na Europa e nunca nos enraizaremos profundamente aqui, caro Pietro". Ela começava a perceber que, em lugar disso, "uma vez superado o medo de não ter raízes, senti brotarem as raízes de uma epífita [bromélias, orquídeas] e acredito que elas hão de vingar". E como que resistindo ao seu recorrente estado depressivo, proclamou: "Foi para isso que nasci".[10]

Pronta para começar a produzir de novo, Lina, em seguida, escreveu a Pietro uma carta em que ainda dava sinais de uma autoestima vacilante. "Vi-me voltando à prancheta este ano e considerei fazer qualquer coisa", afirmava, admitindo que "quando você é jovem, não tem humildade; foi o que aconteceu comigo. Aos quarenta anos, você tem que decidir; eternos adolescentes acabam fracassando, mais cedo ou mais tarde".[11] Um mês depois, quando a data em que Pietro voltaria de sua longa temporada italiana se aproximava, como que para se proteger inconscientemente, sua vulnerabilidade deu lugar à aspiração de grandeza. Lina não poupou críticas ao plano que Pietro preparava para negociar uma fusão do MASP com a Fundação Armando Alvares Penteado (Faap), esperando resolver os problemas logísticos do museu. "Eu faço o museu para você, com pouco dinheiro e — não quero me gabar — o mais sério do mundo", escreveu em outra carta. "Quero erguer um museu de concreto e aço e trabalharei com os operários da construção vestindo macacão", fantasiava, tentando compensar seu orgulho com um pouco de humildade. Sem mais, concluiu sua carta com uma declaração sumária: "Essa é minha ideia de uma nova cultura".[12]

Com essa tarefa em mente e em sintonia com suas novas obrigações acadêmicas, Lina começou a reunir material para escrever um livro que seria parte de seu processo de efetivação na universidade. Estudou diversos assuntos para produzir uma tese sobre o ensino de teoria arquitetônica e foi à Itália depois do rápido retorno de Bardi ao Brasil, ainda que nada indique que tenha frequentado "instituições de ensino superior" como pesquisadora, segundo mencionara em seu pedido de licença do trabalho de professora na Universidade de São Paulo. No dia 28 de agosto de 1956,[13] ela tomou um voo noturno com Pietro para Milão, onde visitou a família e ajudou a montar a última exposição do acervo do MASP na Europa. As obras foram exibidas no Palazzo Reale, na Piazza del Duomo, a uma rápida caminhada do apartamento de seus pais na Via Borgogna, e mais perto ainda do lugar onde ela havia morado e trabalhado durante a guerra. Nos três anos que antecederam a chegada da exposição itinerante em Milão, a tournée fora recebida de forma muito positiva em outras capitais europeias, e quarenta obras haviam sido incorporadas à coleção, com Bardi e Chateaubriand aproveitando qualquer boa oportunidade comercial para fazer novas aquisições.[14]

Lina passou uma longa temporada na cidade, hospedando-se com a mãe e a irmã, enquanto o marido voltava ao Brasil a negócios. Como o ambiente familiar ficava tenso com frequência, ela aproveitou para viajar pela Itália, visitando velhos amigos, como Bruno Zevi, em Roma. No fim do outono,[15] Bardi voltou a Milão para passar o Natal, e os dois saíram da cidade de carro para viajar por algumas semanas, parando na costa sul da França a caminho da península Ibérica. Barcelona foi a escala da viagem mais memorável para Lina. Foi lá que viu ao vivo, pela primeira vez, deslumbrada, o trabalho do arquiteto Antoni Gaudí. Ela já conhecia um pouco sua arquitetura por fotografias e, depois desses encontros, passou a se sentir profundamente ligada à sua maneira de pensar. Na obra de Gaudí, encontrou a prova material de muitas de suas ideias sobre a integração entre natureza e arquitetura, arte e ciência, construção e forma, modernidade e tradição — ideias sobre as quais vinha teorizando em seu trabalho editorial e até mesmo aplicando, com sucesso limitado, em seus raros projetos arquitetônicos até então.

Durante sua viagem pela Espanha, os dois viram velhas construções rurais, vilarejos e, ao longo da estrada, vegetação escultural despontando em meio a

Lina Bo Bardi em viagem pela península Ibérica com Pietro Maria Bardi, 1956.

paisagens áridas e rochosas. Cruzaram a fronteira de Portugal e seguiram até a costa atlântica antes de dar meia-volta e seguir rumo a Milão, onde chegaram quase no dia de Natal.[16] Traziam, na bagagem, muitos rolos de filme preto e branco não revelados, que Pietro, um ávido fotógrafo amador desde seus primeiros trabalhos com a revista *Quadrante* nos anos 1930, usara no caminho. Eles voltaram ao Brasil depois do Natal com uma coleção de fotografias pessoais[17] que eternizavam o encontro de Lina com os contorcionismos figurativos de Gaudí e com pilhas orquestradas de pedras alinhadas, construídas como muros e paredes por camponeses. Em algumas dessas imagens, Lina posa — às vezes pensativa, às vezes dramática — em frente a suas descobertas arquitetônicas, que, no futuro, continuariam servindo como referências importantes de formas simples e naturalistas em seu trabalho. As experiências de viagem e a distância que tomara de seu país de adoção fizeram Lina se sentir revigorada em relação à arquitetura e mais confiante em sua pesquisa e em seu potencial como arquiteta brasileira. Ela voltou com uma bagagem cheia de anotações, livros e um manuscrito em processo.

Durante sua ausência da Universidade de São Paulo, algumas mudanças haviam acontecido na FAU. Levi, Artigas e outros professores começavam a articular uma proposta de ampliação do currículo. Lina viu nisso novo incentivo para se candidatar a uma vaga fixa de professora na cadeira de teoria da arquitetura, que abriria no segundo semestre de 1957, quando a nova estrutura tivesse sido implementada.[18] Ela poderia usar o tempo que lhe restava para preparar sua tese e um programa de curso, que eram parte dos requisitos para ser contratada em uma universidade pública.

Alguns meses depois de visitar as obras de Gaudí, enquanto escrevia o manuscrito, Lina Bo Bardi teria outras experiências reveladoras em sua primeira visita aos Estados Unidos. Antes que a coleção do MASP retornasse ao Brasil de seu itinerário europeu, Chateaubriand e Bardi organizaram uma passagem pela América do Norte. O Metropolitan Museum of Art de Nova York e o Toledo Art Museum, no estado de Ohio, concordaram em receber a exposição. A empreitada europeia tinha sido um sucesso, mas a decisão de exibir as obras em Nova York acabaria sendo um erro de cálculo.[19] Enquanto a coleção seguia de navio da Itália para os Estados Unidos, a revista *Time* publicou um longo artigo dando boas-vindas à exposição do MASP, mas criticando duramente o fundador do museu, Assis Chateaubriand. O episódio pressagiou outros problemas inesperados, que tinham pouco a ver com a qualidade da coleção ou com o conhecimento de Pietro, mas sim com os negócios canhestros de seu patrão.

Os Bardi tomaram um avião de São Paulo para Nova York,[20] acompanhados por seu assistente Flávio Motta, no dia 19 de março de 1957, para participar da abertura da exposição dois dias mais tarde. Apesar do artigo da *Time* sobre Chateaubriand, a exposição foi um sucesso de público,[21] coincidindo com a publicação, na *Art News*, de um texto de Bardi sobre o museu que ele ajudara a criar "em terra virgem".[22] Àquela altura, a coleção do MASP crescera de forma significativa. Com quase cem pinturas, a mostra ocupou várias salas do Metropolitan.

Depois da abertura oficial, os Bardi e Flávio Motta foram celebrar com colecionadores de arte, políticos brasileiros e americanos e socialites em um banquete de gala memorável no hotel Waldorf Astoria. Pietro ocupou um lugar de honra no centro do evento, enquanto Lina e Flávio foram colocados em uma das mesas na ponta do semicírculo montado em torno do amplo salão. De seu lugar ao longe, a jovem dupla observava as formalidades da festa, comentando os hábitos e o visual esnobe das elites nova-iorquinas, da mesma maneira que se divertiam em São Paulo. A atitude de Lina chamou a atenção de Pietro algumas vezes durante o evento, que se aborreceu pelo seu jeito pueril, mas, do lugar onde estava sentado, pouco podia fazer. Daquela noite, ela se lembrava de um rato que ela e Flávio viram passeando, muito à vontade, pelo centro vazio do salão,[23] enquanto garçons diligentes serviam os elegantes convidados com estudadas mesuras.

Depois desses eventos, Lina passou mais três semanas em Manhattan e aproveitou para conhecer o Museu Guggenheim, próximo ao Metropolitan, onde vivenciou pela primeira vez e com grande entusiasmo a arquitetura de Frank Lloyd Wright. Também visitou outros lugares da cidade com Flávio e Pietro, levando uma câmera e fotografando edifícios novos e antigos, como a Lever House, na Park Avenue, imagens que depois usaria como ilustrações no livro que preparava para o concurso na USP e que teria de entregar em setembro.

Os Bardi voltaram ao Brasil no dia 14 de abril de 1957.[24] A exposição no Metropolitan Museum foi encerrada no dia 2 de junho do mesmo ano, mas a coleção levaria algum tempo para poder sair legalmente dos Estados Unidos. Para surpresa de Pietro, Chateaubriand lhe dera motivos muito mais graves para se aborrecer do que o comportamento de Lina no jantar de gala. Uma semana antes da data em que planejava chegar aos Estados Unidos para a abertura da mostra, Chateaubriand recebera uma ligação do embaixador brasileiro em Washington com más notícias. Sua fama de mau pagador havia atravessado a fronteira brasileira. O diplomata contou que o cônsul brasileiro em Nova York tinha recebido uma intimação dirigida ao fundador do MASP cobrando uma dívida de mais de 2 milhões de dólares que Chateaubriand contraíra no banco Guaranty Trust Company, de Nova York. A maior parte da dívida fora feita para pagar as obras de arte adquiridas nas galerias de Georges Wildenstein em Paris e Nova York. O tiro no escuro característico do estilo gerencial do magnata brasileiro, calcado no blefe e no jogo, havia ricocheteado, sendo que, dessa vez, seu amigo Nelson A. Rockefeller se absteve de ajudá-lo. Quando pediu o empréstimo ao Guaranty Trust, Chateaubriand oferecera a coleção do MASP como garantia, nunca esperando enfrentar problemas. Mas os termos legais eram claros: ou Chateaubriand honrava a dívida ou as obras não seriam devolvidas ao Brasil.[25] Apesar de ter alimentado laços comerciais estreitos com Pietro Maria Bardi, Wildenstein viu ali uma oportunidade rara para reaver as obras, sobretudo porque o mercado internacional de arte voltara a se aquecer e o valor das obras da coleção do MASP havia se multiplicado.[26] Com esse impasse, os problemas de Chateaubriand com o Guaranty Trust Company se arrastaram até o fim de 1957.

Em São Paulo, seus negócios tampouco iam bem. Os Diários Associados haviam contraído dívidas enormes em projetos de custo exorbitante que ele não conseguira refinanciar, e o MASP nunca tivera muito dinheiro. Mas manter a coleção era assunto de interesse nacional, em especial por Chateaubriand ser um senador eleito. Sabendo que não poderia mais contar com o apoio de investidores privados, ele apelou para Juscelino Kubitschek, então presidente do Brasil. Em um episódio que envolveu até chantagem emocional — uma ameaça de suicídio feita por Chateaubriand diante do presidente —, Kubitschek decidiu pagar a dívida contraída em nome do Museu de Arte de São Paulo. No dia 3 de novembro de 1957, com o apoio do seu ministro da Economia, ele autorizou que a Caixa Econômica Federal e o Banco do Brasil, os dois principais bancos estatais brasileiros, transferissem a quantia integral, acrescida de juros, diretamente para o Guaranty Trust Company de Nova York.[27] Só depois disso a coleção voltou a São Paulo, sem nunca ter passado pelo museu de Ohio.

Quando voltou de Nova York, em abril de 1957, Lina Bo Bardi continuava sem ocupação permanente. Seu contrato com a universidade não fora renovado para aquele ano, mas ela continuava trabalhando no material para inscrição no concurso para docente, que apresentaria em setembro. Nesse ínterim, produziu alguns projetos e estudos de arquitetura e design, nos quais tentava concretizar as ideias que vinha elaborando desde os artigos para a *Habitat* e pondo à prova as teses de seu manuscrito. Aos poucos ganharia maior autonomia, chegando ao fim a sua colaboração exclusiva com o marido no museu. Entre os projetos independentes que desenvolveu durante esse período constaram sua participação num concurso de design promovido pela cidade de Cantù,[28] um dos maiores centros de produção de móveis da Itália, e uma proposta para os interiores de uma pequena clínica médica em um edifício comercial de São Paulo, ambos parecidos com trabalhos que ela havia feito com Giancarlo Palanti. Ela também produziu um estudo para uma casa de praia não identificada e, acima de tudo, sua proposta preliminar para as novas instalações do MASP, datada de julho de 1957, e que, mais tarde, seria redesenhada várias vezes, antes de ser construída nos anos 1960 na avenida Paulista.

Embora os Bardi e Chateaubriand houvessem criado um museu extraordinário em menos de uma década, para sobreviver a instituição precisaria se reinventar, quase que literalmente. A coleção permanente do MASP ainda estava em Nova York, esperando pela liquidação da dívida com o Guaranty Trust Company. Chateaubriand estava no Rio de Janeiro, prestes a trocar o mandato de senador por um cobiçado posto de embaixador brasileiro em Londres. Ainda que o museu fosse servido por um pequeno grupo de administradores e mecenas do círculo de Chateaubriand e entre as elites paulistanas, os Bardi não tinham mais sua revista nem o apoio tão próximo de seu poderoso patrocinador. O instituto de arte praticamente deixara de existir. Eles enfrentavam desafios em todas as frentes de sua vida profissional, mas voltar para a Itália já não era uma opção. Tudo parecia conspirar contra as ambições dos Bardi, porém havia uma exceção: com o MAM fora da disputa e a guerra cultural entre os dois museus em suspenso, o terreno vazio na avenida Paulista parecia o lugar ideal para realocar o MASP.

Como muitas passagens da vida de Lina, seus relatos sobre a mudança do MASP para a avenida Paulista e o processo do projeto e da construção, que foi longo e descontínuo, acabaram distorcidos por seu hábito de criar narrativas nem sempre precisas. No fim da vida, a arquiteta sugeriria ter sido ela quem teve a ideia de usar o terreno para a nova sede. Também afirmou que o museu não tinha dinheiro e que ela teve de traçar um plano para conseguir recursos públicos, com a ajuda do diretor-executivo do museu, Edmundo Monteiro, um dos mais leais entre os homens de Chateaubriand e diretor de seu conglomerado de mídia. "Pedi a Edmundo Monteiro que oferecesse ao prefeito Ademar de Barros o apoio dos Diários Associados para sua campanha para a presidência da República (23 jornais, rádios e televisões em todo o país), em troca da construção, pela prefeitura, de um museu que seria cedido ao Museu de Arte de São Paulo para abrigar a maior coleção de arte da América Latina."[29] E continuou: "O Edmundo gostou da ideia e pediu para eu fazer um croqui naquela mesma noite para irmos ver o prefeito no dia seguinte. Na verdade, eu já tinha pensado no projeto. [...] Fiz um desenho enorme, em cores, muito bonito, e fomos falar com o prefeito".[30]

Esse testemunho não corresponde à ordem nem, a rigor, aos fatos, que não aconteceram nessa velocidade nem da forma heroica como ela sugeriu. O hábito que Lina tinha de alterar detalhes e fatos em suas narrativas pessoais — como declarações públicas e notas biográficas — sugere um desejo não correspondido de reconhecimento que ela enfrentou até a velhice, ainda que, nesse caso, a história real não tirasse o mérito de seu projeto. Na verdade, a realidade permitiria compreender melhor as lutas e os obstáculos que Lina teve de superar para colocar de pé um projeto daquela complexidade — e, sobretudo, a coragem e a habilidade que teve, como mulher e como arquiteta, para concluí-lo.

De acordo com registros oficiais, ela de fato produziu uma série de desenhos técnicos, datados de julho de 1957, acompanhados do que descreveu como "a primeira maquete doméstica",[31] mas a ideia de que o projeto foi rabiscado da noite para o dia e imediatamente apresentado à prefeitura não parece plausível. Seu estudo preliminar incluía uma série de desenhos, fotocópias, fotografias, uma maquete, fotomontagens e aquarelas, que devem ter lhe custado algumas semanas de trabalho. Mais do que isso, os desenhos foram concluídos apenas três meses depois que Ademar de Barros começou a cumprir seu mandato de prefeito. Seria improvável que ele já estivesse envolvido em uma nova campanha eleitoral, como de fato estaria quando, segundo Lina, seu marido firmou com ele o acordo de construção do edifício, o que ocorreria apenas em 1960,[32] época em que ela estava fora de São Paulo, morando em Salvador.

Sua ideia inicial para o prédio do MASP era ocupar apenas o espaço sobre o terraço na avenida Paulista, preservando a vista do vale ao longo da avenida Nove de Julho, em direção ao centro. Ao que parece, o projeto partiu de uma estrutura alta e incomum, em forma de pirâmide, com quatro grandes colunas que se encontravam no vórtex do prédio. As quatro faces inclinadas daquele volume seriam fechadas com vidro e conteriam uma grande estrutura helicoidal, comparável ao do Museu Guggenheim, de Wright, que Lina visitara pouco antes em Nova York. Ela deixou apenas alguns esboços dessas ideias, feitos a caneta esferográfica nas folhas de um caderninho de papel-jornal. Alguns daqueles desenhos sugerem uma estrutura interna coberta de plantas, como jardins suspensos. Na lateral de um daqueles desenhos, ela escreveu que o edifício não deveria "dar a impressão de uma igreja, mas de uma estufa", ou, numa versão mais imaginativa, "uma montanha sob o sol tropical".[33] Lina logo abandonaria essa ideia, provavelmente porque a vista do vale ficaria bloqueada e — como no seu projeto para um museu à beira-mar — porque o ambiente verdejante e úmido que ela idealizava era incompatível com a função de conservação de um museu.

Além daqueles esboços iniciais atribuídos ao projeto do MASP, apenas seus desenhos técnicos e fotografias de maquetes, produzidos em julho de 1957, foram preservados, representando uma proposta que divergia daquela forma piramidal preliminar. Ela citou que recorreu ao estudo que fez para o museu de arte em São Vicente em 1951, revelando o parentesco evidente entre os dois projetos, além da relação indireta do MASP com o Crown Hall de Mies van der Rohe em Chicago. Ao transpor o esquema anterior para o novo local, transformou a série de cinco travessões que sustentavam o volume semitransparente do museu à beira-mar num partido estrutural com apenas dois pórticos longitudinais que sustentavam um bloco quase que completamente opaco. Seus desenhos preliminares continham elementos sólidos modulares e pré-fabricados cobertos com plantas, em vez do volume envidraçado que acabaria sendo erguido, uma década depois, por limitações técnicas.

Aquele esquema inicial sofreria muitas mudanças ao longo dos anos, mas ele estabelecera os princípios básicos da construção que seria por fim concluída para inauguração em 1968. O volume elevado, suspenso a oito metros do nível da avenida Paulista por uma grande estrutura, resolvia claramente o problema de como recriar o terraço do antigo belvedere. Além disso, a configuração do museu elevado em dois andares lembrava, grosso modo, a divisão do espaço do museu que já existia na rua Sete de Abril: o andar inferior abrigava os escritórios administrativos e as salas de aula dispostas ao longo das laterais do volume, iluminadas por duas grandes janelas, com uma sala expositiva interna ligada por rampas à pinacoteca no andar superior, ampla, de pé-direito alto e visualmente aberta para a cidade.

No fim da vida, Lina sintetizou uma cronologia manuscrita do projeto, intitulada apenas "1957 — Projeto do Museu", seguida por uma linha na qual se lê: "Afundamento Penteado, volta Sete de Abril"; mais abaixo, escreveu: "1960 — Pietro combina Ademar construção Museu Paulista, primeira pedra".[34] Lacônicas e modestas, essas notas pessoais parecem indicar uma versão mais provável do que teria acontecido com a ideia de criar o novo museu do que em suas declarações públicas. Ainda segundo ela, quando apresentou, cheia de entusiasmo, sua proposta preliminar para o marido, ele teve uma reação desanimadora. É possível imaginar sua decepção ao ouvi-lo dizer: "É um lindo sonho de mulher, mas o museu vai manter seu acordo com a Fundação Armando Alvares Penteado e transferir a coleção para o prédio deles na rua Alagoas".[35]

Outro detalhe que Lina nunca mencionou publicamente é que, na época desses primeiros estudos, o MASP passava por uma séria crise financeira e administrativa, com problemas internos e externos,[36] como o da interdição da volta da coleção ao Brasil. O presidente Kubitschek impusera uma condição para o empréstimo que mudaria o destino do museu para sempre: ele obrigou Chateaubriand a dissociar a coleção de sua empresa, os Diários Associados. Desse momento em diante o museu passou a se chamar, oficialmente, Associação Museu de Arte de São Paulo,[37] e Edmundo Monteiro assumiu a direção-geral, substituindo Chateaubriand, que passava a maior parte do tempo em Londres como embaixador do Brasil.

Ante essa crise, Bardi se convenceu de que a solução seria associar o museu a uma instituição de ensino, e procurou a mecenas Annie Penteado para propor uma fusão com a Faap, escola de belas-artes e centro cultural que ela vinha tentando erguer com o nome do falecido marido e parte da fortuna que ele deixara para esse fim.[38] As duas partes assinaram o acordo, e as coleções foram reunidas e expostas da mesma forma que Lina havia imaginado para o MASP original. No entanto, a união não durou muito. Sobre essa mudança, Pietro escreveu: "Nossas obras chegaram a ser colocadas para uma experiência nas salas da Fundação, porém a qualidade de algumas peças a serem incorporadas à coleção era questionável". E completou: "Perturbado pelas dúvidas, observei que assim não se poderia fazer o convênio e tomei uma decisão imediata: rocambolescamente, voltei com tudo para a rua Sete de Abril com aprovação do Edmundo".[39] Foi só depois desse episódio que o museu começou a negociar o terreno da avenida Paulista com o prefeito, mas eles teriam de esperar até 1960 para chegar a um acordo político.

Enquanto isso, sem espaço no museu do centro, Bardi organizou algumas exposições itinerantes do acervo, no Palácio das Laranjeiras e no Museu Nacional de Belas Artes, no Rio de Janeiro, com ajuda de Lina Bo Bardi. Itinerante como as obras do MASP, ela acabaria por se beneficiar dessa ampliação da esfera de influência do museu pelo Brasil, em especial em Salvador. Naquele momento, porém, sem outras incumbências profissionais, continuaria a pleitear uma vaga de professora na Universidade de São Paulo.

UM MANIFESTO SOLITÁRIO

Nos meses em que Lina Bo Bardi passara em trânsito entre os hemisférios Norte e Sul, ela completou o manuscrito de sua tese, que vinha preparando desde o final de 1956. Foi um período difícil em sua vida pessoal e profissional, com tensões aflorando no casamento e a incerteza sobre o futuro do museu que ela e Pietro haviam criado. Apesar de tudo, escrever foi uma excelente oportunidade para refletir e estabelecer uma perspectiva cultural própria. O período de inscrição no concurso da USP se encerraria em 1957, e ela queria publicar seu trabalho antes disso, porque um livro a ajudaria a demonstrar conhecimento na área e aumentaria suas possibilidades de aprovação. Mais do que um trabalho acadêmico, porém, o texto — com o título portentoso de *Contribuição propedêutica ao ensino da teoria da arquitetura* — era um ensaio baseado em sua experiência multifacetada, que articulava as aspirações a uma arquitetura ancorada no cotidiano.[40]

Rodolfo Klein, então dono da revista *Habitat*, concordou em publicar o manuscrito de Lina em um livro de formato simples e com noventa páginas, com várias ilustrações em preto e branco que ela garimpara em diferentes fontes. Ainda que sua narrativa não seja particularmente clara — e que ela mesma o tenha renegado depois, ao radicalizar sua visão política —, o livro permanece seu texto mais longo e robusto, e contém as sementes do trabalho que floresceria nas décadas seguintes. Lina incluiu nele informações que ilustram a complexa — e, muitas vezes, contraditória e idealista — tessitura do seu estilo de pensar e escrever. Outro mérito do livro é oferecer uma síntese significativa de sua visão humanista da arquitetura. O manifesto de Lina foi uma empreitada solitária na contramão da corrente hegemônica na arquitetura brasileira, e seu conteúdo continuaria em grande parte obscuro — a obra ficou à venda na livraria do MASP por mais de uma década depois de sua publicação,[41] mas não atraiu grande atenção dos arquitetos locais nem das bibliotecas universitárias. Ainda assim, ela conseguiu materializá-lo nos projetos que viria a realizar na maturidade.

O prefácio da publicação aponta suas afiliações intelectuais na época e as fontes teóricas dos experimentos que realizou durante a carreira. Lina antecipava o tom de suas propostas ao reunir duas premissas básicas sobre arquitetura: uma delas, cultural e geográfica, de que a arquitetura "é uma arte que deve levar em séria consideração a terra em que se realiza", e outra, antropológica — ainda que, de certa forma, etnocêntrica —, de que ela é "a projeção do homem civilizado no mundo".[42] O itinerário que propõe ao leitor — e, como consequência, aos alunos que esperava ter se fosse contratada como professora — era marcado pela importância do papel desempenhado pelo que entendia como a relação entre arquitetura e responsabilidade social e pela história. Ela não se referia ao sentido abstrato e cronológico dos fatos, mas à história como expressão da "vida concreta e fecunda".[43]

Contribuição propedêutica ao ensino da teoria da arquitetura lança um olhar crítico sobre a ênfase historicista da formação de Lina na Facoltà di Architettura, em Roma, e se baseia livremente em sua interpretação das reflexões do intelectual e poeta britânico Geoffrey Scott no livro *The Architecture of Humanism* [A arquitetura do humanismo], de 1914, que ela cita no começo.[44] Estava interessada em particular na ideia de Scott de que a conceituação da arquitetura não se separa da experiência viva. Como ele, aspirava rever abordagens distorcidas e dogmáticas da disciplina e de sua prática, injetando nelas, no contrassenso, "um sentido humanístico, ou seja, aquelas noções e razões que vivificam o espírito, acima dos idealismos formalísticos bem como dos positivismos ultrapassados e das interpretações materialístico-científicas". Ela propunha uma teoria — ao menos, em tese — que fosse, segundo seu livro, "destituída de entusiasmos utópicos, mas consciente das próprias responsabilidades".[45]

Mais do que formar críticos, Lina esperava ensinar os arquitetos a desenvolver uma consciência crítica.[46] Mesmo assim, escreveu seu manifesto com mais imaginação do que rigor acadêmico, com mais opinião pessoal do que distanciamento analítico. Com diversas citações que procuram mostrar erudição, qualidade que ela própria via com certo desdém, o livro se divide em dois capítulos complementares e igualmente longos: "Questões da teoria da arquitetura", uma miscelânea de referências contemporâneas e históricas organizadas em nove tópicos destinados a sustentar sua perspectiva humanista; e "Questões de método", que delineia, de forma menos rebuscada, seu programa pedagógico, voltado a formar arquitetos para a responsabilidade social, e não para o formalismo.

O capítulo teórico de abertura aborda, segundo Lina Bo Bardi, os "conceitos e significados da arquitetura" que o homem criou com seu esforço e "servindo-se dos meios que a própria natureza lhe oferecia".[47] Arquitetura, para ela, era mais do que uma expressão de gosto ou o invólucro do espaço vazio. Representava, como sua prática revelaria mais tarde, a crença na "rigorosa consideração do organismo apto à vida, embora sem renunciar à harmonia formal externa".[48] O texto também sublinha a relação da arquitetura com a natureza e com a ciência, em linha com seus contemporâneos italianos e alertando o leitor brasileiro de que "a ciência é o futuro do arquiteto, mas ele deverá ser também, e sobretudo, o projetista da casa do homem".[49] Com essas questões em mente, Lina sintetiza esse primeiro capítulo com uma ideia que se tornaria central na sua prática posterior, de que a arquitetura não deve ser considerada a expressão autocentrada do desejo de um indivíduo, e sim parte de um esforço coletivo.[50] Ao fazer essa ressalva, ela dá o tom da segunda parte do ensaio e da posição que desenvolveria mais tarde, de que não havia nada de sentimental, caprichoso ou lúdico em sua arquitetura. Optara pela objetividade e pela honestidade, ao menos em teoria.

O segundo capítulo é menos conceitual nas referências acadêmicas e mais prático nos seus objetivos, voltando-se ao programa do curso para a Universidade de São Paulo, que acabaria usando em outras ocasiões, por exemplo, nas palestras que faria, como professora convidada da Universidade Federal da Bahia (UFBA), um ano depois de publicar o livro. O capítulo se divide em uma introdução breve e em três seções mais longas, com ênfase crítica na teoria do espaço interior; na relação entre teoria, prática e edificação; e em objetivos e métodos pedagógicos. Em geral, ela defende a flexibilidade de pensamento e ação — uma atitude que continuaria a demonstrar em seu trabalho — como a resposta a critérios abstratos e posições dogmáticas. Em sua visão, o ensino da teoria tinha um propósito ético: os professores deveriam permitir que os alunos fossem movidos pela incerteza e ajudá-los a desenvolver um sentido de "responsabilidade moral e evitar o exibicionismo".[51]

No texto, ela apresenta uma alternativa à "Teoria do espaço interior" proposta por seu amigo Bruno Zevi, com quem trocara, pouco antes, uma série de cartas, criticando seu livro *Saber ver a arquitetura*, publicado em 1948 como *Saper Vedere l'Architettura* e bem conhecido dos professores da USP. A abordagem de Lina ao espaço era antropológica e humanista — até mesmo fenomenológica —, e não física ou geométrica, sendo essa uma de suas principais contribuições à teoria e à prática da arquitetura. Ela reiterava que a conceitualização da arquitetura deveria "considerar a circunstância habitacional, ou seja, no fato de ser o homem o constante protagonista 'físico' do que denominamos 'aventura arquitetônica'". Insistia que aquela definição não deveria depender de escala ou da importância canônica dos edifícios — ideias presentes em sua formação em Roma, e que ela via emergir na arquitetura moderna brasileira —, mas, em vez disso, de um "fator humano".[52] Na época, esses comentários devem ter reverberado pouco no debate brasileiro sobre arquitetura, em especial tendo no horizonte a construção da monumental Brasília.

Em vários projetos que realizaria anos mais tarde, Lina conseguiria concretizar sua ideia de arquitetura como "uma verdadeira e contínua aventura humana",[53] e não uma construção abstrata teórica, literária ou estética. Para ela, ao menos em tese, o ato de construir, e não o hábito formalista dos arquitetos, seria "a síntese mais expressiva das capacidades de um povo e o elemento mais significativo para [aferir] o grau de sua civilidade e do seu espírito", traduzido na expressão: "O arquiteto é somente um pedreiro que sabe latim".[54] A formação profissional, acreditava ela, não deveria "ignorar os problemas da vida", porque — como dizia nos artigos sobre arquitetura vernacular que publicara na *Habitat* — "o homem solitário que procura resolver seu cotidiano problema de existência realiza, ele também, obra de filosofia e de crítica".[55]

Contribuição propedêutica ao ensino da teoria da arquitetura termina com as considerações de Lina Bo Bardi sobre seus métodos de ensino e seu programa de teoria da arquitetura. O texto elogia sua formação em Roma, mas também aponta suas limitações. Insiste que a arquitetura deve visar ao benefício de todos, e repete que os arquitetos precisam "permanecer em contato com a vida em seu sentido mais comum".[56] "O homem está destinado a morar", reitera.[57] Ela temia que a arquitetura moderna tivesse entrado em um beco sem saída ao se tornar dogmática e formalista, uma visão que sempre diferenciou Lina de seus pares, contribuindo para o longo ostracismo a que foi relegada por muitos de seus proeminentes colegas brasileiros. O texto insiste ainda mais uma vez que os arquitetos deveriam entender seu papel como "mediadores da forma de morar do homem", e as escolas e os professores deveriam estimular nos alunos um sentido de "responsabilidade moral".[58]

Além de teoria e métodos, seu ensaio também dedica atenção especial ao desenho, que era o meio de comunicação pessoal e profissional mais prolífico de Lina e, em sua opinião, um dos aspectos mais importantes na formação de um arquiteto. "A arquitetura, como arte do Desenho, nasce e vive dele", declara, citando o "sentido que lhe era dado na Renascença, ou seja, o sentido matemático",[59] aquele da geometria descritiva. Insistia que o desenho arquitetônico não deve ser confundido com uma representação espetacular, uma "visão falseada da realidade".[60] Em lugar disso, recomendava vivamente que os alunos aprendessem desenho à mão livre, "com traço limpo e seco, analítico, próprio do arquiteto". Lina não poupou crítica — como fez a vida inteira — ao dizer que "a maioria dos estudantes desenha aos 'fiapos'",[61] referindo às suas linhas hesitantes. Sublinhava a importância de que o desenho fosse de "uma absoluta modéstia [...], aquilo que o arquiteto Giuseppe Pagano definia, no Politecnico de Milão, como 'desenhar com a mão esquerda'",[62] o que, inconsciente de preconceitos potenciais, significava se sentir à vontade com o meio. "A ética profissional começa pela modéstia artística", escreveu, acreditando que desenhar dessa maneira e desenvolver o hábito crítico da dúvida eram os antídotos para a crise da arquitetura moderna.[63]

Em seu livro, Lina propôs liberar a formação em arquitetura de dicotomias entre teoria e prática, arquitetura e construção, edificação e design de interiores. Também tentava incentivar uma nova compreensão da história, que fosse além da divisão entre presente e passado — um tópico ao qual retornaria muitas vezes nas décadas seguintes, ao interpretar o presente dentro de um processo histórico; não como uma forma de concessão, mas como uma análise crítica para evitar devaneios formais.[64] Com otimismo, ela concluiu o texto sugerindo que o Brasil oferecia aos arquitetos oportunidades sem igual para serem criadores de cultura. Acreditava, como tentaria provar repetidas vezes nos projetos da maturidade, que a identidade nacional de um país era a verdadeira base para uma nova cultura, próxima dos aspectos comuns da vida local e cotidiana e afastada do "cosmopolitanismo vago e abstrato".[65] Mais do que uma ferramenta projetual, Lina Bo Bardi via a teoria como o conhecimento necessário para estabelecer um método de projeto e para tomar decisões fundamentadas, éticas e coerentes com a história.

Vários meses de viagens, leituras e anotações haviam levado a um prolífico resultado. Ela produziu um texto que acreditava ser um trunfo em sua candidatura à vaga na Universidade de São Paulo, esperando que seus valores estivessem afinados com a reforma pedagógica que Vilanova Artigas promovia. Apesar de não ter nenhuma experiência prévia no ensino de teoria arquitetônica, Lina esperava que o emprego lhe desse a oportunidade de difundir novas ideias sobre arquitetura entre uma geração mais jovem, em formação. Acima de tudo, poderia enfim declarar sua independência e tentar — depois de dez anos no Brasil, trabalhando à sombra do marido — deixar a margem do mundo profissional brasileiro, caracteristicamente masculino, e por fim adentrá-lo, como mulher e estrangeira, e agregar-se a ele, usando seus próprios termos. Logo, porém, perceberia que sua sorte seria uma viagem solitária.

Lina entregou sua inscrição no dia 20 de setembro de 1957.[66] Ela continuava a ir ao escritório do MASP, mas não voltava à faculdade de arquitetura havia mais de um ano, depois de suas primeiras experiências de ensino. Temia que a candidatura não fosse bem recebida por alguns membros da coordenação, que a viam — segundo acreditava — como uma pessoa difícil.[67] Ainda assim, entregou a carta de apresentação,[68] seu ensaio, duas páginas com sugestões de ementa e bibliografia para um curso, seu registro profissional de arquiteta, um diploma da Ordem Regional dos Arquitetos da Lombardia, confirmando que tinha sido registrada como arquiteta na Itália entre 1943 e 1950, e alguns documentos pessoais, como cartas de recomendação dos respeitáveis arquitetos italianos Gio Ponti, Bruno Zevi e Marco Zanuso.[69]

Apesar da documentação farta, ela não tinha o seu diploma da Regia Scuola di Architettura em Roma, que dizia ter perdido no bombardeio que destruiu o escritório que dividia com Carlo Pagani em Milão durante a Segunda Guerra. Dois dias depois de fazer a inscrição, de acordo com a documentação arquivada na USP, ela recebeu uma carta do diretor da faculdade de arquitetura lhe dando "três dias adicionais para completar a documentação (prova de diploma registrado)".[70] Tomou esse entrave burocrático como um ataque pessoal, um sinal de resistência política à sua candidatura, tendo aquela mensagem marcado o início de uma longa batalha, que envolveu advogados, um mandado de segurança, a administração da universidade, acadêmicos italianos e até um juiz federal brasileiro que Assis Chateaubriand arregimentou para ajudar.[71]

Mesmo depois de ter obtido, segundo documentação da universidade, permissão para se candidatar ao emprego "*sub conditione*, em cumprimento ao respeitável despacho do M. Juiz [...] no mandado de segurança impetrado pela candidata",[72] a banca examinadora para a vaga foi suspensa, sem data certa de realização, até meados de 1958. Nesse meio-tempo, Zevi contatou o diretor da faculdade de arquitetura em Veneza, Alberto Samonà, para pedir ajuda com a questão do certificado profissional, ao qual Lina se submetera naquela escola em 1940.[73] Eles não conseguiram uma cópia do diploma, mas Zevi a informou que "Samonà está pronto para fazer qualquer declaração adicional que possa ser útil".[74]

Ao que parece, Lina não contatou Samonà ou os cartórios italianos, nem deu seguimento à conversa com Zevi. A solução veio do próprio departamento jurídico da USP, que ofereceu uma saída para o dilema no dia 22 de agosto de 1958, ao declarar que, "do ponto de vista estritamente jurídico, nada consta para que seja dada tramitação ao concurso '*sub visu*'".[75] Contudo, logo depois, o secretário-geral da universidade mandou uma carta ao diretor da Faculdade de Arquitetura comunicando que "o Conselho Universitário, em sessão de 8 de setembro de 1958, deliberou adiar, para o princípio do ano letivo de 1959, o Concurso para provimento da Cadeira de 'Teoria da Arquitetura' dessa Faculdade, tendo em vista o agravo de petição interposto pela candidata Prof. Aquilina [sic] Bo Bardi".[76]

A decisão da universidade foi incluída entre os registros da inscrição de Lina no dia 9 de setembro de 1958, sem qualquer outro documento. Depois dessa data, só falas e boatos preencheram a história, mas mesmo esses se dissiparam. O fato é que, sem que qualquer outra explicação fosse dada, o exame nunca aconteceu. Lina alegava que a administração da faculdade não fizera nenhum esforço para ajudá-la a conseguir a vaga porque achavam que ela era encrenqueira.[77] Mas ainda que essa hipótese não seja de todo infundada, também é provável que ela tenha decidido abandonar o processo seletivo por outras possibilidades que emergiam, como fizera antes ao desfazer a parceria com Zevi e Pagani e deixar Milão, e voltara a fazer quando decidiu sair da Itália para viajar ao Brasil. O desencadeamento dramático das circunstâncias do processo de inscrição pode ter estado mais relacionado à forma como ela construía suas próprias narrativas pessoais do que ao que os fatos sugerem.

Durante aquele período, antes de a universidade tomar sua decisão final, Lina havia viajado a Salvador, em abril de 1958, para apresentar três palestras consecutivas sobre teoria da arquitetura na UFBA.[78] Ela precisava comprovar experiência pedagógica no campo em que pleiteava lecionar em São Paulo, já que, até ali, sua curta experiência de ensino se limitara ao desenho de mobiliário e interiores. Com a ajuda de Bardi e de Edmundo Monteiro, encontrou, na hora certa, as pessoas que podiam ajudá-la. Odorico Tavares, o influente diretor dos Diários Associados de Chateaubriand em Salvador — e um ávido colecionador local de arte — e o arquiteto Diógenes Rebouças, que ensinava teoria da arquitetura na universidade, organizaram as palestras para ela.[79]

Instigantes, suas apresentações aconteceram no pequeno auditório da Escola de Arquitetura e atraíram a curiosidade de alunos e professores, que lotaram o espaço e foram cativados por suas ideias, ainda que ela evitasse qualquer ponto consensual.[80] Eles vinham para ouvir uma síntese do recém-publicado *Contribuição propedêutica ao ensino da teoria da arquitetura* e suas opiniões sobre Antoni Gaudí, Frank Lloyd Wright, Bruno Zevi, teorias do espaço e a relação entre natureza e arquitetura.[81] Pela primeira vez, ela começava a articular publicamente sua própria voz. E ficou inebriada com a recepção que recebeu, como nunca tivera em São Paulo e tampouco, a bem da verdade, na vida.

Além disso, Lina andava animada porque, alguns meses antes, começara a projetar uma casa para seus amigos Valéria Piacentini Cirell e Renato Cirell Czerna, a ser construída a poucas quadras da Casa de Vidro, no bairro paulistano do Morumbi. O casal lhe dera carta branca para pôr à prova suas ideias sobre simplicidade e naturalismo que extraíra de sua observação de longa data de casas rurais e autoconstruídas. Esse projeto e suas palestras em Salvador prenunciavam mudanças significativas que aconteceriam nos anos seguintes e que teriam um efeito duradouro em sua carreira. Ela aspirava, como dizia nas palestras, a encarnar o "intelectual e arquiteto que supera o espírito matemático abstrato, pertencente ao simples especialista, e que estará preparado para começar o novo humanismo",[82] mesmo que, para isso, bastasse uma encomenda residencial de pequeno porte.

Com o sucesso de suas palestras, e sabendo que precisava ampliar sua prática de ensino se quisesse passar no exame da Universidade de São Paulo, Diógenes Rebouças, o professor que a hospedava em Salvador, convidou-a para substituí-lo na cadeira de teoria da arquitetura no semestre seguinte. Arquiteto ativo na Bahia, preferia ensinar projeto, e viu ali uma oportunidade rara para ambos: ele conseguiria uma licença, e ela, a experiência de que necessitava para sua candidatura. Lina aceitou com grande entusiasmo sua oferta de voltar a Salvador alguns meses depois, sem prever que, mais tarde, passaria a viver ali uma profunda mudança.

Em geral, o fim dos anos 1950 foi um período de novas oportunidades e de reavaliação para Lina, que se provaria particularmente desafiante e promissor. Salvador estava próxima das realidades culturais sobre as quais ela vinha escrevendo, enquanto a maior parte de suas experiências recentes em São Paulo parecia conspirar contra suas ideias. Suas perspectivas profissionais como professora da Universidade de São Paulo eram vagas àquela altura, e seu trabalho no MASP se tornara periférico sem a revista, os cursos e as exposições temporárias que costumava coordenar. Para agravar a situação, sua relação com Pietro passava por uma crise. Ela nutria grande admiração e afeto por ele, mas, desde sua primeira travessia oceânica rumo ao Brasil, sabia que buscava uma relação pessoal e de lealdade intelectual, mas não uma paixão física. Estava consciente de que não havia sido a primeira mulher na vida dele e, a essa altura, já havia feito a penosa descoberta de que tampouco seria a última. Sentia-se ferida, zangada e sem esperanças, incapaz de processar o profundo pesar de sua perda e de sua solidão.[83] Como em Roma no fim da guerra, ela se aproximava de uma encruzilhada. E, de novo, essa encruzilhada a convidava a sair da sombra de sua experiência na Itália — da sombra do marido, inclusive — e entrar em seus próprios domínios, erguidos de maneira frágil sobre palafitas, como as casas rurais que ela idealizava serem seguras e autênticas, mas nas quais nunca encontraria um abrigo de verdade.

Ninguém nunca saberá quais teriam sido os desdobramentos se Lina Bo Bardi tivesse esperado pelo início de 1959, a data que a USP por fim fixara para sua arguição, potencialmente dando-lhe a oportunidade de ser a primeira mulher a conquistar o status de professora catedrática na FAU. Mas, antes que o secretário-geral oferecesse um veredito, ela já estava de volta a Salvador, dando, no dia 11 de agosto de 1958, sua primeira aula na UFBA. É possível que ela tenha sido dispensada com discrição pela Universidade de São Paulo,[84] mas é possível, também, que tenha desistido de concorrer. Ou mesmo que, dessa vez, os fatos tenham sido como ela rememorou: "Eu fui professora e eles me jogaram fora, não me quiseram".[85] Apesar disso, ela floresceu. Fossem quais fossem as razões que a impediram de se ligar à USP, Lina sentia, como declarou, olhando em retrospecto, alguns meses antes de falecer, que "foi muito bom para mim, eu teria me dedicado e não teria ido ao Nordeste; não teria feito muita coisa".[86] Assim, assumindo sua independência e lutando com sua solidão, ela seguiu em frente e desenvolveu projetos para tentar criar uma realidade à qual pudesse, afinal, pertencer.

7. Uma odisseia romântica e revolucionária

À BEIRA DA MODERNIDADE

Quando Lina Bo Bardi começou a frequentar Salvador, em 1958, não estava ainda de todo inteirada das mudanças que a cidade atravessava, e não podia imaginar os efeitos que o contato prolongado com ela teria em sua vida. A capital baiana fazia uma tentativa tardia de embarcar no processo de industrialização nacional, impulsionado pela exploração de poços de petróleo que haviam sido descobertos no fim dos anos 1930 no Recôncavo Baiano. A chegada da Petrobras trouxe à região um crescimento econômico e de investimentos sem precedentes. Os salários subiram, inflando a classe média, e a ampliação da infraestrutura deu grande impulso à construção civil e à expansão urbana. Na esteira dos serviços, do turismo e da indústria, veio a modernização cultural e institucional, além da ampliação da Universidade Federal da Bahia, fundada em 1946.

Enquanto isso, para além da costa verdejante, paisagens rurais semiáridas adquiriam um tom ocre, esturricando sob o vasto azul pontuado por um sol escaldante. Plantações secavam, poços de água viravam lama, o gado morria e as famílias, muito numerosas, passavam fome. O vento quente, soturno, e o poder implacável dos latifundiários locais forçavam uma enorme população de despossuídos e analfabetos a errar de vila em vila, apavorados pelas histórias de saques e de brutalidade que ouviam ao longo do caminho. Enquanto a indústria do petróleo vicejava no litoral, o desemprego e os despejos no campo criavam um forte movimento de êxodo rural, obrigando camponeses sem qualificação a migrar de suas casas para áreas urbanas, como Salvador, em busca de subempregos residenciais ou nos serviços.[1] Milhares de pessoas sem recursos fugiam da seca crônica que afetava o sertão da Bahia e de todo o Nordeste. Viajavam dias e dias em bancos de madeira improvisados, na carroceria de caminhões apinhados, por estradas de terra esburacadas, aos solavancos, agarrando-se a seus assentos, seus parcos pertences e seus sonhos fugidios. Enquanto isso, artistas e intelectuais do país inteiro investiam a região de um significado cultural particular, ao projetar nela suas aspirações de transformação nacional, enraizados em valores populares e na tragédia do sertão. Lina logo se juntaria a eles nesse esforço.

Diferentemente das pessoas comuns que tanto idealizava, porém, ela chegou a Salvador de avião, com todo o conforto. As viagens aéreas, artigo de luxo no Brasil do fim dos anos 1950, eram um dos símbolos do governo populista e modernizador de Juscelino Kubitschek, que alegava ter saído ao resgate da região Nordeste, deixando como seu legado a criação de projetos como a Superintendência de Desenvolvimento do Nordeste (Sudene). Depois de deixar São Paulo e vencer os quase 2 mil quilômetros do trajeto, o avião de Lina sobrevoou o velho farol na ponta da península que separa a baía do oceano Atlântico. Salvador se revelou como que emergindo da água, uma paisagem vincada por colinas cobertas de vegetação exuberante, edifícios coloniais marcados pelo tempo, novos arranha-céus, favelas em expansão e ruas íngremes e tortuosas. O avião por fim pousou no pequeno aeroporto, situado ao norte dos limites da cidade, em um campo aberto. Lina entrava em uma fase da vida em que se tornaria mais potente e autônoma, ainda que trilhando um caminho às vezes tão irregular quanto a paisagem que vira lá de cima.

A cidade aonde chegava se situava entre o mar e o interior rural, entre o desejo de se modernizar e uma tradição profundamente arraigada e arcaica. Mais do que qualquer outra cidade do Nordeste, Salvador tinha um caráter fortemente histórico e complexo. Nela, Lina conheceria uma cultura cotidiana carregada de um passado dormente de joias arquitetônicas barrocas e de traços africanos profundos e muito vivos. Mais precisamente, ela não chegou a Salvador de uma só vez, mas aos poucos, em quatro visitas diferentes feitas ao longo de um período de um ano e meio. Depois disso, acabou tendo uma longa permanência até 1964. Naqueles anos, descobriu um terceiro país — outro território dentro do Brasil — desde que deixou a Itália.

Em Salvador, ela encontraria vitalidade e liberdade em uma espécie de exílio doméstico que lhe deu a oportunidade de renegociar suas identidades, tanto a cultural quanto a pessoal, além de afiar sua visão crítica do desenho industrial e seus compromissos intelectuais e políticos como arquiteta, sobretudo como arquiteta brasileira. Com a vida acadêmica e profissional em compasso de espera, e ressentindo as infidelidades de Pietro, seu futuro — fosse em Salvador ou em São Paulo — não era claro. No início, não tinha planos de ficar a longo prazo, mas eis que, aos quarenta e tantos anos, logo descobriu um tipo de independência que não tivera a oportunidade de exercitar por completo desde que vivera em Milão, mais de dez anos antes. Além disso, em Salvador, envolveu-se de perto com algo que procurava, mas não conseguira encontrar em São Paulo: uma comunicação de mão dupla entre vanguarda e cultura popular.

Antes de ter ido lecionar em Salvador, Lina já havia feito uma primeira e curta visita à cidade, organizada por Odorico Tavares,[2] jornalista e mecenas poderoso que dirigia a filial local dos Diários Associados. Os motivos daquela viagem, em fevereiro de 1958, não são totalmente claros. É provável que ela tenha ido como enviada de Chateaubriand, que, interessado na cena cultural e econômica da cidade, que se renovava, planejava com Tavares a criação de um museu de arte.[3] Tavares foi um dos promotores pioneiros do modesto círculo modernista da cidade, e era também muito bem relacionado na política, com acesso direto ao reitor da universidade e ao gabinete do governador. Ele controlava o grosso da produção artística de Salvador e de sua difusão, e era um colecionador ávido, ainda que insistisse em valorizar o lado folclórico da cultura local. Ele também abrira o primeiro espaço de arte na cidade, a Galeria Oxumaré, que funcionou por muitos anos no prédio dos Diários Associados, como tinha acontecido com o MASP, em São Paulo. Tavares recebera Lina bem em Salvador porque, com o envolvimento dela com o museu, a arquiteta poderia ser uma conexão vital com o mundo das artes de São Paulo. A confiança que ela depositou nele naquela acolhida, contudo, seria, ao mesmo tempo, uma bênção e, como veio a descobrir mais tarde, uma maldição.

Investida de uma função de prospecção como representante de instituições cosmopolitas, Lina Bo Bardi chegou a um ambiente cultural patriarcal e politicamente provinciano. Mesmo assim, colheu benefícios pessoais na missão, conhecendo artistas e até mesmo novos clientes, um político local e sua esposa, para os quais projetou uma casa no bairro do Chame-Chame. Foi a partir daquele primeiro encontro que recebeu um convite para voltar temporariamente, em abril de 1958, para dar palestras e, alguns meses depois, em agosto, para passar um período mais longo, lecionando na UFBA e editando uma página dominical com crônicas sobre arte no jornal *Diário de Notícias*, controlado por Tavares. Nessa terceira temporada, ela firmaria parcerias novas e importantes fora do meio arquitetônico da cidade, em especial com o artista e professor de arte Mario Cravo Jr. e com o diretor da Escola de Teatro, o diretor Eros Martim Gonçalves.

Essa experiência breve, mas produtiva, a incentivou a voltar, pela quarta vez, em 1959, pouco depois da eleição de um novo governador, Juracy Magalhães, que era firme aliado do projeto desenvolvimentista do governo federal e decidira patrocinar a criação do museu de arte sonhado por Tavares e Chateaubriand. Nesse meio-tempo, Lina ajudou Gonçalves a organizar, para a Bienal de Arte de São Paulo de 1959, uma exposição sobre a Bahia que foi o trampolim para sua contratação como diretora do novo museu, a ser instalado no Campo Grande, perto da Federal da Bahia. A partir daí e por alguns anos, ela seria presença constante em Salvador.

Lina se lembrava dessa última e mais longa temporada, de 1959 a 1964, como sua experiência mais notável e definitiva na região. "Cinco anos entre os brancos", como a chamaria em um artigo escrito alguns anos mais tarde.[4] Ao todo, Lina passaria quase seis anos e meio em Salvador, na ponte aérea com São Paulo, onde a construção do novo prédio que projetara para o MASP continuava pendente. Também ia e vinha, na Bahia, entre as correntes econômicas e políticas dominantes e as contracorrentes culturais progressistas. Além de dar aulas e palestras, ajudou a organizar programas culturais, publicou artigos e editoriais, ajudou a criar o Museu de Arte Moderna da Bahia, dirigindo seu programa pedagógico e de exposições, projetou cenários, uma casa e até um mausoléu na ilha privada da família Odebrecht, bem como reformou um conjunto histórico na esperança de instalar nele uma escola popular de desenho industrial. Foi sobretudo exercendo o papel de diretora — aliás, nada convencional — do museu, mais do que como professora ou profissional da arquitetura, que Lina ampliou e amadureceu nesse período sua perspectiva como arquiteta. Ao afirmar sua independência, transformou-se de Signora Bardi em d. Lina, como ficou conhecida em Salvador por uma geração mais jovem de artistas e intelectuais de vanguarda.

Mais do que provocar nela um processo radical de transformação intelectual e de comportamento, a temporada em Salvador e suas incursões físicas e intelectuais pelo Nordeste despertaram interesses que estavam latentes, permitindo que ela vivesse por fim de acordo com aquilo que, de fato, lhe importava. Em sua nova cidade, ela pôde se destacar, ser autônoma e se integrar a um ambiente cultural boêmio, muito mais parecido com o que vivera antes de se casar com Bardi do que com a vida que tinha nos círculos sociais abastados de São Paulo. Na maturidade, Lina ajudaria a colorir sua experiência em Salvador e no Nordeste com narrativas heroicas, nas quais aparece, ao chegar à cidade, como uma agente de modernização cultural e depois, ao deixá-la em definitivo — em agosto de 1964, alguns meses depois do golpe militar —, como vítima de perseguição política. Até certo ponto adequada, essa versão épica, contudo, acabou por impedir que se entendesse e se apreciasse por completo os aspectos complexos, ambíguos e intrigantes de sua participação na vida social e cultural local, suas parcerias, as mudanças pessoais que sofreu e, não menos, suas lutas e seus dilemas.

Não era só Lina que estava redefinindo sua identidade pessoal e profissional entre o fim dos anos 1950 e o começo dos anos 1960; Salvador e a Bahia também se reorganizavam. No período em que viveu lá, o Nordeste inteiro lutava contra uma estagnação econômica crônica, e a região seguiria sendo uma referência simbólica e geográfica vital para ela pelo resto da vida. O estado da Bahia, como outros da costa nordestina do Brasil — e como o Sul da Itália de Lina —, ainda era majoritariamente rural e pobre. Até ali, a monocultura agrícola dominara a economia da região. O poder político se concentrava nas mãos de fazendeiros autoritários, tanto nas capitais quanto nos latifúndios do sertão. Nessa situação, mantinha-se ferozmente no comando um sistema político oligárquico e patriarcal de homens brancos, que sobrevive ainda no século XXI, trocando favorecimento — como Lina perceberia e tentaria evitar — por submissão e lealdade.

Nesse contexto arcaico, as imagens de pobreza e autenticidade da região passaram a servir de plataforma de lançamento de um programa nacional de socialização da cultura baseado em práticas e artefatos populares e da vida cotidiana.[5] Em um misto de voluntarismo social e cultural e de ativismo político de base, seus promotores, artistas e intelectuais frequentemente simpáticos ou afiliados ao Partido Comunista Brasileiro, reivindicavam o papel de porta-vozes das massas despossuídas.[6] Ao transformar a imagem do povo em protagonista da identidade nacional, entre os anos 1950 e 1960, eles criaram um desvio cultural em relação à norma, ao mesmo tempo que definiram as regras desse desvio cultural.[7] A invenção de um Nordeste mitológico, popular, e a reinvenção da vida cultural da Bahia se apresentavam como cruzadas culturais diferentes do que Lina vira ao chegar ao Brasil; nelas, em vez de aspirações cosmopolitas, eram autonomia e ideias nacional-populares que ocupavam a linha de frente. Ao desenvolver uma grande afinidade com essas correntes culturais, ela encontrou uma tela para projetar sua ideia de que "um país cuja base é a cultura do povo é um país de grandes possibilidades".[8]

Em sua campanha por uma identidade nacional baseada nos imaginários populares, aqueles artistas e intelectuais brasileiros atribuíram a si mesmos o propósito de adotar uma estratégia política e crítica fervorosa (porque revolucionária) e idiossincrática (porque romântica).[9] Seus esforços, que iam do ensino universitário à literatura e do teatro ao cinema, seriam neutralizados aos poucos, sobretudo depois do golpe de 1964 e durante o regime autoritário, entre os anos 1970 e meados dos anos 1980, período em que Lina entrou numa fase prolífica e produtiva como arquiteta de edifícios, mas também de desencanto profundo. Ainda assim, a luta por uma cultura nacional e popular deixaria uma marca consistente, significativa e duradoura em sua carreira. Sua experiência em Salvador reacendeu a energia de sua juventude na Itália, principalmente no fim da Segunda Guerra Mundial; dessa vez, porém, as vulnerabilidades de sua solidão foram ofuscadas pelo poder que a independência lhe dava. Achillina, que na primeira década que passou no Brasil lutara impulsivamente por suas crenças, embarcaria, tal qual seu homônimo Aquiles, de Homero, na jornada épica de tentar usar seus múltiplos talentos para realizar seu desejo de mudanças e encontrar, quiçá, um lugar no mundo.

UMA CAPITAL IMPROVÁVEL DA VANGUARDA BRASILEIRA

Salvador se mostrou um lugar surpreendente e auspicioso para as aspirações pessoais e culturais de Lina Bo Bardi, depois de uma década em São Paulo. Se, ao chegar da Itália em 1946, seu navio tivesse parado na capital baiana, e não no Recife, ela teria conhecido uma Salvador diferente. Em 1958, com pouco mais de

600 mil habitantes, a cidade era a quinta maior do Brasil e passava por transformações contraditórias. As igrejas barrocas ornamentadas e os prédios administrativos do centro histórico, além da extensa fila de casas erguidas entre o porto e os morros com vista para a baía — que Lina viu em seu primeiro encontro com a cidade —, estavam caindo aos pedaços. Essas construções deterioradas nos morros a lembravam da Roma de sua infância. Até ali, Salvador era um lugar atrasado e modorrento, com fama de "cidade de uma rua só".[10]

Enquanto o núcleo urbano sinuoso em torno do bairro central e histórico do Pelourinho emanava uma vibração espontânea e popular, a rua Chile era o cenário das elites. O trecho entre as praças Castro Alves e Tomé de Souza, popularmente conhecida como praça Municipal, abrigava a principal região de comércio, com lojas como a Casa América e uma filial da elegante Casa Sloper paulistana. Consumidores de ar urbano namoravam as vitrines, e políticos e acadêmicos conversavam na porta da livraria Civilização Brasileira. Como ar-condicionado era raro e os telefones ainda funcionavam mal, os homens de negócios faziam reuniões nas esquinas, à sombra de árvores, e não em seus escritórios sem ventilação.[11] Com novos desdobramentos, os sinais do surto de crescimento da economia e do consumo se expandiam além dessa pequena área, ainda que continuassem inacessíveis para a maioria da população da cidade.

À medida que a indústria petrolífera revitalizava a cidade, as duas praças localizadas nas extremidades da rua Chile foram tomadas por carros importados, pontos de ônibus (a cidade ainda não tinha estação rodoviária) e postos de gasolina, que competiam com os pedestres e os antigos trilhos de bonde por espaço e vagas. Grandes anúncios, alguns deles luminosos, tomaram o lugar de monumentos históricos e naturais, como o Palácio Rio Branco, a estátua do poeta Castro Alves e até mesmo a vista extraordinária da baía, alardeando novidades em produtos industrializados de marcas brasileiras e estrangeiras: pneus da Firestone e da Goodyear, para ajudar os carros movidos pelo produto das refinarias da Petrobras a andarem mais rápido; charutos Suerdieck e Coca-Cola para estimular o cérebro e o palato cosmopolitas; e a Cafiaspirina da Bayer, para aliviar os efeitos do estresse urbano.

Em Salvador e na Bahia, a busca pela modernização cultural não foi, como Lina pode ter acreditado no início, privilégio de gente progressista. Mais do que isso, como ela acabou percebendo, foi a estratégia adotada tanto pelas novas lideranças quanto pelas velhas oligarquias rurais para controlar o processo de industrialização e de urbanização, conduzindo a região da forma mais conveniente e, ao mesmo tempo, tentando preservar a estrutura administrativa que já existia.[12] Setores progressistas e conservadores das elites locais entraram em acordo sobre a necessidade de negociar prioridades e arrecadar fundos para sustentar seus próprios interesses. Como resultado, o processo de modernização econômica que promoveram permitiu o surgimento de classes médias e trabalhadoras urbanas, mas manteve quase intactas a maior parte das estruturas políticas oligárquicas e patriarcais, além da polarização urbana e social.[13]

Essa segregação provavelmente ficou mais clara para Lina quando ela fez do Hotel da Bahia, que era moderno e caro, sua casa, na elegante praça do Campo Grande. A praça era o marco da transição de um território efervescente, que se estendia para o sul, ao longo do espinhaço da avenida Sete de Setembro — por sua vez, parte de uma primeira tentativa de modernizar a cidade, na virada para o século XX, com a abertura de novos loteamentos. A avenida atravessava bairros ricos, indo do sul do centro histórico até a ponta da península. Também concentrava prédios dos governos municipal e estadual, como o palácio do governador, e várias faculdades da UFBA, bem como serviços especializados, lojas e instituições culturais;[14] além dessa área, a maior parte da estrutura urbana continuava subdesenvolvida, quando não em condições precárias.

Em torno desse território animado e da orla ensolarada de Salvador, havia bairros e chácaras pobres, ligados ao centro por ruas sem calçamento, que ficavam intransitáveis na época de chuva. Nesses núcleos, a vida urbana continuava negligenciada e popular. Nas ruas mais pobres, as pessoas conversavam na calçada, havia moradores de rua zanzando e crianças passavam descalças, às vezes carregando uma bola ou uma gaiola com um pássaro. Para tornar o contraste ainda pior, as secas contínuas que devastavam áreas já miseráveis do sertão intensificavam o afluxo de migrantes. Grandes favelas começaram a crescer na direção norte, em torno da baía, enquanto os recursos e as inovações continuavam concentradas ao sul do centro da cidade.[15] Os problemas de saneamento, moradia e saúde pública eram galopantes.[16] Mesmo assim, Lina desenvolveu uma enorme afeição pela cidade, que devia se parecer com a Roma de sua infância: cheia de edifícios ornamentados e cobertos de musgo, ruínas, demolições, novas construções, bairros populares, tudo controlado por uma elite pequena, impenetrável e provinciana. Ela logo descreveu Salvador como uma "síntese do barroco português, do misticismo erótico da África e da tragédia despojada dos sertões".[17] No entanto, no lugar da vida social mofada de Roma, que ela comparava a São Paulo, reencontrou ali o vigor que conhecera no Rio de Janeiro e em Milão.

Mais uma vez, Lina se veria enfronhada em guerras culturais e batalhas pessoais, mas agora já não estava à sombra do marido, e sim pronta para assumir ela mesma um papel de liderança, de início orbitando em torno da Universidade da Federal Bahia e, mais tarde, à frente do Museu de Arte Moderna da Bahia (MAM-BA), na praça do Campo Grande. Diferentemente do centro histórico da cidade, a praça pertencia ao território simbólico da modernidade, para o qual convergiam pessoas e instituições culturais influentes. A maior parte dos lugares que Lina frequentou em seus muitos anos de Salvador, além do museu e da universidade, ficavam ao redor da praça, a uma caminhada curta do hotel. O curso de arquitetura no qual palestrou, e que ainda pertencia à Escola de Belas-Artes, na rua Araújo Pinho, era quase vizinho de porta da Escola de Teatro, na face sul do Campo Grande. Os Diários Associados tinham sua redação no Passeio Público, ali ao lado. O palácio do governador, para onde ela às vezes corria em busca de apoio, também ficava perto da praça. Acima de tudo, o Campo Grande era seu endereço pessoal — mais precisamente o Hotel da Bahia.

O arrojado hotel modernista, de propriedade do governo do Estado, funcionava como centro artístico e cultural de Salvador, agitando a cidade com sua boate badalada e as butiques do térreo, semelhante ao Hotel Serrador, onde Lina morara durante seus primeiros tempos no Rio de Janeiro. O hall elegante e o restaurante oval que ficavam no amplo volume envidraçado do segundo andar eram os melhores lugares da cidade para ver e ser visto. A estadia de Lina Bo Bardi no Hotel da Bahia se tornou tão memorável que o quarto que ocupava continuou reservado para ela mesmo depois que deixou a cidade às pressas, em agosto de 1964, sem saber se voltaria. Mas, naqueles anos, a arquiteta não foi a única forasteira a achar um lar nessa cidade única.

Conforme Salvador tentava entrar no ritmo da evolução econômica e cultural do Sul do país, muitos artistas, intelectuais, profissionais e cientistas de outras procedências chegavam à cidade. Atraídos pela indústria do petróleo, e sobretudo pela UFBA, esse grupo se juntou, direta ou indiretamente, às forças locais na animada e abrangente renovação cultural promovida pelo reitor da universidade, Edgard Rego dos Santos. Antes de Lina chegar a Salvador, Santos havia contratado o compositor e maestro alemão Hans-Joachim Koellreutter para dirigir a Escola de Música, a coreógrafa polonesa Yanka Rudzka para dirigir a Escola de Dança, e o cenógrafo e diretor italiano Gianni Ratto para lecionar na Escola de Teatro; todos tinham passagens pelo meio cultural paulistano e haviam trabalhado no IAC, do MASP, onde Lina os conhecera pouco depois de chegarem da Europa. A universidade também contratara o diretor Eros Martim Gonçalves, que morava no Rio de Janeiro, para dirigir a Escola de Teatro. Na passagem que fez por Salvador no fim de 1958, ela gravitaria ao redor do curso de arquitetura da Escola de Belas-Artes, mas sua órbita logo mudaria.

Lina estava chegando aos 44 anos quando esteve, pela primeira vez, na capital baiana, mas sua experiência como arquiteta e sua autonomia pessoal ainda não estavam completamente estabelecidas. Incerta sobre o futuro que teria na Universidade de São Paulo e sobre sua parceria com Bardi, um tanto abalada, ela gostou da troca de favores acadêmicos proposta pelo arquiteto Diógenes Rebouças, a quem substituiu na cadeira de teoria e filosofia da arquitetura. E não perdeu tempo: voltou entre agosto e novembro de 1958, aproveitando qualquer oportunidade para exercitar sua voz como intelectual pública. Deu aulas, fez palestras e editou uma página de jornal dominical — que Odorico Tavares concebera, originalmente, como parte de sua campanha pela criação de um museu de arte na cidade. Lina descobriu, em Salvador, um cotidiano revigorante, mas também uma sociedade machista. Graças à sua postura ambígua — uma forasteira privilegiada com uma atitude antiburguesa —, muitas vezes era vista na cidade como fria e arrogante;[18] mas ela também usou sua condição para se proteger de atitudes provincianas e misóginas.

Escapando de críticas triviais, Lina mergulhou de cabeça no papel de substituta de Rebouças na universidade. Depois de apresentá-la aos alunos, no dia 11 de agosto de 1958, ele saiu da sala de aula,[19] deixando que ela discorresse sobre tópicos do livro que acabara de publicar. Ela deixou longas anotações, que preparou para municiar suas primeiras quatro aulas. Reunia-se com os alunos duas vezes por semana, durante duas horas; as aulas continham a estrutura de uma palestra seguida de exercícios práticos, que incluíam documentar, com desenhos à mão livre, objetos e edifícios do centro histórico de Salvador.[20] Estava colocando em prática aquilo que recomendava em sua tese — basicamente para os alunos de arquitetura, embora também tenha feito apresentações, como convidada, nos cursos de engenharia, teatro e até de dança. Nessas ocasiões, começou também a experimentar novas ideias, influenciada por suas primeiras leituras de Antonio Gramsci, que defendia um "novo humanismo" e conclamava ao surgimento de profissionais que seriam "novos intelectuais", preparados para responder à "verdadeira cultura, à própria vida".[21] Lina Bo Bardi tinha claramente a ideia de renovação em mente.

Ela modernizou e expandiu o repertório cultural de Salvador, ao mesmo tempo que se reinventava como artista brasileira, ainda que não tenha deixado no meio arquitetônico local uma marca tão indelével quanto a que produziu fora dele. Sua posição propedêutica não encontrou grande ressonância entre os dirigentes da Escola de Belas-Artes.[22] Os arquitetos profissionais da cidade estavam tentando se alinhar aos desdobramentos recentes da arquitetura no Sul do Brasil,[23] sobretudo no Rio de Janeiro, e não compraram sua ideia de uma escola experimental e polêmica. Mais do que isso, em algumas semanas na universidade, ela já havia criado animosidade. Sem pudor, descreveu seus colegas, o professor Américo Simas e o filósofo italiano Romano Gallefi — outro forasteiro que Santos contratara, em 1949, para a cadeira de estética da escola —, como criadores de retórica literária. Eles, por sua vez, não levaram Lina a sério e opuseram enorme resistência ao seu curso, o que levou a reitoria a se decidir por não renovar seu contrato após o período de substituição de Rebouças.[24] Foi quando ficou claro que, fosse em Salvador, fosse em São Paulo, ela não estava destinada a ser bem-vinda em uma carreira acadêmica.

DE OLHOS ABERTOS

Em vez de procurar estímulo entre os arquitetos e os professores de arte locais, Lina Bo Bardi logo se envolveu com os grupos de artes cênicas da UFBA. Não porque tivesse algum interesse especial por dança, música ou teatro, mas por afinidade com o aspecto provocador e polêmico desses novos cursos e seus dirigentes, sobretudo Eros Martim Gonçalves. Um erudito, como Lina, e cinco anos mais novo, ele era originalmente do Recife, onde estudara medicina, especializando-se em psiquiatria, e antes de se mudar para Salvador vivera no Rio de Janeiro e ajudou a fundar o influente Teatro Tablado. Martim Gonçalves tinha uma sensibilidade visual aguçada, que vinha de sua formação em desenho e em pintura. Era também cenógrafo e figurinista e tinha reunido uma coleção considerável de objetos cotidianos e artefatos populares do Nordeste.

Sua forma de pensar o teatro chamou a atenção de Lina pela vontade de integrar produção acadêmica, vida comunitária e espaços heterodoxos. Em geral quieto, ele era, na verdade, um homem de emoções intensas, características que combinavam com o temperamento de Lina e com sua busca por um parceiro intelectual, sobretudo depois das decepções que acabara de ter com Bardi. Com seus amplos interesses, sua vasta experiência e sua atitude assertiva, Gonçalves rapidamente correspondeu, de forma dinâmica, ao desejo dela de viver uma instigante aventura cultural. Entre 1959 e 1961, ele e Lina se tornaram aliados em Salvador, numa parceria que impulsionou o desenvolvimento intelectual e artístico dela de forma profunda.

Além de Gonçalves, Lina teve uma produtiva colaboração com o artista Mario Cravo Jr., um dos protegidos de Odorico Tavares, que conhecera no começo dos anos 1950, na Primeira Bienal de Arte de São Paulo. Ele a considerava uma aventureira e uma pioneira; dizia que era uma espécie de Marco Polo para Salvador.[25] Além de estar emergindo como um artista de expressão na época, Cravo se interessava pela cultura popular da região.[26] Ele e Lina se tornaram grandes amigos, e ele foi um dos defensores mais leais que ela teve em sua passagem pela cidade,[27] sobretudo no começo, quando lhe abriu muitas portas no hermético sistema cultural do lugar.[28] Ele não apenas lhe mostrou a cidade inteira em sua primeira visita, como acabou por levá-la em uma incursão memorável — uma das duas únicas viagens que ela faria naqueles anos — ao sertão da Bahia.[29] Cravo e Gonçalves apresentaram Lina a diferentes aspectos da cultura popular da Bahia, abrindo seus olhos para as manifestações artísticas do Nordeste, a exemplo das peças artesanais que colecionavam e que, com os anos, ela viria a reverenciar.

Enquanto fazia amizade com as lideranças vanguardistas de Salvador, Lina também aproveitava ao máximo as vantagens oferecidas pelos parceiros políticos e de negócios de Chateaubriand na cidade, todos conservadores. Menos de um mês depois de chegar, enquanto dava aulas na universidade, ela começou a publicar suas "Crônicas", uma seção de opinião na primeira página de um caderno dominical (formato incomum para a época) do *Diário de Notícias*. A página foi encomendada por Tavares, então diretor de redação do jornal, e por Juracy Magalhães,[30] general do Exército, político de carreira, ex-governador da Bahia — nomeado pelo regime de Getúlio Vargas — e primeiro presidente da Petrobras, que preparava sua campanha de reeleição ao governo do estado. Ambos tiveram um papel importante na modernização da região e, ao lado de Chateaubriand, estavam profundamente empenhados na criação do primeiro museu de arte moderna da cidade, um projeto que logo beneficiaria Lina de forma significativa. Tavares e diversos jovens escritores locais já tinham colunas culturais no jornal e em outras publicações na cidade, mas ele buscava validação externa, além de projetar Salvador como centro de cultura moderna para o resto do país. Como a *Habitat* já não era viável, Lina aceitou de imediato o convite.

Numa época em que a comunicação de massa ainda não havia se estabelecido como esfera autônoma no Brasil, e em que artistas e intelectuais tinham mais facilidade de colaborar com a imprensa, ela arregaçou as mangas e pôs mãos à obra. Entrou pela porta da frente do *Diário de Notícias* e andou até a redação, onde, na época, era raro se ver mulheres. Usando sua experiência editorial prévia, com a ajuda dos tipógrafos e sem nenhum temor, ela produziu algumas das páginas mais inovadoras da história do desenho gráfico nordestino.[31]

Lina Bo Bardi começou a publicar suas crônicas plurais no dia 7 de setembro de 1958 — por coincidência, o dia da Independência do Brasil. A coluna semanal chamava-se "Crônicas de arte, de história, de costume, de cultura da vida", e, para que não restasse dúvida de seu conteúdo para os leitores, ela adicionou o subtítulo "Arquitetura, pintura, escultura, música, artes visuais". Apesar do cabeçalho pomposo, a página era simples, moderna e dinâmica. Os conteúdos se estruturavam a partir de um texto opinativo curto que Lina escrevia, mas não assinava, e que aparecia no alto, à esquerda. À direita dele, vinha um texto-legenda também sem assinatura, cujo título provocador era "Olho sobre a Bahia", escrito, editado e ilustrado por ela e por outros colaboradores anônimos, como havia feito na *Habitat*.

Os artigos semanais se concentravam nos problemas sociais e urbanos que derivavam da rápida modernização de Salvador e da região. Lina propunha, ainda, discussões mais amplas, internacionais, que questionavam a desconexão entre as criações abstratas dos arquitetos e a realidade concreta, variando da destruição do legado arquitetônico popular à construção de Brasília. Crônicas escritas por colaboradores introduziam aspectos da estética contemporânea, relacionando-os às atividades culturais que surgiam na UFBA e na cidade. A página era fartamente ilustrada por imagens de fotógrafos locais e de outras fontes não creditadas, além de vinhetas satíricas desenhadas pela própria Lina.

Seus textos eram concisos, expressivos e, editados às pressas, repletos de espontaneidade e de erros de digitação. Seu estilo não era sempre sofisticado, mas sugeria a estratégia dos surrealistas de usar associações livres e ambíguas, o que combinava com suas aspirações intelectuais. Suas "Crônicas" revisitavam o tom e o formato provocativos da *A, Cultura della Vita*. Para Lina, a página foi uma chance de experimentar de forma independente, com manifestos curtos e de circulação rápida, voltados à crítica cultural e ao discurso político, permitindo estabelecer um diálogo público com Koellreutter, Ratto, Gonçalves e jornalistas e cineastas emergentes, como Paulo Gil Soares e Glauber Rocha. Entusiasmada com esse ambiente intelectualmente estimulante, ela retomava ideias anteriores e experimentava outras, novas e audaciosas.

Com essa série de editoriais polêmicos, Lina plantou as sementes do futuro incerto que teria em Salvador. Começando estrategicamente pelo tema "Cultura e não Cultura", ela definia o conceito como parte de uma prática diária, e não a atividade isolada de indivíduos letrados. "Por que não substituir, com o novo humanista, capaz de entender e resolver problemas humanos, os *literati*, com sua formação técnica?", perguntava, dando a si mesma um novo papel na passagem entre Salvador e São Paulo, entre o Brasil e a Europa. Embora não citasse suas fontes, deixava sua mensagem bem clara: "Será útil lembrar as palavras do filósofo da práxis: 'Não se curve ao falar às massas, 'sr. Intelectual', endireite as costas'".[32] A frase era de Antonio Gramsci.

Ela também fazia críticas com endereço certo, porém mais amenas que os comentários devastadores que a equipe da revista *Habitat* atribuía à lavra do pseudônimo Alencastro. Suas observações sobre urbanismo se opunham ao entusiasmo generalizado em torno dos programas de desenvolvimento de Kubitschek, que incluíam a construção de Brasília e incentivavam o surgimento de projetos imobiliários medíocres em Salvador. Em seu editorial "arquitetura ou Arquitetura", que brincava com as iniciais maiúscula e minúscula, ela contestava o depoimento autocrítico que Oscar Niemeyer publicara pouco antes, na nona edição de sua nova revista *Módulo*, defendendo a escala da nova capital. Lina teve coragem de explicitar, já então, o que muitos críticos ainda relutam, décadas depois, em admitir publicamente: "Onde está o humano no depoimento de Oscar Niemeyer?", dizia o texto, editado ao lado de uma foto da maquete de Niemeyer do Congresso Nacional, que ela descrevia como algo "sufocado pelas formas, pelas composições, pela evocação de praças monumentais europeias", comparando-o, com desdém, às "obras de gênios a serviço dos Papas e dos Grandes da humanidade, testemunhas dum tempo desaparecido para sempre".[33]

Se seus editoriais apontavam questões críticas, a coluna "Olho sobre a Bahia" oferecia um contraponto, um olhar curioso sobre aspectos subestimados da cultura local, que também corriam o risco de desaparecer para sempre, ainda que vistos dentro de sua visão romântica. Ela publicou, por exemplo, uma fotografia da vida de rua da cidade histórica de Cachoeira, no interior da Bahia, como um antídoto para Brasília. Na imagem em preto e branco, alguns pedestres e um homem montado em uma mula, todos negros, atravessam as portas abertas de velhos edifícios. A legenda descreve como o "desenvolvimento natural das formas arquitetônicas, urbanísticas, criadas pela necessidade da vida cotidiana", ou seja, de caráter orgânico, deveria ser o princípio sobre o qual "o arquiteto planificador tem que basear o seu projeto".[34] Ela insistia em um ponto que era recorrente em suas aulas e palestras e que a levara a criticar a arquitetura de Brasília: "O projetista que olha as revistas de arquitetura, sentado na prancheta e não tem olhos para a realidade, será um criador de edifícios e cidades abstratas".[35] Em sua visão, os arquitetos deveriam "pôr na base de sua própria projeção não o individualismo formalístico, mas consciência de ser útil aos homens, por meio de sua arte e de sua experiência". E concluía: "Esta é a verdadeira significação da arquitetura de hoje".[36] Infatigável, continuaria a perseguir essa ideia na publicação, em sua temporada em Salvador e pelo resto da vida.

Além de tratar de cultura e de arquitetura, Lina também levantava questões sobre o estudo e a preservação da cultura e dos artefatos populares do Brasil. Atirava contra tudo o que usasse o termo ou a ideia de "folclore" em seus objetivos. O editorial que conclui a série mostra as figuras de cerâmica produzidas por Severino de Tracunhaém, artesão de um vilarejo dos sertões do Nordeste. Definindo trabalhos como as figuras mencionadas no artigo como "pseudoartesanato", ela comenta a confusão terminológica entre "artesanato", "artesão" e "artista popular". No fundo, ela usava esse exemplo para questionar os programas oficiais de apoio ao folclore que estavam surgindo. Influenciada pelos escritos de Antonio Gramsci, que definia cultura como a forma pela qual as realidades são vividas, e não como um domínio simbólico autônomo, ela via um grande potencial libertário na vida cotidiana local e na cultura popular. "A arte popular, quando é popular de fato", escreveu Lina, "é arte com A maiúsculo."[37]

Esse editorial era uma provocação pública, mas também um sinal dos valores em que ela se deteria em Salvador, os quais lançariam as bases para muitos de seus projetos futuros, como exposições de objetos populares e a proposta de um centro de documentação e ensino de desenho industrial, que se estenderam até o fim de sua carreira. Em sintonia com o editorial, ela ilustrou a coluna "Olho sobre a Bahia" com a fotografia de um velho edifício em Nazaré das Farinhas, pequeno centro produtor de artesanato a duas horas a oeste de Salvador, e concluía citando uma canção popular nordestina: "Adeus, casa de farinha, / Adeus, banco de mandioca, / Adeus, casa de farinha, / Espremendo tapioca".[38] A música era também uma nota de despedida pessoal. Sem outros registros ou explicações, ela deixou uma nota curta escrita durante a produção da nona e última edição, publicada em 2 de novembro de 1958, na qual informava: "O editor que criou ['Crônicas'] volta a São Paulo".[39] Ela ainda não sabia que retornaria à Bahia com mais força e com mais tempo.

SEJAMOS ARTISTAS. NÓS PODEMOS

Depois de concluir seu contrato de três meses de aulas na UFBA, Lina Bo Bardi deixou o jornal e seu quarto no Hotel da Bahia e voltou para casa. Chegou a São Paulo trazendo lembranças animadas de suas descobertas recentes e das novas parcerias, mas reencontrou apenas as velhas memórias de batalhas profissionais e pessoais. Consolou-se com a notícia de que a casa que projetara para os amigos Valéria Cirell e Renato Czerna, perto da Casa de Vidro, estava pronta. Gostava de passar por ela, caminhando, admirando o fato de ter conseguido traduzir, com sucesso, seu desejo de relacionar arquitetura e natureza. Mas um detalhe a incomodava. Ela não gostava de saber que a amiga Valéria ficava deitada de biquíni ao lado da piscina, tomando sol na frente da casa, com gente passando pela calçada. Achava inapropriado.[40]

Lina imaginava uma relação diferente com banhos de sol, pelo que indica o trabalho que havia deixado em Salvador. Ainda na Bahia, enquanto preparava uma palestra intitulada "Arquitetura e natureza ou natureza e arquitetura", que seria ministrada na Casa de França em setembro de 1958, ela se dedicara ao projeto da casa do Chame-Chame, que havia iniciado em São Paulo, dessa vez adequando-a melhor ao terreno que veio a conhecer pessoalmente. Embora a casa só tenha sido concluída alguns anos depois, ela havia tentado concretizar nesse projeto a defesa que fizera, em suas apresentações públicas, de que a arquitetura deveria aceitar a "natureza assim como se apresenta a nós, no espetáculo das suas mudanças contínuas".[41] Enquanto desenhava a frente da casa abraçando uma árvore existente no terreno, ela esboçou em Salvador, em suas notas de aula, um pequeno réptil, parecendo um hieróglifo rabiscado no espaço em branco, ao lado da pauta. O esboço ilustrava seu desejo de uma "arquitetura que às vezes logra tomar formas quase miméticas, como um lagarto tomando sol em uma pedra".[42] De volta a São Paulo, Lina não tinha tempo a perder com banhos de sol, e dedicou seu pensamento a novos projetos, decidida a afirmar sua independência e a seguir ligada à movimentação cultural de Salvador.

Usando seus contatos paulistanos, ela ajudou Martim Gonçalves a firmar um acordo com a Fundação Bienal de São Paulo — assinado em 13 de março de 1959 com seu então diretor, Francisco Matarazzo Sobrinho, apesar da rivalidade entre os Bardi e a Fundação — para receber uma exposição paralela sobre a arte popular da Bahia. A mostra representaria a Escola de Teatro de Salvador na Quinta Bienal Internacional de Arte, programada para abrir em setembro. Além disso, depois da interrupção das "Crônicas" em Salvador, Lina começara a planejar uma nova revista mensal, que se chamaria *Brasiliana, Arte e Natureza*.[43] Ela fez estudos com diversas identidades gráficas, além de uma lista de colaboradores em São Paulo, que deixava de fora, de forma deliberada, seu marido.[44] "A diretora", como se descrevia, "escreverá o artigo de fundo de cada edição, além de todo conteúdo editorial. A ideia é que não haja outros editores."[45] E ela seguia imaginando: "Tudo baseado em histórias em quadrinhos e na imprensa popular. Pense na *Merz*",[46] escreveu, referindo-se à revista dadaísta de Kurt Schwitters. A primeira edição estava prevista para setembro de 1959, coincidindo com a abertura da exposição sobre a Bahia,[47] mas seu projeto editorial experimental não foi adiante.

Nesse meio-tempo, no começo de abril de 1959, Lina voltou a Salvador para participar de um seminário coordenado por Gonçalves e Koellreutter na Escola de Teatro. O seminário tinha um título portentoso, porém autoexplicativo — "Conversas sobre a continuidade histórica da expressão estética do homem: Da pré-história à arte contemporânea" —, e atraíra, de acordo com a imprensa local, o velho público de sempre.[48] Lina não deixou nenhuma anotação sobre essa viagem, mas ela lhe rendeu bons frutos, por ter coincidido com mudanças políticas na cidade. No dia 7 de abril de 1959, Juracy Magalhães se tornara mais uma vez governador da Bahia. Ele e o prefeito Heitor Dias Pereira imaginavam uma capital moderna, ligada aos planos de desenvolvimento nacional de Kubitschek e que servisse como ponto de referência para a identidade cultural e o turismo na região.[49] Confirmando os temores que Lina descrevera em suas "Crônicas", sobretudo na coluna "Olho sobre a Bahia", os jornalistas locais começaram a falar de uma epidemia de demolições e construções.[50] Contudo, ela acabaria se beneficiando de maneira direta desse processo, já que o governador também estava de olho nas artes.

Magalhães tinha o hábito de colecionar trabalhos contemporâneos de artistas locais, característica incomum entre os políticos de carreira da região,[51] e decidiu endossar a campanha fomentada por Tavares e Chateaubriand para criar um museu de arte. No dia 22 de julho de 1959, conforme o desejo do governador, a legislação estadual aprovou a fundação do Museu de Arte Moderna da Bahia. O conselho diretivo do museu reuniu aliados políticos antigos e novos, incluindo Tavares e Chateaubriand, o artista Mario Cravo Jr., o escritor Jorge Amado, o reitor da universidade, Edgard Santos, e Lavínia Magalhães, a primeira-dama do estado, que foi nomeada presidente do conselho. Depois de muita discussão e de alguns desentendimentos entre seus membros, mas com o apoio do governador e de sua mulher, o conselho confirmou, em novembro de 1959, a indicação de Lina Bo Bardi para atuar como diretora-executiva do museu. Também decidiram que as instalações se abrigariam temporariamente no foyer envidraçado do Teatro Castro Alves, construção modernista que havia pegado fogo um ano antes. A inauguração do museu foi marcada para o dia 6 de janeiro de 1960.

Enquanto o processo não se desenrolava, mesmo depois de aceitar o cargo, Lina continuou a colaborar com Martim Gonçalves, indo e vindo entre São Paulo e Salvador. Ela havia encontrado seu novo aliado. Os três anos em que ambos conviveram na cidade ofereceram a ela oportunidades raras de emancipação. Juntos, eles desenvolveram vários projetos que combinavam performance e design, cultura erudita e popular, e que teriam um efeito duradouro no trabalho que ela produziria como arquiteta e curadora. Entre esses projetos, estava a ideia de Gonçalves de criar um pequeno museu com artefatos artesanais da região a partir de sua coleção, e que teria como sede o Solar do Unhão, conjunto colonial deteriorado em frente à baía. Ele a levou para conhecer o lugar,[52] mas ela não demonstrou nenhum interesse particular pelo conjunto até alguns anos depois, quando Gonçalves já havia ido embora da cidade. Antes disso, eles organizaram um evento revolucionário.

Depois de participar do seminário de Gonçalves e Koellreutter, Lina ajudou seu novo aliado a montar a esperada exposição que representaria a Bahia na Bienal de Arte de São Paulo. Apesar de a mostra ter sido concebida por ele e promovida pela máquina política do gabinete do governador da Bahia, a participação de Lina foi fundamental no estabelecimento de acordos, na obtenção de patrocínios e no desenho expositivo e do texto do folheto, escrito a quatro mãos.[53] A exposição Bahia foi aberta no dia 21 de setembro de 1959, com uma apresentação de danças afro-brasileiras com atores e alunos na Escola de Teatro de Gonçalves. Tratou-se, como Lina explicou em um artigo publicado na revista *Domus* alguns meses depois, de "uma exposição singular e poética, entendida como amostra de uma produção artística viva, e não de folclore".[54]

No folheto que acompanhava a exposição, eles explicavam que haviam procurado "ter em mira todo fato, ainda que mínimo, que, na vida cotidiana, exprima poesia",[55] uma derivação das atividades anteriores de Gonçalves como fundador e diretor da escola de teatro, desde 1956, incluindo a criação de uma coleção de objetos cotidianos e de uma biblioteca de literatura de cordel, com poemas e repentes populares ilustrados por xilogravuras. Acima de tudo, a exposição ampliava a mostra Danças e Teatro Popular no Brasil, que ele apresentara em Paris dois anos antes, no Festival du Théatre des Nations, organizado pela Unesco.[56]

Lina Bo Bardi ao lado de Luís Hossaka e em companhia de Martim Gonçalves, Vivaldo Costa Lima e Glauber Rocha (em pé, à esq.) durante a organização da exposição Bahia, no parque Ibirapuera, São Paulo, 1959.

Naquela ocasião, ele havia mostrado rodas de capoeira e imagens de procissões religiosas como a de Nossa Senhora dos Navegantes,[57] à que Lina tivera a oportunidade de assistir em sua primeira visita a Salvador.

Nos três meses em que ficou aberta à visitação no parque Ibirapuera, a exposição Bahia recebeu seu público de curiosos em um espaço incomum. A mostra ficava sob a ponta em balanço da enorme marquise de concreto do parque, em frente ao Pavilhão da Bienal. "O posicionamento não foi casual",[58] Lina escreveu, sugerindo que a ideia teria sido de contra-atacar a exposição da Bienal. O acesso ao amplo espaço ocupado pela exposição foi cuidadosamente coreografado por ela e Gonçalves. Os visitantes entravam por uma passagem escura e estreita, em cujas paredes eram projetados diapositivos coloridos — uma inovação tecnológica para a época — de construções barrocas históricas e festas populares tradicionais. Música — canções afro-brasileiras e sons de instrumentos de percussão — enchia o ar.[59] Após cruzar a entrada, o longo salão surgia, único, à vista. Nele, havia uma miríade de objetos cotidianos, como redes, gaiolas, carrancas, peças de cerâmica, imagens religiosas, brinquedos rudimentares e utensílios domésticos, emprestados de diversas coleções.[60] Lina cobriu o forro com tecido e acrescentou um elemento especial para evocar o uso ritualístico das folhas de pitangueira no candomblé afro-brasileiro: mandou cobrir o piso da exposição com uma camada de folhas de eucalipto coletadas do parque, que era renovada todos os dias para acentuar a ambiência com um aroma fresco.

Além do atrativo de uma estética pulsante, a exposição ilustrava o incômodo cada vez maior que Lina sentia pelos conceitos tradicionais de folclore e de preservação, e com o próprio modelo da Bienal de São Paulo — ainda que ela tenha sido convidada e aceitado dar uma palestra sobre a obra de Antoni Gaudí no evento. Por um lado, ela via tanto o folclore quanto a arte moderna como rupturas desnecessárias entre tradição e inovação. Ela também tinha sérias reservas contra o tradicionalista Museu do Folclore de São Paulo, que ocupara o mesmo espaço sob a marquise de concreto com uma exibição a céu aberto de sua coleção, durante a exposição comemorativa do Quarto Centenário de São Paulo, que marcou a inauguração do parque Ibirapuera. Sua visão de artesanato e tradição se alinhava, como ela acabaria descobrindo, com o trabalho do antropólogo Darcy Ribeiro e de alguns poucos colecionadores do Nordeste que se interessavam pelas manifestações culturais associadas às populações desfavorecidas.

Por outro lado, Lina via a Bienal de Arte como a própria manifestação da modernização generalizada à qual resistia, mas que galvanizava a cultura dominante no Brasil. Enquanto o governo de Kubitschek entrava em um período de grave crise política e econômica, a Bossa Nova, a Poesia Concreta e a construção de Brasília reuniam as classes médias profissionais emergentes e as velhas oligarquias em uma atmosfera agradável de euforia cosmopolita. Lina se preocupava com o teor inebriante e niilista que poderiam ter o tachismo francês, o expressionismo abstrato norte-americano e a Arte Povera italiana em destaque na mostra internacional.[61] "A exposição Bahia ficava cara a cara com a Bienal", declarou na *Domus* após o encerramento da exposição. "O que mais pode haver além dos italianos Burri e Fontana, que já poderiam ser definidos como os 'neoclássicos da negação'?" E, sem hesitar, retrucou: "Depois disso, a estrada volta para trás".[62] Lina defendia um desenvolvimento em outra direção. "Uma nova era está começando", professava, "na qual a totalidade dos valores humanos e sua expressão concreta estão relacionados a um tipo de clareza e autonomia críticas que não dá margem a categorias estanques."[63]

A parceria de Lina com Gonçalves na exposição Bahia foi uma experiência cultural e antropológica importante, que impulsionou sua carreira como arquiteta e curadora. A mostra concretizou sua busca cada vez maior por uma identidade nacional, que combinava impulsos românticos e retórica revolucionária e nutria o desejo de socialização da cultura que permeava de maneira ampla o pensamento de intelectuais, arquitetos e artistas progressistas do período. Ela não encontrara apoio suficiente para sua missão em São Paulo, mas achou seus pares intelectuais em Salvador. Glauber Rocha, por exemplo, então um cineasta jovem e promissor que ficara amigo de Lina e de Gonçalves, viajou a São Paulo para cobrir a montagem da exposição como repórter.[64] O escritor Jorge Amado, protegido de Odorico Tavares, assinou a introdução do folheto que acompanhava a exposição, descrevendo-a como a "divulgação da verdade e do segredo da Bahia, de sua verdade mais profunda e de seu mistério maior".[65]

Na sequência à introdução de Amado, Lina e Gonçalves assinaram um ensaio curto, com uma epígrafe do poeta surrealista Lautréamont que sintetizava suas ideias sobre a criação artística: "A poesia deve ser feita por todos. Não por uma pessoa só".[66] O estilo do texto sugere que Lina teve primazia na redação, retomando tópicos sobre os quais ela acabara de escrever nas "Crônicas". O ensaio contrapunha a exposição Bahia ao partido curatorial da Quinta Bienal Internacional de Arte, confrontando obras da Arte Povera com o que chamavam "composições polimateriais dos interiores do Nordeste" e apresentando-as como "a renúncia consciente à imortalidade e aos privilégios artísticos", característicos da arte ocidental. "Esse polimaterialismo", enfatizavam, em tom existencialista, se "distancia do sentido de despojamento que caracteriza nossa época".[67]

Discordando frontalmente da aura artística criada pela Bienal, eles insistiam no "direito dos homens à expressão estética, direito esse reprimido, há séculos, pelos 'instruídos', mas que sobreviveu como semente viva, pronta a germinar, nos impossibilitados de se instruir segundo métodos inibitórios".[68] Renegociando suas identidades culturais europeia e brasileira, Lina deixava escapar: "O moderno desenho industrial que, criado no Ocidente por uma elite especializada, representa, no Oriente, onde o homem estético teve, durante séculos, a preponderância sobre o homem científico, um fato normal". Eles concluíam com "um grito de aviso para os rumos de uma nova cultura",[69] defendendo, "nas palavras de [o cenógrafo Adolphe] Appia: "Sejamos artistas. Nós podemos".[70] Lina nunca desistiria dessa crença.

"A exposição", ela escreveria, olhando-a em retrospecto em 1967, "mais de antropologia cultural do que de arte, despertou, com sua violência popular, sua novidade de apresentação (extrema simplicidade de meios expressivos, chão coberto de folhas verdes, projeção de slides), o interesse do público paulista."[71] E ela se lembraria dessa experiência com carinho até o fim da vida. "Além de móveis improvisados, objetos de candomblé, comida, panelas, pinturas populares e gente, tanto africanos quanto não, música e um barulho colossal, fotografias de Pierre Verger ampliadas dominavam todo o espaço. Foi um grande sucesso." Orgulhosa de seu feito, ela mencionava com entusiasmo o crítico de arte francês Pierre Restany, um dos membros de júri da Quinta Bienal, que lhe disse: "*Très sérieux, très sérieux*" [Coisa séria, muito séria] — conforme sua lembrança, gritando, entusiasmado e com a boca cheia de acarajé, na abertura da exposição.[72]

NO MUSEU, DE CHINELOS

Enquanto Lina consolidava sua parceria com Gonçalves, a diretoria do Museu de Arte Moderna da Bahia trabalhava com a ideia de instalá-lo no foyer envidraçado do Teatro Castro Alves. A construção sobrevivera a um incêndio no dia 9 de julho de 1958, a cinco dias de sua inauguração oficial, e se transformara em uma bizarra quase ruína de vidro, paredes de mármore branco, colunas de mármore rosa e teto semidesabado, na diagonal do Hotel da Bahia, situado no outro lado da praça. Lavínia Magalhães, que além de mulher do governador era chefe do conselho, contratou Lina formalmente para dirigir a programação do museu e adaptar o espaço do edifício. Uma primeira-dama tradicional, ela fazia um papel secundário em relação ao marido, e operava como uma ligação confiável com os parceiros dele na instituição. É possível que esperassem que a animada mas relativamente desconhecida Lina fosse oferecer sua especialidade técnica e suas conexões estratégicas de uma forma igualmente subserviente, agradando aos principais envolvidos e evitando bater de frente com eles. Como logo descobririam, porém, ela tinha planos, parceiros e regras próprios.

Não havia nada de submisso ou de ingênuo na decisão de Lina de dirigir o museu. Antes mesmo de receber sua carta de nomeação, ela já estava envolvida na criação da instituição. Em outubro de 1959, o *Diário de Notícias* publicou um artigo curto, sem assinatura, escrito no estilo argumentativo típico dela, que anunciava: "O novo museu se esforçará para afastar-se o mais possível do cosmopolitismo incolor e 'snob' da pseudocultura moderna, para começar a agir construtivamente no novo mundo da verdadeira cultura moderna".[73] Ela tinha grandes aspirações: "Neste sentido, o Museu de Arte Moderna da Bahia, que em breve publicará seu programa de atividades, procurará entrar, sem retórica, na vida do país. Procurará, acima de tudo, tornar-se uma necessidade".[74] Ela também esperava que, além de fomentar um movimento artístico, o museu projetasse artistas brasileiros na cena internacional, o que, acreditava, não acontecera no Sul do país, sobretudo não por meio da Bienal de São Paulo.[75] E ela cumpriu sua promessa.

Mais uma vez, Lina trocou sua casa em um elegante e pacato bairro afastado de São Paulo pela agitada vida política e cultural de Salvador, que orbitava em torno do Campo Grande. Cercada pelas pessoas e pelos lugares que importavam para ela, sentia-se em casa. O papel inicial de prospecção que tivera como enviada do MASP afinal se concretizava em um programa real. Como o futuro do museu paulistano era incerto, é provável que Pietro Maria Bardi e Assis Chateaubriand vissem o MAM-BA como sua melhor oportunidade para estabelecer uma nova parceria cultural, e fora de São Paulo. Além de 87 quadros que pertenciam ao governo da Bahia, o museu não tinha uma coleção significativa. Assim, dependia fortemente de empréstimos do MASP e de coleções particulares locais, como a de Odorico Tavares.

Lina parecia ser, pelo menos no começo, uma boa ponte entre as duas cidades, enquanto Bardi se manteve afastado de Salvador e das tensões de seu casamento. Na verdade, ele a visitou apenas uma vez nos anos que ela passou na Bahia: foi a Salvador para a inauguração do museu, retornando logo em seguida. Se em São Paulo Bardi mandava em tudo e em todos, em Salvador Lina por fim se via livre de seu controle e acreditava que, pela primeira vez, poderia estar no comando de suas ideias e ações.[76] Com a ajuda de novos colaboradores, ela estaria à frente da maior parte das negociações envolvendo o museu, ainda que, quando surgiam conflitos, astuciosamente delegasse incumbências espinhosas ao antropólogo Renato Ferraz, que foi contratado como diretor administrativo do museu, mas também atuou de modo informal como assistente pessoal dela até o fim de sua gestão.[77]

Como fizera no edifício dos Diários Associados no centro de São Paulo uma década antes, Lina teve que improvisar para rapidamente adaptar um espaço bastante incomum e com recursos limitados. Trabalhou contra um cronograma apertado para deixar o museu pronto para a abertura. No dia 18 de novembro de 1959, concluiu uma série de desenhos arquitetônicos da sala de exposições, usando como área de exibição o foyer do teatro, transparente como a porção frontal de sua Casa de Vidro. Também usou a rampa que ligava o hall envidraçado ao teatro destruído como auditório improvisado; desenhou, para equipá-lo, cadeiras que remetiam às rústicas selas de cavalo dos cangaceiros. Os operários tiveram apenas seis semanas para concluir o trabalho. Nesse período, no dia 15 de dezembro de 1959, ela esteve mais uma vez com Gonçalves na Escola de Teatro, participando da formatura da primeira turma e entregando diplomas a dez formandos em uma cerimônia modesta.[78]

Logo depois disso, o MAM-BA abriu as portas, como previsto, no dia 6 de janeiro de 1960, às seis da tarde. Era verão. E fazia calor. De manhã, Lina pedira a Mario Cravo Jr. e a Renato Ferraz que fossem ao Dique do Tororó, não muito longe do museu, buscar baronesas ou jacintos aquáticos, que usaram para encher um pequeno espelho d'água perto da entrada, com o qual Lina implicava.[79] Uma multidão de homens suarentos vestindo terno escuro e de mulheres um pouco mais confortáveis em seus vestidos claros compareceu à cerimônia. Até Lina, que era conhecida em Salvador por suas roupas negras, aderiu temporariamente à preferência local pelos tons claros, postando-se na linha de frente de vestido branco.[80] O público atravessou as cortinas vaporosas, sopradas pela brisa, e contornou as vidraças do edifício modernista, acotovelando-se para ver quatro exposições pequenas com peças que boa parte deles nunca tinha visto ao vivo, como as esculturas de dançarinas de Degas, da coleção do MASP, graciosamente dispostas sobre esbeltos pedestais. Entre elas estavam, também, outras que jamais imaginaram encontrar em uma exposição de arte, como a pedra enorme e irregular que Cravo trouxera da praia de Amaralina e arrastara para dentro do edifício com a ajuda de dez homens. A pedra era, segundo Lina, um lembrete da força estética da natureza, mas também funcionava como uma metáfora excêntrica e intrigante de um museu instalado em uma ruína.[81]

Todos eram bem-vindos no museu. As portas de vidro ficavam abertas para os largos degraus da escada que descia ao nível da praça do Campo Grande, convidando o grande público a participar de eventos concebidos para provocar reflexão. Lina lembrava-se, com entusiasmo, de um transeunte ocasional que, um dia, entrara no prédio calçando chinelos, considerados na época um sinal de pobreza. Tinha um orgulho especial de outro episódio em que um vendedor ambulante

Lina Bo Bardi ao lado de Lavínia Magalhães e Assis Chateaubriand durante a inauguração do Museu de Arte Moderna da Bahia, Salvador, 1º de janeiro de 1960.

deixou sua cesta de guloseimas, embrulhadas em um pano de prato, na porta da frente do museu e se aventurou pelo salão de exposições. Para ela, esses eram indicadores de interesse e curiosidade autênticos pela arte, e lhe davam a sensação gratificante de que o museu estava alcançando seu objetivo: levar arte ao povo.

A visibilidade das obras no museu era importante, mas a visibilidade do museu no mundo também, e por isso Lina resolveu rever seu antigo projeto para a revista *Brasiliana*. Mudou a abordagem, o formato e o título, e passou a chamá-la de *Revista B*, o que era conveniente por sugerir Brasil e Bahia, além de uma continuação da revista *A, Cultura della Vita*, a publicação que era seu modelo, ao lado de suas recentes "Crônicas" de jornal. Montou um corpo diretivo expandido, só com intelectuais e artistas da região. Entre eles, designou o jovem e irreverente jornalista e aspirante a cineasta Glauber Rocha, que usava o escritório do museu para escrever seus roteiros, para ser o editor-chefe.[82] Opondo-se à influência das elites locais que tinham o controle do MAM-BA, Lina imaginou um periódico capaz de integrar forças progressistas do Nordeste inteiro. A revista *B*, contudo, nunca seria publicada.

Lina se orgulhava do programa nada convencional que criou para o MAM-BA, mesmo tendo acesso a poucos recursos. "Dada a miséria do Estado [...], suas atividades foram dirigidas à criação dum movimento cultural que, assumindo os valores duma cultura historicamente (em sentido áulico) pobre, pudesse lucidamente [...] entrar no mundo da verdadeira cultura moderna".[83] Ela relutava, cautelosa, em chamá-lo de museu de arte moderna. "É preciso também chegar-se a um acordo sobre a palavra moderno", esperava. "Passada a época de revolta contra as correntes 'reacionárias' da arte, cessada a necessidade de 'choque', do escândalo, chegamos ao ponto em que a arte moderna é aceita por todos, é necessário começar-se a construir, considerado encerrado o período da necessidade de 'destruição', sob pena de se fazer parte das vanguardas retardatárias e se ver colocado fora da realidade moderna."[84] Assim, acompanhada por seus pares locais, ela entendia que a associação construtiva entre o museu, a universidade e a vida cotidiana da cidade oferecia um palco tanto para a inovação estética quanto para a transgressão ideológica.

A programação do museu não se limitava às exposições de arte, já que ela esperava que ele se tornasse um movimento cultural e uma escola. Lina acreditava que Salvador e, de forma geral, o Nordeste tinham tomado a dianteira da educação fundamental e dos programas de alfabetização, por meio do trabalho pioneiro de educadores como Anísio Teixeira e Paulo Freire. Em paralelo, sua contribuição seria modernizar o ensino do desenho industrial, promovendo o contato direto entre mestres-artesãos locais e estudantes, e imaginando uma "universidade popular", que beneficiaria as classes desfavorecidas. Ela acreditava no propósito pedagógico do museu, mas preocupava-se, também, com a formação de artistas jovens e de novos públicos para a cultura; queria criar a Escola da Criança, produzir montagens teatrais com Martim Gonçalves e sediar o Cineclube Bahia no auditório improvisado. "Do museu-escola partirá a atenção para as coisas, o respeito por tudo o que o homem representa, a sua escala, o seu autêntico humano",[85] anunciou, em suas anotações visionárias.

Lina abriu as portas do museu a qualquer um que se alinhasse com suas metas de promover a renovação artística e enfrentar o establishment cultural da cidade. Contudo, apesar de ter sido inicialmente bem recebida em Salvador, ela manteve a atitude de desdém em relação às elites locais, que considerava provincianas e mal informadas; uma sociedade de matutos, como os chamava de modo reservado. E ela via Odorico Tavares como seu líder. Com os anos, as diferenças intelectuais e políticas entre os dois foram crescendo e se transformando em uma guerra de poder, sobretudo depois que Chateaubriand (chefe e parceiro de negócios de Tavares, mas também protetor de Lina) teve uma trombose cerebral, que o deixou paralisado, algumas semanas depois da abertura do MAM-BA em Salvador, e, em consequência, começou a perder o controle do próprio império. As desavenças com Tavares acabariam por levar Lina a se demitir do museu, em meio à tensa atmosfera política instaurada pelo golpe militar de 1964.

Antes que isso acontecesse, confiante e em um ambiente de ideias progressistas, Lina lutou, sem o apoio direto de Chateaubriand e de Pietro, para entrar no jogo político das forças conservadoras locais. Desde o início, como diretora do MAM-BA, batalhou, enfrentando grande resistência, para criar um acervo baseado na documentação da produção de artefatos populares e na promoção de cursos inovadores de arte. Não demorou muito a perceber que nadava contra a corrente. Em fevereiro de 1960, logo após a abertura do museu, participou de um jantar com o governador Magalhães, no neoclássico Palácio da Aclamação, para discutir a ideia de organizar a Primeira Bienal Nacional de Arte no MAM-BA. Ela guardou uma foto oficial do encontro, na qual aparece sentada de forma desajeitada em uma peça de mobília pomposa, rodeada por uma arquitetura de frisos, medalhões e guirlandas ornamentais, o tipo de cenário que detestava. Além do governador, aparecem na foto o jornalista e deputado estadual Wilson Lins, Odorico Tavares e Francisco Matarazzo Sobrinho (cujas ideias de promoção das artes não a convenciam). Lina deixou uma nota manuscrita no verso da fotografia expressando sua resignação por ter trazido à baila o "problema do artesanato",[86] que tinha sido tão caro a ela desde a Itália. "O assunto não empolga", escreveu na linha final de sua nota. E concluiu, decepcionada: "Estão dormindo".[87]

A QUESTÃO ERRADA

Apesar de ter lutado, com pouca ajuda, para negociar as exigências políticas de seu cargo, o MAM-BA possibilitou a Lina sair da sombra asfixiante projetada por seu marido e se colocar, ela própria, como figura pública.[88] Seu cargo como diretora do museu lhe dava autonomia e, em termos pessoais, a aliviava de seu papel de primeira-dama do MASP. Ela admirava profundamente Bardi, que acabava de chegar aos sessenta anos, mas também se sentia negligenciada por ele. Ele, por sua vez, sabia que não tinha controle sobre o temperamento volátil dela. Em suas viagens constantes a Salvador, Lina encontrou uma espécie de exílio pessoal, um lugar onde tinha liberdade para fazer aquilo que o marido não gostava que fizesse, como beber para afogar suas mágoas.[89] A relação romântica que ela imaginara entre os dois havia se transformado em uma coabitação amigável, e o casal continuava dividindo a Casa de Vidro sem grandes problemas. Com o passar dos anos, e conforme o cotidiano e as conexões de cada um foram mudando, eles se isolariam mais e mais um do outro. Não só acabariam ocupando quartos separados, como outras mulheres ocupariam o pensamento de Bardi ao longo de sua vida. Ele continuou ancorado em seus velhos hábitos profissionais e pessoais, enquanto Lina partiu para a descoberta de novos mundos e de si mesma. Para ela, Salvador ofereceu, literalmente, uma salvação temporária.

No início de suas atividades à frente do MAM-BA, Lina por um breve período encontrou dois visitantes franceses cujo relacionamento parecia traduzir suas ideias sobre companheirismo que não havia conquistado com Pietro, assim como o papel dos intelectuais e a agenda de um novo humanismo que imaginava. No dia 17 de agosto de 1960, ela assistiu a uma palestra na UFBA apresentada pelo escritor Jean-Paul Sartre. Ele estava fazendo um giro por universidades brasileiras com a mulher, a escritora Simone de Beauvoir, cujo livro *O segundo sexo*, sobre a condição feminina, Lina havia lido. O casal francês chegou a Salvador acompanhado pela esposa do jornalista e líder comunista Lívio Xavier, que os recebera em Fortaleza e que, nos anos seguintes, ajudaria Lina a expandir as fronteiras geográficas de suas alianças no Nordeste.

Algumas semanas depois da polêmica fala de Sartre, Lina escreveu um artigo no jornal local *Diário de Notícias* intitulado "Técnica e arte",[90] em que se alinhava às ideias existencialistas dele, ressaltando que sua missão, como diretora de uma instituição cultural moderna, era "servir à criação humana e acabar com as classificações ('ismos')".[91] Insistia: "A grande Era humanístico-literária acabou",[92] e propunha, em lugar dela, um "novo humanismo", que "tende à fusão, numa visão técnica do mundo, dos problemas culturais. Tende sobretudo a um processo de simplificação".[93] Enquanto o processo de industrialização do Brasil se intensificava, seu interesse por objetos simples do cotidiano ia na direção oposta. Ela sabia que, em outras capitais do Nordeste, cresciam os movimentos de apoio às manifestações culturais populares e esperava que o MAM-BA fizesse o mesmo. Contudo, seus planos de humanizar a produção industrial, associando-a ao conhecimento do homem comum, teriam que esperar.

No dia 10 de outubro de 1960, período da publicação do artigo e da palestra de Sartre, o mesmo jornal publicou uma entrevista reveladora e peculiar com Lina Bo Bardi no suplemento de fim de semana "Revista DN". Desde então esquecida nos arquivos do jornal, a entrevista saiu em uma coluna fixa, que tinha o título irônico de "O assunto errado da semana". A cada semana, o jornal chamava uma celebridade local para comentar um assunto polêmico, e em geral fazia provocações ao entrevistado. Intitulada "Lina Bardi (arquiteto) fala (com base) de divórcio",[94] a entrevista foi ilustrada com fotos em que ela aparece usando um vestido escuro de alças, de verão, em um jantar formal.

O entrevistador, anônimo, apresenta Lina Bardi (sem o nome de solteira) como a nova e abnegada diretora do MAM-BA, afirmando que ela teria preferido falar da culinária local, mas que fora convidada, em vez disso, a opinar sobre algo que era tabu no Brasil da época: o divórcio. Lina não mediu suas palavras nem seu conhecimento da causa, como o título sugere. Foi assertiva e polêmica do início ao fim: "Não seria possível falar de divórcio sem falar sobre a condição da mulher", dizia, mantendo o tópico no centro de suas preocupações. Também não poupou críticas: "A mulher moderna é antiga", declarou, desafiadora, acrescentando: "A não ser em casos extremos de violência e injúria grave, acho que o fracasso do casamento depende principalmente da mulher". O que queria dizer, na verdade, é que o problema estava em a mulher continuar internalizando um papel histórico que já não se adequava à realidade do século XX, sobretudo em um "momento em que o ser humano está se engajando na sua maior aventura existencial".[95]

Consciente do exemplo convencional proporcionado pela mãe e tentando se diferenciar desde muito cedo da atitude conformista que ela tinha, Lina atribuía a "uma estrutura social, [...] uma tradição cultural ou uma educação mal dirigida" o fato de as mulheres continuarem antiquadas. Mas discordava de que a segunda onda do feminismo fosse uma boa alternativa para esse problema, porque colocara "a relação (o rapport) entre os dois sexos no plano do antagonismo, da rivalidade, da desmedida competição profissional". Criticou sobretudo o modelo norte-americano de feminismo: "O exemplo clássico (e errado) da mulher americana assume a posição de travesti, ela procura 'masculinizar-se' para entrar na competição brutal, cotidiana, um verdadeiro 'corpo a corpo' com o homem", declarou, sem papas na língua. "Ora, este tipo de feminismo nunca foi a solução, pois força a mulher a abandonar seu modo de ser."[96]

Mais do que as tradições ou o feminismo americano, ela defendia a igualdade humana: "Tanto o homem como a mulher pensam, sentem, querem e agem com as mesmíssimas funções psicomotoras", propunha. E continuava: "Se a capacidade de pensar e realizar é a mesma, a distinção se fundamenta apenas em uma tradição cultural errada". O problema, para ela, era que, ao aceitar papéis sociais tradicionais — as imposições contra as quais se rebelara desde a juventude —, as mulheres se alienavam delas mesmas, de seu próprio potencial como seres humanos. Ela zombava da "série de preconceitos de que a mulher devia (deve) embonecar-se para conquistar o homem, de que ela é o ornamento do lar (como esses coelhos de Páscoa com um lacinho no pescoço)". Sentia-se incomodada. Diretora de um museu de arte vanguardista, abominava a ideia de que a "mulher é para o lar" e de que precisa "bancar a 'raposinha graciosa' para servir de instrumento dócil e agradável nas mãos do homem". Com altas aspirações em mente, declarou que "a mulher tem os mesmos direitos que o homem de participar da aventura da existência",[97] muito embora, diferentemente das americanas que criticava, ela não oferecesse nenhuma sugestão concreta de como atingir esse estado. Sua posição era mais filosófica do que legal ou política.

De suas leituras prolíficas, citou os instigantes *Ensaios*, de Michel de Montaigne, detendo-se sobretudo em sua ideia renascentista de que "a amizade é um dos pontos essenciais na relação entre os seres". Para corroborar essa visão, parafraseou um verso do Eclesiastes, da Bíblia ("Por que se caírem, um levantará o próximo"), traduzindo-o como: "Um levantará o outro", e sugerindo que "este 'outro' do homem é justamente a mulher". Mas logo refutava essa ideia, perguntando de maneira sarcástica: "Mas convenhamos: qual o homem que se deixaria levantar por uma mulher?". Reafirmou essa dúvida ao citar a visão apocalíptica de Diderot de mulheres aprisionadas pela maternidade na juventude e ameaçadas — talvez fazendo uma previsão sombria do próprio futuro — pelo fato de que "a idade avança, a beleza passa, chegam os anos do abandono, do tédio".[98]

Da experiência ressentida de Diderot com as mulheres de sua família, emprestava a ideia de que "a crueldade das leis civis se reuniu à crueldade da natureza, todas contra a mulher", acrescentando, resignada: "Nunca vi palavras tão amargas e verdadeiras". Lina lamentava o fato de a mulher continuar "a ser alienada, espoliada de sua condição essencial de ser humano". Argumentava que "a mulher não é o sexo frágil", sem apontar as causas sociais desse tipo de preconceito. Na entrevista, elogiava o livro *O segundo sexo*, de Beauvoir, cuja visita a Salvador ainda estava fresca na memória dos leitores do jornal. Lina o considerava uma obra fundamental e um excelente documento sobre a condição feminina. Mas se dizia sentida porque Beauvoir não mencionara nele a experiência da ensaísta e psicanalista Lou Andreas-Salomé, que Lina via, sem explicitar o porquê, como "um exemplo de liberdade absoluta", alguém que "não só colocou o problema da mulher em fria exegese, como sua própria existência".[99]

O que Lina não revelou sobre os escritos e a experiência de vida de Andreas-Salomé, ainda que o sugerisse, foi como a escritora e psicanalista alemã havia buscado a companhia de homens, alguns deles artistas e intelectuais talentosos e conhecidos, como Paul Rée, Friedrich Nietzsche, Friedrich Carl Andreas e Sigmund Freud, na juventude, e o jovem Rainer Maria Rilke, na velhice, e definido suas relações com eles. Lina admirava o exemplo de Andreas-Salomé por ela ter coabitado com homens com o firme propósito de estabelecer uma comunidade acadêmica afetuosa e entusiástica, na qual viveriam como iguais, mas não necessariamente como amantes. Lina havia chegado perto dessa experiência na época em que discutia o futuro da arquitetura e se divertia com seus amigos homens na Pensione Eldorado, em Milão, durante a Segunda Guerra. Também admirava o interesse que Andreas-Salomé tinha por seus companheiros homens como amigos que se amavam, mas não como parceiros íntimos; e, provavelmente, também a ideia de casamento da escritora como uma união celibatária insondável, na qual amigos românticos se inspiram e cuidam uns dos outros de forma platônica e atenciosa, ideal no qual Bardi jamais se encaixou. Depois desse exemplo, Lina dizia que não considerava o "caráter de contrato" essencial ao casamento, mas lamentava que "os homens e as mulheres não estão ainda maduros para assumir esse tipo de responsabilidade", e por isso se divorciavam.[100]

Ela concluiu a entrevista ao *Diário de Notícias* declarando que "a solução para o *rapport* 'homem-mulher' não é nem casamento nem divórcio, e sim aquele espírito de companheirismo que Montaigne tão bem definiu".[101] Lina evocaria constantemente sua proposição filosófica de uma amizade romântica — que, de forma ambígua, baseia-se no clássico paradigma homoerótico grego da afeição entre os homens, mais do que em relações heterossexuais — para descrever suas aspirações idealistas e uma certa inveja que tinha das amizades masculinas. Ainda assim, é esse depoimento raro sobre a modernidade da visão e da experiência de vida de Andreas-Salomé que lança luz sobre como Lina Bo Bardi se debateu, desde a juventude, contra as convenções de gênero e os vínculos afetivos convencionais. No entanto, diferente da introspectiva Andreas-Salomé, Lina nunca procurou fazer autointerpretação ou tratamento psicanalítico, mantendo as dificuldades de sua infância — como os conflitos que envolviam sua identidade de gênero e sua ligação afetiva com os pais — bem ocultas de si mesma e dos outros. E, por tê-las mantido assim, dadas as imagens opostas de pai e de mãe que guardou da infância — um pai permissivo, caloroso e imaginativo, e uma mãe severa, fria e convencional — e as políticas fascistas de sua juventude, ela provavelmente internalizou uma percepção cindida entre uma identidade masculina positiva e uma condição feminina negativa. Ainda assim, em vez de questionar as estruturas sociais do patriarcado, que estavam (e estão) nas raízes das desvantagens experimentadas pelos que não se moldam às convenções heteronormativas — como fizeram as feministas da segunda geração, que ela desprezava —, Lina acreditava que bastava uma mudança de mentalidade. Em vez de igualdade de direitos, ela almejava igualdade de identidades.

Lina não via, nessa forma de pensar, os problemas da condição social da mulher como injustiça política, mas sim as restrições sociais ao sexo feminino como um dilema que poderia ser superado intelectualmente. Ela aspirava àquilo que via como os privilégios de ser homem, por exemplo, o poder e a amizade. Sua percepção polarizada das realidades masculina e feminina, na qual favorecia a primeira, pode tê-la impedido de compreender e de se emancipar do desconforto (que é provável que projetasse nas críticas avassaladoras que fazia a outros, sobretudo a mulheres que achava vulneráveis) e da raiva (que talvez direcionasse a si mesma, em seus muitos episódios depressivos) de se identificar com as imagens tradicionais de mulher, lutando contra convenções sociais e contra a sua dificuldade de estabelecer vínculos afetivos. Apesar de idealizar o modelo de relação praticado por uma mulher psicanalista como Andreas-Salomé, Lina não foi capaz de se dedicar à análise de si própria com a mesma naturalidade com que se envolvia em cruzadas culturais e intelectuais. Ao passo que projetava uma ideia romantizada de humanidade em seus escritos e desenhos, dentro dela, ao evitar seus dilemas emocionais, ela permaneceu dolorosamente divorciada das profundezas de sua condição humana.

Lina aparentava jamais ter processado por completo os sentimentos — e, talvez, traumas — arraigados no solo fértil, mas instável, das construções intelectuais que, de modo imaginativo, criou para ancorar a frágil arquitetura de sua solidão existencial. Procurava, sobretudo com Pietro, um tipo de companheirismo que, a despeito de seu desejo, jamais a satisfez; depois que chegou à meia-idade, tentou substituí-lo pelas relações de trabalho que cultivou com homens mais novos, e que não representavam para ela nenhuma ameaça emocional. Com eles, criaria espaços arquitetônicos e narrativas curatoriais notavelmente humanizados. Ao conceber, na maturidade, edifícios que a fizeram conhecida como uma arquiteta de grande originalidade, ela projetou para o exterior um mundo que queria aberto, caloroso e acolhedor, compensando sua realidade interna, de difícil acesso, que se fazia sentir vazia e inabitável. Apesar de sua generosidade criativa, Lina Bo Bardi poucas vezes chegou a se beneficiar do aconchego e da alegria que imaginou com tanta esperança para os outros.[102]

ALMAS BELAS E ALMAS MENOS BELAS

Enquanto falava de forma negativa sobre divórcio a um jornalista de Salvador, Lina recebeu notícias positivas de São Paulo. Edmundo Monteiro — diretor-executivo do museu e representante do império midiático de Chateaubriand depois do derrame que deixara o magnata paralisado — havia chegado a um acordo com o prefeito Adhemar de Barros, que aprovou o uso do terreno abandonado do Trianon para transferir o MASP para a avenida Paulista. Populista e conservador, o prefeito não tinha o menor interesse em arquitetura, mas via o potencial benefício político de associar sua administração a um museu moderno, e usou verbas dos cofres públicos da cidade para acrescentar esse troféu à sua campanha eleitoral para a presidência, embalada por slogans de construção e desenvolvimento. Sua decisão de bancar a transferência do MASP, estabelecendo com o museu um contrato de aluguel renovável, de longo prazo e por um custo simbólico, foi um alívio enorme para os Bardi, que viviam na incerteza do futuro de Chateaubriand, o deles próprios e do museu sem o apoio do empresário.

Lina estava em Salvador quando foi convocada para rever sua proposta inicial para o terreno do Trianon em São Paulo. E foi o que ela fez, com ajuda do engenheiro-arquiteto Olavo Fonseca e de alunos de arquitetura da UFBA, que esboçaram as primeiras plantas detalhadas.[103] As imagens apresentadas ao prefeito não eram muito diferentes dos estudos preliminares que ela fizera em 1957. A maior parte dos ajustes que ela fez no projeto do MASP, em 1960, diziam respeito às relações volumétricas e espaciais entre o museu, o hall cívico e a cidade. Ela também intensificou o uso de elementos naturalistas, desenhando, por exemplo, uma escada escultural, "como o tecido de uma folha",[104] que ligaria de forma orgânica o terraço ao museu acima dele, mas que nunca foi construída. Ela suprimiu irregularidades geométricas e redesenhou um hall cívico envidraçado de dois andares, com uma entrada independente na rua de baixo, além de floreiras contínuas em zigue-zague ao redor do terraço e do edifício, que remetiam a seus primeiros estudos da estrutura piramidal com jardins suspensos.

A construção começou em meados de 1960. Lina viajou a São Paulo entre agosto e setembro e, depois, voltou a Salvador, onde continuou a receber, por telegrama, os boletins de Bardi sobre a construção.[105] O terreno na avenida Paulista foi cercado por tapumes, e sobre eles foram colocadas duas grandes placas, voltadas para a avenida, que na época era mais estreita — tendo sido alargada nos anos 1970 — e cruzada por trilhos de bonde. Em uma das placas, lia-se o nome da construtora responsável; a outra anunciava: "Obra de construção do novo Edifício Trianon" e, logo abaixo, "uma conquista do prefeito Adhemar de Barros", com o nome grafado em enormes letras maiúsculas contra o fundo branco. Ao lado, em uma placa bem menor que as duas de propaganda do governo, lia-se a frase "Projeto: arquiteta Lina Bo Bardi", seguida do número de seu registro profissional.[106]

Atrás dos tapumes de compensado, o terreno em declive foi escavado até o nível da rua de baixo para permitir a construção das fundações e do hall cívico sobre o qual o museu seria erigido. Em fevereiro de 1961, muros de contenção foram erguidos em toda a volta do terreno, e as quatro grandes sapatas das colunas que sustentariam o museu foram implantadas. Pouco depois, porém, a obra parou: o mandato do prefeito chegara ao fim e ele não havia sido eleito presidente. Adhemar de Barros era conhecido na imprensa e nos círculos populares como um político corrupto. Mesmo assim, Lina o admirava, como em geral fazia com homens de ação poderosos, fazendo vista grossa para a contradição entre as críticas que ela tinha das elites que controlavam o Brasil e sua anuência em relação às manobras políticas que a beneficiavam profissionalmente. Anos mais tarde, ela falaria dele como um "homem muito educado, diferente do que as pessoas dizem".[107] Após a interrupção da obra do MASP, Lina intensificou suas atividades em Salvador, tendo de esperar até voltar da Bahia para ver o museu ser erigido e concluído. "Quando a construção recomeçou", contou ao amigo Bruno Zevi no começo dos anos 1970, "eu me tornara uma outra pessoa."[108]

A transformação que a Bahia possibilitou a Lina teve muitas facetas, pessoais e intelectuais. Enquanto a construção do MASP começava em São Paulo, entre 1960 e 1961, ela viveria mais uma experiência transformadora como designer, trabalhando para o MAM-BA. Martim Gonçalves a convidou para colaborar com ele e o maestro Johannes Hoemberg, assistente de Koellreutter, na montagem da *Ópera de três vinténs*, de Berthold Brecht, com música do compositor Kurt Weill.[109] Politicamente, a parceria ofereceu uma oportunidade para a universidade e o museu se aproximarem. Pessoalmente, abriu para Lina o campo da criação de figurinos e cenários — que ela preferia chamar de arquitetura cênica[110] —, consolidando a relação, recorrente em sua carreira, entre teatro e arquitetura. "O teatro", ela escreveu na época, é "um dos meios mais diretos de propaganda cultural uma vez que reúne, em síntese, todas as outras artes".[111] Uma década mais tarde, nos anos de chumbo da ditadura militar no Brasil, ela diria que o teatro era a sua forma de fazer política.

Lina e Martim Gonçalves decidiram montar o espetáculo não no pequeno auditório da Escola de Teatro, mas no palco em ruínas do Teatro Castro Alves. "Pensei em reconstruí-lo [...] como teatro popular moderno, sem a anacrônica mecanização do palco e com cenas laterais; sem a 'decoração' pretensiosa",[112] ela escreveu, alguns anos depois, sobre a experiência. A estrutura ampla, inacabada e parcialmente destruída pelo fogo, oferecia uma locação dramática para uma montagem feita em um período acalorado da história da cidade e do país. A ópera popular de Brecht e Weill fora concebida na República de Weimar, período de democracia liberal na Alemanha, entre o fim do Antigo Império e a ascensão do nazismo, sendo encenada pela Escola de Teatro de Salvador em um momento de crescente tensão política no Brasil.

Irônica e dura, a *Ópera de três vinténs* era ao mesmo tempo épica e anti-heroica, e casava perfeitamente com a atitude irreverente de Lina em relação a convenções estéticas e sociais. Além disso, a mensagem crítica implícita de Brecht — de que traição e oportunismo prevaleciam à lealdade pessoal e aos interesses coletivos — não estava longe dos conflitos e das contradições que ela, Bardi e seus parceiros enfrentavam quando lutavam para realizar seus objetivos culturais, artísticos e educativos. A pergunta colocada pela peça sobre quem é mais criminoso — quem abre ou quem rouba um banco? — ecoava de forma reveladora a ideia que ela costumava repetir, em diferentes versões, de que "existem 'belas almas' e almas menos belas. Em geral, as primeiras realizam pouco, as outras realizam mais".[113]

A dupla trabalhou de modo diligente na produção. Eles se alternavam, às vezes, mas sem nunca perder o enorme entusiasmo que tinham pelo trabalho e um pelo outro. Ela seguiu as diretrizes visuais dele, que repetiam as primeiras linhas do texto de Brecht: "Vocês ouvirão agora uma ópera. Porque ela foi planejada de forma tão pomposa, como só um mendigo poderia sonhar, e porque ela deveria ser tão barata, que até os mendigos possam pagar, ela se chama *A ópera dos três vinténs*".[114] Tudo era muito simples em sua proposta. E tudo ficava à vista, numa casualidade coreografada: os cabos, os controles, os atores, o público e o processo construtivo das arquibancadas e dos elementos de palco, tudo cercado por tapumes de madeira, como em um canteiro de obras.[115] Os atores brandiam cartazes de protesto escritos à mão com frases como "Almoço de pobre é café" e "Vítima da arbitrariedade militar", lembrando os espectadores dos abusos do passado político do Brasil e pressagiando os tempos que estavam por vir. A montagem incomum — e, paradoxalmente, cara — de Martim Gonçalves e Lina, que estreou no dia 16 de novembro de 1960, deixou tanto seus admiradores quanto seus detratores chocados. Questionados sobre o preço do ingresso, que era alto, eles acabaram decidindo abrir as portas do teatro para espetáculos gratuitos.[116] Depois da noite de estreia, ninguém teve que gastar mais nenhum vintém para ver a peça.

Seis meses depois da provocativa montagem da peça de Brecht e Weill, em junho de 1961, Lina colaborou com Martim Gonçalves em outra produção teatral. Dessa vez, era um tributo ao autor francês Albert Camus, que ela conhecera no Rio de Janeiro logo depois de chegar ao Brasil, e que falecera havia pouco. Martim Gonçalves resolveu montar *Calígula*, outra peça polêmica sobre lutas morais. Dessa vez, Lina usou a experiência visual que adquirira no trabalho cênico anterior e criou tanto o cenário quanto os figurinos da peça. Reutilizou a estrutura adaptável que criara para a *Ópera dos tres vintens*, dando a ela um tratamento ainda mais despojado. A história de um homem que arrasou o mundo em torno de si, negando a própria humanidade à custa de animosidade constante, perversão e desdém — e que se autodestruía no processo —, parecia apropriadamente dramática em um teatro semidestruído.

As referências à morte — misturadas a artefatos regionais rústicos — eram convincentes, tanto no palco quanto no livreto que Lina criou para ser distribuído ao público. A contracapa era emoldurada por uma mancha vermelha que parecia escorrer de alto a baixo, na extremidade esquerda, como sangue. Para complementar esse gesto gráfico, ela escreveu um texto breve que respondia ao conflito cultural generalizado do momento e à crise política crescente que Martim Gonçalves enfrentava dentro e fora da Escola de Teatro. Cada vez mais, ele era acusado de produzir montagens alienadas e estetizadas. A situação pegou fogo quando um grupo de atores marxistas e radicais deixou a escola, acusando Martim Gonçalves de ser autoritário e elitista como diretor e como encenador.[117] Os ataques se estendiam à gestão de Edgar Santos à frente da universidade, que era cada vez mais acusado de atender apenas a interesses de grupos dominantes, nacionais e internacionais.

O texto de introdução à montagem de *Calígula* escrito por Lina falava da vida e da morte de Camus e, ao mesmo tempo, defendia sua posição e a de Martim Gonçalves. Ela concordava com os detratores que "a denúncia solitária, sem consequência, é burguesa" e que "o humanitarismo como piedade abstrata é burguês",[118] mas também louvava Camus por "sua voluntária renúncia a uma posição extremamente válida no quadro da cultura moderna — a de progressista — para chegar à qual o intelectual contemporâneo, às vezes, se ergue até os compromissos extremos".[119] Mas ela não manteria essa posição por muito tempo. Sentia que os tempos estavam mudando, assim como suas alianças. Aos poucos, começou a se inclinar na direção do debate passional e revolucionário que inflamava a esquerda cultural do país no período, configurando uma imagem complexa e nuançada da posição política que foi assumindo à medida que tentava conciliar provocação e privilégio.

Embora Lina tenha sido poupada da maior parte dos ataques públicos na época, a imprensa local incluiu em suas críticas o uso da concha do teatro semidestruído pela Escola de Teatro e em algumas filmagens para as quais emprestava o espaço.[120] Ela não ficou calada, porém; como diretora do museu, fez sua defesa: "Isto é ideia de um teatro antidemocrático, longe da concepção moderna de teatro", disse, em entrevista a um jornal local.[121] Mas suas palavras não foram suficientes para apaziguar o conflito crescente. Preocupado, o governador reviu suas prioridades e mandou parar a reconstrução do teatro, atrapalhando os planos de Lina de reformar a estrutura inteira. Concluída a produção de *Calígula*, em julho de 1961, ela foi às pressas à Itália: recebera a notícia de que seu pai estava doente.[122]

Quando Lina voltou da Europa para Salvador, no começo de agosto, encontrou um cenário conturbado. Foi um período extraordinário, mas muito difícil. A celeuma cultural incendiara a vida da cidade, com o clima político e cultural esquentando no resto do país. Cada vez mais, as elites locais viam Martim Gonçalves e, até certo ponto, Lina como encrenqueiros, enquanto grupos radicais locais achavam que eram forasteiros pouco confiáveis. Essa percepção ambivalente de sua posição, que já vinha da montagem da ópera de Brecht, era um grande peso nos ombros dos dois. O legado de quinze anos de Edgard Santos à frente da administração da universidade também estava em risco. Seus programas artísticos passaram a ser vistos com desconfiança por estudantes radicais que defendiam a cultura popular revolucionária ditada pelo viés marxista que permeava a União dos Estudantes da Bahia.

Enquanto muitos estudantes davam início a uma campanha de difamação contra Martim Gonçalves, o reitor da universidade e os programas culturais apoiados pelo gabinete do governador, um dentre eles — o jovem jornalista e cineasta Glauber Rocha, que no início resistira às ações de Lina e de Martim Gonçalves em Salvador, mas acabara por apoiá-las — escreveu um texto pungente em sua defesa alguns meses antes, anunciando tempos tensos à frente. "A guerra que as novas gerações devem abrir contra a província", Glauber escreveu, "deve ser imediata: a ação cultural da Universidade e do Museu de Arte Moderna são dois tanques de choque [...]", acrescentando que "os clarins da batalha foram tocados pelas grandes exposições do Museu de Arte Moderna e pela montagem da *Ópera dos três vinténs* de Brecht".[123] Ele também alertava para a crescente radicalização e polarização que Lina vivenciaria nos anos seguintes, antecipando que "no dia em que o governador Juracy, o escritor Jorge Amado, o cantor Caymmi e a bela Marta estiverem mortos, a Bahia não passará de uma digna sepultura saudosista".[124] A sentença de morte cultural de Martim Gonçalves, que estava a caminho, se seguiria a essas palavras proféticas. Para Lina, o xeque-mate demoraria um pouco mais.

UMA UNIVERSIDADE POPULAR

O período entre 1961 e 1964 marcou uma virada radical na vida pública do país, que reverberou em Salvador, correspondendo a um tempo de desafios cada vez maiores para as ideias culturais e pedagógicas de Lina como diretora do MAM-BA, levando-a à radicalização de suas ideais, mas também a um isolamento crescente. O Brasil também estava mudando de maneira radical. O sonho dos anos dourados da classe média branca da década de 1950, promovido pelas políticas desenvolvimentistas federais, havia produzido não apenas a festejada Brasília, como também uma crise econômica grave e instabilidades políticas e sociais no país inteiro. Nesse contexto, a realidade das classes menos favorecidas — o povo brasileiro, que Lina e outros intelectuais progressistas brasileiros tanto louvavam — ficou cada vez mais politizada.

O presidente Kubitschek deixou, ao fim de seu mandato de cinco anos, uma dívida externa sem precedentes, inflação e índices de pobreza inalterados como contrapartida de seus projetos megalomaníacos de modernização. Foi sob tais circunstâncias que as negociações do MASP com Adhemar de Barros não vingaram: ele foi derrotado, em 1960, por seu oponente, Jânio Quadros, um populista imprevisível que já havia sido prefeito e governador de São Paulo. No entanto, nem ele durou muito no governo. Combinando uma visão social conservadora e uma ação política errática, o presidente Quadros calculou mal o gesto teatral que fez ao renunciar ao cargo menos de um ano depois de assumi-lo. Para sua decepção, ninguém veio a seu socorro. Sob a pressão cada vez maior da ala conservadora do Exército, que tinha o apoio das tradicionais elites brasileiras e a ajuda do governo norte-americano, sua renúncia foi aceita sem alarde. O tiro saiu pela culatra, criando um problema ainda maior: um processo conturbado de sucessão presidencial,[125] com os mesmos grupos reacionários tentando evitar (sem sucesso) que seu vice-presidente, João Goulart — ou Jango —, um nacionalista reformista, assumisse.

A plataforma progressista de políticas sociais de Goulart gerou uma oposição feroz entre os conservadores brasileiros.[126] As oligarquias tradicionais, associadas a setores conservadores das classes médias, começaram a organizar manifestações de resistência ao seu governo, e conseguiram que as Forças Armadas impusessem um estado de segurança nacional.[127] Juntos, aqueles setores começaram a planejar um golpe de Estado, que acabaria acontecendo três anos depois, em março de 1964, com apoio de grupos militares, sociais e políticos, e, na Bahia, com a participação velada do governador Magalhães. Ainda que tivesse apoiado a criação do MAM-BA, sua visão de cultura e sociedade nascera do mesmo solo patriarcal em que Lina tentava plantar suas ideias inovadoras.

Dirigindo o museu, ela observava como o clima de descontentamento social galopante dividia os mundos da cultura e da política brasileiras. Consciente da força que os movimentos populares haviam ganhado nos anos anteriores, Lina começou a acalentar a ideia de expandir a programação do museu para uma escola de desenho industrial pioneira, baseada em tradições populares. Ela via ressonância no fato de muitos intelectuais liberais brasileiros pensarem a cultura como território de ação e de transformação social, ainda que fizesse vista grossa para o fato de que a continuidade entre identidade nacional e popular que defendiam com frequência tangenciava o nacionalismo e o populismo dogmáticos dos grupos conservadores.[128]

Nesse clima de polarização, ela começou a sentir as tensões que as mudanças no cenário cultural e político nacional iam criando no coração da UFBA. Pressionado por alunos e pela imprensa — incluindo Odorico Tavares —, o reitor Santos se viu coagido a abandonar seu posto. No dia 8 de junho de 1961,[129] enquanto Lina e Martim Gonçalves terminavam a produção de *Calígula*, Santos assinou sua carta de demissão, que produziu um efeito dominó devastador em seus programas culturais, sobretudo na Escola de Teatro. Martim Gonçalves começou a temer por seu futuro, já que a cruzada de Tavares na imprensa se voltava também contra ele,[130] e Lina percebeu que teria de fazer novas alianças se quisesse sobreviver como diretora do MAM-BA.

Cinco semanas depois do afastamento de Santos, Martim Gonçalves deixou seu posto de diretor da Escola de Teatro, em agosto de 1961.[131] Voltaria para o Rio de Janeiro alguns meses depois, em 1962, fundando lá uma nova companhia, o

Teatro Novo. Nesse meio-tempo, Tavares seguiu apoiando o trabalho de Lina, mas não por muito tempo. Foi um período muito desafiador. Ela tentou defender a reputação de Martim Gonçalves na imprensa depois de sua demissão, assim como encontrar alternativas à parceria com ele e dar continuidade ao seu próprio trabalho, pleiteando um convênio[132] entre o governo do estado, a universidade e o MAM-BA, mas não teve sucesso. Em meio a tudo isso, em setembro de 1961, ela expôs no museu os testemunhos visuais pungentes do sofrimento humano da artista Käthe Kollwitz — um lembrete incômodo do trabalho curto, mas significativo, que ela e Martim Gonçalves haviam sido obrigados a interromper, e um vislumbre do discurso de consciência social que ela abraçaria sozinha nos anos seguintes.

A virada de 1961 para 1962 foi marcada por muito pesar na vida de Lina. Vulnerável e solitária, ela buscava forças naquilo que a enfraquecia, encontrando não raro conforto na bebida. A construção do MASP em São Paulo estava parada, sem solução à vista, e seu relacionamento com Bardi ficava cada vez mais distante, ainda que eles continuassem leais um ao outro em termos intelectuais; e ela se preocupava com seu adorado pai, que já passava dos oitenta anos, frágil e doente, na Itália. Em meio a tanta crise, temendo perder sua posição e independência, ela decidiu se candidatar, no dia 13 de outubro de 1961, a uma vaga de professora no curso de arquitetura da UFBA, afiançando, na carta de apresentação, que era brasileira naturalizada e tinha um bom portfólio profissional.[133] Contudo, como não havia criado nenhum relacionamento importante no meio arquitetônico de Salvador, e dada a resistência dentro da instituição a suas ideias não convencionais, sua candidatura não foi adiante. Era muito tarde para reverter os fatos. Quando Martim Gonçalves foi embora, Salvador perdeu uma de suas lideranças culturais mais importantes, e Lina, seu maior e mais importante aliado na cidade, tanto em âmbito pessoal quanto intelectual.

Como sua ligação com a universidade fora cortada, ela retomou o plano inicial de criar e dirigir uma escola sozinha. Suas conversas prévias com Cravo e Martim Gonçalves foram fundamentais no processo; criados na região, ambos tinham grande admiração pelo artesanato e pelas tradições locais, que viam como parte da vida cotidiana, e não como manifestações folclóricas. Meses antes, nas comemorações do primeiro aniversário do MAM-BA, no dia 6 de janeiro de 1961 (na época, ainda trabalhando com Martim Gonçalves, antes que a crise interrompesse a parceria), Lina anunciou a criação do que ela chamava Universidade Popular. Seu plano era colocar a iniciativa em prática em 1962, o que, de fato, fez.

Tratava-se de sua reação crítica ao processo de criação, no Rio de Janeiro, da Escola Superior de Desenho Industrial (Esdi), que seria inaugurada em 1962. A escola carioca era baseada no modelo da Escola de Ulm de Max Bill, cujo racionalismo abstrato ela havia criticado como inadequado à realidade do país, em seu primeiro artigo sobre desenho industrial escrito no Brasil, publicado na *Habitat* uma década antes.[134]

Como sempre, Lina Bo Bardi encontrava recursos intelectuais e artísticos para compensar suas angústias. A lembrança de sua experiência na Itália no começo dos anos 1940 — quando se dera conta, de maneira intensa, do debate sobre a incorporação das tradições artesanais à produção industrial,[135] capitaneado por Gio Ponti — ganhava novo significado em Salvador. O ambiente cultural que fermentava no Brasil no começo dos anos 1960 lhe oferecia uma boa oportunidade para expandir seus programas educativos e curatoriais para um novo centro cultural, "um movimento, uma escola", que faria um "sério trabalho cultural" de "extrema democracia",[136] como ela anunciara ao dar início a suas atividades no MAM-BA. Lina tinha em mente montar um museu que documentasse a produção artesanal local e uma escola de desenho industrial que incorporasse o conhecimento de artesãos e designers.

Ela equiparava sua Universidade Popular a uma escola com um programa duplo.[137] Haveria um curso de "projetista de desenho industrial", voltado a "alunos de escolas de arquitetura, engenharia e desenho técnico", e um curso de "mestre de ofício", voltado a "operários com conhecimento profissional elementar rudimentar". Em sua concepção, os dois grupos se sobreporiam, dividindo um currículo que incluiria história da arte, desenho e representação técnica, além do acesso a exposições temporárias e a uma biblioteca. A "produção de objetos padrão", como definia, de caráter genuinamente brasileiro, seria, ao menos em teoria, o objetivo final dessa soma de esforços. Assim, embarcou nesse feito heroico.

Seu desejo inicial de criar um paralelo cultural ao modelo técnico italiano ou de ensino moderno europeu logo se revelou ilusório. Por um lado, apesar de ter em mente o exemplo de Gio Ponti, por conta da realidade brasileira, ela não concordava com a posição dele de que a aculturação de artefatos e práticas populares devesse eliminar sua rusticidade. Por outro lado, também rejeitava o formalismo abstrato da estética funcionalista adotada pela Esdi carioca, sob influência de Max Bill. Considerava essa abordagem "fácil, gratuita e inútil".[138] Seu interesse, que ironicamente se guiava pela palestra de 1953 em que o mesmo Max Bill criticara a arquitetura brasileira modernista, estava na vida cotidiana, na simplicidade e na contextualização histórica e cultural. Mais do que nas experiências europeias do século XX, ela relacionava a ideia de uma universidade popular ao tipo de formação técnica envolvida nas artes menores — termo que considerava inadequado, por ser redutor —, algo frequente na história da Itália, das guildas da Alta Idade Média à fase da manufatura pré-industrial. Em um artigo preparatório, escrito em dezembro de 1960, ela sumarizava sua posição híbrida: "O objeto de uso comum, 'belo' [...], o amor ao particular, cuidado e simplificado, serão, para o homem ocidental, os novos valores".[139] Mais uma vez, via nascer uma bela criança.

E, com aqueles objetivos em mente, deu à luz uma escola de desenho industrial regional fundada na interação entre formação acadêmica de vanguarda e forças de produção populares.[140] Mas já havia chegado à conclusão de que as bases da modernidade europeia não podiam ser encontradas no Brasil, em especial no Nordeste, onde não havia nem tradições artesanais e técnicas fortes nem produção industrial estabelecida. Diante dos limites dessa realidade, encontrou motivação no mundo dos artesãos leigos que descobrira trabalhando com Martim Gonçalves na exposição Bahia, de 1959. No sertão pobre e árido do Nordeste brasileiro, Lina vislumbrou uma "civilização" que precisava ser "estudada tecnicamente (ainda que a palavra *técnica* seja usada aqui para definir um tipo primitivo de trabalho)".[141] Achava que esse tipo de tradição deveria ser coletada, documentada e compreendida, para poder ser incorporada a novos modelos pedagógicos e de manufatura visando à simplificação técnica, o que concretizava sua crença de longa data de que "para fazer um cabide, basta um prego", como já havia escrito anos antes.[142]

Ela aspirava a uma via alternativa que envolvesse negociação com o criador leigo — sua versão do bom selvagem —, mas que fosse em última instância determinada por novas regras, traduzindo sua própria visão: algo no meio do caminho entre a renovação e a reconciliação de instituições culturais e estéticas tradicionais e modernas, entre manter o privilégio e usá-lo para causas pessoais e coletivas, e entre ser uma arquiteta total, como lhe havia ensinado Giovannoni, e uma intelectual pública, como havia descoberto em suas leituras de Gramsci. Ela decidiu investir em expandir o MAM-BA, transformando-o em escola e em museu de arte popular, e criou para isso um projeto promissor, mas que não estaria a salvo de contradições, mal-entendidos e incidentes.

Lina começou a empreender esse grande esforço depois que Martim Gonçalves se demitiu da universidade e voltou para o Rio de Janeiro. Ela acabou mantendo à sua volta um círculo de colaboradores bem pequeno e levava uma vida social cada vez mais isolada, para a qual colaboravam seu temperamento contestador e sua dificuldade com as relações humanas.[143] Mario Cravo Jr. continuou sendo um amigo leal, além de Renato Ferraz, Glauber Rocha e Sante Scaldaferri, seus assistentes no museu; mas ela não mantinha relação próxima com quase mais ninguém em Salvador. O governador Magalhães e sua esposa apoiavam as decisões de Lina à frente do museu, mas o mandato dele se aproximava da segunda metade sem perspectiva de reeleição. Brigas políticas em torno da reforma do Teatro Castro Alves também forçavam Lina a encontrar uma locação alternativa para o museu. E ela seguia hostilizando Odorico Tavares, ao criticar os trabalhos de seus protegidos e vetar a exibição das obras no MAM-BA, dizendo com desdém que "molhavam o pincel em óleo de dendê".[144] É possível que ela se achasse intocável, livre para fazer comentários devastadores, muito embora o poderio de Tavares crescesse cada vez mais, à medida que as condições de saúde e a capacidade de comando de Chateaubriand declinavam.

Quando a rede de apoio de Lina em Salvador começou a encolher, ela encontrou alguma esperança ao ser apresentada por Cravo a um grupo de artistas do Recife, que haviam criado pouco antes o Movimento de Cultura Popular (MCP). Essa iniciativa compreendia uma série de programas educativos e artísticos que vinham sendo promovidos pela administração do prefeito socialista Miguel Arraes desde maio de 1960. Entre aqueles artistas estavam Abelardo da Hora, o líder do grupo, e Francisco Brennand, cujos trabalhos ela exporia em uma mostra individual em abril de 1961, em Salvador.[145] Ao ressaltar o trabalho em cerâmica de Brennand, que se baseava em elementos da cultura popular, ela colocava em questão, de forma alegórica, a necessidade de uma autonomia nacional nas artes, que definia como um "impasse na cultura brasileira".[146] Aqueles encontros no Nordeste, mas fora da Bahia, ampliariam a geografia cultural de Lina, radicalizando sua visão e enchendo-a de um entusiasmo revigorado. No entanto, sua radicalização traria consequências dramáticas.

AS BATALHAS DO AMANHÃ

As atividades de Lina em Salvador culminaram entre 1962 e 1963 quando ela se empenhou para concretizar o plano anunciado um ano antes de criar um grande centro de documentação, pesquisa e educação dedicado à arte popular e ao desenho industrial. Apesar de todas as evidências contrárias, o momento parecia auspicioso. Com as políticas de reforma do presidente João Goulart no horizonte, as Ligas Camponesas protestando por reforma agrária e estudantes universitários e artistas engajados em fazer política de base, tudo indicava que o Nordeste — se não o país inteiro — afinal sairia de sua longeva condição de subdesenvolvimento, arcaísmo e provincianismo. O debate cultural andava vivo e confiante.

"Conversávamos muito", Lina escreveria em retrospecto, descrevendo a colaboração que mantinha com o artista Mario Cravo Jr., o cineasta Glauber Rocha e o escritor João Ubaldo Ribeiro. "E, naquela época", acrescentou, "nosso grupo [...] tinha só um pensamento: coroar o povo brasileiro, permitindo que tivesse a integração social à qual tinha amplo direito."[147] Ela tinha, sim, aspirações ideológicas, mas não sonhava com a insurreição social como alguns de seus contemporâneos brasileiros mais radicais. Em vez disso, assumia uma posição de mediadora: queria reinscrever o conhecimento do homem leigo no processo de industrialização, como uma forma de voltar a encantar e de humanizar a manufatura, dando a ela a aura dos objetos feitos à mão e, até certo ponto, o sentimento de uma brasilidade profunda.

Seguindo a sugestão de Cravo, ela encontrou exemplos concretos para validar seus planos no Recife, no Movimento de Cultura Popular e na recém-criada Artene (Artesanato do Nordeste), subdivisão da Sudene (que também ficava na capital pernambucana), implementada pelo ministro do Planejamento, Celso Furtado, a quem seria apresentada pelo governador Magalhães.[148] Cabia à Artene apoiar financeiramente o trabalho de artesãos rurais, como ceramistas, marceneiros e tecelões, para ajudá-los a sair da condição de pobreza e a fazer a transição para a produção industrial. Se aquele órgão oferecia um modelo econômico concreto, foi no MCP que Lina achou sua bússola conceitual. Ela ficou particularmente interessada nas iniciativas do grupo e imaginou expandir a missão do MAM-BA na direção de um museu-escola baseado em princípios similares. Chegou até mesmo a adaptar alguns termos que eles haviam cunhado para a sua própria empreitada.

Lina não deixou muitos registros do tipo de relação que manteve com os integrantes do MCP no Recife, mas tinha grande entusiasmo por eles, e os contatos formais e informais que teve com o grupo deixaram uma marca importante em seu projeto de museu e de escola. O movimento do Recife fora fundado oficialmente no dia 13 de maio de 1960, cinco meses depois do MAM-BA. Mas seus programas políticos, culturais e pedagógicos haviam crescido mais rápido e em terreno mais sólido e liberal do que ela encontrara em Salvador.

Entre os representantes do MCP, além do artista Francisco Brennand — cujo trabalho ela havia exibido no museu —, Lina conheceu o artista e líder comunitário Abelardo da Hora, que estava na linha de frente da iniciativa e por quem ela teria uma admiração duradoura. Com apoio total da administração socialista de Miguel Arraes, Da Hora usou o Sítio da Trindade, conjunto histórico que havia sido expropriado pela prefeitura para fins sociais, como centro do movimento.[149] Também conseguira reformar praças públicas em bairros pobres, transformando-as em palcos para espetáculos ao vivo e programas educativos.[150] Da Hora queria criar uma espécie de "universidade popular", termo adotado por Lina,[151] para democratizar o acesso de grupos socialmente desfavorecidos à arte e à educação. Sem qualquer preocupação arquitetônica, ele reformara a casa-grande da fazenda para receber as atividades pedagógicas e erguera um anfiteatro a céu aberto para peças e festas populares. O sítio do MCP abrigava oficinas de arte e de dança, uma orquestra infantil, um coral e um teatro de bonecos, todos já em atividade no Recife.

Com um nome que homenageava o movimento Peuple et Culture, nascido da Resistência Francesa,[152] o MCP tinha como objetivo despertar a consciência do potencial revolucionário do povo como poderosa força social e cultural.[153] Como Lina, eles consideravam a cultura um processo cíclico, que emergia do cotidiano e a ele voltava. Ela aspirava a um novo humanismo, como seus colegas do Recife, mas não tinha interesse em se engajar com as massas da mesma forma. Ainda assim, achou os programas de arte do movimento particularmente atraentes.[154] Chamou sua atenção, sobretudo, o Centro de Artes Plásticas e Artesanato do MCP, que oferecia oficinas abertas de cerâmica, têxteis, tapeçaria, cestaria, gravura e escultura, voltadas tanto à formação profissional quanto ao desenvolvimento de uma produção industrial doméstica.[155] Ela não aderiu de todo à sua retórica política radical. Seu interesse era técnico e se limitava a "pesquisar tradições populares, programas de auxílio a artesãos e a apresentação de manifestações populares".[156] Assim, em outubro de 1962, Lina organizou uma pequena mostra de artesanato e desenho industrial no MAM-BA, uma prévia do projeto para criar uma nova escola.

Além do MCP do Recife, o interesse de Lina na cultura cotidiana das populações regionais coincidia com o surgimento de museus humanistas em todo o

Nordeste. Entre eles, estava o Museu de Arte da Universidade do Ceará, dirigido por Lívio Xavier em Fortaleza, e o Museu de Antropologia do Recife, que combinava arte popular e indústria caseira para buscar, na descrição do sociólogo Gilberto Freyre, uma "etnografia matuta e sertaneja". Com a socióloga Violeta Arraes, que era irmã do governador de Pernambuco e trabalhava com o educador Paulo Freire, Lina imaginou um projeto colaborativo que coordenasse esses esforços regionais. Em um de seus diários, deu a si mesma um papel de liderança nesse intercâmbio. "Fundar um triângulo", escreveu, ao lado de um diagrama simples que conectava três pequenos círculos: "Fortaleza ([Lívio] Xavier), Pernambuco ([Francisco] Brennand), Bahia (*io* [eu])", unidos para organizar uma "antibienal".[157]

Conforme ia fazendo amizade com grupos de fora de Salvador, para compensar o fato de que estava começando a cair em desgraça tanto entre os líderes conservadores quanto entre os progressistas locais, Lina Bo Bardi ampliou a abrangência do MAM-BA na direção das manifestações populares, na expectativa de alargar seu escopo geográfico-cultural. Via seu projeto de uma nova "escola-museu-movimento" como um passo importante na modernização crítica do desenho industrial brasileiro e para o seu próprio reconhecimento como uma voz relevante nas lutas culturais do país. Inspirada nessas iniciativas culturais regionais, sobretudo na experiência do MCP, ela mergulhou de cabeça em seu Projeto Unhão, que englobava o MAM-BA e o Museu de Arte Popular (MAP).[158]

Lina decidiu rebatizar o projeto, que chamara originalmente de Universidade Popular, como Escola de Desenho Industrial e Artesanato. Desmembrou-o em duas partes: o Centro de Estudos do Trabalhos do Artesanato (Ceta), formatado nos moldes do programa da Artene para mapear e apoiar manifestações populares ameaçadas;[159] e, acima de tudo, o Centro de Estudos Técnicos do Nordeste, que deveria funcionar como uma escola alternativa de desenho industrial. Ela esperava que essa escola criasse uma ponte entre o legado das vanguardas modernistas e as práticas criativas espontâneas do povo brasileiro, promovendo uma interação entre mestres-artesãos locais e estudantes universitários. Achava que essa unificação seria "um marco em nossa civilização: a produção artística amarrada à vida prática; o artesanato transformado em desenho industrial".[160]

Diferentemente do MCP do Recife (que era gerido por um comitê), Lina centralizava a maioria das decisões. Isso lhe permitia ir além dos objetivos deles, mantendo, ao mesmo tempo, o controle tanto dos currículos quanto do aspecto arquitetônico do projeto. Mas havia um entrave prático à realização de seus planos: eles não cabiam nas instalações temporárias improvisadas no foyer e no porão do Teatro Castro Alves. Além disso, ela estava sendo pressionada a sair do teatro, que deveria entrar em reforma. Ela acabaria encontrando em Salvador uma locação análoga ao Sítio da Trindade, e suas habilidades permitiram que chegasse a resultados curatoriais e arquitetônicos com que o grupo de Recife jamais sonhara.

De início, a ideia de Lina era construir uma estrutura nova e independente para o museu; para sua decepção, contudo, não conseguiu convencer o governador Magalhães nem sequer a procurar um terreno vago.[161] Seu mandato estava chegando ao fim, e ele não tinha perspectiva de seguir carreira política no governo da Bahia. Mesmo assim, surgiu uma oportunidade para ela em 1962, quando ele decidiu executar uma obra de infraestrutura que estava atrasada havia muito tempo: a construção da avenida Contorno (oficialmente avenida Lafayete Coutinho). Essa obra daria acesso direto ao conjunto de construções históricas conhecido como Solar do Unhão, o mesmo que Martim Gonçalves pensara em usar para abrigar um museu de arte popular.

O conjunto, que inclui um casarão, uma capela e um punhado de galpões de tamanhos diferentes, construídos a partir do século XVII, ficava originalmente isolado fora da cidade, e era ocupado, àquela altura, por uma pequena torrefação de café e um cortiço.[162] Poderia ter sido derrubado se não ocupasse um aterro que se projetava para a baía, e se um grupo de preservacionistas locais não o tivesse arrolado, na última hora, como patrimônio histórico. Lina conhecia o lugar desde que chegara a Salvador. O Unhão, que caía aos pedaços, não havia mudado muito desde que Martim Gonçalves o apresentara a ela, em 1958: um amontoado de galpões e construções cobertos de musgo e fuligem. Ela não estava convencida do potencial do conjunto, e continuou a demandar um espaço novo.[163]

Com insistência, Mario Cravo Jr. por fim conseguiu fazer Lina Bo Bardi ver que estava se arriscando com tanta resistência. Sem o apoio político e midiático que Chateaubriand lhe oferecera nos primeiros tempos em Salvador, quando ele ainda estava saudável e na ativa, sua rede de proteção política se fragilizara. Ela havia rompido com Tavares, por causa de seu antagonismo aberto contra as ambições curatoriais limitadas e contra os protegidos dele.[164] Cravo a avisou que, após o fim do mandato de Magalhães, nenhum outro governador lhe ofereceria o tipo de apoio que recebera dele, e que ela precisava agir rápido. Alertou que Lina acabaria na rua com suas pinturas se não aceitasse a oferta de mudar o museu para o Unhão.[165] Ela finalmente se resignou a acatar as circunstâncias e comunicou sua concordância ao conselho de diretores do museu.

Encontrou, então, apoio no empreiteiro Norberto Odebrecht, que havia substituído Edgard Santos no conselho e estava encarregado da construção da avenida Contorno. Odebrecht teve um papel instrumental nas negociações com o governador Magalhães, que afinal concordou em desapropriar o conjunto do Unhão, ao lado das obras da avenida, e destiná-lo ao museu. A equipe da construção teve cerca de oito meses apenas para completar a transferência do museu do Teatro Castro Alves para o conjunto colonial antes do fim do mandato do governador, em abril de 1963. Sem orçamento destinado ao museu, contudo, as velhas construções tiveram de ser reformadas com dinheiro desviado da obra da avenida, mediante um *imbroglio* administrativo obscuro.[166]

A reforma do Unhão foi feita às pressas e envolveu uma série de contratempos técnicos e pessoais, além de irregularidades. O processo de desapropriação não foi tranquilo. Por um lado, houve enorme resistência da parte do dono da torrefação, que chegou inclusive a ameaçar Lina de morte.[167] Por outro lado, a resposta dos defensores do patrimônio a seu projeto de adaptação do conjunto não foi tão violenta, mas nem por isso foi mais fácil. Ela teve um entrevero sério com o historiador Godofredo Filho, que integrava o conselho do museu e era, mais do que isso, o poderoso conservador-chefe do escritório local do Instituto do Patrimônio Histórico e Artístico Nacional, o Iphan. Em vez de consultá-lo sobre as diretrizes oficiais de preservação, Lina tocou o projeto sem se dar ao trabalho de preencher a papelada apropriada para requisitar avaliação técnica e aprovação. A obra foi embargada. Sem o apoio político de Tavares, ela perdeu as esperanças e voltou por um tempo a São Paulo, deixando seu assistente, Renato Ferraz, incumbido de negociar com o Iphan para obter o alvará formal, permitindo que a obra fosse concluída.[168] Por fim, a vontade de Lina prevaleceu, e a reforma recomeçou em junho de 1962, o que a fez voltar a Salvador.

Nesse período de espera e nas outras viagens que fez entre Salvador e São Paulo, ela continuou a acompanhar o lento avanço da obra do MASP na avenida Paulista e a assombrar os operários quando aparecia no canteiro, aborrecida e frustrada. Também fez alguns estudos para edifícios, que, à exceção da Casa do Chame-Chame, em Salvador, nunca foram construídos, ainda que tenham lhe dado oportunidade de exercitar sua imaginação arquitetônica. Entre esses estudos, havia casas para terrenos tipicamente paulistanos — retangulares, em declive,

Lina Bo Bardi em visita ao canteiro de obras do Solar do Unhão, durante a recuperação da estrutura para criação do Museu de Arte Popular, Salvador, 1962.

em bairros residenciais. Também realizou um estudo para o Complexo das Artes, um arranha-céu na rua Pamplona, perto do Trianon, atendendo provavelmente a interesses comerciais de Pietro.[169] Chegou até a produzir um breve estudo para um museu dedicado ao mármore na Toscana, nos arredores da cidade de Seravezza, nos alpes Apuanos. Acabou abandonando aqueles estudos, cada um em um ponto diferente de desenvolvimento, mas todos reafirmavam sua busca constante por uma arquitetura concebida em diálogo com a natureza.

Dividida entre seus estudos arquitetônicos e as batalhas envolvidas no projeto de reforma do Unhão, Lina continuou a organizar uma média de 22 exposições por ano no MAM-BA entre 1962 e 1963. As mostras de artesanato e desenho industrial e de arte soviética, que montou em outubro e novembro de 1962, respectivamente, atestavam o contraste entre suas atividades em São Paulo, em geral convencionais, e os interesses radicais que mantinha em Salvador. Seu dia a dia nas duas cidades era também muito diferente. Em São Paulo, ela contava com a estrutura e a comodidade de sua casa e do MASP. Em Salvador, levava uma vida isolada no Hotel da Bahia, enfrentando lutas políticas e administrativas com grande ansiedade e quase nenhum apoio.[170] Enquanto isso, ela e Pietro continuaram a ter um relacionamento prático, porém distante. Apesar de discordar das escolhas de Lina, ele com frequência lhe enviava livros comprados a pedido dela sobre uma miríade de temas, de teatro a socialismo, de África a maoismo. Em uma das cartas que mandou com a encomenda bibliográfica, ele ressaltava: "Uma contribuição à atualização de sua cultura para as batalhas do amanhã, em relação às quais desejo continuar um estranho".[171] Lina lamentava o afastamento entre eles. E, para seu grande pesar, nesse período ela sofreu uma das perdas mais difíceis em sua vida.

Em novembro de 1962, alguns meses depois do início da reforma do Unhão e logo após a exposição de artesanato no MAM-BA, Lina pegou um avião às pressas para Milão.[172] Dessa vez, fez um voo melancólico, pensando não em trabalho ou em diversão, mas na triste notícia do falecimento do pai. Depois de alguns anos de conflitos no casamento com Bardi e um ano depois de ver sua animadora parceria com Martim Gonçalves se romper, a morte do pai amplificou sua sensação recorrente de perda e a ligação vacilante que mantinha com o resto da pequena família em Milão, sobretudo com a irmã e a mãe, que se tornava frágil e dependente. Mas a tristeza não a deteve. Lina se debatia emocionalmente, mas se mantinha firme em relação às suas convicções intelectuais. Daí vinha muito da sua resiliência e da sua coragem.

DOCUMENTOS, NÃO MONUMENTOS

Ao voltar ao Brasil depois do funeral do pai, no fim de 1962, Lina se viu em mais um verão escaldante em Salvador, onde a reforma do Unhão avançava. A maior parte do trabalho foi feita de forma empírica e poucos desenhos sobreviveram, além de alguns com detalhes construtivos. Assimilando o comentário que ouviu de Lúcio Costa ao chegar ao Rio de Janeiro, de que bastava rabiscar com uma vareta na areia para comunicar uma ideia arquitetônica, ela deixou de se preocupar com desenhos técnicos. Em compensação, estava constantemente na obra, supervisionando o trabalho, tomando decisões e fazendo alterações de última hora, o que também lhe criava problemas pessoais. Além dos confrontos políticos que tinha com homens influentes, ela precisou enfrentar a mentalidade machista de operários pouco qualificados e grosseiros, que se negavam a receber ordens de uma mulher. Pelo menos em teoria, sua intenção era boa: ela queria reduzir a divisão entre arquitetos e pedreiros, expurgando o caráter anônimo e degradante do trabalho manual.[173] Na realidade, porém, nem os trabalhadores eram exemplos do nobre caráter do povo que ela idealizara nem ela era a mulher submissa que eles esperavam.

Ela se comportava de forma fria e agressiva no ambiente hostil do canteiro de obras, e acabou tendo vários desentendimentos com operários, que eram muitas vezes resolvidos com a intervenção de seu assistente do museu, Renato Ferraz. Segundo ele, "ela não era de negociar e tendia a impor suas decisões".[174] Contudo, uma mulher com outro temperamento teria dificuldade de fazer o que ela fez em circunstâncias tão adversas. O sotaque estrangeiro de Lina e sua postura — ela começou a mancar um pouco, por causa da pesada bolsa de couro que carregava para todo lado —,[175] além do fato de estar quase sempre vestida com roupas pretas em um lugar onde a maioria das pessoas usava cores claras, contribuíram para tornar sua presença na obra inesquecível, quando não incômoda. Como Mario Cravo Jr. estava na Alemanha com uma bolsa da Fundação Ford, Ferraz era uma das poucas pessoas com quem ela ainda podia contar de fato em Salvador. Até o governador Magalhães havia seguido para o Rio de Janeiro depois de concluir seu mandato, em abril de 1963. Algumas semanas antes de partir, em 31 de março de 1963 — por coincidência, exatamente um ano antes do golpe de Estado que ajudaria a organizar —, Magalhães promovera a inauguração oficial do Solar do Unhão. Mas Lina Bo Bardi ainda teve de aguardar oito meses para abrir o museu ao público.[176]

Durante aquele período de espera, ela se queixou de seu crescente isolamento em uma carta a Pietro, que respondeu em tom sarcástico, dizendo: "Querida Lina, eu consigo te suportar; na verdade, sou a única pessoa que consegue te suportar. Ainda te amo de forma genuína, sem nenhum rancor, mesmo depois de tantos anos de amolação".[177] O ambiente em que se encontrava era tão solitário e desafiador que Lina teve vontade de pedir demissão, como havia feito em outras situações de tensão e de incerteza ao longo da vida. No dia 15 de agosto de 1963, ela escreveu uma carta falando de seus dilemas a Lavínia Magalhães, que havia se afastado do conselho do museu e partido com o marido para o Rio de Janeiro. Um mês depois, Lina recebeu dela uma resposta que captava de forma clara a tribulação emocional por que passava na época: "Vença sempre as suas horas de desestímulo e desalento pelo bem da cultura baiana", escreveu a ex-primeira-dama, depois de mencionar a "presença admirável" de Lina e seu "espírito de sacrifício".

"Não largue de nenhuma forma, no meio", apelava, "a obra a que se consagrou. Creia que terá sempre o meu aplauso e reconhecimento de baiana."[178]

Lina resolveu ficar. Continuou organizando exposições no foyer do Castro Alves enquanto trabalhava no novo museu. Também criou uma versão revista da exposição Bahia, de 1959, ampliando-a para abranger todo o Nordeste, na tentativa de envolver seus novos parceiros regionais. A exposição marcaria a abertura do Solar do Unhão ao público, no dia 3 de novembro de 1963; conforme ela registrou, o MAM-BA estava "definitivamente instalado na ala esquerda, próximo à ampla praça aberta para o mar".[179] Além do pequeno galpão reservado à arte moderna, o casarão e a capela eram os dois elementos mais proeminentes do conjunto e abrigavam, respectivamente, o Museu de Arte Popular, como pièce de résistance, e a biblioteca e o auditório. Os galpões ao norte, longos e baixos, foram reservados ao Centro de Estudos e Trabalho Artesanal, que teve vida curta e oferecia onze oficinas com "onze artesãos e 44 alunos selecionados da escola-parque experimental Carneiro Ribeiro".[180] Lina chegou a produzir o estudo preliminar de uma casa coberta de plantas, como a Casa do Chame-Chame, para o gestor do museu (é provável que fosse ela mesma) na colina próxima aos arcos do viaduto do Contorno, com vista para a Baía de Todos os Santos. No entanto, aquela ideia jamais se materializou.[181] O projeto de um restaurante aberto ao público, que serviria refeições subvencionadas para alunos e funcionários, teve o mesmo destino.[182]

A contribuição arquitetônica e projetual mais original que Lina deixou ao complexo foi a escadaria que adicionou ao casarão colonial que servia de sede ao MAP. Ela projetou com cuidado uma escada helicoidal de madeira cujo desenho reorganizava o espaço entre os dois andares, como um baldaquim no transepto que cruza a nave das igrejas barrocas. Os degraus se sucedem em espiral em torno de um mastro central, presos por vigas laterais com juntas sobrepostas, conectadas às colunas preexistentes com encaixes de cunha e espigas de madeira, num sistema que faz referência à construção de carros de boi, um símbolo da simplicidade camponesa do sertão nordestino e da Itália da infância de Lina. Como muitas escadas que projetou com enorme fascínio ao longo de sua carreira, a escadaria do Unhão é uma peça de grande inventividade, síntese entre a sua concepção de desenho industrial e arquitetura. Engenhosa e poética na estrutura e na geometria, ela serviu tanto à circulação diária quanto a espetáculos de dança e de teatro encenados no casarão ao longo dos anos, comprovando as ideias de

Lina sobre o protagonismo das pessoas no espaço. Ainda mais, a escadaria e a reforma do casarão foram o modo irreverente e criativo que ela encontrou para responder aos conservacionistas locais.

Anos depois de concluir o Projeto Unhão, Lina se lembraria da importância das lições que aprendeu com Gustavo Giovannoni em Roma: "Na Bahia, de repente percebi que suas aulas de restauro haviam me feito entender com profundidade os problemas das fábricas antigas".[183] Evocando o método filológico dele, ela tentou não embalsamar o Solar do Unhão, tornando-o um memorial intocável, como os funcionários do Iphan esperavam. Em vez disso, eliminou elementos excessivos e neutralizou e unificou as estruturas preexistentes com uma boa demão de cal. Não deixou nenhuma dúvida sobre como pensava o valor e a reutilização de edifícios históricos quando, já nos anos 1980, rabiscou uma breve mas profundamente significativa nota de leitura em uma folha de papel-jornal. Nela, transcreveu uma citação de Michel Foucault: "A história é aquilo que transforma documentos em monumentos". Sem hesitar, na linha de baixo, escreveu em francês: "Eu, eu acredito no exato oposto disso",[184] e assinou seu nome.

Apesar de sua interpretação ser, na verdade, análoga à de Foucault, ela, de maneira apressada, não se deu conta disso. Foi com o mesmo espírito desafiador, romântico e revolucionário que Lina abordou os artefatos da exposição que montou para a abertura do Museu de Arte Popular: como se fossem uma coleção de documentos. Organizou uma pequena mostra de trabalhos abstratos e figurativos, que chamou de Artistas do Nordeste, para o novo salão do MAM-BA, mas guardou a maior parte de sua energia para a grande exposição Nordeste, que reunia utensílios feitos à mão e objetos de extração popular nos dois andares do casarão reformado.

Ao entrar no MAP, os visitantes se deparavam com uma grande imagem entalhada em madeira de um indígena brasileiro, virada na direção das portas vermelhas. No andar térreo, Lina colocou uma jangada de pesca de tronco de palmeira, carrancas e seis pilões de madeira com seus respectivos socadores pendurados no teto por um arame fino — cada um em uma altura diferente, sugerindo o movimento de seu uso. No andar de cima, Lina expôs objetos cotidianos de influência indígena e africana em um enorme mostruário de pequenos utensílios. A peça central do andar era uma versão rústica da Vitrine das Formas que criara para o MASP da rua Sete de Abril, dessa vez com caixotes de pinho empilhados, formando uma fileira que cortava a sala na transversal. O resultado foi uma composição variada de formas e cores.

Para explicar o conceito da exposição, Lina criou um livreto com uma xilogravura em preto e branco na capa (à maneira dos cordéis nordestinos que Martim Gonçalves colecionava) e o título "Nordeste" impresso com tipos de madeira e letras maiúsculas, vermelhas.[185] Dentro, explicava: "Esta exposição que inaugura o Museu de Arte Popular do Unhão deveria chamar-se Civilização do Nordeste",[186] conceito relacionado à sua cruzada simbólica e material por um novo humanismo, baseado na transformação dos valores culturais e dos meios de produção. "Esta exposição", continuava, "procura apresentar uma civilização pensada em todos os detalhes, estudada tecnicamente." [187] Em uma frase única, irreverente, acrescentou: "Matéria-prima: o lixo". Embaixo, lembrando-se de suas conversas com Glauber Rocha sobre o que ele chamava de "estética da fome", listava: "Lâmpadas queimadas, recortes de tecidos, latas de lubrificantes, caixas velhas e jornais. Cada objeto risca o limite do 'nada', da miséria". [188]

A exposição Nordeste foi aberta em um momento de escalada das tensões políticas no Brasil. Um mês antes da abertura, em outubro de 1963, o Exército brasileiro declarara estado de emergência, passando para um período de gestação o plano de um golpe de Estado, que germinava desde 1961.[189] A despeito das mudanças políticas, Lina concluiu seu texto para o folheto com uma declaração ainda mais audaz que ecoava o discurso inflamado da esquerda cultural durante a gestão reformista de João Goulart, e lembrava o despertar político que ela vivera quando trabalhava na revista *A, Cultura della Vita*. Voltando seu foco para as habilidades criativas de sobrevivência desenvolvidas pelo povo brasileiro, ela evocava sua parceria com Carlo Pagani e Bruno Zevi, declarando: "Esta exposição é uma acusação". E insistia: "É uma acusação não humilde, que contrapõe às degradantes condições impostas pelos homens um esforço desesperado de cultura".[190] Sua coragem não passou despercebida.

Apesar das diferenças entre os dois, Pietro estava orgulhoso das façanhas de Lina. No dia seguinte à abertura da exposição, escreveu a ela uma carta — como sempre, em italiano — encorajando-a a seguir em frente com seus projetos, apesar dos muitos obstáculos. "Você não precisa mais descansar, precisa estar sempre fazendo alguma coisa", lhe dizia. O vínculo afetivo ambivalente entre os dois também se fazia presente em suas palavras. "Querida Lina", seguia, "você diz que não penso. Eu penso mais que o necessário. Só não quero que as outras pessoas saibam. Te amo, sem saber disso." [191] Talvez essas palavras tenham levado um sorriso contido de alívio a seus lábios. Qualquer palavra de validação ajudava, já que ela não apenas enfrentava tensões políticas como também sofria com a falta de recursos por conta das dificuldades financeiras do museu, sobretudo depois do fim do mandato de Juracy Magalhães.

No começo, o conjunto não tinha água nem eletricidade, e os operários precisaram puxar energia da iluminação pública da avenida Contorno de maneira clandestina.[192] Essa gambiarra técnica feita às escondidas, ironicamente, era o lado sombrio e oficioso da dura realidade que Lina esperava revelar com objetos estetizados na exposição Nordeste. E o improviso não ficou só na estrutura física. Apesar de seu valor inquestionável, a mostra foi organizada com menos rigor que a mitologia em torno dela faz crer. As incursões de Lina ao sertão não passaram de meia dúzia de viagens de carro — inclusive a Monte Santo, um povoado a poucas centenas de quilômetros de Salvador, em junho de 1963, para visitar as filmagens de *Deus e o Diabo na Terra do Sol*,[193] de Glauber Rocha — e algumas viagens de avião ao Recife e a Fortaleza. Além do mais, ela não coletou pessoalmente as peças da exposição.[194] Tampouco representando a rigorosa documentação científica que desejava para a escola de desenho industrial, vindas na maior parte das coleções de Martim Gonçalves, Mario Cravo Jr. e Lívio Xavier, as peças compunham um mosaico irregular. Mesmo assim, a exposição serviu a Lina, de forma alegórica, como um libelo que reorientou suas afiliações políticas e pessoais, em um tempo em que muito da vida cultural brasileira era permeada pela irreverência e pela denúncia social.

Se mais tarde Lina diria que a Bahia e o Nordeste tinham um tipo de fermento e de violência que dava autenticidade e personalidade à cultura brasileira,[195] é provável que a percepção desses traços derivasse, em princípio, mais do imaginário de uma classe média letrada e, com razão, enraivecida — e esperançosa de que o mundo voltasse a se encantar —, do que do contato direto e sistemático com o sertão, seus habitantes e, sobretudo, sua árdua luta diária pela sobrevivência. Ainda assim, foi em Salvador que Lina começou a dar sinais de sua abordagem antropológica do desenho industrial e da arquitetura, e de sua virada ideológica à esquerda, que se concretizaria na década seguinte, duas características pelas quais ficou conhecida na maturidade. Apesar de não ter podido realizar outros projetos no museu baiano, suas intenções eram boas e sua atitude, corajosa.

Depois da exposição Nordeste, de 1963, ela planejava montar outra mostra,

Lina Bo Bardi ao lado do cineasta Glauber Rocha, em visita a Monte Santo, na Bahia, durante filmagem de Deus e o Diabo na Terra do Sol, *1963.*

intitulada África-Bahia, com imagens do fotógrafo e etnógrafo Pierre Verger. Na sequência, viriam mais três exposições etnológicas, em sintonia com outros pensadores importantes da realidade brasileira: a primeira, Índios Brasileiros, baseava-se no trabalho do antropólogo Darcy Ribeiro; a outra se chamaria São Paulo pelos Imigrantes, uma parceria com o sociólogo Octavio Ianni, que na época estudava injustiça social e desigualdades; e, por fim, uma mostra sobre a Europa e a Península Ibérica. Contudo, pouca coisa aconteceria no Unhão depois da abertura do MAP, e ela precisou se contentar a voltar àqueles temas só muitos anos mais tarde. Mesmo as atividades do MAM-BA no Teatro Castro Alves foram reduzidas, limitando-se a exposições pautadas pelos interesses de Odorico Tavares, a despeito da resistência obstinada e impulsiva que Lina opunha a ele.[196]

Os recursos do museu minguavam conforme as forças políticas que haviam apoiado a modernização cultural de Salvador iam mudando suas alianças, e ela precisou procurar apoio em outros lugares. Em janeiro de 1964, viajou ao Recife para solicitar que a Sudene, através do então ministro do Planejamento Celso Furtado, ajudasse a subsidiar o Solar do Unhão, mas não teve sucesso. Um mês depois, foi a Roma fazer uma palestra sobre suas atividades recentes para alunos do amigo Bruno Zevi na Escola de Arquitetura.[197] No entanto, a experiência em sua antiga faculdade não foi boa. Lina se irritou com a reação negativa dos italianos ao seu trabalho e ficou ofendida quando os alunos riram dos slides de carrancas, confundindo-as com carros alegóricos do Carnaval de Viareggio. O que mais a magoou foi Zevi não ter entendido que sua apresentação sobre o Projeto Unhão atestava um retorno aos princípios que os dois haviam compartilhado na juventude, logo depois da Segunda Guerra. "Mencionei tudo isso na apresentação que deixei em seu escritório", escreveu, em carta a ele, alguns meses depois, "mas você não leu, acredito."[198]

Lina voltou a Salvador decepcionada e, nos meses seguintes, usou diversas vezes sua posição de diretora do MAM-BA para tentar fazer a exposição Nordeste viajar pelo país e para o exterior.[199] Entre as cartas que escreveu, há uma, datada de 5 de março de 1964, em que volta a acionar o ministro Celso Furtado, depois de saber que "o Itamaraty está organizando uma exposição de artesanato do Nordeste semelhante à da Bahia, destinada aos países do Mercado Comum Europeu".[200] Ela aproveitou a oportunidade para desfazer o mal-entendido que acontecera quando o visitou no Recife, dois meses antes, para falar de seus projetos curatoriais e pedir apoio para suas iniciativas educativas. Ela tentou esclarecer o que não conseguira explicar antes: "O senhor interpretou a exposição Bahia como uma apologia artística pró-status quo: a consolação através da arte em lugar do planejamento econômico e da solução técnica". Tentando comprovar seu compromisso e seriedade, ela concluiu: "Retomando o trabalho do Unhão, na Bahia, senti que optei pelo Brasil não por transferência sentimental, mas por fria condição histórica".[201]

No dia 5 de abril de 1964, exatamente um mês depois, no auge da profunda crise política que tomou o Brasil,[202] Furtado enviou uma resposta afável a Lina, elogiando o trabalho que ela fizera em prol do Nordeste e concordando que, se houvesse mais tempo, eles poderiam ter chegado a um acordo melhor. Ele também achava que certas formas de produção artesanal deveriam ser sustentadas enquanto não esgotassem suas possibilidades, mas também alertava que, ao isolar práticas tradicionais de artesanato como "marcos culturais, nos arriscamos a criar elementos de rigidez na estrutura social". Eles não voltaram a se comunicar por três anos, quando ele lhe respondeu por carta, depois de nova insistência, professando seu desinteresse em "tudo o que contribui para compatibilizar a vida do homem com a miséria", e sugerindo que isso fosse "destruído, ainda que por esse meio estejamos tornando inviável a sobrevivência da comunidade".[203] Furtado, sem uma visão estética e elaborada da cultura, continuava achando que Lina enxergava monumentos, e não documentos. Embora magoada, no entanto, ela jamais se esqueceu do seu comentário: a arte não pode ser um consolo para a miséria.

MIO MUSEO!

Cada vez mais, o contexto político de Salvador da época da criação do complexo do Unhão lembrava o ambiente tenso que Lina Bo Bardi vivera no fim da Segunda Guerra. A ansiedade social escalou nos primeiros meses de 1964. A insistência do presidente em reformas econômicas que ampliassem a distribuição de renda e a reforma agrária — comandada pelo ministro Celso Furtado —, além da radicalização dos movimentos de esquerda e o medo dos grupos abastados dominantes, fomentavam uma situação explosiva. Rotulada de ameaça socialista, as políticas reformistas encontraram grande resistência em manifestações públicas contra o governo, orquestradas por setores conservadores da sociedade civil brasileira, da Igreja e do Exército, incluindo uma marcha anticomunista promovida por grupos católicos de Salvador.[204] A situação também preocupava círculos internacionais, sobretudo o governo norte-americano.

A polarização política se agravou depois do discurso que o presidente Goulart fez, no dia 13 de março de 1964, defendendo suas propostas, que incluíam a nacionalização de refinarias privadas de petróleo. Uma manifestação de grupos religiosos conservadores, apoiada pelos governadores Adhemar de Barros e Juracy Magalhães, que pouco antes haviam patrocinado os projetos de Lina, foi seguida por uma revolta de centenas de marinheiros que apoiavam as reformas econômicas. Por fim, no dia 30 de março, a situação chegou a um clímax de tensão quando o presidente apelou para o baixo escalão do Exército para conter os movimentos conservadores.[205] Esse episódio precipitou o golpe de Estado que vinha tomando forma nas semanas anteriores, com apoio da maior parte da imprensa, incluindo as edições locais do *Diário de Notícias* publicadas por Tavares, que representavam também os interesses de Chateaubriand.

Na manhã seguinte, no dia 31 de março de 1964, o clima se converteu em ameaça concreta ao presidente quando este se recusou a cassar o influente e agressivo Comando Geral dos Trabalhadores (CGT), sob pressão de um general do Exército, que respondeu colocando suas tropas na rua. Goulart apelou ao Congresso Nacional para deter o golpe, mas era tarde demais: ele já não tinha apoio suficiente. Enquanto isso, os comandos militares se reuniram, organizaram suas tropas e tomaram as ruas do país.[206] No dia 1º de abril, o Senado declarou a presidência vaga e Goulart partiu para o exílio.[207] Depois de dez dias de desacordo entre generais do Exército, o Congresso Nacional colocou na presidência o general Castello Branco, o primeiro da sequência de presidentes militares que substituíram duas décadas de democracia populista por um modelo de modernização autoritário e conservador, intensificando a oposição entre grupos políticos.[208]

Quando o golpe eclodiu, Lina Bo Bardi estava a salvo em sua Casa de Vidro, em São Paulo. Em uma longa carta que escreveu a Zevi quatro meses depois, contou que, naquele mesmo dia, estava fazendo uma palestra na USP sobre seu trabalho de criação do Museu de Arte Popular. Ainda ressentindo a incompreensão do amigo, disse a ele que sua fala fora a última a promover "um debate livre sobre o papel do arquiteto brasileiro nos tempos de hoje, na situação de hoje, na cultura brasileira de hoje; uma cultura pobre e desmitificada, de parcas ferramentas".[209] Contudo, com as mudanças políticas no Brasil e em especial no Nordeste, ela estava incerta quanto à continuidade de seu trabalho em Salvador. O MCP do Recife havia sido desmantelado depois da prisão do governador Miguel Arraes, tratado como traidor da nação, no dia 1º de abril. O Exército estacionou dois tanques no gramado do Parque Trindade. Queimaram documentos, destruíram obras de arte que pertenciam ao movimento e indiciaram os profissionais envolvidos. Do Movimento de Cultura Popular sobraram apenas cinzas.

Com o fim do movimento no Recife e o isolamento crescente que vivia em Salvador, Lina começou a perder as esperanças no seu Projeto Unhão. Não tinha mais interlocutores, nem sequer parceiros para desenvolver seu plano de intercâmbio cultural na região. Além disso, o regime militar amplificava a crise interna das esquerdas, fazendo seu pêndulo ideológico saltar da socialização da cultura para a politização extrema das atividades culturais, o que incluía a opção pela luta armada,[210] algo que, na prática, não atraía o interesse de Lina Bo Bardi. No país inteiro, o clima político ficou saturado, com muita confusão, perplexidade e desconfiança. As ondas de perseguição a lideranças progressistas no Nordeste se estenderam a Salvador, sobretudo entre os movimentos estudantis e as lideranças culturais. Alguns dias depois do golpe, o cardeal de Salvador conduziu uma passeata do centro da cidade até o Campo Grande, parando em frente ao MAM-BA, para agradecer a Deus e ao comando militar por salvar o país do que considerava ser uma ameaça comunista.[211] A nova reitoria da universidade publicou uma moção de apoio ao golpe, facilitando o controle policial das manifestações estudantis e demitindo professores acusados de acreditar no comunismo.[212] O MAM-BA não foi poupado nesse processo, o que deixaria Lina em uma posição vulnerável.

Logo depois que as tropas do Exército ocuparam as ruas da cidade, um comandante e um major apareceram no Teatro Castro Alves procurando por Lina Bo Bardi. Renato Ferraz, seu assistente, mandou um telegrama cautelosamente cifrado para São Paulo. "Não traga de maneira nenhuma a exposição Picasso, não temos condições de recebê-la",[213] escreveu, tentando aconselhá-la a não aparecer em Salvador, sob o risco de ser intimada ou até mesmo presa em meio às investigações da junta militar.[214] Ela entendeu a mensagem e ficou em São Paulo enquanto ele tentava acalmar alguns conspiradores que conhecia na cidade. Apesar de Lina ter sugerido, no fim da vida, que não voltou mais ao museu depois do golpe de 31 de março de 1964, ela retornou, de fato, a Salvador para trabalhar, ainda que se mantendo em estado de alerta, depois que Ferraz conseguiu costurar com habilidade um acordo de cavalheiros com líderes do comitê de investigação militar local. Ele os convenceu a aceitar o fato de que, apesar de ser uma pessoa difícil, ela não estava envolvida com causas comunistas.[215]

Mas o retorno dela à cidade deixaria Tavares, ainda um integrante importante da diretoria do museu, com o pé atrás. De sua parte, ele não aprovava os planos de Lina para o Teatro Castro Alves e para o Solar do Unhão, e buscava uma forma de tomar o poder no museu. Ela, por sua vez, sentia-se usada por ele, e, em retaliação, com frequência o chamava de "mero colecionador" com interesses particulares.[216] Apesar da relação abalada entre os dois, ele, de maneira astuta, deu um testemunho favorável a ela na investigação militar sobre suas atividades em Salvador.[217] Colocando as diferenças de lado, ela datilografou uma carta diplomática de gratidão a ele assim que voltou a Salvador, reconhecendo: "Seu testemunho a meu favor foi correto, dada a evidência positiva de meu trabalho, que é e pode ser um ponto de partida para a cultura do Nordeste no futuro".[218] Ambos sabiam que estavam num jogo arriscado.

Lina sentia que os ventos da política não sopravam a seu favor e que seus dias como diretora do museu estavam contados. Na carta a Tavares, acrescentou: "Não tenho nenhum interesse pessoal em ficar na diretoria do MAM-BA, apesar de meus cinco anos de trabalho árduo, em condições difíceis, e da certeza de que, sem os recursos que tenho em São Paulo e fora do Brasil, tudo acabará". Consciente das manobras que ele havia feito contra ela, reclamou: "Minha experiência mais penosa foi ver meu colaborador mais próximo passar cegamente para o outro lado, criando obstáculos aos meus esforços e subestimando meu entusiasmo". Ela concluía com um mero "isso é tudo",[219] sabendo que, com o declínio da saúde de Chateaubriand e do poder dele nos Diários Associados, ela já perdera seu trunfo.

Mais tarde, Lina simplificaria as nuances do fim de suas atividades em Salvador, desenhando uma imagem de si mesma como mártir da brutalidade militar, depois da derrubada do presidente Goulart, como se tivesse passado por algo similar ao que havia acontecido aos integrantes do MCP no Recife. Outros testemunhos, contudo, indicam que sua partida de Salvador foi parte de uma trama bem mais complexa, que envolveu disputas pessoais e ideológicas relacionadas à sua personalidade difícil, às suas simpatias políticas, a delações e a divergências crescentes com o conselho sobre a direção da instituição. Embora ela tenha sido indiretamente afetada pelo golpe de Estado, a versão contada pelas pessoas que trabalhavam com ela sobre sua saída do museu tem pontos significativos. Menos conhecida, essa narrativa sugere que ela não foi, de fato, vítima de uma tática militar, mas, antes, de um ardiloso estratagema tramado por Odorico Tavares, que envolveu as Forças Armadas para humilhá-la e impedir que ela interferisse em seus planos para a arte e a cultura em Salvador.[220]

Parte dessa complexa reconstituição de fatos começa na nota que Lina escreveu em uma das fotografias de canhoneiras portáteis estacionadas em frente ao Teatro Castro Alves, que guardou em seus arquivos pessoais. Ela inscreveu no verso da fotografia a data de agosto de 1964, criando um mal-entendido que sugere que o MAM-BA havia sido tomado naquele período pelo Comando de Amaralina, que o teria ocupado com uma exposição militar pouco antes de ela pedir demissão. [221] Na verdade, a fotografia fora feita em abril de 1964, em outras circunstâncias. E Lina não estava em Salvador na época. As fotos dos canhões foram tiradas por Renato Ferraz logo depois que ele enviou o telegrama cifrado que manteve Lina temporariamente em São Paulo, enquanto ele apaziguava os ânimos nas investigações contra ela.[222]

Segundo Ferraz, as peças de artilharia em frente ao Teatro se deviam, de duas formas diferentes e relacionadas, a uma história que, dado o emaranhado dos círculos políticos de Salvador na época, soa plausível. Por um lado, em meio à crise gerada pela eclosão do golpe, Ferraz não tinha infraestrutura no museu e temia pela segurança das obras emprestadas que estavam no lobby do teatro. Por outro, o novo governador, Antônio Lomanto Júnior, estava sob suspeita da junta militar e foi temporariamente mantido em prisão domiciliar no palácio governamental da Aclamação, que fica na área do Campo Grande, no lado oposto ao teatro.[223] Por sua proximidade da universidade e do palácio, Ferraz temia que o museu fosse vítima de situações explosivas e que o edifício envidraçado fosse vandalizado.

Depois de passar a noite de 31 de março de 1964 ouvindo boletins radiofônicos sobre o desenrolar dos acontecimentos no Sul do país, Ferraz decidiu pedir ajuda ao governador. Como estava, ele mesmo, em apuros, Lomanto Júnior mandou Ferraz ir à Polícia Militar, vizinha ao palácio. Ferraz foi ao gabinete do comandante, que aceitou ajudá-lo a contragosto. Proteger obras de arte era uma prioridade muito baixa para as Forças Armadas naquele dia, mas ele concordou em mandar oito soldados para montar guarda no museu, e Ferraz aceitou alimentá-los e fornecer um lugar para descanso.[224] Em represália às conexões suspeitas do governador, o coronel do Exército que havia garantido a segurança do museu resolveu se aproveitar da visibilidade do prédio no Campo Grande e mandou colocar peças de artilharia em desuso na calçada em frente ao teatro, voltadas para o palácio do governador. Ferraz fotografou os soldados e os canhões antes que voltassem para o quartel e deu as fotos a Lina quando ela voltou a Salvador três meses depois, como um documento.[225] Ao recebê-las, ela acrescentaria a nota com a data ambígua no verso, antes de guardá-las em seus arquivos.

Logo depois de chegar à cidade, em julho de 1964, ela percebeu que sua situação se tornara insustentável. Viu-se pisando em ovos, não por causa dos canhões, que àquela altura já tinham ido embora, mas porque os militares requisitavam com insistência o foyer do teatro para montar uma exposição produzida, alegavam, para comemorar o Dia do Soldado. Lina resistiu ao pedido bravamente várias vezes, com a desculpa de não saber nada sobre armamentos; depois do golpe, contudo, tornou-se impossível enfrentar a insistência do Exército. Ela cedeu o espaço contra a sua vontade, e eles montaram a exposição, que foi aberta no dia 30 de julho. Por uma semana, o museu ficou lotado de armas e materiais que a junta militar considerava subversivos. O objetivo era intimidar a população. Também conseguiram intimidar Lina, obrigada a ver o lugar que já recebera a vanguarda cultural de Salvador ceder espaço à ostentação de um regime reacionário que estava apenas começando. Foi um período de paranoia crescente.

"*Mio museo!*", ela gritou para seu assistente curatorial, Sante Scaldaferri, ao ver a mostra instalada no foyer envidraçado. Depois disso, ela o demitiria, talvez por influência de Glauber Rocha, desconfiados de que, por trabalhar na Marinha, Scaldaferri a teria traído.[226] Ela tentou se livrar da abertura da exposição, mas foi impossível: o general encarregado lhe mandou um convite pessoal, dizendo que contava com sua presença na cerimônia. Perturbada, pediu a Ferraz que a acompanhasse. Compareceram generais do Exército, políticos e a imprensa, e ela ficou só o tempo suficiente de saudar o comandante à porta, desaparecendo em seguida.[227]

Alguns dias depois, Ferraz ainda estava em casa quando o guarda do museu apareceu em sua porta com um bilhete curto de Lina: "Renato, venha urgente. Assuntos gravíssimos. Abraços, Lina".[228] Ele correu para o teatro, onde a encontrou trancada no pequeno escritório que dividiam. Quando abriu a porta, ela apontou para a edição daquele dia do *Diário de Notícias*, aberta sobre a mesa. "Veja isto", disse. Ferraz se inclinou e viu o jornal aberto na página em que Odorico Tavares — que além de dirigir o periódico estava no comando do conselho do MAM-BA — publicara um artigo difamatório com uma foto inequívoca de Lina apertando a mão de um militar de alta patente na noite da abertura. A manchete, mais específica e cruel ainda, dizia: "Diretora do Museu de Arte Moderna da Bahia recebe o general comandante na exposição de material subversivo".[229]

"Depois disso, não tenho mais nenhuma condição de ficar", ela gritou para Ferraz. "Chamei você porque quero que datilografe minha carta de demissão",[230] disse mais calma, avisando-o de que já reservara um voo para São Paulo, que decolaria em algumas horas. Ele concordou em fazê-lo, desde que pudesse também apresentar sua própria demissão. Pouco antes que ela embarcasse, Ferraz, que ficou na cidade, apresentou as duas cartas a Tavares. Com o golpe de Estado militar, o trabalho de Lina no MAM-BA e no Museu de Arte Popular havia chegado ao fim, com aquele humilhante xeque-mate administrativo e pessoal. No dia 7 de agosto de 1964, quatro dias após a demissão irrevogável de Lina, Tavares publicou mais um artigo no *Diário de Notícias*, anunciando maliciosamente: "Lina deixa a Bahia".[231]

Cinco dias depois da publicação desse artigo, ela escreveu uma carta requisitando acesso ao acervo do museu — sobretudo ao material que estava exposto no casarão do Solar do Unhão, que ela queria usar em outra exposição —, mas recebeu uma resposta negativa.[232] Algumas semanas depois de sua demissão, o MAP foi fechado. Apenas o MAM-BA sobreviveu, e foi colocado sob a direção de Mario Cravo Jr. depois de seu retorno da Alemanha. Os vínculos entre MASP e MAM-BA foram rompidos, assim como a amizade de Lina e Cravo, a quem ela considerou um traidor por ter aceitado a direção do museu, atacando-o, mais tarde, publicamente.[233] Com a redução das atividades e do afluxo de visitantes ao Unhão, o MAM-BA acabaria fechado. Foi reaberto em 1993, logo depois da morte de Lina. Nas quase três décadas que se seguiram à sua passagem por Salvador, ela tentou reviver a experiência da inovadora porém incipiente escola-museu do Solar do Unhão, ainda que nenhuma das tentativas tenha sobrevivido o bastante para demonstrar tanto sua viabilidade quanto suas limitações práticas e conceituais. Os planos de Lina foram interrompidos, mas sua transformação pessoal estava completa.

Em sua temporada de seis anos em Salvador, e em especial nos cinco anos em que trabalhou como diretora do MAM-BA, ela renegociou sua identidade como arquiteta, intelectual pública e cidadã brasileira. Também se abriu para novas parcerias, que expandiram seus horizontes para além da influência e do controle de Pietro. Em Salvador, ela abraçou o imaginário de um Nordeste lendário e rústico e o discurso da socialização da cultura que caracterizava a esquerda brasileira no período. A identificação entre a região e as vanguardas artísticas, e entre cultura popular e cultura nacional, ofereciam o que ela descreveu como o "fermento cultural de um país, violento no verdadeiro sentido histórico".[234] Ela queria converter a associação entre artesanato e desenho industrial em uma força de regeneração social, acreditando, assim, restituir a base material e simbólica do cotidiano brasileiro.

Como muitos outros artistas e intelectuais brasileiros da época, Lina Bo Bardi teve dificuldades depois do golpe, ao rever ou manter suas posições. Movimentos culturais e sociais radicais tendiam a ser desmantelados pelo regime militar, e suas aspirações reformistas acabaram desmobilizadas. Outros movimentos emergiram em favor da luta armada, tomando ideologicamente o povo como um agente revolucionário coletivo da luta de classes, e não mais como indivíduos capazes de transformações espirituais e simbólicas. Nos anos que se seguiram à sua partida de Salvador, Lina tentou se reposicionar em termos políticos e conceituais, e, atenta à crítica de Celso Furtado, ampliou sua definição de arte e de cultura populares para que englobassem, além dos artefatos materiais, as forças produtivas e as relações sociais que as estruturam. Como disse ao amigo Bruno Zevi: "As frustrações depois da crise de 64 não me fizeram desistir do programa de construir algo heterodoxo e provocante".[235] No entanto, era tarde; ela teria que tentar fazer isso longe da Bahia.

Depois de assinar a carta de demissão e de entregá-la a Renato Ferraz, em 3 de agosto de 1964, um motorista de táxi a levou ao aeroporto. Quando seu avião decolou de Salvador, ela deixou para trás um lugar que viera a conhecer e a admirar, e uma experiência coletiva que transformou de maneira significativa a arte e a cultura da cidade. Ela estava prestes a completar cinquenta anos e observava mudanças em tudo. Muita gente havia mudado nesse processo, muitas haviam se frustrado. E muitas outras foram deixadas de fora. Como já haviam feito nos anos anteriores, os migrantes empobrecidos continuaram a deixar o Nordeste sob capotas de lona adaptadas para carrocerias de caminhão, os chamados "paus de arara". Dessa vez, Lina também seguia sua rota para o Sul. Ela havia se sensibilizado profundamente com a realidade daquelas pessoas e manteve sua crença de que, na simplicidade desesperada do seu cotidiano, residia a fonte de um país nunca imaginado. Contra todas as probabilidades, ela estava convencida de ter conhecido um Brasil genuíno. E estava entristecida por deixá-lo.

Pietro estava na Itália a trabalho quando ela partiu de Salvador; em vez de consolá-la, ele lhe mandou uma carta com o desenho irônico de uma medalha. De um lado, desenhou o casarão do Unhão. Do outro, uma coroa de espinhos. Recomendou a ela que se concentrasse na construção do MASP na avenida Paulista e, tentando animá-la, sugeriu que ela devia ser apontada diretora do museu. Mas, como sempre, tinha conselhos críticos a oferecer, expressando suas discordâncias. "Se eu puder lhe dar um conselho, não faça política", escreveu. "A cultura é livre, Lina, não engajada. O mundo tem que ser transformado aos poucos, não aos empurrões."[236]

Contra a vontade de Pietro, naqueles anos em Salvador, Lina havia renegociado suas identidades, distanciando-se de suas opiniões e abraçando a política brasileira da época. Ela havia se tornado uma pessoa mais independente e mais melancólica do que havia sido na primeira década no Brasil. Mesmo assim, não perdera seu idealismo. Dois meses antes de deixar a Bahia, escreveu uma carta ao amigo Zevi assinada com uma nota reveladora e irreverente, mostrando a ele e a todos quem ela havia sido e em quem havia se transformado. "Você me disse que gosta de seus amigos porque é um sentimental", relembrou. "Eu gosto de você porque sou uma romântica. Há uma grande diferença nisso; e, sobretudo, é uma característica muito pouco italiana."[237] Ela continuava aferrada a esse sentimento quando viu, da janela do avião, a paisagem que passara a venerar desaparecendo no horizonte. Apesar de se sentir sem lar, ela continuaria a sonhar com a busca por um abrigo no mundo para si mesma e para suas ideias.

8. Recomeçar com a bagagem que pode ser salva

O PRESSÁGIO DE UM FUTURO NADA

Lina Bo Bardi partiu de Salvador em agosto de 1964 se sentindo um pouco desorientada, mas levando consigo as lições aprendidas no lendário Nordeste. Havia afinal reunido material suficiente para começar as memórias que cogitara escrever quando tinha 25 anos, mas para as quais deixou apenas poucas notas. A experiência de Achillina na Bahia, ao lado de seu retorno para o Sudeste, adquiriu tons épicos, condizentes com seu nome mitológico. Como a viagem de Ulisses, sua jornada ao encontro de um novo lar e seu retorno à antiga casa a fizeram exercitar novas identidades e lealdades, assim como alianças, questionamentos e até mesmo presságios que continuariam a se desdobrar à medida que ela envelhecia. E de forma análoga ao protagonista grego, Lina se viu imersa em um momento histórico no qual forças oligárquicas e aspirações democráticas faziam o pêndulo social e político oscilar em direções opostas.

Apesar dessas circunstâncias desafiadoras, Lina estava ciente de que, para se realizarem, suas ideias e projetos progressistas não raro dependiam de estruturas de poder conservadoras. Ela continuou, ao menos no período inicial do regime militar, a estabelecer relações ambíguas tanto com políticos reacionários quanto com artistas de vanguarda que os confrontavam, movendo-se entre a resistência coletiva e a conveniência pessoal e entre a acusação cultural e a concessão política. Ao rememorar o golpe de Estado no fim da vida, ela emitiu uma opinião intrigante: "O que aconteceu em 1964 não foi, como pode parecer, o regime militar que tomou conta do país", declarou. "Foi a reação civil", acrescentando que "os militares estabeleceram uma ordem e, é claro, quando acontece uma coisa violenta, tem tortura, tem prisão, tem mortes, como em qualquer outro país do mundo". Sua preocupação maior era que "essa gente perigosa, essa reação civil, está, ainda hoje, no poder".[1] Contudo, como muitos arquitetos em tempos de crise — não raro, os que deixam marcas históricas —, ela não se furtou a bater à porta daquelas pessoas. E, assim, o golpe de Estado não deteve o seu desejo de criar um programa cultural que fosse ao mesmo tempo "heterodoxo e provocador", como ela expressaria em carta a Bruno Zevi, um pouco mais tarde, nos anos mais duros do regime militar.

Em fevereiro de 1964, durante o período de grande instabilidade política que levou ao golpe, o canteiro de obras para as instalações permanentes do MASP foi reaberto na avenida Paulista. A iniciativa ocorreu no fim do mandato do prefeito Prestes Maia, com o apoio entusiástico do engenheiro Figueiredo Ferraz, que era proprietário da empresa de engenharia responsável pelo projeto estrutural do museu. Com seu papel de apoio redobrado, ele ajudou a obter recursos públicos para continuar o projeto. Sob sua supervisão, a equipe de construção começou a preparar o denso madeiramento que moldaria a ousada estrutura de concreto, que daria ao museu sua aparência única.[2] A construção foi dinamizada após a nomeação, em janeiro de 1965, do novo prefeito, José Vicente Faria Lima, que era oficial reformado da Força Aérea e completou o projeto do museu no fim do seu mandato. Lina fez vista grossa a esse acordo fáustico com o governo militar, ao mesmo tempo que se descrevia como vítima dos militares nos episódios que envolveram o MAM-BA e, mais tarde, durante a itinerância de sua exposição Nordeste na Europa.

Enquanto a construção do MASP era retomada, Lina fez vários contatos nacionais e internacionais para que a exposição viajasse, incluindo uma carta ao ex-ministro Celso Furtado, que estava prestes a deixar o país para escapar da perseguição política.[3] Provavelmente por influência dele e de Juracy Magalhães, Lina recebeu de maneira informal a luz verde do ministro das Relações Exteriores brasileiro para levar a mostra ao exterior, depois de deixar Salvador.[4] Além disso, seu antigo assistente no museu baiano, Renato Ferraz, intercedeu a seu favor na concessão do empréstimo, por seis meses, dos artefatos populares depositados no MAM-BA, que lhe havia sido negado de início.[5] Com as obras disponíveis, em 1º de dezembro de 1964, ela recebeu o convite oficial do ministério para organizar "uma exposição de arte popular brasileira em Roma e Paris".[6] Logo após seu aniversário de cinquenta anos, Lina foi à Europa, passou o Natal com a mãe e irmã em Milão e ficou na Itália até a data marcada para a abertura da exposição em Roma, em 10 de março de 1965.

Com a ajuda de Bruno Zevi, ela conseguiu que a Galleria Nazionale d'Arte Moderna abrigasse a exposição nos salões de seu subsolo. Lina projetou uma estrutura simples de madeira de pinho com sarrafos finos e painéis que unificaram visualmente a expografia ao longo das várias salas. Acompanhando os diversos objetos populares trazidos do Nordeste, ela planejou mostrar imagens dos contextos cultural, religioso e econômico nos quais as obras haviam sido produzidas. Além disso, incluiu um ensaio fotográfico sobre a nova capital, Brasília, já não mais discordando do projeto, como havia feito anos antes em suas "Crônicas" para o *Diário de Notícias*.[7] Acima dos painéis serpenteantes, ela instalou cabos elétricos que percorriam todos os espaços, nos quais pendurou vários soquetes com lâmpadas simples, imitando a iluminação de habitações precárias no Brasil.[8] Apesar de seu esforço e dedicação, o público italiano nunca pôde ver a exposição.

Quando o folheto e os cartazes preparados por Lina para acompanhar a mostra foram para a gráfica, a embaixada brasileira, conforme o seu relato a Bruno Zevi, enviou a ela uma ordem para cancelar a inauguração. Lina afirmou que os generais do Exército estavam por trás dessa decisão, porque a mostra continha materiais que eram ofensivos ao país.[9] Contudo, ante a ausência de registros oficiais, uma ordem militar parece incongruente, uma vez que o Ministério das Relações Exteriores havia patrocinado oficialmente a exposição, inclusive em Paris, de onde estava sendo trazida. Não há prova concreta de que o regime militar estivesse no seu encalço nesse período, como Zevi afirmou no artigo "L'arte dei poveri fa paura ai generali" [A arte do pobre amedronta os generais],[10] publicado no jornal *L'Espresso* logo após o cancelamento da exposição.

Aquele artigo foi traduzido e republicado três semanas mais tarde no jornal carioca *Correio da Manhã*, com uma manchete um pouco diferente: "Regime de generais proíbe a exposição", o que contribuiu para a sua mitificação.[11] Zevi estava, por fim, honrando os esforços de Lina depois do mal-entendido ocorrido poucos meses antes. Imbuído dos sentimentos antifascistas da juventude, ele concordou em denunciar, no lugar de Lina, um regime totalitário emergente. Embora o artigo traga apenas a assinatura de Zevi, é improvável que ele tenha composto o texto sozinho, já que o estilo de escrita e o uso de termos específicos em português, assim como a referência a aspectos da realidade brasileira, sugerem a autoria direta de Lina. É possível, inclusive, que tenha sido baseado no texto do catálogo que nunca foi recuperado. O artigo é fiel às buscas estéticas de Lina, de um modo quase literal. Abundam exemplos disso, como a sugestão de que "o estudo de tais documentos [na exposição] incitarão um processo cultural enraizado na realidade trágica do país", enquanto os apresentava como "objetos de necessidade, distantes do folclore" — uma discussão cara às concepções de Bo Bardi, mas não de Zevi.[12]

Apesar de sua autoria dúbia, esse artigo esclarece que as obras confiscadas em Roma haviam sido "recentemente confundidas com pop art em Paris",[13] confirmando que a exposição tinha sido mostrada na França sem problemas, a não ser pela interpretação estética equivocada, antes de chegar em Roma. Além disso, o artigo termina afirmando que a reação negativa à exposição na Galleria Nazionale ocorreu porque ela "se referia ao sertão faminto do continente, a realidade do país, sua miséria e sua cultura".[14] Essa declaração está em sintonia com outros fatos observados por Lina, mas não mencionados no artigo, que se referem à atitude dos funcionários da embaixada em Roma durante outros episódios culturais na época, e não aos generais.

Entre 21 e 30 de janeiro de 1965, poucas semanas antes de Lina começar a trabalhar em Roma, o adido cultural brasileiro e a esposa do embaixador compareceram à conferência Terzo Mondo e Comunità Mondiale [Terceiro mundo e comunidade mundial), organizada pelo centro de estudos latino-americanos Columbianum, em Gênova. E não ficaram felizes com o que viram e ouviram. Durante um dos encontros, o cineasta Glauber Rocha apresentou seu demolidor manifesto "A estética da fome", imbuído de temas ligados à miséria e à violência.[15] Mas isso não foi tudo o que ocorreu durante a conferência. Os representantes da embaixada brasileira haviam se levantado e saído no meio da projeção do filme *Maioria absoluta*, de Leon Hirszman,[16] reclamando que o filme não representava a realidade do país.[17]

O filme era um testemunho contundente da polarização política da sociedade brasileira da época, contrapondo a hipocrisia e o racismo das classes altas à vida cotidiana dos camponeses empobrecidos e analfabetos do Nordeste.[18] E eram os trabalhos desse povo que a exposição de Lina valorizava. Não é de surpreender, portanto, que a resistência à sua exposição tivesse partido dos mesmos ocupantes da majestosa embaixada brasileira em Roma, e não de um austero quartel militar no longínquo Brasil, como ela sugeria. Na verdade, ela mesma admitiu mais tarde, em uma carta a Lavínia Magalhães, que "a exposição foi proibida pela embaixada em Roma porque o miserável material popular foi considerado prejudicial ao Brasil",[19] confirmando que ela havia exagerado em sua interpretação, corroborada e eternizada por Zevi, sobre aqueles acontecimentos. Ainda assim, suas batalhas para colocar em prática sua agenda estética combativa com financiamento público durante o regime militar não se limitariam a esse episódio.

Incerta sobre a continuidade do seu trabalho na Bahia após o golpe de Estado, Lina restabeleceu sua conexão com Martim Gonçalves, que agora estava morando no Rio de Janeiro e a apresentou a artistas e políticos locais. Assim, também se reconectou com a cidade que cativara sua imaginação quase vinte anos antes, vendo-a como "o principal objetivo dos intelectuais de todo o Brasil".[20] Ela considerou, inclusive, a possibilidade de se mudar para lá. Em sua opinião, "São Paulo, infelizmente, se mantinha distante de tudo aquilo".[21] No Rio de Janeiro, ela tentaria reativar os projetos que tinham sido interrompidos em Salvador, primeiro no teatro e, mais tarde e com implicações políticas, procurando implementar sua ideia para uma escola alternativa de arte e de desenho industrial.

Em julho de 1964, pouco antes de se demitir do MAM-BA e vários meses antes do episódio em Roma, Lina concluiu a arquitetura cênica (como ela gostava de chamá-la) para a montagem feita por Martim Gonçalves da peça clássica de John Ford, *'Tis Pity She's a Whore*, traduzida então como "Pena ela ser o que é".[22] Os ensaios começaram logo depois e o espetáculo estreou no mesmo ano, na terceira semana de outubro. Eles transpuseram a polêmica trama de incesto, originalmente ambientada na casa de uma família italiana do século XVI, para a tropical baía de Guanabara, mais especificamente para o segundo andar inacabado do Museu de Arte Moderna do Rio de Janeiro (MAM-RJ), projetado pelo arquiteto Affonso Eduardo Reidy, também responsável pelo Palácio das Artes para o Terraço do Trianon. Um ano antes, ela já havia ajudado Martim Gonçalves a organizar uma pequena exposição sobre o teatro popular brasileiro na parte do edifício que estava em funcionamento.[23] Motivados pela peça de Ford, o entusiasmo de ambos pela polêmica artística retornou ao palco. Como fizera em Salvador, no Teatro Castro Alves destruído pelo incêndio, Lina tirou partido dos aspectos inacabados de um edifício que, apesar de moderno, também parecia uma ruína, com seu concreto mofado e barras de metal enferrujadas. Sua decisão de evitar elementos espetaculares na cenografia para manter a aparência das "paredes nuas do museu"[24] foi recebida de maneira ambígua entre os críticos, ainda que elogiada pela "beleza viril e dramática do cenário".[25]

Apesar do sucesso parcial com a montagem, Lina se beneficiou dos novos contatos que fez com o establishment carioca durante o tempo em que a peça ficou em cartaz. Logo depois da estreia, o governador Carlos Lacerda a convidou a discutir a criação de um centro cultural no Parque Lage,[26] no elegante bairro do Jardim Botânico. Lacerda tinha sido um dos articuladores da deposição do presidente João Goulart, embora mais tarde se opusesse ao regime militar, mas Lina fez vista grossa à recente história política de seu mecenas. Ao contrário de rejeitar o auxílio vindo do regime militar, ela se empolgou com a possibilidade de continuar seus planos inconclusos para criar uma escola baseada em práticas populares, confrontando, agora, diretamente a nascente Esdi, criada também com o apoio de Lacerda no centro do Rio de Janeiro, segundo o modelo da escola de Ulm. Entretanto, a ideia progrediu devagar e eles só retomaram as negociações depois que Lina voltou de Roma.

Em 1º de junho de 1965, ela já estava de volta ao Rio de Janeiro, segundo escreveu em uma carta a Zevi. Contou-lhe que o artigo dele sobre a exposição que ela organizara em Roma e publicado no Rio de Janeiro "foi tirado de circulação pelos censores e o editor foi preso pelo Dops".[27] Apesar de apreciar a cidade, ela relatou estar experimentando uma grande melancolia e lamentou não ter trabalho suficiente, exceto pela construção do MASP, o que a manteria ocupada de modo esporádico até 1969. Também mencionou o fato de ter visitado havia pouco tempo Salvador, mas sem oferecer detalhes sobre a viagem. A carta, sobretudo, informava a Zevi que Lina estava dividindo seu tempo entre São Paulo e o Rio de Janeiro, pois havia por fim aceitado o convite do governador Lacerda para dirigir o Instituto de Arte do Parque Lage.[28]

Duas semanas mais tarde, em 16 de junho, ela escreveu uma carta ao governador depois de visitar pela primeira vez a propriedade com sua bela mansão e seu frondoso bosque ao pé do Corcovado. Em sua carta, ela propôs transpor as ideias que havia concebido para o complexo do Unhão para a escola no Parque Lage, e insistiu que gostaria de ter controle sobre o projeto ("responsabilidade profissional", foi o termo usado).[29] Três dias mais tarde, ainda no Rio de Janeiro, ela confirmou publicamente seu plano em uma palestra na Escola Nacional de Belas-Artes. Apesar de seu recente incidente em Roma, essa foi sua fala mais politizada até então, contextualizando nominalmente sua abordagem pedagógica da condição de subdesenvolvimento do Brasil e estabelecendo um paralelo com o papel progressista da Universidade de Brasília, que reunira política e "uma cultura pobre", em suas palavras, e simples.[30] Com vários slides, Lina apresentou sua experiência na Bahia para a criação de "um museu de arte moderna na fronteira do Sertão", uma região que ela descreveu como o "*mezzogiorno* brasileiro", evocando a análise do filósofo Antonio Gramsci sobre as condições de pobreza do Sul da Itália.[31] Ela voltou a São Paulo logo depois e, nas semanas seguintes e antes que o mandato do governador Lacerda terminasse, em 11 de outubro de 1965, ela se apressou em preparar alguns estudos para a criação de pavilhões rústicos para o Instituto de Arte. Os desenhos mostram referências que oscilam entre cabanas tropicais e cabines mediterrâneas, com certa alusão à sua admiração pela arquitetura de Gaudí.[32]

Carlos Lacerda não chegou a ver esses desenhos, pois foi substituído por seu oponente, Francisco Negrão de Lima, que não era um dos favoritos entre os líderes militares. Porém, o novo governador não se interessou pelo projeto de Lina Bo Bardi. Ela voltou ao Rio de Janeiro após a posse do novo governador, enviou-lhe uma mensagem e esperou em seu hotel pela resposta, que nunca chegou. Consternada, ela lhe escreveu uma carta pedindo demissão da escola em 14 de outubro de 1965, talvez esperando, em vão, chamar a atenção para sua causa.[33] Mais tarde, ao lembrar esses acontecimentos, ela transformou seu ressentimento numa versão heroica dos fatos. "Convocada pelo governador", ela anotou, "fui ao Palácio da Guanabara. Negrão de Lima decidiu transferir a Escola de Belas-Artes da praia Vermelha para o Parque Lage [...], para ser construída sobre nova base, novas ideias".[34] Para ela, "o ambiente cultural foi destruído",[35] acrescentando que "eu odeio o conformismo e o status quo",[36] lembrando a adolescente que havia vestido calças a caminho da escola. Pouco a pouco, ela viu seus planos para criar uma universidade popular se dissiparem no horizonte de um regime cada vez mais reacionário.

Lina só voltaria ao Parque Lage e à cena cultural do Rio de Janeiro uma década mais tarde e de maneira muito breve, quando seus amigos, o artista Rubens Gerchman e o cenógrafo Helio Eichbauer a convidaram para ajudar a promover a reforma pedagógica da escola. Recém-contratados, eles esperavam que ela participasse da criação da experimental Escola de Artes Visuais, mas ela logo desistiu. "Tentamos nos unir, reencontrar o ambiente recente, mas terrivelmente distante dos dias das nossas esperanças culturais. Foi impossível", desabafou. E declarou, com um pesar profético e niilista, que "o presságio de um futuro Nada estava conosco, nos paralisando".[37] Durante esse período, o Ministério da Educação a convidaria a participar de uma discussão para organizar uma exposição sobre cultura popular no Rio de Janeiro. Ela foi recebida com entusiasmo pelos organizadores, mas isso não aplacou sua disposição melancólica. Ela ouviu a fala de alguns participantes durante meia hora, quando interrompeu a conversa de forma abrupta, dizendo, irritada: "Eu não sei nada sobre isso. Para mim, arte popular não existe. As pessoas comuns criam as coisas por necessidade, coisas relacionadas à vida".[38] Sua declaração imperiosa foi seguida de um completo silêncio, e ela saiu da sala logo depois disso. Seus passos podiam ser ouvidos. A exposição jamais aconteceu.

TRIUNFO ILUSÓRIO SOBRE KAFKA

Embora tenha se queixado a Bruno Zevi por não ter tido trabalho suficiente depois de partir de Salvador,[39] Lina, na verdade, produziu vários estudos arquitetônicos no período que passou entre São Paulo, Rio de Janeiro e Roma. Embora a maioria desses projetos não tivesse ido além da fase de estudos, todos eles, como seus pavilhões para o Parque Lage, originavam-se do seu interesse pela simplicidade técnica e por elementos naturalistas. Em dezembro de 1964, pouco antes de ir à Itália para montar a exposição de artesanato brasileiro, ela preparou um conjunto de desenhos para uma casa de hóspedes[40] que foi construída ao lado da rústica residência cubiforme que ela havia projetado para sua amiga Valéria Cirell seis anos antes. Dessa vez, ela propôs um esquema cilíndrico, aludindo, como já havia feito em seus escritos e palestras, à Segunda Casa Jacob, semicircular, projetada por Frank Lloyd Wright em 1948 para captar melhor a luz solar. Ela apelidou seu projeto de *La Torraccia* [Pequena torre], evocando mais uma imagem romântica de ruínas cobertas com plantas do que a preocupação de Wright em relação ao controle climático.

De volta a São Paulo após a experiência frustrante com a embaixada brasileira em sua cidade natal, Lina foi convidada a projetar um museu pedagógico para o Instituto Butantan, organização dedicada ao estudo de animais peçonhentos. O projeto envolvia a adaptação de um edifício histórico com pátio central e era patrocinado pelo governador de São Paulo, Adhemar de Barros, seu velho conhecido. "Eles me chamaram e comecei a trabalhar"[41] — no fim de maio de 1965, de acordo com suas notas. Enquanto aguardava a decisão do governo carioca sobre o Parque Lage, Lina desenhou o pátio interno do Butantan como "um diorama com plantas, árvores secas, folhas, terra, animais embalsamados e registros de ruídos do Sertão e de outros hábitats naturais".[42] Ela imaginou um espaço circundado por pórticos rústicos cobertos com palha e passarelas de madeira levemente elevadas, os mesmos elementos que usara em projetos anteriores e em andamento, mas o governador paulista logo abandonou a ideia em nome de outras prioridades. "Mais tarde, eles fizeram um bom trabalho", ela escreveu, "mas nunca do tamanho das nossas ilusões."[43]

Passadas as fantasias sobre dirigir o Instituto de Arte no Parque Lage e morar no Rio de Janeiro, Lina recebeu uma encomenda para um hotel, com um pequeno loteamento à beira-mar. O projeto se localizaria na luxuriante praia de Itamambuca, então uma área remota próxima à cidade de Ubatuba, no litoral do estado de São Paulo. Lina foi cativada pela beleza intocada dessa pequena faixa de orla marítima tropical. Em 30 de dezembro de 1965, ela apresentou um conjunto de croquis com uma planta geral para o que descreveu como um "loteamento natural" e duas cabanas típicas que eram variações da Casa Cirell. Contudo, ela jamais recebeu resposta da cliente, que só devolveu os desenhos depois que Lina lhe enviou algumas cartas intimidadoras.[44] Abalada com esse desfecho, o projeto de Itamambuca seria a última encomenda de um projeto de edificação que ela receberia nos próximos dez anos. Além da falta de trabalho, ela também se sentia angustiada com a situação ideológica da arquitetura brasileira.

Pouco antes de completar seu projeto para o hotel no litoral e durante suas viagens entre São Paulo e Rio de Janeiro, Lina escreveu mais uma carta a Zevi, em 17 de agosto de 1965, contando a ele sobre uma conversa que tivera com o arquiteto João Vilanova Artigas — por quem ele nutria grande respeito. "Nós lemos seu editorial sobre Brasília, na edição de junho de *L'Architettura*",[45] ela declarou, referindo-se à revista de Zevi, na qual ele associava o plano urbanístico de Lúcio Costa com o poder opressivo. "A vida é Kafka e tudo o que o homem faz é anti-Kafka", ela disse num tom desafiador, "é um esforço infinito para vencer Kafka."[46] E, como se isso não bastasse, acrescentou: "A lei de tipo fascista [que você mencionou] não é Brasília, mas ela quer destruir tudo aquilo que Brasília é e representa. Ela quis aniquilar Brasília, mas não conseguiu. E não conseguirá",[47] ela conclui com esperança, assumindo cada vez mais a defesa de seus colegas brasileiros.

Em sua carta, Lina já tinha se distanciado da crítica severa que havia feito à arquitetura da nova capital em sua coluna no *Diário de Notícias* de Salvador, em 1958. Ela não comparava mais Brasília a "obras de gênios a serviço dos papas e dos grandes de um tempo desaparecido para sempre".[48] Em vez de uma grandiosidade autoritária, ela disse a Zevi, "Brasília representa a base de lançamento para a liberdade de um grande país", desconsiderando a monumentalidade da arquitetura de Niemeyer em favor do plano urbanístico de Lúcio Costa. "O Brasil e sua desesperadora realidade", escreveu, "precisam mais de planejamento que de arquitetura."[49] Ela também estava preocupada com a possibilidade de o MASP estar se tornando colossal demais à medida que se erguia do solo, e temia que seu primeiro grande edifício fosse associado ao autoritarismo.

Lina recordou que, na visita que Zevi fizera a São Paulo em 1959, desaprovara seu esquema para o museu. "Todas as vezes que vou ao canteiro", ela lhe escreveu em outra carta, "lembro da sua crítica sobre os volumes elementares, da polêmica sobre as caixas de sapatos."[50] E essa inquietação se manteve presente quando ela repetiu a ele em uma entrevista, anos depois, que um edifício daquelas proporções "tem o risco de se tornar algo monumental".[51] Para dissociar sua arquitetura do regime que a financiava e criar uma narrativa sobre o MASP como um museu que celebrava a liberdade, as pessoas comuns e sua capacidade de construir coisas simples, era preciso uma verdadeira proeza simbólica.

A cautela de Lina para não ser vista como alguém que projetou um monumento extravagante — que, de hábito, ela criticava — coincidia com seu desejo de reforçar o caráter do museu como uma instituição aberta para a cidade, tanto em termos físicos como sociais. Ela queria que o museu acolhesse todas as pessoas. Esperava criar um "museu e centro cultural"[52] que transformaria uma área de São Paulo que, até pouco tempo, havia sido o lugar de diversão das elites. Nesse período, os quarteirões da avenida Paulista estavam mudando rápido. Os antigos casarões remanescentes, que antes se enfileiravam e preservavam a memória de tempos mais tranquilos e exclusivos, cediam lugar aos diversos arranha-céus que brotavam de maneira vertiginosa, junto com o trânsito, o comércio e os escritórios espalhados pela região. À medida que a avenida era tomada por um batalhão de edifícios fálicos, a floresta de andaimes de madeira que emergia do terraço do Trianon abrigava a construção do amplo vão e da praça que o projeto de Lina ofereceria à cidade como um útero, sempre aberto a gerar vida nova.

Começando de manhã bem cedo e seguindo até o fim do dia, os trabalhadores cortavam, carregavam, martelavam e pregavam peças robustas de madeira serrada e troncos de eucalipto, criando uma trama de pilares, escoras, escadas, elevadores e pontes que se assemelhavam à rústica arquitetura cênica que Lina imaginara para a reconstrução do Teatro Castro Alves, em Salvador. À medida que a obra se desenvolvia — e até que o museu fosse por fim concluído e as primeiras exposições fossem abertas ao público, em 1969 —, uma peça de proporções épicas ia sendo encenada, que trazia o MASP no papel de protagonista, os arquitetos e a administração pública em papéis secundários e opostos, a cidade como o público e os operários como a equipe de palco. Entre esses trabalhadores estava Antônio Luiz Canova, que com seu grito inconfundível — "A mulher chegou!" — informava a todos sobre as aparições geniosas de Lina. Apesar de seu aviso irônico, ambos desenvolveram uma boa relação de trabalho, na qual ele atuava como intérprete da imaginação dela para as habilidades dos pedreiros.

Ela não produziu muitos desenhos técnicos para a construção do museu. Em vez disso, contratou estudantes ou desenhistas tradicionais para fazê-los. Lina refletiu em uma de suas últimas conferências públicas que "em geral eu faço poucos desenhos, só os essenciais. Os problemas são resolvidos na obra, às vezes, com desenhos feitos à mão e no local, mas com todas as cotas".[53] Ela também enfatizou: "Eu não tenho escritório. Trabalho resolvendo os projetos de noite, quando todo mundo dorme, quando o telefone não toca e tudo é silêncio. Depois, monto um escritório com os engenheiros, os técnicos, os operários, no próprio canteiro".[54] Esse modo incomum de trabalhar ajudava a resolver questões práticas e nutria sua visão romântica do canteiro de obras como um laboratório. "Assim, a vivência de uma obra é muito maior e a colaboração entre todos os profissionais é total", ela afirmou. Apesar da apreensão que causava nos operários ao visitar a obra, a presença constante de Lina era para ela tanto uma experiência de aprendizado como a garantia de que suas ideias seriam executadas conforme planejara.

Em fins de 1965, a estrutura elevada de concreto do Edifício do Trianon estava concluída, e os andaimes de madeira começaram a ser retirados, revelando três longas lajes suspensas por pernas finas, como uma crisálida saindo do invólucro emaranhado de um casulo. Porém, ainda não tinha vida. Durante quase dois anos, essa impressionante estrutura ficaria exposta como uma carcaça, en-

Lina Bo Bardi em visita ao canteiro de obras do Museu de Arte de São Paulo, durante a construção da estrutura suspensa, na avenida Paulista, São Paulo, década de 1960.

quanto esperava uma solução para o revestimento que daria vida ao museu. No começo, Lina havia imaginado que a caixa elevada seria opaca, e não envidraçada: ela desejava "um volume liso que cobrirei com plantas tropicais entre os interstícios do cimento bruto, como entre as pedras de uma velha catedral".[55] Para ilustrar sua ideia, ela selecionou uma foto de uma planta pequena que brotava entre as pedras de um muro antigo, junto com uma nota que dizia: "Solução definitiva para a fachada: juntas verticais com compressão de areia e plantas sobre a fachada".[56] Mas a alternativa se mostrou tecnicamente impossível, por causa de seu peso excessivo e de problemas de vedação num edifício que estaria em constante contração e expansão.[57]

Enquanto aguardava o término da obra, a maior parte dos tapumes de compensado voltados para a calçada da avenida Paulista foi substituída por painéis transparentes. Na esquina chanfrada que ficava no lado oeste do terreno, o grafite com a frase "Greve do sorriso", que havia sido pintado vários meses antes no trecho de tapume remanescente — como um documento histórico —, lembrava aos passantes a situação política desafiadora do país. Esse sentimento estava em sintonia com uma perspectiva melancólica que Lina havia desenhado em 5 de novembro de 1965, intitulada "L'ombra della sera" [A sombra do fim de tarde],[58] que retratava o terraço sob o museu em aquarela contra um céu avermelhado rabiscado com giz de cera. Sob a barriga da laje de concreto, Lina propôs um grafite em seu português adotado, escrevendo diversas versões espelhadas e incompletas das palavras "liberdade" e "solidão", que ecoavam a tristeza que ela havia descrito a Zevi havia poucos meses.

Como a sombra do crepúsculo que Lina imaginou na avenida Paulista, que se dissolvia na escuridão da noite, sua ideia de paredes sólidas e rústicas envolvendo o volume elevado do museu se dissipou no ar. A decisão final veio na segunda metade de 1966, depois de ela — com muitas revisões — insistir em manter ao menos o último andar opaco. Seus desenhos representavam desde "em vez de pedra, cimento bruto, assentado à mão, como pedra"[59] até uma pele envidraçada em torno de todo o longo volume elevado.[60] O resultado contrariou seu desejo inicial, com paredes externas cobertas com acabamentos irregulares, arte pública

Lina Bo Bardi, com operários de obra ao fundo, posando ao lado de um protótipo para o cavalete de vidro usado para a coleção do Museu de Arte de São Paulo, antes do fechamento da estrutura suspensa do edifício na avenida Paulista, São Paulo, c. *1967.*

e plantas, mas ela por fim aceitou a inevitável delicadeza e transparência da nova alternativa em vidro.

Essa necessidade de mudar os materiais terminou descaracterizando, se não eclipsando, a busca conceitual de Lina pela simplificação e pelo naturalismo. Ainda assim, um aspecto era certo: quase todas as paredes do museu desapareceram, como ela e Bardi um dia haviam conceitualmente desejado. Em suas anotações pessoais, ela afirmou, retrospectivamente, que escolheu usar "paredes transparentes como compensação pelos esforços do povo".[61] Talvez tentando justificar suas concessões arquitetônicas e se proteger de acusações de monumentalidade, dessa vez seu enunciado hiperbólico mostrava que sua luta filosófica com o estilo ficcional de Kafka era, de fato, infinita.

UMA GRANDE HERANÇA NÃO PODE SER ESQUECIDA

Enquanto enfrentava os desafios do término da construção do MASP, Lina Bo Bardi passou a orbitar em torno de um novo projeto editorial lançado por Pietro Maria Bardi em janeiro de 1967, a revista *Mirante das Artes, Etc.* Ele contava com vários colaboradores esporádicos, como o crítico literário Roberto Schwarz e o arquiteto e artista Flávio Império, envolvidos em uma versão econômica e psicodélica da revista *Habitat*. Lina ajudou no início com o projeto editorial, o que lhe permitiu começar uma amizade com Império, que era também um prolífico cenógrafo. Império mantinha um estúdio movimentado e despretensioso no centro da cidade junto com dois outros arquitetos, Sérgio Ferro (filho de um dos diretores do MASP)[62] e Rodrigo Lefèvre, que era o ponto de encontro de muitos jovens artistas e intelectuais progressistas.[63] Lina se interessava pela crítica desse grupo sobre o discurso arquitetônico vigente, o que influenciou o tom de seus textos a partir de então, incluindo os artigos para a nova revista de Bardi.

Ela ajudou a lançar o primeiro número, com o instigante "Na América do Sul: Após Le Corbusier, o que está acontecendo?".[64] Com esse texto, ela criticava um número especial da revista estadunidense *Progressive Architecture* dedicado à arquitetura sul-americana, editado por C. Ray Smith, que, segundo ela, "aconselha paternalisticamente os arquitetos sul-americanos" a se inspirar "nas ocas dos índios, nos 'ranchitos' e nas 'favelas' dos pobres, como convém a arquitetos subdesenvolvidos que operam num continente também subdesenvolvido". Ela re-

Lina Bo Bardi sentada em sua cadeira de beira de estrada, 1967.

jeitava a posição de Smith de que a arquitetura norte-americana, baseada na produção industrial, era superior e não estava disponível para os arquitetos latino-americanos, dada a condição subdesenvolvida de seus países. Ao contrário, sugeria que a provisão de habitação de qualidade em larga escala deveria ser o meio para uma melhor promoção da arquitetura moderna em ambos os lados das Américas. "Ela não é plástica", Lina defendia os primeiros esforços do movimento moderno no despontar do pós-modernismo, esclarecendo que "hoje é cômodo definir assim, esquecendo deliberadamente todos os valores revolucionários político-sociais daquele movimento que foi o racionalismo".[65] Seu discurso conceitual foi se tornando mais radical, enquanto o MASP apresentava dilemas concretos. "A arquitetura está num impasse", ela afirmou ao considerar a rápida mudança de paradigmas políticos e culturais, nos contextos nacional e internacional. "Após Le Corbusier, [...] qual é o caminho?", ela pergunta. "Na América do Sul, os problemas sociais condicionam esta procura", conclui num tom profético, não muito diverso da visão que Enrico Persico havia instilado na geração italiana de Lina, em 1935: "Uma grande herança não pode ser esquecida: a herança racionalista".[66]

Ela estava pensando na confluência transformadora entre estética e política, e não naquela entre racionalidade e sistemas de produção.

Pode não ser uma simples coincidência que, após seu artigo de estreia, Lina tenha publicado outro, no segundo número, com o título "No limite da casa popular",[67] dando ênfase à racionalização das técnicas de construção tradicionais. O texto aborda a experiência do arquiteto Acácio Gil Borsoi, muito próximo do MCP e das políticas socializantes de Miguel Arraes no início dos anos 1960. Ela deu especial atenção às adaptações técnicas de Borsoi para o reassentamento de uma ampla comunidade em Cajueiro Seco, ao sul do Recife, realizada entre 1963 e 1964 e interrompida após o golpe militar.[68] O projeto havia promovido a participação da comunidade e a associação entre técnicas industriais e tradicionais de construção. Também recorria à imagem dos mucambos, exaltados nos anos 1930 por Gilberto Freyre, que, de maneira quixotesca, defendera a teoria de que uma versão higienizada dessas pequenas cabanas de pau a pique seria uma alternativa econômica e climática ideal de habitação para a população de baixa renda.

Embora Lina aplaudisse o enfoque político de Borsoi, a opção por racionalizar o processo tradicional de construção não eliminaria os problemas de saúde pública nele implicados. Também não resolveria a contradição, que ela apontara em seu artigo anterior, relativa à romantização da arquitetura vernácula. Ela ainda estava se debatendo com o impasse conceitual entre suas teorias e a prática, em especial a monumentalidade e os problemas construtivos do MASP. E ela ainda estava distante do seu envolvimento direto em projetos de base comunitária. Contudo, a prática iria, por fim, se aproximar de sua retórica em meados dos anos 1970, em particular com seu plano inconcluso para o reassentamento de famílias no Nordeste rural e seu projeto para uma pequena igreja em Uberlândia, ambos com o uso da técnica vernácula de alvenaria do interior do Brasil. Sem novos projetos em sua prancheta, a escrita a ajudava a articular seus dilemas.

Poucos meses mais tarde, enquanto a estrutura do MASP na avenida Paulista esperava para ser revestida e concluída, Lina publicou um artigo intitulado "O novo Trianon" no quinto número de *Mirante das Artes, Etc*. Ela tinha estado constantemente preocupada com a recepção que seus colegas e os críticos teriam com uma estrutura tão grande e ousada, concebida em tempos de modernização democrática, mas construído durante um regime cada vez mais opressor. Em sua defesa, ela escreveu, precavendo-se, que "o conjunto do Trianon vai repropor, na sua simplicidade monumental, os temas, hoje tão impopulares, do racionalismo",[69] referindo-se a seus propósitos políticos e sociais em vez de suas preocupações formais.

Alinhada com seus contemporâneos interessados na expressividade do concreto aparente na arquitetura, ela recomendou: "Mas é necessário eliminar do racionalismo todos os elementos 'perfeccionistas', herança metafísica e idealista, e enfrentar, dentro da realidade, o 'incidente' arquitetônico", sua maneira de interpretar a estética brutalista.[70] Queria também separar o projeto do museu de associações simbólicas com o regime autoritário, rejeitando "a construção nazi-fascista (Alemanha de Hitler, Itália de Mussolini) [que é] elefântica e não monumental na sua empáfia inchada, na sua não lógica".[71] E, reafirmando essa distinção, seu artigo enfatiza: "O que eu quero chamar de monumental não é questão de tamanho ou de 'espalhafato', é apenas um fato de coletividade, de consciência coletiva".[72] Ela começava a perceber o potencial emancipatório não do edifício em si, mas dos espaços que ele criaria.

Por fim, Lina escreveu um suplemento especial, um dos seus textos mais memoráveis e sua última contribuição à revista do marido. Com um título audacioso, "Cinco anos entre os 'brancos'"[73] é um testemunho pessoal e seletivo de sua experiência como diretora do MAM-BA. Embora o texto expresse suas bravas intenções, ele também oculta sua mágoa pela perda de poder e omite suas associações ambíguas com os *brancos* que a haviam conduzido àquele cargo. Acima de tudo, ele ignora que, enquanto escrevia, ela estava planejando expandir a exposição Nordeste para a inauguração do novo MASP e, desde o ano anterior, vinha tentando provar seu conhecimento e obter acesso aos artefatos trazidos de Roma em 1965.

Em junho de 1966, Lina escreveu uma carta reveladora a Lavínia Magalhães, sua antiga apoiadora em Salvador e agora primeira-dama do Ministério das Relações Exteriores. Essa mensagem guarda nuances não publicadas no artigo de Lina sobre a complexidade de suas experiências na Bahia. Na carta, ela esperava que o ministro Juracy Magalhães ajudasse a proteger as peças que ela armazenara, com discrição, no Museu de Arte Moderna do Rio de Janeiro,[74] provavelmente com a ajuda de Martim Gonçalves. "Após o engodo e as acusações que causaram a minha saída do Museu de Arte Moderna da Bahia, aqui está outro episódio desagradável", Lina informou a Lavínia Magalhães. Ela estava descontente porque funcionários do Ministério das Relações Exteriores tinham tentado remover as peças do museu carioca sem consultá-la, atendendo ao pedido do novo diretor do MAM-BA, justamente Mario Cravo Jr., a quem ela nunca perdoou por tê-la substituído em Salvador.

Diferentemente de sua carta, seu artigo em *Mirante das Artes, Etc.* não inclui os conflitos pessoais e as acusações que Lina descreveu em privado. Em vez disso, seu texto mitifica sua partida de Salvador em uma afirmação curta, hiperbólica e inexata: "A VI Região Militar, pouco depois de abril de 1964, ocupava o MAM-BA. Apresentava a Exposição Didática da Subversão. Em frente ao museu, os canhões da base de Amaralina". Essa breve afirmação une eventos que não estavam exatamente relacionados um ao outro. Na forma impressa, Lina associou o fim de seu trabalho a uma causa política nacional, e não a sua incansável habilidade de defender seus próprios interesses, o que em si teria sido uma causa heroica, dada sua posição como mulher entre "homens brancos". Ela oferece poucas pistas de seus conflitos pessoais, sugeridos de maneira vaga na conclusão de seu artigo, com um desabafo: "Cinco anos de trabalho duro que revelaram atitudes, covardias, defecções, velhacarias".[75] Enquanto isso, em sua carta a Lavínia, Lina acusava Mario Cravo Jr. de "covardia e traição" e de não ter credenciais profissionais como as dela. Ela o chamou de "ladrão de santos",[76] tentando desabonar o trabalho bem-sucedido que ele estava realizando na época em Salvador, e sem mencionar o verdadeiro conspirador que a havia derrubado, Odorico Tavares.

Publicamente, Lina perpetuou sua narrativa pessoal editada, enquanto na esfera privada conseguiu o que esperava do ministro das Relações Exteriores, prometendo a Lavínia Magalhães devolver a coleção de artefatos, descrita por ela como "testemunho de cinco anos de trabalho solitário, sem recursos financeiros, sem a ajuda de ninguém a não ser do meu conhecimento profissional e da minha honestidade". Além de não se referir aos seus apoiadores, na carta ela deixou de mencionar que a ideia da exposição começara com Martim Gonçalves e que boa parte daquelas peças provinham das coleções particulares deste e de Cravo. Muito das emoções pessoais que Lina descreveu na esfera privada assumiram altivez política e relevância social no artigo publicado com o apoio de Bardi. Ela situou "o Museu de Arte Moderna e o Museu de Arte Popular da Bahia" no "quadro cultural que antecedeu os acontecimentos de abril de 1964". Sentindo-se negligenciada, ela queria garantir que suas atividades como diretora do museu fossem igualadas, como afirmou, em nível nacional ao "antibacharelismo da Universidade de Brasília e [...] a posição técnica desenvolvida pela Sudene".[77] Enquanto isso, não disse nenhuma palavra sobre o Movimento Popular de Cultura no Recife, que havia sido desmontado e esquecido, mas que fora também o modelo mais importante para as suas últimas iniciativas em Salvador.

Apesar de fatos imprecisos e de motivações veladas, seu artigo foi correto em relação ao seu trabalho e às suas intenções. "O Museu de Arte Moderna da Bahia não foi 'museu' no sentido tradicional", ela relatou, explicando com descrições detalhadas que "suas atividades foram dirigidas à criação dum movimento cultural que assumindo os valores duma cultura historicamente (em sentido áulico [sic, nobre]) pobre, pudesse [...] entrar no mundo da verdadeira cultura moderna". Como consequência, ela esperava promover uma "experiência popular (rigorosamente distinta do *Folklore*)" baseada nos "instrumentos da técnica, com o método e a força de um novo humanismo", que ela esclarecia não se tratar nem de humanitarismo nem do humanismo histórico, como em seus textos anteriores, mas se resignava com o resultado, dizendo num tom inusitadamente modesto: "Não foi um programa ambicioso, era apenas um caminho".[78]

O artigo de Lina sobre sua temporada em Salvador, em última análise, apresentou de maneira pensada sua nova persona pública — não apenas a reconhecida contestadora, mas agora também uma esquerdista — ao mutante meio cultural de São Paulo. Ela conclui omitindo os incontornáveis conflitos pessoais que a pressionaram a renunciar ao cargo no MAM-BA e situando suas ações no apropriado contexto do drama político nacional. "O medo da classe dirigente aumentava dia a dia: ante a agressividade dos estudantes, ante a possível explosão das fronteiras da velha cultura acadêmica", ela escreveu. Mas à medida que começou a perder seus aliados, ela descreveu que "o conhecido vulto da reação cultural, das tradições rançosas, da raiva, do medo, apareciam no horizonte", sugerindo, de modo dramático e distorcido, que um regimento militar ocupara o MAM-BA logo após o golpe de Estado.[79] Por fim, depois de listar artistas e intelectuais que haviam atuado na época no Nordeste e ao lado dos quais ela queria ser lembrada, ela conclui o artigo do mesmo modo como havia começado: "Cinco anos entre os 'brancos'".[80] Não só o legado bruto do racionalismo não deveria ser esquecido, mas uma versão polida de sua experiência na Bahia não deveria ser ignorada. Ambos deveriam ser infundidos com novos significados políticos, sem perder o antigo espírito de enfrentamento que Lina havia desenvolvido tanto na esfera pública como na privada.

Enquanto produzia artigos para a *Mirante das Artes, Etc.* e estudava uma solução final para os perfis verticais da fachada do MASP, Lina também escreveu várias cartas combativas, sugerindo que ela era excluída com frequência das negociações entre o departamento de obras públicas da prefeitura e a construtora.

Suas mensagens tratavam desde da sua desaprovação da contratação do paisagista Roberto Burle Marx até da sua rejeição da decisão de chamar o Liceu de Artes e Ofícios para fornecer os caixilhos para o Edifício do Trianon.[81] Neste último caso, ela pedia ao secretário: "Preciso de sua rápida intervenção, da sua capacidade técnica, logo, a fim de impedir um desastre e a vergonha de serem chamados, para uma obra de tamanha importância, um grupo de velhos artesãos, acostumados a executar principalmente portões artísticos e, como diz o povo, 'tampas de catatumbas' [sic]",[82] ignorando que eles tinham sido fornecedores importantes de estruturas metálicas para a construção de edifícios icônicos desde os planos de desenvolvimento de JK, incluindo a nova capital.[83] No primeiro caso, em relação a Burle Marx, ela insistia que "o Belvedere do Trianon será uma praça sem jardim nenhum, para reuniões populares, exposições ao ar livre, concertos gratuitos. Nada mais".[84]

Vários meses depois, em 4 de maio de 1968, Lina realizou um grande desenho colorido que veio a simbolizar sua visão do novo terraço. Ela produziu uma perspectiva clássica, com ponto de fuga único, do belvedere pavimentado, exagerando a sua escala. Não mais numa tarde sombria, mas num dia ensolarado, circundou-o com canteiros de flores e retratou muitas pessoas alegres desfrutando do espaço. "Tentei criar uma atmosfera do Terraço do Trianon", ela escreveu. "Eu gostaria que lá fosse o povo ver exposições ao ar livre e discutir, escutar música, ver fitas." Como nas aquarelas que fez na juventude, sobre as festividades públicas em Roma, ela esperava ver "até crianças, ir brincar no sol da manhã e da tarde. E *retreta* [sic, banda de música]. Um meio mau gosto de música popular, que, enfrentado friamente, pode ser também um conteúdo".[85] Mas até que concluísse sua visão romântica para o terraço público, ela continuou a ter problemas com a construção do edifício por vários meses. Numa ocasião, ela contatou o prefeito para dizer: "A data de julho de 1968, marcada para a inauguração do Trianon, museu de arte, não poderá ser respeitada; a obra está muito atrasada".[86]

Sua frustração e raiva cresciam. "Nos bastidores de cada obra de arquitetura", ela por fim desabafou numa nota pessoal, "a luta entre arquiteto e os donos da firma construtora assume, quando o arquiteto é digno deste nome, aspectos dramáticos."[87] Enquanto maximizava a importância de seu papel no projeto, ela não poupava comentários depreciativos sobre seus colegas em suas extrapolações, reclamando que "a empáfia pretensiosa e interesseira da firma construtora está passando dos limites" e esperando que "o desinteresse financeiro e o idealismo dos projetistas tomem a dianteira e vençam".[88] Por sorte, o mandato do prefeito Faria Lima estava chegando ao fim e, precisando deixar um testemunho de seu governo, ele decidiu intensificar a construção. Assim, foi definida uma nova data para a cerimônia de inauguração: 7 de novembro de 1968.

Para concluir o projeto em tempo, a construtora manteve 250 empregados trabalhando na obra das sete horas da manhã às oito da noite.[89] Havia muito a ser feito em menos de um ano, mas, dessa vez, a data final não podia ser oficialmente alterada. Chateaubriand fizera negociações para incluir a inauguração do museu no protocolo oficial da visita de onze dias de Elizabeth II ao Brasil. (Ele a conhecera pessoalmente quando servira como embaixador do país em Londres.) Praticamente acamado desde o início de 1968, Chateaubriand ainda tinha conexões poderosas e, acima de tudo, mantinha sua obsessão por ser reconhecido pela Coroa britânica. Provavelmente, ele esperava ser levado à cerimônia em sua cadeira de rodas e carregado aos andares superiores, como fizera quando o engenheiro Figueiredo Ferraz deu uma festa de cobertura para comemorar a conclusão do processo de moldagem do concreto.

Conforme esperado, em 7 de novembro de 1968, o Rolls-Royce conversível presidencial estacionou em frente ao museu na avenida Paulista. Vinha acompanhado por um cortejo de carros e motocicletas oficiais. Embora o edifício estivesse inacabado, um tapete vermelho, com policiais militares vestidos em uniforme de gala enfileirados dos dois lados, se estendia da sarjeta até a escadaria do museu. Os Bardi, o prefeito, o governador e as respectivas esposas esperavam próximos ao totem que marcava a entrada do museu com placas informativas. Uma mulher elegante, doze anos mais nova que Lina, chegou na limusine. A rainha desceu do carro de forma solene, acompanhada de seu consorte. Sob as amplas lajes de concreto pairando acima do terraço, um grupo seleto de homens com ternos escuros e mulheres com vestidos claros, chapéus e luvas, parecendo tão britânicos quanto era possível, alinhavam-se para cumprimentar os convidados especiais enquanto os jornalistas disparavam seus flashes. Do outro lado da rua, uma multidão não tão seleta, mas não menos curiosa, cobria a calçada do parque e subia nas estátuas e nas árvores para tentar uma visão exclusiva do evento.

Ter a regente do Reino Unido como convidada de honra foi um sinal supremo de cosmopolitismo, o oposto da autenticidade cotidiana que Lina esperava para o museu. Após as apresentações públicas, Bardi, o prefeito e o governador conduziram uma visita do casal real às instalações do novo museu, culminando no último andar, onde a coleção permanente seria instalada. Ao subir do iluminado andar inferior pouco iluminado, ainda em construção, e alcançar o espaço iluminado do último piso envidraçado, a ampla sala e a vista da cidade se abriram diante de seus olhos. No primeiro plano da perspectiva profunda e vazia do salão, alguns cavaletes de vidro se alinhavam em uma fileira improvisada, apoiando algumas das pinturas mais significativas do museu. Ao contrário de seu marido, Lina não aparece com destaque em nenhuma das imagens disponíveis da inauguração, embora estivesse presente na cerimônia. Ela parece estar apenas em uma foto geral, tirada da grande escadaria. Vestindo um tailleur branco e um chapéu de abas largas, uma mulher impassível, de meia-idade e que aparenta ser Lina, olha fixamente a jovem rainha, fotografada de trás. Ambas se encontram face a face entre um grupo de homens brancos em ternos escuros e uniformes, e mulheres brancas vestidas com estilo. As pessoas comuns, os protagonistas arquitetônicos de Bo Bardi, estavam ausentes desse enquadramento. Ela não estava mais na Bahia, mas continuava entre os brancos.

Fizera-se ausente naquelas fotografias, assim como no evento em si, uma pessoa fundamental no universo cotidiano do museu e de Lina. Sete meses antes, na noite de 4 de abril, Chateaubriand falecera em razão de um infarto, após ter lutado oito anos contra a grave paralisia que o acometera depois de uma hemorragia cerebral. Pietro havia feito uma homenagem incomum durante o velório do amigo, que ocorreu no saguão do edifício dos Diários Associados. Em meio à multidão silenciosa que lotava o espaço, Bardi chegou com uma escada de construção. Colocou-a contra a parede atrás do caixão de Chateaubriand e, para a surpresa de todos, subiu os degraus da escada. Fixou pregos em três lugares diferentes da parede e fez com que se pendurassem neles três pinturas da coleção do museu. No centro, colocou o longo nu feminino de Renoir, *Banhista com cão grifo*. À esquerda e um pouco abaixo, mandou colocar o austero retrato renascentista, pintado por Ticiano, de Cristoforo Madruzzo, o poderoso cardeal e homem de Estado de Trento, e, à direita, o sombrio retrato feito por Goya do secretário da Inquisição espanhola, Don Juan Antonio Llorente. Logo em seguida, Bardi anunciou aos presentes seu último tributo a Chateaubriand, que era circundar seu chefe com as três coisas que ele mais amara na vida: poder, arte e mulheres nuas.[90]

A homenagem de Lina a Chateaubriand foi mais elegante e poética do que a do marido. No vão que se abre para a avenida Paulista, em frente às escadas e ao totem da entrada do novo museu, ela mandou instalar na vertical uma rocha volumosa para simbolizar o homem gorducho que lhe havia proporcionado tantas oportunidades no novo país. Ela circundou a rocha com plantas do Nordeste nativo de Chateaubriand (e uma terra mítica para ela), dando destaque a um cacto de mandacaru (também planta mítica dos modernistas que haviam frequentado o antigo Trianon). Ela não conseguiu cobrir as paredes com todos os elementos minerais e florais que desejara para o museu, mas com esse tributo — uma pedra e uma planta — transformou um simples gesto em um poderoso monumento ao legado de seu protetor e às suas próprias inspirações românticas como arquiteta.

ADIVINHE QUEM FEZ ISSO?

Passada a cerimônia de abertura oficial do MASP, as obras de finalização do museu continuaram, mas Lina Bo Bardi deixou de novo a cidade alguns dias mais tarde[91] para realizar outro projeto, muito diferente do que já havia feito. George Jonas, diretor de cinema e empresário judeu nascido na Hungria — um imigrante europeu com uma história de vida épica,[92] como a de Lina —, convidou-a para voltar ao seu admirado Nordeste. Ela viajou para a pequena vila de Brejo da Madre de Deus, também conhecida como Brejo Seco, no sertão de Pernambuco. Finalmente teria a chance de passar algum tempo no lugar que sempre havia idealizado. Passou lá quase três meses para acompanhar a produção do filme *A compadecida*, para o qual ela produziu a arquitetura cênica, como gostava de dizer.

O filme se baseava na aclamada tragicomédia teatral *O auto da compadecida*, do escritor Ariano Suassuna, grande defensor das tradições nordestinas. O texto original, um drama ambientado no interior mítico e rural brasileiro, é uma alegoria dos problemas sociais e políticos da região infundida com elementos da cultura popular. Lina usou o ambiente local a seu favor e acrescentou apenas poucos elementos à paisagem do vilarejo, circundado por colinas rochosas arredondadas. A praça central se tornou o palco de um pequeno mercado improvisado e de um parque de diversões, que ela rapidamente projetou e convocou os moradores a construir com materiais simples e cores abundantes, contando com a habilidade deles para improvisar soluções.[93] Ao lado da praça da matriz, ela ajudou a criar uma pequena tenda de circo azul[94] para a cena de abertura, colocando a protagonista, Nossa Senhora da Compadecida, montada sobre um cavalo, dando voltas no picadeiro. Sempre à busca de irreverência, Lina registrou frases provocadoras do roteiro em suas notas pessoais. Uma delas se destaca: "O mundo é um sutiã; o negócio é meter os peitos", sugerindo sua própria coragem como mulher e agente cultural. Sua anotação é especialmente significativa, considerando que o país estava entrando no período político mais violento de sua história recente, polarizado entre o crescimento dos movimentos de luta armada e a ação repressiva promovida pelo regime militar.

Quando terminou a filmagem, Lina retornou a São Paulo, no fim de dezembro de 1968, com uma infecção nos rins, e permaneceria acamada até janeiro de 1969.[95] Por fim, sentindo-se melhor, ela voltou ao MASP, pois tinha data marcada para abrir o museu ao público: 7 de abril de 1969, o último dia dos cinco anos de mandato do prefeito Faria Lima.[96] Quando os visitantes chegaram para a inauguração da coleção permanente no piso superior do museu suspenso, eles subiram dois andares diretamente a partir da rua, onde viram, pela primeira vez, uma colorida constelação de mais de duzentas pinturas em cavaletes de vidro que pareciam flutuar no salão amplo e desobstruído, com as luzes noturnas e indistintas da cidade como fundo. Essa disposição inovadora simplificou o modo de expor as obras, reduzindo a relação com elas ao essencial, para produzir, como Lina esperava, "um choque que desperte reações de curiosidade e de investigação".[97]

Seu objetivo era desmitificar o trabalho criativo. "Como responsável pelo projeto do Museu e pelo projeto do cavalete de cristal (porque é um cavalete e um quadro nasce no ar, num cavalete)", ela declarou, "quero esclarecer que no projeto do Museu foi minha intenção destruir a aura que sempre circunda um museu." Queria "apresentar a obra de arte como trabalho, como profecia de um trabalho ao alcance de todos".[98] Por isso, "abandonaram-se os requintes evocativos e os contornos, e as obras de arte antiga não se acham expostas sobre veludo, mas colocadas corajosamente sobre fundo neutro".[99] Ela não queria que a disposição da sala da coleção permanente do museu comunicasse aos visitantes "deves admirar, é um Rembrandt".[100] Ao contrário, Lina esperava que a organização da mostra deixasse "o espectador à observação pura e desprevenida, guiada apenas pela legenda, descritiva de um ponto de vista que elimina a exaltação para ser criticamente rigorosa".[101]

Enquanto a história da arte ocidental parecia suspensa no ar na galeria envidraçada do piso superior, vários artefatos cotidianos brasileiros haviam sido instalados logo abaixo, na galeria interna do primeiro andar, dando boas-vindas ao público que entrava no MASP pela primeira vez. No bloco elevado do museu, a alternância entre transparência e opacidade criava um universo ideal no qual os Bardi deram à produção estética erudita e leiga o mesmo estatuto. Lina concebeu aquela galeria opaca, entre paredes, para mostras temporárias, como o coração pulsante do edifício. E, assim, seu primeiro batimento ocorreu com a grande exposição A Mão do Povo Brasileiro,[102] dedicada a exaltar a engenhosidade popular. A porta da galeria enquadrava uma perspectiva simétrica do espaço profundo e era coroada por um teto regular de lâmpadas cintilantes, como um céu estrelado. Completando sua composição clássica, no centro da perspectiva linear da sala, Lina colocou uma grande imagem barroca de são Jorge, com o braço direito erguido, mas sem sua espada, montado em um cavalete de madeira coberto com tecido para simular seu cavalo, com o dossel de um baldaquino e bandeiras de festas juninas logo acima. Essa imagem, maior que o tamanho natural, parecia liderar um regimento cuidadosamente organizado de centenas de artefatos em prontidão, como se fossem marchar direto para fora do museu e em direção à rua, de volta à vida cotidiana de onde haviam saído.

Essa ampla exposição se produziu como uma metamorfose e uma apoteose dos trabalhos curatoriais anteriores de Lina Bo Bardi, mas à medida que a coleção de objetos se desenvolvia e crescia, seu esforço foi aos poucos perdendo a intenção de oferecer um tributo à luta diária de pessoas anônimas. Ela procurou ainda dar à exposição uma conotação política ao mesmo tempo que evitava sua associação com qualquer complacência. No entanto, abandonou o discurso acusatório usado em 1963 para introduzir a exposição Nordeste, definindo, dessa vez, de maneira mais modesta, a mostra como "uma apresentação de criatividade e de possibilidade". Procurou evitar ao máximo que A Mão do Povo Brasileiro fosse confundida com uma exposição de "arte como consolação [à pobreza]". E, ainda abalada com a carta que recebera do então ministro Celso Furtado, declarou: "Estamos convencidos de que tudo aquilo que pode compatibilizar com a miséria deve ser destruído".[103]

Lina se sentiu decepcionada e mal interpretada ao ler a afirmação do ministro, que lhe escreveu, com veemência: "Confesso [...] que não tenho aptidão para interessar-me pelas formas como as sociedades humanas se acomodam à miséria e esgotam o seu engenho no simples esforço de sobrevivência". E a essa crítica, ele havia acrescentado o comentário, inesquecível para Lina, de que "por temperamento ou deformação profissional, me inclino a pensar que tudo o que contribui para compatibilizar a vida do homem com a miséria deve ser destruído, ainda que por esse meio estejamos tornando inviável a sobrevivência da comunidade".[104] Foi exatamente o que ela escreveu sem aspas em sua apresentação da mostra no MASP. A partir desse momento, Lina se distanciou de suas iniciativas de preservar objetos artesanais e passou a chamá-los "fatos populares" e "pré-artesanato", em vez de arte popular. Ela começou a ver sinais de impasse conceitual e prático, o que a levaria a conclusões mais sombrias uma década mais tarde, quando tentou organizar um livro nunca concluído com suas reflexões.

Apesar dos dilemas conceituais e estéticos de Lina Bo Bardi, a exposição de artefatos teve grande êxito, comparável ao interesse do público pela coleção do museu. Suas preocupações se estendiam à aparência do novo edifício do MASP, que logo se tornou uma referência cultural vital na cidade. "Muitas pessoas ficarão escandalizadas com a brutalidade do acabamento que não esconde os elementos da construção, mas põe à mostra o concreto", ela anunciou no jornal *O Diário de S. Paulo* no dia da inauguração. "Assim o fiz porque não compreendo de outra maneira a arquitetura dos nossos dias presentes." Reiterando seu primeiro artigo para *Mirante das Artes, Etc.*, ela declarou: "[A arquitetura] deve ser baseada numa técnica reduzida ao essencial".[105] Anos mais tarde, ela acrescentou: "O vão do MASP não foi uma excentricidade, o que em linguagem popular se poderia chamar de uma frescura arquitetônica". E insistiu: "Eu procurei uma arquitetura simples, uma arquitetura que pudesse comunicar de imediato aquilo que, no passado, se chamou de monumental, isto é, o sentido de coletivo, de dignidade cívica".[106]

Perto do fim da vida, ela escreveu uma nota evocativa em um de seus cadernos de papel-jornal, lembrando um acontecimento relatado pela equipe do museu e que ela gostava de citar com grande orgulho. "John Cage (musicista Rock etc.) veio a São Paulo a convite da Bienal, visitou o MASP e gritou: 'Esta é a arquitetura da liberdade!' (foi recebido por Pietro, Eugênia e *gli altri* [os outros] que o relataram)".[107] Embora a nota sugira que ela não soubesse exatamente quem era o compositor John Cage, o museu de fato oferecia liberdade, em especial num período em que não apenas a cidade se tornava mais congestionada, mas também o país começava a se sufocar sob um regime opressor. "Os intelectuais não gostaram", refletiu Lina mais tarde sobre seu projeto em uma entrevista, mas "o povo gostou", concluiu com pausada alegria. E acrescentou: "Não procurei a beleza, procurei a liberdade". Revelando grande orgulho, ela anunciou com sua típica irreverência: "Sabe quem fez isso? Foi uma mulher!...".[108]

A visibilidade proporcionada pela conclusão do edifício do MASP transformou e consolidou a posição de Lina como arquiteta. Contudo, como para a maioria dos brasileiros, suas oportunidades profissionais e atividades diárias foram afetadas por um período político convulsionado, entre o fim dos anos 1960 e meados dos anos 1970. O governo militar brasileiro, que aos poucos vinha cancelando todas as formas de participação civil desde o golpe de Estado, inaugurou oficialmente sua fase mais repressiva e autoritária em 13 de dezembro de 1968, após decretar seu ato institucional nº 5 (AI-5), que removeu as liberdades civis dos cidadãos brasileiros e institucionalizou a censura política e cultural. Enquanto militantes radicais incitavam revoltas rurais e urbanas e organizavam lutas armadas, os militares perseguiam, prendiam, torturavam e até mesmo assassinavam seus dissidentes. A melancolia que Lina expressou a Zevi em 1965 terminaria se transformando em desencanto, desesperança e até mesmo em um breve exílio. Contudo, foi esse também um período no qual ela se engajou em experiências e experimentos artísticos radicais.

Os "anos de chumbo"[109] coincidiram com a promoção feita pelos militares de um modelo de desenvolvimento conservador e nacionalista, legitimado pelo slogan de um "milagre econômico" e pela imagem do Brasil como uma grande potência. Esse desenvolvimento tecnocrático favoreceu organismos públicos de planejamento e empresas privadas de engenharia e construção, deixando os arquitetos em dificuldade. Aos mais idealistas, como Lina, o desafio era se ela deveria abraçar ou não as oportunidades econômicas oferecidas pelo regime ditatorial. Descendo do pedestal de sua simpatia por causas sociais progressistas, ela por fim se lançou de cabeça na corrente subterrânea do debate revolucionário, onde encontrou novas companhias em meio a uma geração jovem e politizada. Como alguns arquitetos brasileiros radicais na época, ela viu a prática arquitetônica convencional como uma atividade comprometida com valores conservadores, que deveria ser questionada. Assim, optou por não se adequar ao sistema vigente e seus trabalhos profissionais ficaram muito limitados, sem nenhuma encomenda arquitetônica até 1975.

A atmosfera cultural e política tensa do Brasil na época assemelhava-se à da Itália no fim da Segunda Guerra Mundial. No entanto, agora Lina se sentia mais segura, ainda que exposta em uma casa envidraçada, do que nos abrigos antiaéreos subterrâneos para os quais corria quando era jovem. Finalmente, em sua fase adulta, ela realizou aquilo com que flertava na juventude: aprimorou suas convicções e sua imagem pública como profissional militante, evocando os arquitetos e os intelectuais italianos militantes que ela admirava nos anos da guerra. É provável que tenha vindo desse novo ímpeto sua declaração hiperbólica de participação na Resistência ao revisitar seu passado. No final dos anos 1960, Lina passou a deixar de lado os vestígios da mulher elegante, de saltos altos, trocando-os pela aparência casual e pela atitude boêmia que começara a desenvolver em Salvador. Passou a colecionar poesia maoista e fotos de Che Guevara, e mudou seus hábitos de leitura para a literatura marxista,[110] afirmando, como convinha na época, ser stalinista. Na verdade, sua visão sobre o comandante soviético se limitava a um líder pragmático que havia libertado a Itália do nazifascismo, negligenciando, assim, seu autoritarismo. Assim, radicalizou sua abordagem profissional e temporariamente deixou o projeto tradicional de arquitetura para adentrar o universo da produção cênica, mais tarde confidenciando a um de seus colegas: "Teatro é meu jeito de fazer política".[111]

Bardi não concordava com o crescente radicalismo dela, embora permitisse que ela usasse o MASP para organizar alguns eventos e exposições, às vezes com temas polêmicos. Quando o museu ficou pronto, contudo, ela passou a se envolver menos com o trabalho do marido,[112] e, em vez disso, estabeleceu novas parcerias com o diretor de teatro José Celso Martinez Corrêa, em torno de seus planos para a produção de uma peça do início da carreira de Brecht, *Na selva das cidades*.[113] Zé Celso e a trupe de seu Teatro Oficina (cuja logomarca é uma bigorna) eram um ciclone revolucionário, atuando entre São Paulo e Rio de Janeiro e levando o discurso político e a contracultura para além do palco. Lina se sentiu atraída pela irreverência agressiva do diretor e por seu interesse pelo "teatro pobre" de Jerzy Grotowski, que ela conheceu por meio de Glauber Rocha.

Vários anos depois, ela recordou: "Acho que minhas ideias sobre o teatro pobre, que eu identifico com as ideias mais modernas de arquitetura pobre (não no sentido econômico, é claro, mas de simplificação de meios), coincidiram com o tipo de produção que ele queria para a peça do Brecht jovem".[114] Agressão e anarquismo, as forças motrizes da peça, permearam a longa produção. Brecht dividiu a obra em vários rounds, e, assim, Lina transformou o teatro em um ringue de boxe, trazendo o público — a realidade brutal da cidade e do país — para o longo e estreito interior do teatro, reduzido aos seus elementos essenciais, despojados e brutais. Num gesto niilista que incorporava troncos secos de árvores, rochas, areia, peças improvisadas de mobiliário, sacolas plásticas, serragem, latas velhas e perfume barato, ela reuniu as estéticas da fome, do lixo e da boca do lixo.

Fora do teatro, viam-se cartazes com fotos de pessoas procuradas pelo regime militar colados aos postes e aos muros, como por toda a cidade.[115] Noutros, lia-se, desdenhando o lema do governo militar: "Brasil, ame-o ou deixe-o". Contrastando com essa atmosfera, o grupo Oficina distribuía seus próprios cartazes anunciando a peça que estrearia em 15 de setembro de 1969, chamando o público com frases de efeito como "Assista a uma luta violenta entre dois homens" e "Uma experiência no inferno".[116] No fim de cada round, os atores quebravam furiosamente muitos dos objetos cênicos no ringue.[117] Os "rounds para a destruição de tudo",[118] como planejado por Zé Celso, se impunham como um exercício físico e conceitual para que Lina se desfizesse radicalmente da arquitetura convencional, restando pouco da geometria lógica e objetiva de seu discurso sobre o racionalismo. Apenas a força política de vanguarda do movimento permanecia em estado bruto. Em lugar do perfeccionismo, ela e Zé Celso escolheram de forma premeditada a anarquia e a irracionalidade. Em vez de colecionar objetos para preservá-los como em um museu, contradizendo a mostra em cartaz no MASP, ela os coletava para serem despedaçados. Lina, de modo arriscado, experimentava com a ideia da morte da arquitetura e do arquiteto convencional.

Dada a violência acentuada das apresentações, um mês depois da estreia, rompeu-se o limite entre a realidade e a ficção, tanto no palco quanto na crise interna que acometeu o Teatro Oficina sobre sua missão estética e seu propósito coletivo. Após esse incidente, o grupo se separou e Lina interrompeu por um tempo sua colaboração com Zé Celso. Nesse intervalo, ela concordou em ser a anfitriã do 5º Congresso Internacional de Psicodrama, a ser realizado no Hall Cívico do MASP em agosto de 1970. Sem saber quem era Jacob Levy Moreno, o criador do psicodrama, Lina impôs uma condição: "Eu posso fazer, mas primeiro quero conhecer esse Moreno. Se ele for da filosofia política em que eu acredito, eu faço".[119] Ela leu os livros de Moreno e se identificou com sua filosofia libertária, selando o acordo e ajudando a encenar o catártico evento que traria milhares de pessoas a um amplo anfiteatro temporário e a pequenas salas de sessão móveis distribuídas pelo subsolo do museu.[120]

Ainda em 1970, com a mediação de Zé Celso, Lina viajou para Florianópolis, onde o diretor de cinema André Faria Jr. estava filmando *Prata Palomares*, uma história polêmica que tratava da luta armada e censurada pelo regime militar. Apesar do liberalismo político da trama, ela percebeu que ainda estava atuando num mundo machista. Numa entrevista no fim da vida, lembrou de uma visita ao set de filmagem, durante a qual três cinegrafistas "trocaram olhares entre eles e riram"[121] porque ela era uma mulher. Sua reação não foi se encolher, mas agarrar os refletores e gritar, enfurecida: "Isto ainda é o estúdio Vera Cruz, ou o Teatro de Arena?" — referindo-se à companhia cinematográfica comercial e ao bastião do radicalismo cultural brasileiro. Ela então ordenou que eles removessem os refletores e os instruiu a como iluminar o set de forma apropriada. Só depois desse gesto agressivo ela sentiu que poderiam trabalhar juntos.[122] Em suas ações, além de suas palavras, ela continuava a propor às pessoas que adivinhassem quem havia feito aquilo. E a responder: "Foi uma mulher!".

TENHO SAUDADE DA VIA BORGONUOVO

Após a filmagem de *Prata Palomares*, ao retornar a São Paulo, um policial que representava a agência de inteligência brasileira bateu à porta de Lina. Era fim de 1970. Trazia uma ordem para que ela fosse depor como testemunha de um episódio comprometedor que ocorrera em 1968. Enquanto Bardi estava viajando, ela abriu sua casa para um encontro secreto entre Dulce Maia,[123] uma das líderes da Vanguarda Popular Revolucionária (VPR), Carlos Marighella e Joaquim Câmara Ferreira, líderes do grupo guerrilheiro Ação Libertadora Nacional (ALN), que haviam promovido campanhas de conscientização, mas também o sequestro de diplomatas estrangeiros e assaltos à mão armada para negociar e financiar suas causas. Em 9 de dezembro de 1970, Lina se apresentou a um interrogatório no Segundo Comando do Exército,[124] no centro de São Paulo, descrevendo mais tarde que havia sido "tratada com decência, mas o interrogatório durou três horas. Esperei quarenta minutos e fui liberada".[125] Contudo, o processo de defesa que terminou por absolvê-la se estenderia por alguns anos.

O inquérito era parte da investigação da polícia militar, organizado pelo regime para intimidar a esquerda cultural.[126] De acordo com os documentos de defesa de Lina emitidos entre 1971 e 1973, Maia (que ela conhecera em visitas ao MASP) havia lhe pedido para fazer uma reunião na Casa de Vidro sobre uma exposição que seus amigos estavam preparando sobre arte moderna. Lina concordou, porque Sérgio Ferro, filho de um dos membros da diretoria do museu e um dos jovens arquitetos que ela admirava — e que terminou se envolvendo com a luta armada —, estaria presente na reunião. Entretanto, ela declarou oficialmente que estava muito ocupada buscando cumprir o prazo para completar a obra do MASP, permanecendo na biblioteca sem participar da reunião — que ocorrera em sua sala de estar —, portanto ignorando o que eles haviam discutido.[127] Ela mencionou que só reconheceu quem estivera em sua casa quando viu uma foto de Marighella no jornal, depois que ele havia sido assassinado. Por fim, Ferro confirmou oficialmente que Lina, de fato, não conhecia as pessoas que haviam estado em sua casa naquela noite de 1968 e que ela não estivera presente em suas discussões.[128] Assim, ela foi temporariamente poupada.

Na noite após o interrogatório e com Bardi fora do país, ela se mudou para a casa de Valéria Cirell, sua amiga e vizinha. "Sou como um animal, sei como me esconder", ela disse ao seu caseiro. Enquanto ficou lá, Lina preparou de maneira discreta suas malas e obteve um visto italiano, temendo a ameaça de uma prisão preventiva. Uma semana depois, em 19 de dezembro de 1970, ela apareceu de surpresa na casa da irmã.[129] Lina acabou passando vários meses na Itália no ano seguinte, viajando entre a casa de sua família em Milão e uma casa de fim de semana[130] assentada em uma encosta com vista para o mar, na cidadezinha de Bogliasco,[131] nos arredores de Gênova. Nesse meio-tempo, Bardi retornou ao Brasil, mas logo voltou à Itália para ajudar a esposa a preparar sua defesa. Pela segunda vez, Lina tivera de deixar um lugar onde se sentia em casa. Antes, sua crise no MAM-BA fizera com que deixasse a Bahia durante o golpe de Estado. Dessa vez, a ditadura propriamente dita a levara a deixar o Brasil.[132]

Enquanto estava em Bogliasco, ela permaneceu reclusa, lendo e escrevendo notas sobre suas leituras de uma nova literatura que abrangia de Claude Lévi-Strauss a Sigmund Freud, e de Franz Boas a Roland Barthes. Continuava procurando informações que pudessem nutrir seus interesses pelo pensamento humanista, pela estética popular e pelo seu ainda amado, mas cada vez mais distante, Nordeste.[133] Ela também passou bastante tempo estudando o Código Civil Brasileiro para se apresentar, com a ajuda de um advogado de defesa, à justiça brasileira durante uma investigação que duraria dois anos.[134] Ela voltou a São Paulo no fim de 1971, no auge da ação militar contra os grupos de luta armada, sentindo-se sozinha e melancólica, mas também irritada.[135]

Apesar de seu estado emocional, ela logo se envolveu em um novo projeto cênico de Zé Celso para uma peça experimental, *Gracias, Señor*, que inaugurou uma nova configuração e uma nova filosofia do grupo. O Teatro Oficina havia enveredado por aventuras psicodélicas, happenings e performances de rua, forçando as fronteiras da linguagem dramatúrgica em direção a francas agressões e longas apresentações (de até oito horas e dois dias consecutivos). Valendo-se de sua experiência anterior com o psicodrama, Lina atendeu ao desejo de Zé Celso de permitir que o público se tornasse, ao mesmo tempo, espectador e agente do teatro.[136] Seus projetos cenográficos para as montagens do espetáculo no Rio de Janeiro e em São Paulo, em fevereiro e abril de 1972, respectivamente, alcançaram uma simplicidade e uma crueza próximas do vazio — um espaço despojado e aberto à improvisação e ao delírio.

A peça dividiu o público e os críticos, em vista de sua hostilidade gratuita,[137] o que a levou a ser censurada e cancelada. Depois dessa experiência extrema, Lina tomou certa distância do grupo. Trabalharia de novo com Zé Celso na reforma do edifício do teatro, mas não colaboraria mais em montagens de peças. Ainda assim, ela havia materializado, em sua colaboração teatral com ele e de modo radical, ideias sobre espaço e arquitetura que havia perseguido por muitos anos. Ao negar a arquitetura tradicional, ela descobriu um espaço pleno de possibilidades coletivas, de forma análoga ao modo como devolvera o Terraço do Trianon à cidade. Com a arquitetura cênica para *Gracias, Señor*, Lina chegou a uma materialidade simples, reduzida ao essencial, e ao vazio dos edifícios, literalmente transformando as pessoas nos únicos protagonistas do espaço. O teatro não era apenas seu modo de participar da política; estava se tornando também, e acima de tudo, seu modo de conceber a arquitetura.

No entanto, depois que *Gracias, Señor* foi cancelada, Lina ficou sem nenhum projeto cênico ou de arquitetura para desenvolver. Ela ainda estava no meio de uma investigação legal e seu paradeiro estava sendo observado com cuidado pela polícia militar. Com todo esse peso sobre os ombros, ela se voltou para a privacidade de suas amizades, suas leituras e a colaboração com Bardi em alguns poucos projetos curatoriais para o MASP. Entre eles estava uma exposição para celebrar o 50º aniversário da Semana de Arte Moderna de 1922. Num gesto de admiração e, ao mesmo tempo, de irreverência, ela convidou o Circo Piolin — então sediado no largo do Paissandu, no centro de São Paulo — a se instalar temporariamente no meio do Terraço do Trianon, abaixo da ampla laje de concreto do museu. Piolin (nascido Abelardo Pinto, que faleceu em 1973) era um conhecido ator, acrobata e palhaço, admirado pelos modernistas como um exemplo do autêntico artista popular brasileiro. Lina nunca deixou de querer produzir referências instigantes à cultura popular, e o circo estava entre elas. Ele também era uma reminiscência de sua juventude, de espetáculos vistos com seu tio Natalino e dos motivos das pinturas de seu pai, uma eterna referência pessoal. À medida que a situação política no Brasil se deteriorava e a Itália parecia cada vez mais distante, Lina começou a se sentir nostálgica do seu passado, levando-a, mais tarde, a um complexo processo regressivo em direção à própria infância.

Aproximando-se de seus sessenta anos, ela escreveu uma carta ao amigo romano e pintor surrealista Fabrizio Clerici, que ela conhecia desde os primeiros anos de escola e da época em que esteve em Milão, durante a guerra. "Tenho saudade da Via Borgonuovo", ela lhe confidenciou. Lembrou do escritório improvisado que Carlo Pagani, que era amigo em comum, tinha instalado em seu apartamento depois de uma bomba destruir o pequeno estúdio que ele e Lina compartilhavam na Via Gesù. Ela também tentou convencer Clerici a dar uma palestra no MASP sobre "o barroco como pensamento mágico",[138] o que nunca se concretizou. Embora tenha lhe proposto diversas vezes que viesse visitá-la no Brasil, Clerici nunca aceitou o convite.

Mas essa não foi sua única tentativa de revisitar a juventude. Embora não pudesse voltar ao tempo da Via Borgonuovo, Lina, de certa forma, recriou o espírito e o ambiente festivo da Pensione Eldorado com reuniões sociais na Casa de Vidro. Ela passou a receber um bom número de amigos e conhecidos que orbitavam os círculos artísticos e intelectuais progressistas, e que começaram a migrar para sua sedutora companhia intelectual, nos longos e frequentes almoços que ela costumava organizar, com ajuda dos funcionários da casa, às quintas-feiras.[139] Ela e seus convidados compartilhavam interesses sobre a crise pela qual o país passava e sobre novas experiências estéticas, políticas e pessoais. Sua devoção recém-adquirida a autores marxistas era tão grande que Bardi a provocava, andando pela casa e dizendo, com ironia: "Agora, é tudo Althusser".[140] Além disso, observada em silêncio pelos empregados, Lina começou a experimentar drogas e a beber quantidades excessivas de álcool, sempre que o olhar desaprovador do marido estava fora de alcance.[141] Ela estava tentando, de maneira inábil, suprimir velhas e novas tristezas.

Entre 1972 e 1975, Lina circulou principalmente entre a Casa de Vidro e o MASP, com várias viagens pelo Brasil e ao exterior. Entre elas, acompanhou Bardi numa viagem a Tóquio, a serviço do museu, em abril de 1973.[142] "Sou uma ré muito exigente, mas essa é a única chance que tenho de visitar o Japão",[143] Lina escreveu em uma carta a seu advogado, que mediava o contato com o auditor

Lina Bo Bardi em um de seus almoços semanais na Casa de Vidro com Edmar de Almeida sentado à sua direita, c. 1976.

militar.[144] Na mesma carta, ela mencionou, sem muitos detalhes, que a Universidade Harvard tinha enviado um convite para o ano escolar de 1973-4, que nunca se concretizou. Antes da viagem à Ásia, ela havia visitado a mãe enferma (que estava começando a sofrer de demência) em Milão, no Natal de 1972. Durante a estadia, Lina consultou um médico, que lhe forneceu um breve relatório, registrando que ela sofria de artrite lombar e síndrome depressiva, duas complicações que continuaram a aumentar sem o devido tratamento.[145] Encontrou ainda velhos amigos na capital italiana. Depois de uma visita a Fabrizio Clerici, ela lhe enviou uma carta de Milão, insistindo que ele deveria se dedicar mais à arte política e mencionando não ter gostado da viagem, por causa de suas "terríveis memórias de infância em Roma".[146]

Ela se sentia estrangeira em sua cidade natal, e mesmo em seu país de origem. Estava angustiada e ansiava por estar no Brasil. Zevi se sensibilizou com sua situação após vê-la em Roma e publicou dois artigos favoráveis a ela em sua coluna semanal para o jornal *L'Espresso*, no início de 1973. O primeiro artigo apresentava o novo edifício do MASP e as visões críticas de Lina sobre o racionalismo e a monumentalidade.[147] O segundo derivou de uma conversa entre eles e de anotações que ela lhe havia enviado. Espirituoso, Zevi intitulou o artigo "*Incontro con Lina Bo*

Bardi: Un supervisore con mitra e speroni" [Encontro com Lina Bo Bardi: Um supervisor com metralhadora e esporas].[148] Nele, lembrava que ela lhe havia dito: "Eu não mudei desde quando trabalhava com Elio Vittorini no *Milano Sera*. Para me manter a mesma, tenho que viver longe, em uma terra onde os contrastes são elementares e radicais, como eram aqui durante a Resistência".[149] Zevi se solidarizou com a sua luta, respondendo: "Lina está sendo julgada por uma ação subversiva desconhecida, mas ela nem pensa em retornar à Itália. Aqui tudo parece insípido e comprometido, ela não suporta a atitude resignada de seus velhos amigos".[150]

De volta ao Brasil, enquanto Zevi publicava os artigos, Lina teve de enfrentar duas perdas pessoais significativas. Valéria Cirell faleceu. Logo depois, Martim Gonçalves também partiu, no Rio de Janeiro, em 18 de março de 1973, duas semanas antes de ela viajar ao Japão. Poucos meses mais tarde, Lina fez uma homenagem póstuma ao amigo junto com Helio Eichbauer, um jovem cenógrafo carioca em ascensão, e organizou uma exposição retrospectiva sobre a longeva contribuição de Martim Gonçalves ao teatro brasileiro, realizada no MASP entre 17 de agosto e 3 de setembro de 1973. Ela reconheceu a grande afinidade entre eles, mas evitou qualquer sentimentalismo, destacando apenas que ele "conhecia o povo brasileiro".[151] Encerrada a exposição, ela voltou à Itália para visitar a família no Natal, como fazia todos os anos.

Durante a viagem, ela visitou mais uma vez Bruno Zevi em Roma e comprou o último livro do velho amigo, *Il linguaggio moderno dell'architettura* [A linguagem moderna da arquitetura]. Ainda em sintonia com o debate epistolar anterior entre os dois, ela lhe enviou uma longa carta em 10 de abril de 1974, com uma crítica do novo livro. Segundo Lina, a preocupação de Zevi com o modernismo como linguagem era "um pseudoproblema, o grande perigo hoje, em todos os campos". E protestou: "O problema é outro. Não importa se a arquitetura é 'moderna' ou não; o importante é que seja válida".[152] A carta foi datilografada com sentenças longas, mas também com palavras dispersas e frases curtas lançadas contra a página, como as balas e as esporas pontiagudas que Zevi havia usado para descrevê-la. Na carta, ela reconhecia a importância do livro, mas contestou que "a questão não é prenunciar novas formas e conteúdos, a questão é MUDAR a arquitetura como nunca foi feito até hoje".[153]

Ainda infeliz com a situação cultural e profissional no Brasil, mas já distante das realidades italiana e europeia, ela insistia: "É importante recomeçar com a bagagem que pode ser salva. [...] Um ato subversivo de reinicialização cultural não pode prescindir dos materiais básicos preexistentes".[154] Ela terminou a carta retornando ao ponto de partida, de que o problema da arquitetura não era estético, mas político. Lina Bo Bardi temia que, sem justiça social, a arquitetura acabaria se limitando a um exercício gratuito de estilo. Para ela, a arquitetura moderna ainda tinha um papel insubstituível a exercer, não de natureza estética, mas como defensora de um propósito essencialmente coletivo, formado em torno da ideia de que as pessoas são protagonistas do espaço. "Afinal de contas", ela concluiu, "desde 1945, sei que não se pode desconsiderar isso."[155]

Depois de alguma reflexão e poucos meses mais tarde, Zevi decidiu publicar a carta de sua amiga como um manifesto na revista *L'Architettura, Cronache e Storia*, com mínima interferência editorial e um comentário adicional, no qual Zevi defende seus pontos de vista teóricos e faz um alerta, com ironia e afeto: "Não se deve polemizar com Lina Bo Bardi, tais são sua vivacidade, sua generosa veemência, sua incansável busca por uma realidade verdadeira, crua. Especialmente desde que vive no Brasil, não tolera mais as acrobacias intelectuais europeias, sobretudo as italianas".[156] Talvez ele estivesse certo, já que essas foram as últimas cartas que eles trocaram, segundo os registros dos dois. Ela estava começando a se distanciar da Itália não apenas em aspectos intelectuais, mas também geográficos, como Zevi notou: "Quando ela volta a Milão e a Roma, está sempre impaciente. Quer raspar a superfície das coisas para ver se, por trás delas, ainda há algo de autêntico".[157] Ele sabia que, já perto de completar sessenta anos, ela não voltaria atrás em seu modo de pensar. "Discutir com Lina? Para quê?", Zevi se perguntou e concluiu, com o carinho pelo qual sabia que ela ansiava: "Podemos discordar totalmente do que ela diz, mas falta o estímulo para expressá-lo, pois não a queremos diferente do que é".[158]

CRIATIVIDADE A SERVIÇO DE ALGUÉM

Os amigos brasileiros de Lina Bo Bardi talvez concordassem com Zevi quando menciona que ela sempre estava perscrutando além das aparências, à procura de algo autêntico. A situação política e social desafiadora do Brasil, ainda alimentada por medo, dúvida e animosidade, tornava sua busca pessoal ainda mais urgente. Aquela condição de incerteza afetava o mundo cultural, desestabilizando algumas das ideias e das esperanças caras a ela. Nos anos 1970, a noção de uma cultura nacional popular foi sendo aos poucos descartada como mero populismo,[159] as energias romântico-revolucionárias se dissiparam,[160] e um sentimento generalizado de desencantamento nutriu uma crise ideológica que corroeu o experimento radical de socialização da cultura brasileira, rendendo-se aos poucos à pressão da indústria de massa e do individualismo.[161] Apesar da sufocante atmosfera do país e de suas próprias dificuldades emocionais, Lina não poupou esforços em sua busca por um novo humanismo. Ao fazer isso, ela conquistou um grupo mais jovem de artistas e intelectuais idealistas, com quem costumava se encontrar pela cidade e que às vezes frequentavam sua casa.

Numa dessas oportunidades, Lina conheceu, através de sua amizade com o arquiteto Flávio Império e o psicanalista Alan Meyer, o artista Edmar José de Almeida, que a ajudaria a retomar sua prática projetual. Edmar era um artista jovem, tranquilo, mas de personalidade marcante, nascido em Uberlândia, na região oeste de Minas Gerais, e que na época vivia em São Paulo.[162] Em seu primeiro encontro, num jantar, Edmar notou que ela se vestia de preto — algo incomum no Brasil — e soube, por amigos em comum, que ela se sentia melancólica e apreensiva até mesmo para sair de casa sozinha. Ainda assim, ela se animou um pouco depois de ver as peças de tapeçaria que ele estava preparando com um grupo de aprendizes em sua cidade, convidando-o depois para um de seus almoços semanais.[163]

Edmar de Almeida logo se tornou um membro permanente de seu entourage. Durante as conversas entre os dois, surgiu a ideia de revisitar antigos projetos curatoriais que Lina havia imaginado envolvendo objetos populares. Num acordo com Pietro, ela propôs organizar uma exposição das obras da oficina de tecelagem do jovem artista na galeria temporária do MASP, e, em agosto de 1974, eles começaram a planejar a mostra.[164] Lina e seus jovens amigos fizeram uma viagem de carro a Minas Gerais, com uma parada especial em Martinésia, uma cidadezinha a vinte quilômetros de Uberlândia, onde coletaram documentação para a mostra: ela fez desenhos de plantas e objetos; Flávio Império filmou um documentário sobre as atividades dos tapeceiros; Luiz Hossaka, da equipe do MASP, e Alan Meyer cuidaram da fotografia; e Edmar de Almeida comandou a equipe de artesãs. Os trabalhos se estenderam no tempo e a exposição intitulada Repassos, em homenagem à transmissão de padrões de tecelagem, foi inaugurada um ano depois. Mas, antes disso, Lina faria outras viagens.

Quando Lina e seu grupo começaram a organizar essa exposição, a investigação militar contra ela tinha sido concluída, mas, de acordo com o amigo e arquiteto paulistano Joaquim Guedes, ela ainda estava muito deprimida por ter enfrentado medo, angústia e vigilância. Assim, pequenas coisas e pequenos contratempos a afetavam, mais do que nunca, com facilidade.[165] Ela se sentiu perturbada de maneira particular por um comentário feito por um estudante em uma longa reportagem sobre a arquitetura em São Paulo. Nela, o estudante criticara seu projeto para o MASP, fazendo afirmações xenofóbicas e dizendo que, por ter vindo da Europa, ela era incapaz de entender a cidade e o país. Preocupado com o sofrimento dela, Guedes decidiu convidar Lina para viajar com ele a Madri, onde participaria do XII Congresso da União Internacional dos Arquitetos, em maio de 1975. Encorajada por Bardi, ela se juntou ao amigo.

Como algumas companhias aéreas conectavam São Paulo à Europa via Dakar, eles compraram passagens para um voo com escala no Marrocos. Lá, alguns arquitetos locais os receberam com grande generosidade e deram a Lina um antigo anel, chamando-a, de maneira afetuosa, de "Princesa de Marrakech", o que ajudou a animar o seu frágil estado emocional.[166] Mais tarde, durante o congresso em Madri, Lina foi incentivada a compartilhar suas preocupações políticas com colegas europeus, mas se manteve cética em relação aos debates do evento e descreveu de forma crítica o modo disperso com o qual o encontro abordava o tema da tecnologia, como uma Torre de Babel.[167] Durante a viagem, Lina voltou a Barcelona e revisitou as obras de Gaudí. Ela e Guedes continuaram até Paris, e por fim Roma e Milão, onde ela passeou outra vez pelas ruas, conheceu novas pessoas e encontrou velhos amigos. Essa longa temporada na Europa e o aconchego de um círculo de pessoas próximas a ajudaram a recuperar sua confiança e a reavivar seu interesse adormecido pela prática arquitetônica.

De volta ao Brasil, enquanto finalizava a preparação da exposição Repassos, em agosto de 1975, Lina retornou por um curto período ao Rio de Janeiro. O artista Rubens Gerchman havia sido contratado como o novo diretor do Instituto de Artes do Parque Lage — o projeto de Lina tinha sido abandonado uma década antes — e lhe pediu ajuda. Gerchman renomeou o instituto Escola de Artes Visuais (EAV) e, com a ajuda de Helio Eichbauer, propôs uma reforma no currículo como uma nova tentativa de socialização da arte e da cultura. Para isso, convidou Lina para desenvolver um projeto de renovação da antiga mansão e para colaborar na nova missão pedagógica. Com sua experiência e com as práticas artesanais e populares em mente, ela esperava que seus antigos planos para uma escola alternativa de desenho industrial pudessem por fim se materializar em uma nova adaptação. Considerou, inclusive, comprar um apartamento no Rio de Janeiro,[168] para que pudesse passar mais tempo na cidade que ela de fato apreciava. Porém, sem recursos do governo estadual, o plano de reabilitação não saiu do papel.[169] Acredita-se que Lina tenha produzido desenhos para o Parque Lage, mas não foram encontrados registros. Frustrada, ela logo retornou a São Paulo para inaugurar a mostra no MASP, em 9 de setembro de 1975.

A exposição Repassos, com seus amplos tapetes pendurados no teto da galeria branca, deve ter parecido à primeira vista uma mostra de arte naïf religiosa. No entanto, o simples tear com cestos, rolos de fio, ferramentas e até mesmo esterco seco de gado usado para aquecer tonéis de tingimento, ao lado da projeção de um filme e de painéis fotográficos retratando o trabalho autônomo das artesãs, que recebiam os visitantes da mostra, sugeriam algo diverso. Lina e Edmar tentaram preencher a lacuna entre a representação e a realidade, entre o museu cosmopolita e a zona rural do país, materializando sua busca por uma abordagem antropológica da produção de objetos por mãos leigas. Ao mostrar os procedimentos de criação e de transmissão de padrões gráficos de tecelagem, a exposição introduziu a tapeçaria como uma prática cultural, em vez de apenas um produto artístico. Essa perspectiva expandiu os objetivos estéticos e políticos que Lina havia perseguido desde sua colaboração com Martim Gonçalves e em textos e exposições dedicados ao artesanato — e até mesmo antes disso, em seus artigos para a revista *Habitat*.

Ela continuou a arranhar a superfície da produção espontânea de objetos de uso, buscando sobreviventes da manufatura pré-industrial e tentando trazer ao museu um mundo cotidiano esquecido pela produção capitalista. Para se certificar de que os visitantes entendessem com clareza o seu intuito, Lina escreveu um pequeno texto introdutório impresso num folheto simples, em papel manilha. "Esta não é uma exposição de arte religiosa. Nos períodos difíceis da história de um país [...], o misticismo é o último recurso que tira o homem da passividade."[170] De modo autorreflexivo, ela viu aquela produção como "o desejo de 'fazer', de pôr a criatividade a serviço de alguém, à procura de uma saída para uma situação humana mais digna, acham no misticismo uma solução provisória".[171] Ela definiu a mostra como "uma autocrítica em nível coletivo"[172] e "uma pequena contribuição à grande tomada de consciência coletiva [...] que denuncia a perversidade de um sistema que acreditou no 'industrial design' como força purificante".[173]

Mais que uma mostra visual, Repassos era uma instalação teatral, um "espaço-ambiente", como Lina o chamou.[174] A abertura da exposição foi uma espécie de happening, prática comum na época, com tecelãs de Martinésia trabalhando ao vivo em seus teares enquanto a intelligentsia e as socialites de São Paulo apreciavam drinques, petiscos e bate-papos. Além disso, ainda obcecada pela carta crítica de recebida anos antes de Celso Furtado, Lina escreveu: "Não é uma exposição contra as conquistas da civilização ocidental, contra a industrialização e o 'comfort'. Não é uma exposição que apresenta a arte como consolo da miséria, como tranquilizante das consciências dos que não 'precisam'".[175] E, para deixar isso bem claro, no fim da noite, ela se colocou na saída da galeria da exposição, enquanto políticos, celebridades e críticos se enfileiravam para se despedir e deixar o evento. Ao lado dela, havia uma pilha de jornais abertos da qual ela pegava uma folha grande de cada vez, colocava-a na palma da mão, pegava um punhado de estrume bovino seco, embrulhava-o e dava o pacote de maneira solene aos convidados famosos, enquanto eles desciam as escadas do museu rumo ao terraço na avenida Paulista.[176] Pelo menos os críticos devem ter recebido a provocação de Lina com bom humor, uma vez que Repassos foi premiada pela Associação Paulista de Críticos de Arte (APCA) como a melhor exposição de 1975. Sua vida profissional, aos sessenta anos de idade, estava afinal encontrando reconhecimento público e uma nova direção.

No dia da abertura da mostra, Lina havia assinado um contrato que a levaria de volta ao seu querido Nordeste. Com a ajuda de seus conhecidos no MASP, ela foi chamada por uma subsidiária brasileira da empresa de engenharia milanesa ELC Electroconsult, que vinha trabalhando com o governo brasileiro desde o fim dos anos 1960 na construção de centrais elétricas e em projetos de desenvolvimento agrícola que envolviam a realocação de populações. Esses projetos faziam parte dos objetivos do regime militar, influenciados pela iniciativa histórica da Tennessee Valley Authority que visava ao desenvolvimento econômico e comunitário nos Estados Unidos durante a Grande Depressão. Lina foi contratada para participar do Projeto na Comunidade Camurupim, provendo "serviços valiosos para a preparação de projetos arquitetônicos"[177] no reassentamento de trezentos agricultores e cem não agricultores e suas famílias na região de Propriá, uma pequena cidade cerca de cem quilômetros ao norte de Aracaju, onde estavam planejados uma grande barragem e um projeto de irrigação.[178]

Logo após assinar o contrato, ela voou para a região. Visitou Salvador em setembro de 1975 e, em outubro, viajou a Recife para se encontrar com a equipe de engenharia. De lá, viajou por terra para Propriá, onde observou com atenção a vida da comunidade e a geografia local, para integrar da melhor forma suas novas condições de vida. Em seu levantamento, Lina incluiu questões sobre instalações sanitárias e culinárias, os tipos de móveis disponíveis e como as tarefas domésticas, as atividades cotidianas e as formas de habitar eram executadas. Ela também tirou fotografias de uma casa de pau a pique na sua primeira visita ao lugar. Os proprietários, "Maria Eloísa e Jovino", ela anotou, dividiam a casa com seus "nove filhos".[179] De acordo com as datas em seus primeiros desenhos do local, ela voltou à região um mês depois, no final de novembro de 1975, mas teria ainda que esperar um ano para receber instruções concretas sobre o projeto.

Lina finalmente se encontrou com a equipe de engenharia da Electroconsult em 16 de novembro de 1976, em Recife, para discutir o planejamento físico de Camurupim, que incluía infraestrutura, parcelamento de terra, quatrocentas casas e um centro comunitário com instalações comerciais, sociais e de lazer. De volta a São Paulo, arregaçou as mangas imediatamente para produzir seus croquis iniciais e enviá-los pelo correio. Uma semana depois, a equipe escreveu a ela, elogiando suas ideias, consideradas promissoras.[180] O esquema de Lina, representado em um desenho a lápis estudado com rigor, mostra uma vila rural ideal, onde, segundo sua descrição, as pessoas "andam principalmente a pé ou de jegue".[181] Conforme seus desenhos e anotações, os "lotes radiais com uma casa no centro" deveriam acomodar a topografia acidentada com terraços construídos segundo o "sistema de muretas nas encostas da Ligúria",[182] região que ela conhecera bem durante seu recente exílio. No topo da colina, ela situou o centro comunitário com "'pracinhas' com bancos, jaqueira, fonte e chafariz", levando ao Nordeste sua sensibilidade italiana neorrealista mesclada com seu vocabulário naturalista brasileiro.

Lina desenhou, em detalhes, estudos de casas coloridas como se estivesse projetando cenários, *tableaux vivants* construídos com materiais simples e famílias encenando suas rotinas. Ela também esboçou algumas peças de mobiliário imaginando flexibilidade de uso e facilidade na construção, sugerindo que elas deveriam ser produzidas no local e que as casas seriam construídas "na base de autoajuda e interajuda".[183] Mais uma vez, ela recorreu ao punhado de elementos arquitetônicos rústicos de seu repertório doméstico anterior: uma armação estrutural de troncos de árvores brutos, sarrafos de madeira, coberturas de palha de palmeira, venezianas em treliça e plantas crescendo nas paredes. Ela insistia que as unidades eram muito importantes para o sucesso do projeto e ressaltou que, para a população local, uma casa de tijolos seria seu maior sonho. A equipe de engenharia respondeu de forma positiva às suas sugestões e também aprovou a ideia de reunir uma pequena equipe de arquitetos que produziria os desenhos de construção até março de 1977, mas isso nunca aconteceu. Ela trabalhou sozinha no projeto até novembro de 1977, quando foi finalmente abandonado pelo governo.

Enquanto abordava o projeto de reassentamento com sua experiência antropológica recém-adquirida na exposição Repassos em Mente, Lina percorria um limite tênue entre sua visão estética romântica e seu discurso político ambíguo. Assim como sua experiência frustrante com a criação do MAP em Salvador, o projeto para Camurupim não foi além da fase de pesquisa e conceituação. Ela criticou o governo por fornecer assistência inicial e depois interrompê-la, em detrimento da comunidade,[184] mas fechou os olhos para a expectativa do governo militar de que o processo de reassentamento contivesse a ação de potenciais insurreições rurais e das lutas armadas na região. O novo centro rural ficaria próximo da vila de Cabo Verde, o centro — a ser controlado — de uma cooperativa rural organizada nos anos 1960 por padres católicos envolvidos com movimentos pela reforma agrária e pela melhoria da condição de vida dos trabalhadores rurais.[185]

Com esse projeto, Lina pôde colocar à prova sua aspiração de ser tanto uma arquiteta humanista quanto uma intelectual orgânica, mas também aceitou a difícil conciliação política com o governo militar, enfrentada por muitos arquitetos brasileiros de sua geração que acreditavam que a arquitetura devia servir ao bem comum. Depois de simpatizar com movimentos de camponeses nos anos 1960, responder a um processo federal no início dos anos 1970 e de desenvolver uma retórica revolucionária, ela assumiu um projeto promovido por um regime autoritário e tecnocrático, algo que ela antes havia combatido com tanta intensidade. Apesar dessas contradições, suas intenções eram nobres. Além disso, na segunda metade dos anos 1970, o governo militar começou a mostrar sinais de vulnerabilidade, como ocorreu com a autoimagem de artistas e de intelectuais progressistas que nutriam esperanças com a energia das pessoas comuns.

Da experiência de uma cultura popular com raízes rurais, a sociedade brasileira estava caminhando rapidamente para o consumo urbano de massa. Essas mudanças enfraqueceram ainda mais os impulsos romântico-revolucionários da década anterior, criando uma crise entre os intelectuais e artistas brasileiros que terminaria levando Lina a revisar, com grande pesar, suas expectativas. Contudo, ela continuou a experimentar livremente com a observação etnográfica e a aprimorar seus ideais em torno da valorização do cotidiano coletivo. "Os arquitetos devem estar profundamente conectados com a vida, já que ela é tudo", escreveu sobre sua experiência em Propriá. "Eu estive fazendo um trabalho na beira do rio São Francisco, na comunidade de Camurupim. Eu vi lá coisas maravilhosas, desde o trabalho de trança dos pescadores até certos móveis que são feitos utilizando-se somente sarrafos justapostos, parece um trabalho japonês."[186] Apesar de incompleta, a experiência em Camurupim marcou o retorno de Lina depois de um hiato de dez anos ao projeto de edificações e reinscreveu sua voz, agora com uma perspectiva renovada, na contracorrente do debate arquitetônico brasileiro.

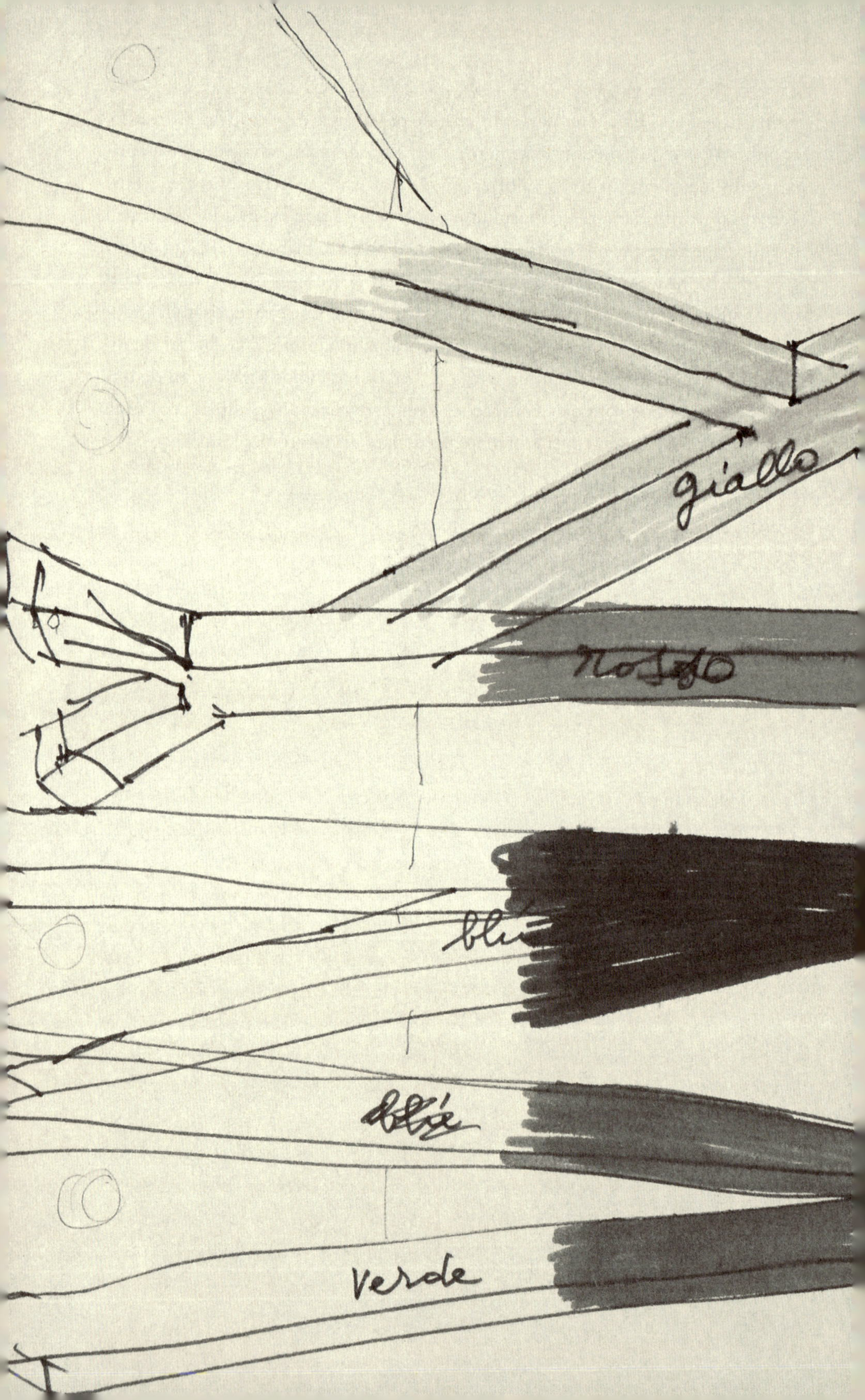
giallo
rosso
verde

9. A capacidade de dizer não

SUBSTITUIR AO "EU", O "NÓS"

Lina Bo Bardi chegou aos sessenta anos expressando uma voz singular. De meados dos anos 1970 até sua morte em 1992, época em que sua obra ganhava visibilidade, ela se recolhia cada vez mais à vida doméstica. Voltou a escrever e a publicar, além de ter recebido encomendas de projeto que a permitiram articular ideias novas e velhas em sua busca por uma arquitetura humanizada. Enquanto muitos arquitetos se rendiam ao poder da cultura de massa e ao mercado, ela se destacou entre aqueles que continuavam a acreditar nos princípios políticos do início do movimento moderno seguiu defendendo publicamente que os arquitetos deveriam ter um papel social e atender às demandas do cotidiano coletivo. No seu universo privado, no entanto, passou a fantasiar de maneira nostálgica o passado e a infância, à medida que via suas aspirações românticas e revolucionárias se dissiparem. Por fim, viu-se isolada por problemas de saúde. Contudo, jamais deixou de refletir sobre o mundo ao seu redor e de renovar, de modo significativo, seus pontos de vista, utilizando-se dos privilégios que adquiriu com muito esforço para produzir algumas das obras mais potentes e generosas de sua carreira.

Desde sua visita à Espanha para participar do XII Congresso Mundial de Arquitetos, em maio de 1975, Lina se preocupava com o que via como a perda de interesse por valores humanistas entre seus colegas de profissão. Sempre ávida pela leitura, encontrou ressonância às suas preocupações nos escritos do arquiteto e teórico de origem argentina Tomás Maldonado, na época professor de projeto ambiental na Escola de Humanidades e Filosofia da Universidade de Bolonha. Em suas cuidadosas anotações sobre o ensaio *La speranza progettuale: Ambiente e società* [A esperança projetual: Ambiente e sociedade],[1] de Maldonado, então uma referência importante entre os arquitetos italianos, Lina encontrou uma analogia revigorada da missão profética da arquitetura que Enrico Persico havia proposto em sua juventude. Ela se identificou profundamente com a análise da degradação ambiental associada ao niilismo cultural e à racionalidade tecnocrática, do escapismo utópico e da autonomia questionável dos intelectuais no capitalismo tardio. Como Persico e Maldonado, ela acreditava que a renovação da arquitetura dependia de mudanças estruturais, e não só de questões estéticas, debatendo-se entre aderir a princípios racionais e expressar suas paixões.

Essa nova fonte de leitura alimentou dois artigos menos conhecidos, mas não menos expressivos, que ela publicou durante o período de transição para o final de sua carreira como arquiteta, quando passou a alcançar maior reconhecimento. Os artigos expandiam seus interesses teóricos anteriores — que versavam sobre a natureza, a cultura e o teatro — para a prática de planejamento ambiental e o projeto participativo. Esses dois textos também se alimentaram do diálogo com o artista Rubens Gerchman, que conduzira a reforma pedagógica da EAV no Rio de Janeiro, tornando-a um ambiente propício para a geração de ideias estéticas de vanguarda. Em 1976, Gerchman convidou Lina a escrever a apresentação para a exposição retrospectiva Espaço-Lúdico, sobre a obra pedagógica de Helio Eichbauer. Como havia participado da discussão sobre as "oficinas pluridimensionais" de Eichbauer, que associavam espaço e ação dramática,[2] Lina intitulou seu breve texto "Design como comportamento total".

"O design tradicional (com a palavra 'design' queremos definir não somente o Industrial Design, mas tudo aquilo que a palavra 'desenho' significa, desde a arquitetura e urbanismo até os comportamentos) está chegando à asfixia", ela declarou, imbuída de sua desconfiança crescente do rumo que a cultura ocidental estava tomando. E continuou: "Consumidas as raízes positivo-racionalistas, debate-se, sem mais oxigênio, nas poucas águas daquilo que foi um oceano. É preciso criar novas imissões, entender profundamente a luta do homem contra as dificuldades ambientais".[3] Acima de tudo, ela insistia na necessidade de "alcançar a liberdade: a liberdade coletiva e não a liberdade individual. Substituir ao Eu, o Nós".[4]

Seus amigos italianos estavam certos quando comentavam que ela andava impaciente com eles. Ela queria substituir, na arte brasileira — muito antes que o debate pós-colonial tomasse corpo —, as referências eurocêntricas à sociedade industrial. E acreditava, ao celebrar a obra de Eichbauer, que, "através da participação do corpo (corpo como totalidade do homem), isto é, de todo um comportamento, uma pesquisa coletiva começa a descobrir um caminho, entre novidades efêmeras e resíduos culturais".[5] Ela continuou a desenvolver esse ponto de vista em um artigo mais longo,[6] também encomendado por Gerchman em 1976, baseado nas leituras que havia feito do trabalho de Tomás Maldonado, e terminaria traduzindo esses princípios em novos experimentos arquitetônicos e curatoriais que realizaria a partir daí.

Relembrando a reação romântica ao movimento iluminista, ela produziu um manuscrito inicial com o título "Arquitetura e desenho industrial: Depois do *Sturm und Drang*".[7] A partir desse material, editou o artigo, que preferiu chamar de "Planejamento ambiental",[8] favorecendo a racionalidade e resistindo às emoções românticas. O texto foi publicado na revista *Malasartes*, um periódico notável, ainda que de curta duração, editado por Gerchman. Tanto o original quanto a versão publicada apresentaram as ardentes visões políticas e estéticas de Lina Bo Bardi sobre um desenho industrial inclusivo, a liberdade coletiva e a cultura brasileira, compartilhando a ênfase de Maldonado na relação entre prática projetual e sociedade. Do livro de Maldonado, ela destacou duas noções inter-relacionadas que tinham feito parte de suas próprias pesquisas recentes. A primeira era a ideia de que a prática da arquitetura tinha raízes socioantropológicas.[9] A segunda era a necessidade de infundir de novo nessa prática a confiança no papel transformador da racionalidade,[10] evidenciando sua aspiração a ser mais uma pensadora moderna do que uma arquiteta modernista.

O artigo de Lina para a *Malasartes* foi um trampolim para o tipo de projeto em ação que ela iria desenvolver nos anos seguintes, e que a impulsionou e legitimou como uma arquiteta excepcional na segunda metade do século XX. Seu pensamento nunca esteve tão aguçado e crítico. Ela havia sugerido que se estabelecesse "a procura antropológica no campo das artes contra a procura estética",[11] culpando a "intelligentsia tecnocrática, que esvaziou, com sua falência, a 'racionalidade'", transformando-a "num fetichismo de modelos abstratos que encarava como iguais o mundo das cifras e o mundo dos homens".[12] Ela defendia que o papel dos arquitetos e designers havia mudado, mas permanecia fundamental, enquanto recobrava suas energias criativas e começava a se dedicar a novos projetos que, esperava, teriam grande relevância coletiva. "É aquilo que Brecht chamava a capacidade de dizer 'não'", insistia, alertando os leitores para o fato de que "a liberdade do artista foi sempre 'individual', mas a verdadeira liberdade só pode ser coletiva. Uma liberdade ciente da realidade social".[13] Sua lógica era clara, ainda que fosse possível ler impulsos românticos nas entrelinhas de seu discurso racionalista.

Relembrando Gramsci, ela acrescentou: "Se o economista e o sociólogo podem diagnosticar com desprendimento, o artista deve agir, como parte ligada ao povo ativo".[14] Continuava a acreditar que a fonte autêntica da identidade brasileira era "uma fartura cultural ao alcance das mãos, uma riqueza antropológica única, com acontecimentos históricos trágicos e fundamentais",[15] da arte barroca brasileira à obra de "uma massa que inventa, que traz uma contribuição indigesta, seca, dura de digerir". Contudo, ciente da estagnação do crescimento econômico patrocinado pelo regime militar, Lina percebeu que seu sonho de criar um sistema de produção nacional com base nos esforços estéticos de pessoas leigas havia chegado a um impasse. Por isso, nesse período, começou a esboçar um livro com ensaios sobre seus dilemas, mas acabou abandonando o projeto, que só seria publicado postumamente.

Ela se ressentia de que o trabalho que iniciara como diretora do Museu de Arte Popular, em Salvador, não era mais possível. As condições que encontrara lá no início dos anos 1960 haviam mudado. Ainda assim, não perdeu seu desejo de lutar. Apesar da melancolia, Lina reivindicava "recomeçar saindo de uma nova realidade", ciente daqueles que "estão [...] do outro lado" e do tipo de "racionalidade não branca", um termo que ela havia cunhado durante seus estudos para o concurso de projeto do Centro Cultural de Lisboa. Seu artigo para *Malasartes* se conclui defendendo que "todas as revoltas e as vanguardas têm por base a estética, apesar das afirmações em contrário". Com isso, reconhecia que o mundo havia mudado, assim como a realidade brasileira, e reafirmava que, mais do que nunca, "a arte (como a arquitetura e o desenho industrial) é sempre uma operação política".[16] E, desejando traduzir essas ideias em ação, Lina começou a se envolver com novos projetos que a trariam de volta à atividade profissional como um "arquiteto total", lembrando sua formação romana e a maneira como havia desenvolvido sua carreira multifacetada.

Em julho de 1976, enquanto preparava seus artigos e quase um ano após a realização da exposição Repassos, no MASP, Lina retornou a Uberlândia para uma visita breve a seu amigo Edmar de Almeida. Preocupado com a dificuldade dela de encontrar novos projetos, ele a apresentou a um grupo de padres franciscanos[17] liderados por frei Egidio Parisi, de origem siciliana, que queria construir uma pequena igreja num bairro pobre nas cercanias da cidade. No entanto, a relação dela com Parisi não começou bem. Tentando ser amigável, o frei lhe contou que também era italiano e que gostava de espaguete. Apreensiva, como ocorria com frequência ao encontrar compatriotas no Brasil, ela resmungou que era brasileira e que preferia feijão com arroz, comentando em particular com Almeida que não ficaria surpresa se ele tivesse mencionado que gostava de Mussolini. Quando estava indo embora de Uberlândia, disse ao amigo que não projetaria uma igreja para Parisi. No entanto, Edmar salvou a reputação do frei, contando que ele tinha sido capelão durante a guerra e que inclusive havia atuado como dublê num dos

Lina Bo Bardi em visita a Uberlândia, em companhia do frei Egídio Parisi, à esq., 1976.

filmes neorrealistas de Rossellini.[18] De maneira sábia e paciente, Edmar sugeriu que ela pensasse sobre projetar uma igreja não para os padres, mas para o povo.[19]

Logo após o retorno de Lina a São Paulo, Edmar lhe enviou uma longa carta. Em seu esforço para convencê-la a liderar o projeto, ele descreveu a vizinhança e a população local como "trabalhadores, migrantes rurais, pedreiros, carpinteiros, lavadeiras, oficiais do Exército".[20] (Ela, mais tarde, declarou com sua ironia usual que o lugar "se localizava entre o quartel militar e um bairro de 'mulheres perdidas'".)[21] Com pouco dinheiro para realizar a obra, os espaços tinham que ser flexíveis. "Faça algo bonito e simples; um retrato dessa boa gente",[22] Edmar apelou a ela. Por fim, ela concordou, como sempre fazia depois de um pouco de adulação, e tomou um avião de volta a Uberlândia para passar o fim de semana de 11 e 12 de setembro de 1976.[23] O projeto aproximou Lina e Edmar como colaboradores e amigos, de modo que ele permaneceria sendo, ainda que à distância, uma das poucas pessoas atentas aos conflitos e às fragilidades emocionais que ela enfrentaria pelo resto da vida. Do mesmo modo, ela conheceu melhor o frei Parisi e passou a apreciar o fato de que ele também aspirava à simplicidade, por conta de seu voto franciscano. Além disso, ela descobriu que podiam desfrutar juntos de seu gosto por vinho e uísque, baixando assim suas defesas. Chegou a declarar entre amigos que o frei costumava cumprimentá-la com abraços mais sinceros que os de Pietro jamais haviam sido, dando-lhe segurança suficiente — como costumava se sentir com homens cuja masculinidade não lhe era ameaçadora — para que permitisse que ele fosse uma das poucas pessoas a se aproximar dela fisicamente.[24]

O complexo foi oficialmente denominado igreja do Divino Espírito Santo, mas é mais conhecido apenas como igreja do Cerrado, um tributo à afeição de Lina pelo interior do Brasil. Em um dos seus esboços iniciais, ela se referiu ao conjunto, em seu idioleto ítalo-brasileiro, como "*citadella* do Cerrado".[25] O projeto para uma pequena capela e um centro comunitário possibilitou que ela colocasse em prática suas teorias e exercitasse a simplificação técnica como estética radical e experimento social, articulando ideias antigas e novas sobre cultura popular, vida social coletiva e participação comunitária. Lina contemplou a ocupação do edifício, a vida que abrigaria, da mesma forma como concebia os cenários de teatro que projetou com sua rica imaginação. Em vez de criar um único edifício, a articulação entre três pequenas estruturas facilitaria a construção gradual do conjunto.

A capela, localizada no ponto mais alto do terreno, foi pensada como o elemento proeminente da obra. E, para registrar sua motivação, ela escreveu "Inspiração: circo"[26] no lado esquerdo de suas primeiras aquarelas para o projeto, evocando um tema recorrente em seus trabalhos anteriores. Sua escolha por volumes cilíndricos, que impunha soluções construtivas complexas, levou a uma tipologia de claustro para a residência paroquial, localizada ao centro. Mas não haveria circo para as freiras. Dessa vez, associou livremente o vazio central do volume cilíndrico com um antigo *impluvium* romano (espaço sem cobertura em um pátio doméstico com um espelho d'água) e a rusticidade de casas rurais, caiadas. Nem sempre sua teoria de simplicidade técnica funcionava com suas escolhas formais, em especial no uso de telhas ortogonais de barro, que mal davam conta da complexa geometria do telhado. No terraço inferior, Lina instalou um salão comunitário semiaberto, concebido como um abrigo cercado por troncos de eucalipto e que seria originalmente coberto com palha, mas construído com telhas.[27] Na parte mais baixa do terreno, ficaria um campinho de esportes; tudo muito despretensioso.

Nessa volta à prática arquitetônica em meados dos anos 1970, Lina manteve o interesse romântico que trazia da Itália pela arquitetura rural, mas também ecoou o debate político promovido por seus jovens colegas brasileiros que haviam se preocupado com as condições de trabalho no canteiro de obras. Em suas notas pessoais, ela declarou: "O que houve de mais importante na construção da igreja do Espírito Santo do Cerrado foi a possibilidade de um trabalho conjunto entre arquiteto e mão de obra".[28] Embora trabalhasse de forma remota desde São Paulo, insistiu na imagem de uma arquiteta conectada à comunidade: "De modo algum foi um projeto elaborado num escritório de arquitetura e enviado simplesmente para a execução, pois houve um contato fecundo e permanente entre arquiteto, equipe e o povo que se encarregou de realizá-lo".[29] O edifício com acabamentos rústicos deu à estética da brutalidade e da fome um novo sentido e, acima de tudo, deu visibilidade simbólica às mãos das pessoas que o construíram. Apesar das limitações de como suas teorias foram colocadas em prática, Lina pôde afinal mostrar, na arquitetura, o que havia ensaiado em seus textos e exposições, incluindo a mostra Repassos, que levou ao projeto da igreja. Mais do que a obra final do MASP (construído em circunstâncias diferentes), a igreja do Cerrado traduziu de modo eloquente seu desejo de colocar a liberdade acima da beleza e os esforços coletivos acima do individualismo. Contudo, ela não viveria o bastante para ver seu projeto concluído.

Durante os muitos anos que durou a construção da igreja, Lina viajou várias vezes a Uberlândia e com frequência ficou hospedada na pequena fazenda da família de Edmar, que ficava próxima à saída da cidade. Lá, ela encontrou o descanso que sempre havia desejado ter em casa. As longas viagens saindo de São Paulo, feitas no furgão do MASP, eram compensadas com o prazer da simplicidade da vida rural, que iam desde encontrar pequenas plantas e pedras coloridas no campo até uma refeição agradável, preparada num rústico fogão a lenha. Em uma daquelas tardes, a mãe de Edmar se pôs a pentear os longos cabelos de Lina, o que a fez chorar, lembrando que sua própria mãe jamais a tratara assim na infância. Lina também tinha hábitos excêntricos, como carregar na mala várias de suas joias antigas, que ela usava para desfilar pelos pastos do sítio. Uma vez, ela inclusive se divertiu pisando de propósito em esterco fresco e rindo com Edmar, recordando momentos felizes da infância. Edmar se lembrava, ao pensar sobre a curiosidade de Lina pelo mundo natural e seu interesse pela simplicidade da vida rural, das histórias que ela havia contado sobre suas primeiras viagens com a avó para as montanhas dos Abruzos. Edmar imaginava Lina como um "[Auguste de] Saint-Hilaire de saias",[30] referindo-se ao naturalista e explorador francês que, no século XVIII, percorreu e documentou extensamente o território brasileiro.

A amizade entre os dois e a experiência com o projeto da igreja o levaram a apresentar Lina em 1978 a outra fraternidade franciscana, que pretendia construir um pequeno santuário dedicado à Nossa Senhora dos Anjos em Vargem Grande Paulista, nas imediações de São Paulo. Ciente dos poucos recursos financeiros disponíveis, Lina aceitou o desafio com entusiasmo, dizendo: "Use o dinheiro para os pobres. Vamos construir uma capela pobre".[31] A geometria e os materiais de construção, baseados na casa que ela desenhara para Valéria Cirell duas décadas antes, eram simples e reduzidos a elementos essenciais. Ela escolheu não pintar o volume sólido, construído com uma estrutura de concreto armado e blocos de concreto, mas o revestiu com uma mistura de areia, cimento e terra removida de cupinzeiros encontrados na área, e cuja cor vermelho-escura deu ao reboco um tom rosado. Ela esperava que o edifício se fundisse com as árvores e com a simplicidade semirrural do entorno, e que fosse memorável para quem o frequentasse. "Esta é outra das nossas mixarias", descreveu mais tarde com ironia e desprendimento. "Como sempre, não tinha dinheiro.

Mas o resultado é formidável. No interior, tem até ressonâncias e vozes misteriosas durante as cerimônias."[32]

Tanto a igreja do Cerrado como a capela dos Anjos materializaram os conceitos que Lina havia contemplado durante uma década longe da prática do projeto de arquitetura. Elas combinaram, com recursos limitados, sua formação clássica italiana e a incursão pelo racionalismo, seu desejo de associar a arquitetura e a natureza e sua intenção mais recente de desenvolver uma estética da simplificação que fosse relevante em termos sociais e coletivos. Orgulhosa da modéstia de seus projetos, ela conseguiu eliminar a aura tradicional da autoria artística individual, criando estruturas aparentemente autônomas e coletivas que evocavam soluções vernáculas, ainda que fossem construídas com uma combinação de materiais industriais e artesanais. Ela não pôde realizar um levantamento etnográfico rigoroso para sustentar sua aspiração antropológica, mas suas observações permitiram que minimizasse contradições inevitáveis. Lina não negava os dilemas de sua empreitada arquitetônica e social. Em vez disso, abraçou-os com um sentimento de liberdade atento à vida coletiva. Ela não disse completamente "não", mas tampouco disse "sim", que, segundo sua versão do adágio de Brecht, era "o 'não' dos imbecis".[33]

QUANTO MENOS CACARECO, MELHOR

Apesar da importância dos projetos das igrejas para o desenvolvimento da carreira de Lina Bo Bardi, eles não ganharam muita publicidade. Sem um escritório propriamente dito, seus jovens amigos e a rede de contatos disponível pelo MASP eram as únicas fontes das poucas encomendas que recebeu quando retornou à prática da arquitetura, em meados da década de 1970. Embora tivesse recuperado seu entusiasmo profissional, nesse período, ela também teve de enfrentar uma crise familiar. Em meados de 1977, viajou a Milão depois que seu cunhado faleceu, para ajudar a organizar a transferência da mãe idosa e enferma (ela vinha sofrendo de demência havia algum tempo) com a irmã e o sobrinho para o Brasil.[34] Aos 62 anos, essa foi a última visita que Lina fez a seu país natal. Depois do retorno ao Brasil, Luiz Hossaka, assistente dos Bardi no MASP, levou-a ao aeroporto de Viracopos, próximo de Campinas, em 25 de junho de 1977, para buscar a família e mais de cem caixotes com seus pertences.[35] Naquela tarde, sua mãe e sua irmã se mudaram para a Casa de Vidro para viver com Lina e Pietro, enquanto o sobrinho logo voltou à Itália para completar os estudos antes de se mudar para o Brasil. Ainda que cada um tivesse seu próprio aposento na casa, a nova coexistência aumentou o estresse da vida privada — já tensa — de Lina. Tais mudanças também afetaram sua rotina de trabalho, forçando-a a trabalhar até tarde, quando a atmosfera familiar ficava quieta. Mas nem tudo foi crise. Nesse período, ela começou a desenvolver o projeto para o Sesc Pompeia, que materializaria a síntese de sua busca intelectual e estética.

No Serviço Social do Comércio (Sesc), organização sem fins lucrativos mantida por grandes empresas comerciais brasileiras desde que Lina havia chegado ao país, ela encontrou seu melhor cliente. Em 1971, a organização havia comprado uma ampla estrutura industrial desativada no bairro da Pompeia, em São Paulo. Em 1973, os antigos galpões começaram a ser usados de maneira informal para a prática de exercícios físicos e artes marciais, jogos e inclusive um teatro de marionetes para crianças. Nos anos seguintes, o arquiteto Julio Neves (que mais tarde dirigiria o MASP e desfiguraria o projeto do museu de Lina) foi contratado para desenvolver uma proposta para demolir a fábrica e construir um novo centro de atividades, mas o Sesc decidiu abandonar o projeto de Neves por ser muito caro.[36]

Enquanto procurava alternativas arquitetônicas, a organização promoveu alguns seminários inovadores, visando a desenvolver uma abordagem humanista da prática esportiva e do lazer.[37] Naquele período, em uma conversa com Pietro Maria Bardi, o presidente do Sesc, José Papa Júnior, mencionou que ele e sua equipe desejavam transformar o antigo edifício seguindo um exemplo que tinham visto em San Francisco, na Califórnia: uma antiga fábrica de chocolate havia sido convertida no complexo de lojas da Ghirardelli Square. Pietro sugeriu que conversassem com Lina,[38] ressaltando sua experiência anterior com a requalificação do conjunto do Unhão em Salvador. Em 1976, Papa Júnior a contatou enquanto ela fazia o estudo para a igreja do Cerrado. Lina, afinal, visitou a fábrica e concordou em trabalhar para o Sesc sem demolir o edifício, embora tardasse alguns meses para que ela pudesse iniciar o projeto.

Uma instituição progressista, o Sesc se beneficiou amplamente da relação com Lina, que viu a antiga fábrica como um laboratório social e estético. Embora seu diálogo não fosse sempre fácil, a administração propôs, com a concordância dela, abordar a cultura como um patrimônio coletivo e democrático. Os programas patrocinados pelo Sesc permitiram que Lina trouxesse muitas de suas ideias e experimentos inacabados de volta à prancheta, ao canteiro de obras e ao interior do prédio. Segundo seus registros, ela desenvolveu o projeto básico para todo o complexo entre abril e dezembro de 1977, incluindo a renovação das estruturas dos galpões — transformando-os em um "Centro de Convivência" — e a criação de novas torres para o complexo esportivo, construídas em uma segunda fase.[39] Erigidas no entorno do estreito riacho da Água Preta, uma área de proteção ambiental, as torres criavam entre si um vão sublime, que Lina descreveu como "um segundo de espanto".[40] E que surpresa ela teve ao ver o local pela primeira vez.

Lina relatou sua visita inicial ao antigo edifício com grande entusiasmo: "Entrando pela primeira vez na então abandonada Fábrica de Tambores da Pompeia, em 1976, o que me despertou curiosidade [...] foram aqueles galpões distribuídos racionalmente conforme os projetos ingleses do começo da industrialização europeia, nos meados do século XIX".[41] Voltando ao local mais tarde,

Lina Bo Bardi dentro dos antigos galpões da fábrica no bairro da Pompeia, antes de ser convertida no seu projeto para o Sesc, São Paulo, c. 1977.

deparou-se com uma cena inesperada, que acabou orientando suas decisões: "Na segunda vez em que lá estive, um sábado, o ambiente era outro: não mais a elegante e solitária estrutura, [...] mas um público alegre de crianças, mães, pais, anciãos passava de um pavilhão a outro". Sua descrição foi de grande fascínio: "Crianças corriam, jovens jogavam futebol sob a chuva que caía dos telhados rachados, rindo com os chutes de bola na água. As mães preparavam churrasquinhos e sanduíches na entrada da rua Clélia; um teatrinho de bonecos funcionava perto da mesma, cheio de crianças".[42] Ela vislumbrou ali um mundo simples e feliz. Oprimida pela presença da mãe, que lhe trazia memórias difíceis e dores novas, e pelas tensões que estavam ocorrendo em casa, ela talvez tenha encontrado na atmosfera do antigo edifício um lugar para projetar cenas idealizadas de infância e de vida familiar.

A falta de divisórias dentro dos galpões dava às crianças muita liberdade para agir de forma espontânea, e a falta de materiais isolantes fazia com que suas atividades ecoassem no espaço. "Pensei: isso tudo deve continuar assim, com toda essa alegria", Lina anotou em um de seus muitos cadernos de papel-jornal, e continuou: "Voltei muitas vezes, aos sábados e aos domingos, até fixar claramente aquelas alegres cenas populares. É aqui que começa a história da realização do centro Sesc Fábrica da Pompeia".[43] Ela sugeriu que a estrutura existente deveria apenas ser limpa e mantida como um exemplo histórico de arquitetura industrial, de forma análoga ao que propôs para o Solar do Unhão. Depois que o projeto do Sesc Pompeia foi concluído, ela passou a dizer: "Nós colocamos apenas algumas coisinhas: um pouco de água, uma lareira",[44] repetindo o comentário entusiasmado feito por um arquiteto polonês não identificado, ao visitar o conjunto.[45] "Quanto menos cacareco, melhor", ela insistiu, acrescentando que "nós também tentamos dignificar a presença humana",[46] uma vez que continuava a perseguir a ideia de que a arte e a vida estavam profundamente conectadas. Ela procurou materializar aquilo que defendera num artigo escrito no início do projeto: que a "arte (como a arquitetura e o desenho industrial) é sempre uma operação política", e que "a verdadeira liberdade só pode ser coletiva. Uma liberdade ciente da realidade social".[47]

O Sesc Pompeia representa o projeto mais complexo, bem executado e significativo da carreira de Lina Bo Bardi. O Centro de Atividades é a culminação de várias décadas de uma carreira solitária, corajosa e inventiva, desenvolvida entre desafios e dúvidas profundas: ao mesmo tempo um *Gesamtkunstwerk* (uma obra total), um gabinete de curiosidades e um teatro da vida. Nele, mesclou seus interesses e sua experiência com arquitetura, desenho de mobiliário, educação, curadoria, patrimônio histórico e teatro, no intuito de desenvolver uma identidade projetual, que ela acreditava ser de maneira autêntica brasileira, com base na vida coletiva e cotidiana. Durante os nove anos em que trabalhou no projeto, teve tempo e oportunidade de pensar, revisar e mudar muitas de suas decisões. Incapaz de conduzir o trabalho sozinha, ela contratou, em 1977, Marcelo Carvalho Ferraz e André Vainer, estudantes de arquitetura jovens e entusiasmados que estavam prestes a concluir a graduação, para traduzir suas ideias em desenhos ortográficos. Mais tarde, incluiu outros colaboradores dedicados, como Marcelo Suzuki, para trabalhar em diferentes projetos. Esses três jovens arquitetos, em torno dos quais orbitava um pequeno grupo de outros admiradores talentosos, provaram estar entre os maiores defensores da obra de Lina Bo Bardi e, mesmo depois de sua morte, protagonizaram as primeiras iniciativas para disseminar seu legado, tanto dentro como fora do Brasil, quando pouco ainda se sabia sobre ela. Foi na companhia deles que Lina mergulhou na jornada profissional mais prolífica de sua carreira.

Em 1978, ela e sua equipe começaram a passar mais tempo no escritório montado pela construtora no canteiro de obras do Sesc Pompeia, já que a maioria das reuniões ocorria ali. Ela gostava de chamar o galpão de Catetinho, referindo-se com ironia ao edifício simples de madeira sobre pilotis projetado por Oscar Niemeyer como a primeira residência oficial de Juscelino Kubitschek em Brasília, durante a construção da capital. Ao longo do tempo, transformou o escritório, com sua escada precária e seus arquivos empoeirados, numa extensão de sua vida pessoal. Ela levava para lá objetos que encontrava, como pequenos brinquedos e utensílios improvisados, parecidos com aqueles que costumava mostrar em suas exposições de artefatos. Alguns desses objetos eram produzidos por trabalhadores da construção durante as horas de folga ou, até mesmo, encomendados por ela, como fez, com perspicácia, para a pequena caixa envidraçada de madeira dependurada do lado de fora do restaurante, com pequenos objetos coloridos entalhados em madeira, representando o cardápio.[48]

Lina cuidava do canteiro de obras como se fosse sua própria casa. E, sem descanso, respondia ao que surgia no processo de construção. Às vezes ela gostava do que via, às vezes, não, e era inflexível sobre como alterar o que não lhe agradava. Em um quadro-negro instalado na parede do escritório improvisado, mandou escrever algumas frases à mão, expressando sua atitude como arquiteta. A primeira parte era um aviso: "Nada mais cômodo no mundo do que a postura idealista e metafísica, que permite uma saída qualquer, que não toma conhecimento da realidade objetiva, fugindo ao seu controle". A segunda parte era uma prescrição enigmática que diz respeito a muito mais que arquitetura: "Observando uma coisa é preciso examinar sua essência [...]. As causas externas operam através das internas. O ovo que recebe adequada quantidade de calor se transforma num pintinho, mas o calor não pode transformar num pintinho uma pedra".[49] Ambas as citações revelavam, em sua estranheza, o temperamento ambíguo e a personalidade fantasiosa e inquisitiva de Lina.

Os vários documentos que ela deixou sobre o projeto do Sesc Pompeia evidenciam suas aspirações, seu espírito crítico e sua perspectiva multifacetada como arquiteta. Numa entrevista de jornal após a conclusão da primeira fase do projeto, ela descreveu São Paulo como uma "ossada, a cidade campeã em autodestruição", sugerindo que a reabilitação que havia proposto para o antigo prédio iria contra essa corrente. Também declarou estar menos interessada na história dos primeiros operários italianos da Pompeia do que no cinturão metropolitano das periferias pobres onde viviam os migrantes nordestinos, descrito por ela como a "verdadeira São Paulo".[50] Lina ainda nutria as memórias do lugar mítico onde desenvolvera uma grande independência pessoal, descobertas culturais e experimentação artística.

Ao perceber que sua imagem do Nordeste se dissipava no ar, ela escolheu um lugar no Sesc Pompeia para prestar homenagem às suas memórias da região. Criou um grande espelho d'água, em forma ameboide, no Centro de Convivência, inspirado pela geografia do vale do rio São Francisco e concebido originalmente numa geometria ortogonal e ziguezagueante. E esse detalhe da água não foi a única característica do conjunto que Lina produziu com formas irregulares e referências simbólicas remotas. Quando descreveu as janelas, icônicas e inusitadas, recortadas do concreto bruto da torre de esportes principal, ela fez referência dramática a associações primais, relacionando o desenho das aberturas a cavernas pré-históricas e até mesmo a um soco violento, disparado à mão nua. Essa forma singular havia aparecido, recentemente e pela primeira vez, em seu projeto original para o Teatro Oficina, como alusão ao efeito de uma bala de canhão contra a parede, que seria uma alegoria a *Guernica*, de Picasso. Segundo Zé Celso Martinez Corrêa, a fala de Lina sobre as aberturas irregulares começou quando, numa animada conversa que tiveram sobre o projeto, ele lhe disse que o tipo de teatro que produzia transcendia as paredes. Ela respondeu, de maneira irreverente: "Eu não sou bruxa, sou arquiteta. Eu não atravesso, eu quebro paredes".[51] E, com esse gesto arrebatado, embora de contorno suave no desenho, ela fez, da sua arte, política.

O Sesc Pompeia é repleto de gestos semelhantes àquele, assim como de ambiguidades. A justaposição de concreto aparente, tijolos expostos e materiais rústicos deu ao conjunto um caráter brutalista, sempre contraposto por detalhes cuidadosos. Esses pormenores reintroduziram a escala e a presença do corpo humano, que ela já havia admirado na obra de Helio Eichbauer, convidando os usuários a criar intimidade com o edifício. Ela esperava que eles habitassem seus espaços de maneira plena, como participantes ativos e protagonistas de narrativas cênicas, mais do que como observadores passivos de efeitos visuais. Seu projeto em ação presumia mais verbos do que substantivos. Ela produziu vários estudos coloridos para lugares onde as pessoas deveriam se reunir, comer, criar, conversar, ler e até mesmo tirar um cochilo. Desenhou brinquedos e carrinhos, e inclusive dedicou grande atenção para criar um sistema articulado de mesa e cadeira de madeira para crianças, que apelidou de "caixotinho".[52] E, sem perder a oportunidade de inserir uma dose de humor em seu trabalho, enquanto pensava, desenhou um banco de uma perna só, evocando de modo solene os assentos usados por trabalhadores de construção medievais, que exigiam equilíbrio, batizando-o de "cadeira detectora de inteligência".[53]

Sua irreverência ultrapassava os desenhos, estendendo-se, às vezes, às discussões de trabalho que tinha com a equipe do Sesc, como durante a preparação do projeto para a biblioteca que seria instalada dentro dos amplos galpões da antiga fábrica. Com engenhosidade e o auxílio de seus jovens colaboradores, configurou uma biblioteca aberta em diferentes níveis, com vários tipos de privacidade e de atmosfera, de modo que as pessoas pudessem estudar, ler ou até mesmo se entreter com jogos de tabuleiro como atividades pedagógicas espontâneas. Entretanto, quando a equipe de bibliotecários do Sesc falou em instalar um sistema de câmeras de vigilância para proteger a coleção, Lina ficou incomodada. Ela perdeu a paciência durante uma reunião quando lhe disseram, temerosos, que, se não houvesse controle, as pessoas podiam roubar os livros. "Deveríamos comemorar se isso acontecesse", ela respondeu a uma das bibliotecárias com sua ironia mais afiada.[54] Por fim, sua ideia arquitetônica triunfou.

Lina era uma leitora ávida e, com frequência, seguia as sugestões feitas por Pietro, que mantinha uma grande biblioteca em casa. E como eles continuavam a compartilhar seus hábitos culturais, apesar dos problemas matrimoniais, um conjunto de referências arquitetônicas inesperado passou a fazer parte do vocabulário e dos projetos de Lina depois que ela o acompanhou a uma segunda viagem ao Japão, em 1978, para firmar empréstimos do MASP para museus japoneses. Em Tóquio, onde se hospedaram no moderno Grand Palace Hotel,[55] ela teve a oportunidade de comprar um quimono vermelho com estampa de bolinhas e uma pequena pulseira com padrão abstrato de fios dourados, que guardava com grande cuidado.[56] Visitou também templos históricos em Kamakura, anotando e desenhando com diligência tudo o que viu. Entre muitas de suas descobertas estavam as apresentações de teatro nô e kabuki, às quais assistiu e as associou, com grande reverência, ao seu apreço pela simplicidade.[57] Uma caminhada atenta no entorno do Sesc Pompeia continua a revelar traços das referências à arquitetura tradicional japonesa: das delicadas divisórias em treliça à lareira de casas históricas, e das amplas calhas de chuva aos blocos sólidos de granito cortados de maneira irregular, que funcionam como passeios ou pequenas pontes nas ruas e jardins no Japão.

Lina se lembrou dessa viagem alguns anos mais tarde, quando esboçou um texto introdutório para a série de ensaios que planejou sem chegar a publicar, que refletia suas aspirações para o desenho industrial brasileiro, em especial enquanto trabalhava no projeto para o Solar do Unhão, em Salvador. Ela havia se maravilhado tanto com a simplicidade dos sofisticados objetos japoneses quanto com os objetos improvisados do cotidiano nordestino. Em 18 de março de 1980, ela delineou o roteiro para um novo livro, que combinaria textos curtos escritos pelos interlocutores que havia tido na Bahia e alguns de sua autoria, que seria ilustrado com sessenta fotografias de objetos e práticas populares do Nordeste.[58] Em suas notas iniciais, ela escreveu: "Quem atravessa as Américas rumo ao Extremo Oriente [...] sente nos grandes horizontes, na calma da Natureza (aparente: é terra de terremotos), que a opção do progresso do Ocidente não é necessariamente a única". Fascinada pelo modo como os japoneses haviam preservado a sua cultura tradicional, legitimou seus próprios objetivos: "Outras opções poderiam ter sido feitas com os mesmos resultados. [...] A opção escolhida pelo Ocidente deu resultados potentes, mas o custo é enorme". E com um tom de orgulho e de resignação, concluiu sua introdução: "Eram estas as ideais que nos

Lina Bo Bardi almoçando durante visita ao sítio histórico de Kamakura, ao sul de Tóquio, em sua segunda viagem ao Japão, 1978.

guiaram em fins dos anos 1950 e nos anos 1960. Nesse sentido, foi nosso esforço, nosso caminho".[59]

Vinte anos após seu trabalho em Salvador, o Sesc Pompeia ofereceu oportunidades incomparáveis de rearticular as aspirações arquitetônicas de Lina, porém o Brasil já não era culturalmente o mesmo e estava entrando em outro período econômico difícil. A segunda crise internacional do petróleo afetou profundamente a economia do país, causando graves problemas sociais. Enquanto sua carreira estava a ponto de florescer, o país entrava em uma década agonizante.[60] Apesar dos sinais de um lento retorno à norma democrática, o ambiente cultural nacional perdeu o ímpeto e a relevância política que possuíra nas décadas anteriores. As promessas de revolução haviam perdido força, dando lugar à cultura de massa. Os artistas e os intelectuais progressistas viram suas redes até então fortemente estabelecidas se dissolver, ficando à deriva, agarrados a um sistema de crenças em crise.[61] O contexto da arquitetura não era diferente, também afetado pelas crises culturais e econômicas do país, enquanto a tendência internacional a favor de uma estética pós-moderna historicista, da qual Lina discordava, fazia pouco sentido em países em desenvolvimento.

Lina se viu, já com sessenta e poucos anos, intelectual e pessoalmente isolada, embora se tornasse cada vez mais ativa. Não participava mais de grupos culturais de vanguarda, mas continuava a falar das margens do discurso arquitetônico brasileiro, na seleta companhia de uma geração mais jovem de artistas e de arquitetos. Ela continuou com o projeto de seu livro sobre artesanato por algum tempo, mas, desencantada, disse aos seus assistentes: "Não adianta, vai cair no vazio",[62] e nunca mais o retomou. Era para esse projeto que ela havia escrito sua nota sobre a frase de Michel Foucault, afirmando que o material apresentado no livro deveria ser visto como documento e não como monumento. Por fim, eles publicaram uma versão editada e póstuma do material com o título *Tempos de grossura: O design no impasse*, em 1994, mas sem aquela frase, que Lina havia reservado como epígrafe.

Ela entendia que a fábrica do Sesc, assim como outros de seus projetos de requalificação e os objetos apresentados nas exposições que ela realizaria mais tarde, era um documento social. Artefatos humanos históricos não eram monumentos empoeirados de tempos passados, mas, no seu entender, eram protagonistas ativos no teatro do presente. Muitos anos depois, o Sesc Pompeia continua a refletir o desejo da mulher que o imaginou cheio de vida.

BRINCADEIRA DE CRIANÇA É COISA SÉRIA

Após trabalhar no projeto do Sesc Pompeia por cinco anos, Lina Bo Bardi finalmente viu os primeiros visitantes chegarem ao centro de atividades em 15 de janeiro de 1982, quando o auditório recebeu sua produção teatral inaugural. Para o centro de convivência, ela propôs criar grandes exposições populares documentando artefatos brasileiros e fatos culturais cotidianos. Nesse período, ela também começou a participar de outros projetos arquitetônicos, motivada pelo reconhecimento público de suas ideias inovadoras e por seus jovens assistentes, que passaram a se encarregar da minúcia dos desenhos da construção enquanto ela liberava a imaginação e as mãos para fazer croquis. Sentindo-se mais segura e confiante como arquiteta, mas também mais vulnerável física e emocionalmente com o avanço da idade, Lina sublimou suas frustrações em fantasias nostálgicas que permitiram a criação de uma constelação de trabalhos singulares e, ao mesmo tempo, com grande afinidade entre si.

Enquanto desenvolviam os detalhes arquitetônicos das torres esportivas do

Sesc e do projeto da igreja do Cerrado, os assistentes de Lina a convenceram, depois de muita insistência, a participar de um concurso público de projeto de arquitetura com um grupo de oito jovens arquitetos.[63] Ela não gostava de concursos e o escopo era complexo: a reabilitação do vale do Anhangabaú, no centro de São Paulo, área que ela conhecia bem, próxima ao local do MASP original. O prazo para entrega era 18 de maio de 1981. Como costumava ocorrer em seu processo de trabalho, depois de longa gestação conceitual e debate, a proposta final foi decidida durante três dias de produção quase ininterrupta.[64] Ela trabalhou dias e noites inteiros perto do prazo final para desenhar a prancha principal de apresentação, enquanto a equipe completava as pranchas complementares, em geral precisando lidar com as contínuas críticas mordazes que ela fazia às suas sugestões.[65]

A ideia central da proposta era, como na maior parte dos projetos de Lina, simples e surpreendente. "O vale verde do Anhangabaú pode voltar, devolvido aos

Lina Bo Bardi (ao centro), com a equipe de projeto, incluindo seus colaboradores mais próximos, para o concurso de projetos para o Vale do Anhangabaú. Da esq. para a dir., e de cima para baixo: Francisco Fanucci, André Vainer, Lina Bo Bardi, Marcelo C. Ferraz, Paulo Fecarotta, Guilherme Paoliello, Bel Paoliello, Marcelo Suzuki e Ucho Carvalho, 1981.

homens, libertados dos 'perigosos inimigos': os carros. Os pedestres na terra, os transportes em cima",[66] ela propunha. Uma via expressa com estrutura de aço e colunas moldadas à imagem de grandes gameleiras, árvores originais do cerrado, cumpriria essa função.[67] E, à medida que sua infância em Roma e seus primeiros desenhos gestuais apareciam em seu horizonte nostálgico, ela comparou aquela estrutura a um antigo aqueduto. Em seu pensamento mágico, alegou que "o velho pesadelo das enchentes periódicas se transformará em alegria". Eles não venceram o concurso, mas, livres dessa expectativa, ela pôde perseguir, no projeto, sua antiga analogia arquitetônica: "Como na natureza, o máximo de fantasia".[68]

Poucos meses depois, acompanhando o sucesso do Sesc Pompeia, Lina foi convidada a estudar a reabilitação de uma antiga central elétrica em Porto Alegre, no Rio Grande do Sul. A imponente construção de tijolos com uma chaminé alta e solitária contra a paisagem do lago Guaíba iria se transformar no Museu do Trabalho, mas a encomenda não chegou a se concretizar. Por outro lado, em São Paulo, ela teve uma experiência bem-sucedida quando Aparício Basílio da Silva, presidente do MAM, decidiu transferir a instituição para uma sede permanente no parque Ibirapuera. Ele contratou Lina para usar o local onde ela e Martim Gonçalves haviam instalado a exposição Bahia no Ibirapuera em 1959. As disputas entre o MASP e o MAM já não existiam, assim como Assis Chateaubriand e Ciccillo Matarazzo, mas ela ainda se ressentia da arquitetura do pavilhão. "O espaço que ocupa hoje o MAM é um espaço meio sagrado", escreveu em suas notas pessoais, aludindo ao seu projeto curatorial anterior, e complementou, com o picante desdém que guardava para os comentários mais íntimos: "Se eu fosse o arquiteto [isto é, Niemeyer], já teria pedido para demolir tudo aquilo".[69]

Seu desenho mais significativo para o projeto, uma aquarela com perspectiva central, resume suas ideias. O espaço único era apresentado ao observador como um profundo vazio com poucos elementos individuais, como muitas das imagens de caráter metafísico que ela produzira ao longo da vida. Para o lado externo (visto por detrás do vidro, no desenho), imaginou um jardim de esculturas, um pequeno córrego com pontes — semelhantes aos do Sesc Pompeia — e arbustos de azaleias.[70] O museu foi inaugurado em 1983 quase como ela havia imaginado, abrindo-se visualmente para o parque e para a cidade, como uma vitrine. "Bom, aí está o MAM", ela escreveu sobre sua proposta, sugerindo que o museu "poderia até mudar de nome, esquecendo o borrascoso passado [...] contra a 'especulação' dos particulares (dos Matarazzo aos outros mecenas) e como primeiro apoio nacional às novas jovens experiências".[71] Suas rivalidades não haviam se dissipado com o tempo.

Paralelamente àqueles projetos e nos anos seguintes à inauguração da fábrica readaptada no bairro da Pompeia, Lina organizou várias exposições temporárias dedicadas a objetos do cotidiano em colaboração com a equipe educativa do Sesc e com consultores externos. Em suas notas iniciais para o Centro de Atividades, ela havia indicado seu desejo de criar um museu infantil, com "documentação e atividades artesanais: tanques de areia, plástico, e tinta, e plantas vivas".[72] Embora a administração do Sesc não tenha aprovado o museu como parte de seu programa, Lina dirigiria sua atenção ao universo infantil nos anos em que trabalhou no projeto, em especial no desenho de móveis e de brinquedos,[73] além das exposições culturais e semipedagógicas que organizou.

Com um passado de ligações afetivas frágeis e uma vida de desacordos familiares, o interesse de Lina por temas infantis se intensificou durante a construção do Sesc Pompeia. É possível que não seja coincidência que sua nostalgia em relação à própria infância, experimentada como uma regressão emocional, e sua inédita atenção às crianças, ambas opostas à experiência de envelhecimento, tenham surgido após o período em que a família de Lina passou a morar com ela e, principalmente, após 1980, quando sua mãe faleceu na Casa de Vidro. Sempre distante da mãe, Lina havia se visto, com mais de sessenta anos, como a filha de uma anciã de quem tinha se reaproximado, porque dependia de sua ajuda, mas cuja degeneração mental não permitia a íntima conexão emocional de mãe e filha que nunca haviam tido. Órfã, só lhe restaram suas memórias. Apesar dessa aparente regressão, que provavelmente a protegeu de fortes emoções, seus sentimentos pela mãe parecem não ter se alterado até mesmo após a sua morte. Depois da cremação, as cinzas de Giovanna Grazia foram deixadas durante algum tempo dentro de uma sacola de plástico de supermercado na escada que leva à porta da casa, pendendo como um cordão umbilical. Quando lhe perguntaram sobre o seu conteúdo, Lina respondeu, com uma mistura reticente de amargura e desdém: "É a mãe".[74] Talvez incapaz de reparar os traumas de suas perdas, tanto recentes quanto antigas, Lina as projetava para fora de casa — nesse caso, literalmente em um saco de plástico — e, de maneira poética, procurava compensá-los nos mundos fantásticos que criava em seus projetos curatoriais e arquitetônicos.

Em 1982, começou a organizar uma série de grandes exposições na galeria do Sesc Pompeia, o primeiro espaço que os visitantes veem, à direita, ao entrar nos galpões da antiga fábrica. Seu objetivo era convidar o público a admirar aspectos importantes da cultura cotidiana brasileira. No entanto, inconscientemente, várias das mostras também abririam caminho para seus dilemas pessoais e suas fantasias regressivas. Foi de início encarregada de coordenar o programa de exposições da instituição, mas o cargo foi transferido para a equipe do Sesc em 1983, depois de alguns conflitos profissionais.[75] Apesar de toda a generosidade do discurso social de Lina Bo Bardi, a administração do Sesc se viu no direito de limitar cada vez mais sua interferência não solicitada, ainda que bem-intencionada, em decisões organizativas. No entanto, isso não impediu que ela completasse seis exposições e planejasse mais três até 1985, pouco antes de concluir seu projeto para o centro.

Para a inauguração do Sesc Pompeia, Lina organizou uma exposição, em colaboração com o MASP e a Fiesp (Federação das Indústrias de São Paulo), abrangente e original, O Design no Brasil: História e Realidade, que refletia sobre o impasse que ela havia visto tomar forma desde A Mão do Povo Brasileiro.[76] Dessa vez, ela não limitou a mostra à coleção de artefatos tradicionais, mas os contrastou com a produção industrial contemporânea brasileira. Na entrada, Lina alertava: "Esta não é uma exposição de arte. Não tem peças valiosas, em destaque, nem a rarefação deste tipo de exposições. É uma enxurrada, uma falsa confusão, rigorosamente planejada".[77] Ela coreografou um espaço inundado com peças indígenas e têxteis, modelos de carros e aviões, cadeiras, colchas tradicionais e ferramentas expostas com cuidado em paredes e prateleiras, criando composições abstratas elaboradas. Um sistema de andaimes com objetos menores proporcionava um passeio elevado e uma vista panorâmica da mostra. O som dos passos na passarela de madeira reverberava no espaço da antiga fábrica, como os ruídos da produção que havia habitado o edifício no passado. Sua exposição era um palco onde os visitantes eram também atores.

Em suas notas preparatórias para a mostra, Lina temia ser mal-entendida, tendo sempre em mente os comentários de Celso Furtado ao afirmar: "Esta exposição não é um convite para uma volta ao passado".[78] Ainda frustrada por seu sonho de um desenho industrial brasileiro ligado às tradições populares não ter se realizado, ela quis se certificar que "a ingenuidade desta exposição deve ser a prova de sua validade". No entanto, ela vacilava. Em outro conjunto de notas, Lina refletia sobre suas tentativas não concretizadas de documentar o artesanato popular desde que deixara a Bahia: "Ingenuidade e nostalgia. O tempo passou".[79]

Ainda assim, anunciava, em silêncio, sua reivindicação: "Aos designers brasileiros e aos grandes responsáveis, a tarefa de uma revisão e balanço",[80] enquanto oferecia a mostra "ao público, a alegria da feira e a resistência a ou a aceitação de todo um padrão de comportamento".[81] Entre seus escritos e a montagem da mostra, ela encontrou um modo catártico de externar suas frustrações.

Enquanto desenvolvia os projetos para o Sesc, Lina não só anotou reflexões pessoais como também enviou cartas para a administração, exigindo que o ambiente do Centro de Atividades fosse controlado de forma a satisfazer suas intenções no projeto. Apesar de todo o seu discurso sobre inclusão e liberdade, ela queria impor regras para o dia a dia no centro. Em uma carta que enviou ao diretor dos programas sociais e pedagógicos, ela reclamava do uso inapropriado dos espaços, dizendo a ele que "tudo tem de mudar ou tudo afunda".[82] Não se satisfazia com facilidade, indo contra suas próprias expectativas libertárias. A realidade se apresentava muitas vezes como um desafio para a imagem de suas criações e, também, para a sua autoimagem, que, com o tempo, foi se tornando mais frágil. Enquanto reclamava dos outros, tinha dúvidas de si mesma. "Melancolia sou eu, talvez",[83] refletiu na época, numa nota avulsa em uma folha de papel-jornal.

Logo após escrever aquela carta à administração do Sesc, em 24 de outubro de 1982, Lina inaugurou uma pequena exposição chamada *O "Belo" e o Direito ao Feio*,[84] que durou apenas uma semana no galpão das oficinas de arte. A mostra trazia bibelôs e móveis artesanais produzidos por um grupo de estudantes-artesãos adultos. "Esta pequena exposição", esclareceu, "não é uma integração do Kitsch. [...] É apenas um exemplo do direito de ser feio."[85] Lina viu a falta de educação estética formal dos criadores daqueles objetos do mesmo modo que abordava os artefatos tradicionais que havia observado ao longo dos anos, dizendo: "O povo nunca é kitsch".[86] Mais uma vez, o limite entre a realidade externa que descrevia e a sua realidade interna parecia se desfazer à medida que suas escolhas para o Sesc Pompeia ganhavam tons profundamente pessoais, ainda que não de forma declarada. Sem nunca esconder a vaidade, ela se preocupava com a perda de atrativos físicos com a idade, agravados por hábitos pouco saudáveis, como dormir mal e beber em excesso. Pode não ser coincidência que o dilema entre beleza e feiura, que lhe causava tanto fascínio quanto repulsa, viesse à tona como tema dessa exposição singular e com frequência menosprezada.

Durante o período que antecedeu aquela pequena mostra, Lina havia colaborado com a equipe do Sesc em um ambicioso projeto curatorial, uma apoteose cultural e sinal de profunda nostalgia: a exposição Mil Brinquedos para a Criança Brasileira. A equipe de pesquisa trabalhou durante meses recolhendo, compilando e catalogando centenas de peças para criar uma coleção de brinquedos artesanais,[87] a ser organizada de acordo com a imaginação de Lina. "No meio da sala, uma montanha-russa. Se não puder ser encontrado, use um carrossel de circo", recomendou.[88] Os pesquisadores foram às periferias de São Paulo e a pequenas cidades em busca de materiais genuínos e de objetos alternativos usados em brincadeiras infantis, desde peças de parques de diversões antigos até câmaras de pneu de trator que improvisavam um playground. Seu objetivo era fornecer conhecimento histórico, artístico, antropológico e social sobre aqueles artefatos ao mesmo tempo que despertar a fantasia individual.

Mas Lina nem sempre estava satisfeita com a montagem da mostra e continuou a fazer reclamações para a administração do Sesc. "É tudo muito difícil aqui e não profissional, um pouco tipo doméstico",[89] relatou em uma nota às vésperas da inauguração. "Espero que não seja uma grande porcaria. Tenho dedicado tempo integral e me ocupado desde a maionese que desandava com o calor até os problemas mais incríveis."[90] Ainda assim, em 5 de dezembro de 1982, num domingo quente que já anunciava o verão, o sucesso da abertura da grandiosa exposição foi comemorado. Para Lina, que completava 68 anos naquele dia, foi uma festa como ela jamais havia tido. Uma multidão de crianças, pais e avós lotou o salão do Sesc Pompeia, curiosa para ver de perto uma coleção memorável de objetos de lazer, que ficou exposta por seis meses, convidando os visitantes a compartilhar elementos da cultura popular e, sem saber, as nostalgias de infância de Lina Bo Bardi.

"Brincadeira de criança é coisa séria",[91] declarou ela no catálogo da exposição, e reservou um lugar especial na mostra para uma pintura grande que seu saudoso pai (ex-fabricante de brinquedos) havia feito de um carrossel rodeado de crianças e de animais na praça de uma cidade portuária imaginária, colorida e animada. Aprender com ele a desenhar era uma das poucas memórias felizes de verdade que ela guardara da infância. Por trás das descrições da arquiteta preocupada com a justiça social, manifestava-se a voz pessoal de uma mulher já idosa que procurava se reconciliar com as emoções fortes e reprimidas de uma criação difícil. Ao montar um gabinete de curiosidades para crianças — pequenas e crescidas —, ela projetou, em termos arquitetônicos e psicológicos, um mundo idealizado no interior do Centro de Atividades que ela ajudara a criar, mas cuja alegre realidade não conseguia habitar.

OS BRUTOS NÃO FALAM

Depois de lidar com mil brinquedos, Lina Bo Bardi se conectou mais uma vez com as memórias de infância ao acolher a exposição itinerante Pinocchio: História de um Boneco Italiano no Sesc Pompeia, no fim de 1983. Apresentada originalmente em várias cidades italianas, incluindo a Bienal de Veneza, nas mãos de Lina a mostra assumiu uma postura provocadora. Ao invés da versão adocicada da estória, popularizada por Walt Disney, ela escolheu uma abordagem ambígua com tons satíricos e amargos, referindo-se à assustadora versão original do livro de Carlo Collodi, que termina com o protagonista enforcado. Ela via aquele livro como um manifesto político e revolucionário. Em suas ásperas palavras, tratava-se da "vingança de um 'pellorcia' [sic], 'becero' barra pesada da toscana [...] [uma] declaração de amor ao homem-criança e uma denúncia contra todo um sistema".[92] Para a cerimônia de abertura, preparou, como antídoto contra aqueles sentimentos, uma grande festa que reuniu um enorme grupo de crianças, uma banda de sopro, palhaços, bonecos, bolo, pipoca e Ki-Suco. E, contradizendo a atmosfera amigável do evento, mandou pendurar uma grande placa no teto onde se lia: "Pinocchio, trombadinha internacional".[93] Entre narrativas e ações, fazia-se presente o vasto espectro das emoções humanas, de suas formas mais palatáveis às mais indigestas, sugerindo uma crítica social e um incômodo emocional que combinavam as memórias que Lina tinha da Itália e do Nordeste com a dura realidade dos centros urbanos brasileiros.

Para ela, o personagem ficcional "não é o menino mentiroso de nariz comprido que precisa ser endireitado, mas 'um pobre trombadinha'",[94] uma vítima, com o qual ela provavelmente se identificava no temperamento rebelde. Ao tentar enfatizar os aspectos históricos e sociais nas alegorias de Collodi e a vida diária de muitas crianças brasileiras, é provável que ela também estivesse projetando sua agressividade não resolvida, de formas novas e antigas, que não se relacionavam apenas com as suas exposições. Os conflitos com a administração do Sesc persistiam, e ela ameaçou pedir demissão do projeto de construção das torres, reclamando da necessidade de instruir os visitantes do Centro de Convivência sobre o "uso correto dos espaços e a conservação dos bens da instituição".[95] Queixava-se também de que as decisões, desde que havia começado a trabalhar para o Sesc, eram tomadas "à revelia de Lina Bo Bardi".[96] Não era apenas o Pinocchio — da versão que ela escolheu retratar — que tinha razões para se sentir enraivecido e vitimizado. Em meio a tanta tensão, Lina não perdeu seu pensamento mágico, projetando nos ambientes do Sesc Pompeia um lugar pacífico e de convivência. Um ano depois — entre junho e novembro de 1984 —, dedicou uma nova exposição a outro universo de suas idealizações: o mundo rural brasileiro.

A mostra, intitulada Caipiras, Capiaus: Pau a Pique, representou a despedida de um período de sua vida dedicado à história cultural do design. Também serviu como documento dos hábitos cotidianos e dos artefatos de uma população rural que estava em processo de desaparecimento. Incapaz de fazer o luto de suas muitas perdas profissionais e pessoais, Lina preferiu dirigir sua simpatia pelo infortúnio dos desfavorecidos, baseando-se em um estudo sobre os caipiras conduzido pelo antropólogo e educador Carlos Rodrigues Brandão.[97] Ela queria que os visitantes entrassem na exposição serpenteados por uma "floresta de mastros" de festas juninas,[98] como prelúdio a um conjunto de réplicas de construções rurais, evocando a atmosfera de uma fazenda simples no não tão distante, mas desconhecido, interior do Brasil. Mais do que uma exposição de objetos, ela criou um gabinete de curiosidades, um cenário da vida rural onde era possível adentrar.

Lina e a equipe do Sesc organizaram a cerimônia de abertura numa noite fria de São João com a presença de animais vivos, como galinhas, pombos, porcos e até uma vaca, que Lina imaginou liderar um cortejo que subiria e desceria a rua interna do Sesc Pompeia.[99] Sua coreografia lembrava o desfile de animais em uma das pinturas de seu pai que ela guardara com carinho, e também remetia às suas viagens pelo interior dos Abruzos com o avô materno. Para alegrar a cena, ela mandou instalar "um alto-falante em um poste de luz tocando alto as músicas brasileiras mais piegas".[100] No entanto, nem tudo era brincadeira. "É uma exposição política, está claro",[101] declarou no catálogo da mostra, reiterando, com uma irreverência mordaz e melancólica, o espírito de sua busca por uma "civilização nacional [...], uma identidade do país que reintegre — e não elimine — o perene do Brasil no efêmero século XX".[102]

Ainda que acreditasse numa arquitetura de recursos simples, ela descreveu a exposição de pau a pique como "um adeus e, a um tempo, o convite à documentação da história do Brasil".[103] "É uma exposição de arte, mas a Arte não consola nem tira ninguém da fome, sede e privação."[104] Lina tinha consciência de que era inevitável que os camponeses abandonassem a terra e a cultura simples que haviam historicamente alimentado e, com um olhar já maduro mas sempre mirando o futuro, insistia que o "importante é construir uma outra realidade".[105] Ao vislumbrar a estrutura pré-fabricada da sala de exposição que oferecia cobertura às réplicas rurais e se contrapunha a elas com a sua modernidade, ela exclamou, esperançosa: "Que viva Hennebique, pioneiro do concreto armado!".[106]

À medida que o Centro de Atividades se tornava mais popular e as torres esportivas eram concluídas, a obra de Lina ganhou vasto reconhecimento público. Seu trabalho se destacava dentre os de seus colegas, muitos dos quais enfrentavam sérias crises ideológicas e econômicas geradas pela transição que marcou o fim do regime militar e a nomeação de um presidente civil em janeiro de 1985. Ela insistia que um projeto era mais do que um veículo de expressão pessoal, mas seu drama interior continuava a se manifestar, de maneira inconsciente, em sua última colaboração curatorial com o Sesc, ciente de que deveria deixar as instalações assim que a obra estivesse pronta. Ela deu à mostra dedicada à consciência ambiental, inaugurada em março de 1985, um título inusitado: Entre-Ato para Crianças.[107] Em vez de lançar seu olhar sobre o mundo natural, como esperava a equipe de exposições, ela queria convidar o público jovem a interagir com criaturas reais e imaginárias (tanto animais de estimação como monstros de fábulas), que ela considerava fundamentais para o desenvolvimento infantil.

Como pano de fundo, imaginou um longo mural pintado por crianças ou por artistas comerciais especializados na produção de cartazes e outdoors de filmes.[108] A pintura acabou não sendo realizada, mas três grandes objetos foram dispostos no salão: o mesmo carrossel apresentado na exposição de brinquedos, um pequeno mirante de madeira com uma longa rampa e uma caixa de madeira comprida e rasa revestida com papel azul, sugerindo uma piscina. Em torno deles, estava espalhada por todo o ambiente de exposições uma série de animais cenográficos grandes e coloridos, mas também feios, que haviam sido feitos nas oficinas do Sesc. Cabos pendentes do teto, usados para segurar os mastros da exposição anterior, foram usados para pendurar bichos voadores, como pássaros, borboletas e morcegos empalhados e de todos os tamanhos, vindos de coleções de zoologia.[109]

Lina alertou ao público que "esta exposição não tem nada a ver com ecologia, proteção dos animais etc.".[110] Em vez disso, ela esperava que Entre-Ato para

Crianças fosse "um convite à ciência e à fantasia",[111] como também "uma chamada para a imaginária brasileira, a ligação popular com os bichos".[112] Apesar de seu visual alegre, o conjunto colocava à mostra criaturas bizarras, com significados sombrios. Em suas notas pessoais para o catálogo, ela escreveu: "É um esforço para entender os brutos, que não podem falar; um esforço para uma convivência".[113] Em uma linguagem hermética, talvez querendo expressar sua solidão e seus conflitos pessoais, repetiu: "Os brutos não falam, isto é, ninguém os pode entender",[114] diferenciando os animais que são amados, como os de estimação, dos "bichos vagabundos visíveis ou quase invisíveis, os bichos caseiros, aranhas, baratas, ratinhos, besourinhos, todos eles 'estrelando' a casa na espera do pesticida".[115] Nas entrelinhas dessas notas, ressoa uma narrativa amarga de suas próprias inseguranças veladas, de seu sentimento de ser "outra" no mundo, da sua falta de pertencimento. Já no final da vida ela começou a observar seus próprios sentimentos, como em um beco sem saída.

Em seu peculiar fluxo de consciência, Lina queria proteger criaturas vulneráveis — fossem insetos vivos ou representações emocionais —, buscando "o respeito e a atenção que não permitem que as formigas sejam pisadas, as baratas achatadas a esmo, bichinhos gentis mortos de uma mãozada, como as flores achatadas nas plantas, galhinhos desfolhados de baixo para cima por um conversador distraído".[116] Mais uma vez, voltou-se para Bertolt Brecht — especificamente para sua peça didática *Der Jasager* [Aquele que diz sim] — e desenhou no meio de uma folha de papel-jornal uma criança sacudindo a cabeça. Em volta dela, escreveu: "O não das crianças, virando violentamente a cabeça de um lado para o outro (reprimidas pela educação escolar), [...] o não dos filhos não comportados", evocativo de seus anos de infância e sugerindo sentimentos mais profundos e selados: "O não dos oprimidos".[117]

Em suas notas pessoais, Lina refletia: "Esta [...] é mais uma exposição falsamente piegas".[118] Reforçando — ou talvez contradizendo — essa afirmação, ela escolheu usar a primeira fotografia que havia guardado da sua infância para compor o cartaz da última mostra que organizou para o Sesc Pompeia. Em um de seus prováveis atos de regressão às experiências de quando era criança, que pareciam onipresentes nesse período de altos e baixos, Lina aparece como uma menininha de tenra idade, apertada dentro de um vestido curto e cheio de babados. Na fotografia, ela parece intrigada e cabisbaixa, em posição que, quando composta no cartaz, parece olhar para o desenho de uma grande barata que ela mesma fez com guache, agora adulta. No fundo do cartaz, seu desenho de uma grande formiga completa a cena. Acima, acrescentou uma legenda: "Não pise as formigas, não mate as baratas",[119] como se evocasse o uso frequente que Clarice Lispector fazia daquele inseto, como uma sombria metáfora kafkiana. Em suas notas cifradas, Lina esperava encontrar uma "catarse do medo do bicho, terror. A sequela dos monstros" e escapar da experiência dos "espantalhos que os adultos inventam para as crianças".[120]

Como muitos dos textos que Lina produziu sobre seus trabalhos da maturidade, com frequência não lidos, os escritos que deixou sobre essa exposição peculiar sugerem sua luta contra emoções e sentimentos difíceis — nostalgia, medo, raiva, angústia e vulnerabilidade —, vivenciados na infância e na adolescência e não resolvidos na fase adulta. Além disso, a imaginação visual que ela inseriu nesse projeto, desde as referências às inúmeras pinturas surrealistas do pai até a memória das aquarelas dramáticas que ela produziu na juventude, evocam o poderoso papel compensatório que o desenho exerceu em sua vida. A arquiteta humanista parecia querer, com relutância, proteger o ser humano por trás de seus projetos, carente do apoio emocional que não recebeu nem na infância nem quando se atirou no mundo, ou mesmo quando ganhou visibilidade profissional. À medida que montava esse último gabinete de curiosidades pessoais e culturais, ela se preparava para uma espécie de despedida amarga dos nove anos de trabalho que sintetizaram muito das buscas, dos impasses, da complexidade e das visões inovadoras que desenvolvera para o Centro de Atividades do Sesc Pompeia.

A exposição Entre-Ato para Crianças permaneceu aberta até 11 de agosto de 1985, enquanto a construção do Centro Esportivo caminhava para a conclusão, sendo inaugurado seis meses depois. Nesse período, já procurando alternativas, Lina uniu forças com o Teatro do Ornitorrinco, que havia sido criado no antigo subsolo do Teatro Oficina, desenvolvendo a arquitetura cênica e os figurinos para *Ubu, folias physicas, pataphysicas e musicaes*, uma paródia musical baseada na obra de 1896 do dramaturgo francês Alfred Jarry, sobre o anti-herói Ubu-Rei. Com o fim do regime militar, o discurso político nas artes havia mudado, mas o interesse pela experimentação e a irreverência entre os grupos jovens continuava.

Com seu imaginário aguçado, ela acompanhou a incursão do grupo no mundo da *patafísica*, uma ciência e pseudofilosofia de soluções fantasiosas que eram compatíveis com suas exposições recentes e sua nostalgia por um tempo e um espaço de liberdades que nunca existiram. A combinação entre teatro do absurdo e surrealismo empregada pelo grupo, com seus personagens sátiros que misturavam música de instrumentos de sopro e percussão ao vivo, teatro e circo, costumava atrair um público grande. "O que quisemos fazer, todos nós, quando montamos o *Ubu*", Lina escreveu no programa da peça, "era continuar aquela poética que é a poética da infância e da primeira adolescência." Entretanto, como talvez seu saudosismo tentasse afastar os aspectos sombrios daqueles períodos de sua própria vida, continuou: "Jarry é o iniciador da única vanguarda positiva que não morre: a vanguarda do cinismo e da destruição".[121] O ataque às fortes emoções era sua melhor defesa.

A peça incentivava a participação do público, exigindo que o palco oferecesse abertura e flexibilidade suficientes para acontecimentos aleatórios e improvisação. No auditório do teatro Sérgio Cardoso, Lina expôs os acabamentos rústicos do palco e eliminou a separação entre espectadores e atores, como havia feito nos anos 1960. O diretor da peça, Cacá Rosset, imaginou uma paródia de Macbeth como referência para a montagem. Utilizando figurinos antigos encontrados no porão do Teatro Municipal de São Paulo, Lina desenhou, em poucos dias, trajes jocosos para todos os personagens, incluindo o protagonista barrigudo. Um dos trajes foi para a Rainha Nua, que ela propôs que aparecesse ironicamente vestida, porém sem nenhuma joia, acessório essencial à vaidade e à majestade femininas na concepção de Lina.

Ela também desenhou objetos de cena simples que eram constantemente transformados e desdobrados em novas formas e usos, mantendo a expectativa do público alta. Entre esses objetos, havia uma escultura surrealista de papel machê sobre rodas — um *polochon* rosa, segundo o trocadilho feito por Jarry com as palavras francesas "polochon" [almofada cilíndrica] e "cochon" [porco] — com dois traseiros suínos, um de cada lado, sem face.[122] O *polochon* aparecia no palco após receber o público na entrada do teatro. Dividindo o mesmo espaço, Lina introduziu um dodecaedro alto e estrelado, revestido em chita — uma referência ao artesanato nordestino[123] —, enquanto projetava o filme dadaísta de René Clair, *Entr'Acte*, de 1924, o mesmo título e gênero que ela havia usado para a sua mostra sobre fantasias e medos infantis em andamento no Sesc Pompeia.

Ao entrar na casa de seus setenta anos, a vida de Lina mudou de forma significativa conforme sua saúde se fragilizava. Nas notas biográficas que deixou em pequenos cadernos de papel-jornal, ela soava cada vez mais nostálgica de sua juventude, e as fronteiras entre sua vida e sua obra iam se tornando cada vez mais porosas. No programa da peça distribuído ao público, como nas suas exposições, ela inseriu elementos de sua experiência pessoal: "Toda criança inventa *polochons*, luzes verdes, nuvens verdes. A realidade de Ubu é cinza, mas ele é um revolucionário. Um revolucionário miserável, mas ainda um revolucionário". Ela também sugeriu uma comparação velada entre a peça, o assombro causado por sua mostra Entre-Ato para Crianças e a "terrível lógica, o cinismo, as mistificações da infância e a intuição da adolescência [...] contra as certezas e a conformidade de uma sociedade que estava marchando para 1914".[124] Suas memórias, tanto da guerra quanto da infância, repercutiram mais forte ao descrever a capacidade de Jarry de enfrentar "o espírito daqueles anos aterrorizantes [quando] os gritos estrondosos rompiam a noite".[125] Alguns dos aspectos que Lina acentuou na atitude do personagem Ubu-Rei remetem a seu próprio comportamento na infância, como "o entusiasmo por andar de bicicleta vestida a caráter",[126] uma provável referência aos seus sentimentos iniciais de inconformismo de gênero e irreverência que não haviam desaparecido com a idade.

Mais tarde naquele mesmo ano, a produção patafísica recebeu dois prêmios. Um pela produção e o outro, anunciado em um telegrama a Lina, pela "melhor cenografia", que ela menosprezou com sua típica atitude indiferente, dizendo que não havia feito nada mais do que celebrar o vazio. Em conversas privadas, no entanto, sua versão foi incensada. Ela disse aos seus assistentes: "Cenografia? Não sou uma cenógrafa. Eu me livrei da cenografia".[127] Depois disso, escreveu uma carta formal agradecendo ao júri e imaginando a perplexidade do público, que talvez se perguntasse: "Que tipo de cenografia é esta onde não há nada?".[128] E, logo abaixo, respondeu: "Num certo sentido, a cenografia tradicional é o oposto da arquitetura; e a ausência de cenografia é, como disse Walter Gropius, pura arquitetura".[129] E terminou acrescentando: "Teatro é vida", assim como sua arquitetura, aberta tanto a belos quanto a brutos.

PEQUENOS EXPERIMENTOS SOCIALISTAS

Com o sucesso dos projetos de Lina Bo Bardi, em especial a conversão da antiga fábrica do Sesc Pompeia, a imprensa passou a se interessar por seu trabalho, confirmando sua inegável e revigorante presença no cenário da arquitetura brasileira. Apesar do reconhecimento público, ela passou a viver uma vida reclusa, por causa da mobilidade reduzida resultante do agravamento de sua artrite. Enquanto as entrevistas e as reportagens sobre sua obra permitiam que ela compartilhasse algumas ideias e experiências — assim como opiniões mordazes —, ela começava a realizar seu desejo de juventude por reconhecimento, por uma história.

Nessas entrevistas, Lina se retratava como uma pessoa forte, "apaixonada pelo trabalho" e que nunca tirava férias apesar da saúde frágil. Ela insistia que a prática projetual da arquitetura devia ter relevância social, mas se sentia pessimista sobre as expectativas que alimentara no início da carreira: "Tudo acabou. Não, tudo mudou",[130] declarou uma vez a um repórter. Ela criticava os arquitetos por terem perdido o senso de coletividade e se tornado marginalizados nos projetos de relevância pública. Não escondeu sua frustração com a direção que o Brasil tinha tomado após sua experiência na Bahia, decepcionada porque as pessoas tinham perdido a "habilidade para trabalhar com as mãos"[131] e vendo o crescimento do que chamou de uma "cultura nacional-popular aguada".[132] O Brasil deixava de ser o depositário das esperanças e da autenticidade que a haviam maravilhado nas duas primeiras décadas no país. Ela agora o descrevia, com certa amargura, como "um país único para mistura de raças, imaginação, cafajestice e para a ciência, mas muito pouco para as artes plásticas".[133] E revelou sua ambivalência por sentir não ter raízes em nenhum local. "Sou estrangeira em qualquer lugar", disse ao jornalista, "é muito bom não estar presa a nada. A liberdade é muito importante."[134]

E, de fato, ela nunca abandonou a busca da liberdade coletiva na arquitetura que projetou. A conclusão do Sesc Pompeia quase uma década depois de ter feito seus desenhos preliminares para o conjunto, em 1977, era um testamento de sua aspiração. Ao iniciar a segunda fase do projeto, logo após a inauguração dos galpões requalificados, Lina declarou à imprensa: "Espero que o conjunto esportivo do Sesc Pompeia seja feio, bem mais feio que o Museu de Arte de São Paulo. É um silo, bunker, contêiner, e a mais, divididos por uma área *non aedificandi*".[135] Em outra entrevista concedida no fim da vida, ela acrescentou que a antiga fábrica era "um documento do trabalho humano que dev[ia] ser respeitado", enquanto "o Sesc Pompeia é o novo edifício que projetamos; é a caixa-d'água que se tornou um marco".[136] Ela admitiu que o caráter expressionista das torres "veio da minha formação europeia, mas eu nunca menosprezei o surrealismo do povo brasileiro, suas invenções, seu prazer em estar juntos".[137] Em particular, observou: "Este é um prédio diferente: não é de competição, é de amizade — esporte, alegria, crianças. É dedicado ao Garrincha, alegria do povo que perdeu a competição".[138]

Com esse espírito, Lina criou um logotipo para o Sesc Pompeia com uma imagem memorável, que expressava sua imaginação ao mesmo tempo poética, crítica e melancólica. No lado esquerdo do papel, fez um desenho da esguia caixa-d'água e esboçou dezenas de pequenas flores que emergiam do seu topo, empregando gestos circulares como aqueles usados em suas ilustrações de infância. Algumas flores isoladas aparecem na parte de baixo do cartaz, sugerindo um lento movimento em cascata, flutuando e resistindo à gravidade com a graça casual e a vivacidade encontradas por toda parte nas instalações do conjunto. Como em seu desenho, gestos delicados e pitorescos contrastam com a sublime aspereza e a escala da antiga fábrica e dos novos edifícios esportivos. O cilindro alto da torre, que se destaca no terreno do Sesc Pompeia, ao mesmo tempo sugere e nega a imagem de uma chaminé industrial tradicional, contendo água, um dos bens naturais mais valiosos da vida, em vez de fuligem. Enquanto isso, a torre-chaminé desenhada por Lina deleita os observadores com encanto surrealista: em vez de oferecer fumaça à cidade e às pessoas, ela as banha com flores.

Entre realidade e pensamento mágico, ela devolveu à cidade, assim como ocorrera no MASP, mais do que tirou dela. Mais tarde, comentou sobre o bem-estar que o Sesc Pompeia oferecia a São Paulo em meio a crises sociais e econômicas. "Em uma cidade fechada e abusada", Lina observou, "uma brisa leve, um vento talvez possa aparecer de repente. E lá está, hoje, a fábrica da Pompeia [...]: um pouco de alegria numa cidade triste."[139] Com sua irreverência e melancolia usuais, frisou que "'a arquitetura' pobre foi a principal ideia para recuperar o conjunto", desencantada com o fato de que as vanguardas modernas tinham sido deixadas para "viver comendo os restos do capitalismo".[140] Mas, no final de sua colaboração, preocupava-a a ideia de que o mesmo pensamento capitalista já estivesse se infiltrando no Sesc, ao se sentir desprestigiada pela nova administração, cujo novo presidente, o empresário Abram Szajman, tinha um estilo refinado, contrário ao ponto de vista de Lina.

Ela via a direção que o Sesc Pompeia estava tomando sob a liderança de Szajman com suspeita, ao notar como a população de trabalhadores (tais como "jovens padeiros, açougueiros, verdureiros"),[141] para quem ela desenhara o centro de atividades, estava sendo substituída por usuários de classe média, que ela associava a "hábitos sedentários e dilemas intelectuais de castração".[142] Em suas notas pessoais, no entanto, mostrou, de modo contraditório, que nem sempre as pessoas eram protagonistas de sua arquitetura: "Em um projeto de arquitetura, os espaços condicionam as pessoas, não o contrário",[143] justificando seu desejo de monitorar a programação do Sesc como se "um erro grave nas atribuições e uso daqueles espaços pode levar todo o conjunto ao colapso".[144] Em uma entrevista após o fim do projeto, ela insistiu, de forma mais democrática do que em suas notas não publicadas: "Dedico minha obra na Pompeia a todos os jovens, crianças e velhos".[145] Ainda assim, esperava que eles, assim como ela própria, tivessem uma origem social modesta.

O desenlace de sua experiência com o Sesc Pompeia deixou em Lina sentimentos mistos, mas ela não permitiu que sua frustração lhe tirasse o orgulho de suas realizações. Lembrando-se da palestra que Nelson A. Rockefeller apresentara na reabertura do MASP na rua Sete de Abril, em 1950, na qual havia comparado o museu a uma "cidadela da civilização",[146] e da descrição que John Cage fez do MASP, como a "arquitetura da liberdade",[147] ela se apropriou dessas citações para descrever o Sesc Pompeia. Para ela, o conjunto devia ser visto como a "cidadela da liberdade",[148] um campo para as diferenças e o contato humanos, um lugar onde referências serenas e pitorescas à natureza (um espelho d'água emulando um rio ou um balaústre evocando um cacto esbelto) coexistem com metáforas agressivas e revolucionárias de guerra e de combate (uma torre que se parece com um bunker ou um forte militar, ou janelas irregulares que sugerem ter sido abertas por uma bala de canhão), tudo parte da vida, do fazer cultural e das aspirações coletivas. Ela gostava de mencionar um comentário feito pelo antropólogo Darcy Ribeiro, que descreveu o centro como um pequeno experimento socialista.[149] E pensando nisso ao observar o restaurante que havia projetado, ela revelou, em seu português ainda titubeante: "Olha aí, quando eu digo que no Sesc a pessoa carrega a sopa no pratinho com um ar *dritto* [reto], assim como se fosse uma coisa assim que todo mundo olha pra ele, a gente conseguiu fazer uma coisa que é uma coisa de coletividade".[150] Ela tinha bons motivos para estar orgulhosa.

Depois que Lina deixou o canteiro de obras da Pompeia, ela se viu por algum tempo sem nenhuma proposta de projeto além de poucas encomendas que se desenvolveram muito devagar, das quais várias foram abandonadas. Enquanto procurava por mais trabalho, refletiu em suas notas: "Eu tenho certas inibições arquitetônicas; tenho horror a projetar casas para madames, onde entra aquela conversa insípida em torno da discussão de como vai ser a piscina, as cortinas".[151] Entretanto, declarou: "Gostaria muito de fazer casas populares".[152] E, por fim, sua reivindicação foi ouvida, quando o antropólogo Roberto Pinho, então secretário de projetos especiais do prefeito de Salvador, Mário Kertész, e que, nos anos 1970, havia tentado em vão envolvê-la em projetos na cidade, enfim concebeu um novo plano para trazê-la de volta à Bahia. Dessa vez, ela iria transferir seus experimentos sociais e arquitetônicos de uma cidadela para a cidade que tinha sido parte do desenvolvimento de sua própria liberdade.

Após contatos preliminares, Lina recebeu um convite oficial de Kertész em 22 de abril de 1986, dizendo: "Precisamos de espíritos como o seu"[153] para revitalizar o centro histórico. O convite estava em sintonia com o discurso dela, ao afirmar: "Trata-se sobretudo de, evitando a diluição folclorista, reintegrar Salvador na contemporaneidade, reafirmando a sua densidade histórica".[154] Além disso, a carta enfatizava: "Quero o novo, não a novidade. Desejo o moderno, não o modernoso".[155] E lhe assegurou que "potenciados pela força popular, nada nos deterá".[156] Habilidoso politicamente, Kertész tentou reconectá-la à cidade, dizendo: "Mais do que simples convite, este gesto é um ato de justiça. Sobretudo, com isso, reabro-lhe as portas desta cidade, casa do povo que lhe deve tantos serviços e tanto amor".[157] Para celebrar o acordo, o secretário Roberto Pinho concedeu a ela um prêmio de reconhecimento por suas contribuições passadas à cidade. A proposta era irrecusável.[158] Seis meses depois, uma vez resolvida a burocracia contratual, ela afinal começou o trabalho.

Com um novo grande projeto no horizonte, mas sem espaço para acomodar sua equipe, Lina decidiu montar um estúdio pequeno e simples, aninhado junto a um bosque de bambus na parte baixa ao norte de sua casa em São Paulo. Essa localização lhe permitia ficar isolada dos aposentos da residência, no alto da colina, e com uma entrada separada. Lina gostava de chamá-lo de "casinha", evocando a simplicidade aconchegante de uma cabana rústica rural em contraste com a sofisticação envidraçada da casa principal, cuja estética ela não mais abraçava. Contudo, dados seus crescentes problemas de saúde e de mobilidade, ela terminou não usando o estúdio com frequência e se viu cada vez mais confinada à Casa de Vidro, transformada, em seus últimos poucos anos de vida, em sua cidadela pessoal — uma espécie de vitrine de vidro —, cravada num promontório e protegida por um pequeno bosque.

Mas nem sempre ela esteve segura no seu refúgio. Em 17 de agosto de 1986, mais ou menos na época em que Lina começou a estudar o projeto de reabilitação urbana de Salvador, ela teve uma experiência assustadora em sua casa. "Minha grande coleção de joias antigas foi roubada por jovens assassinos drogados. Estou viva pela minha 'calma'",[159] escreveu em uma carta a Roberto Pinho. Quatro homens haviam pulado o muro da propriedade carregando uma única arma. Cercaram o caseiro e outros empregados na porta da cozinha, nos fundos, e os levaram para dentro da casa.[160] Quando chegaram à sala de estar envidraçada, renderam Lina e sua irmã e exigiram as joias. Ao perceber o estado alterado e o nervosismo dos rapazes, Lina agarrou o pulso de um deles e o levou ao quarto onde ela mantinha seus colares, braceletes e outros objetos. Os ladrões rapidamente juntaram a maioria das joias valiosas, incluindo uma série de peças antigas e o grande colar de águas-marinhas que ela desenhara logo após chegar ao Brasil, e fugiram com tudo. "Foi um crime cultural", ela declarou, suspeitando que o assalto havia sido encomendado por pessoas que conheciam sua coleção. Naquele momento, foi difícil ter qualquer simpatia pelos jovens desprivilegiados que tinham invadido sua casa, desabafando: "Pela primeira vez eu fiquei com raiva do Brasil".[161] Mas seu trabalho em Salvador compensaria aquele infortúnio.

Quatro meses antes do assalto, em 23 de abril de 1986, Lina havia retornado a Salvador para a cerimônia de premiação[162] que reconhecia suas contribuições anteriores e confirmava a encomenda do projeto para o centro histórico. Viajar de São Paulo para a capital baiana não era uma tarefa fácil devido aos problemas de mobilidade causados pela artrite, mas ela estava eufórica para voltar oficialmente à cidade. Ao chegar ao auditório, estava acompanhada pelo arquiteto Marcelo Ferraz, que elogiou o comparecimento de muitas pessoas ao evento. "Não se iluda", ela disse com seu modo categórico de julgar as pessoas: "Uma metade é de amigos. A outra é de inimigos".[163]

Mais uma vez, Lina estaria trabalhando sob circunstâncias políticas complexas. O prefeito Kertész tinha construído uma carreira política durante o regime autoritário e sua abertura à participação coletiva era mais retórica do que prática,[164] mas, como de costume, ela fazia vista grossa quando uma pessoa ou uma instituição com poder criava condições de trabalho que convinham às suas aspirações. Com a ajuda de Pinho, Kertész estabeleceu três organizações autônomas, mas interconectadas, para administrar projetos públicos e financiamento privado: a Fábrica de Equipamentos Comunitários, uma fábrica dirigida pelo arquiteto João Filgueiras Lima, o Lelé, que desenvolvia tecnologia pré-fabricada, simples e ino-

Lina Bo Bardi observa o prefeito de Salvador (BA), Mário Kertész, durante cerimônia de premiação que reconhecia suas contribuições anteriores à cultura da cidade na década de 1960, 23 de abril de 1986.

vadora, em argamassa armada; a Companhia de Renovação Urbana, voltada à reabilitação do centro histórico; e a Fundação Gregório de Mattos, um laboratório de ideias independente com o intuito de preservar e promover as artes em Salvador, ao modo de um departamento cultural,[165] mas com independência política.

A Fundação Gregório de Mattos estabeleceu o parque histórico do Pelourinho como um corpo administrativo autônomo para gerenciar o conjunto urbano da antiga capital colonial, com 42 quadras e cerca de mil edifícios,[166] principalmente entre a praça da Sé e o largo do Pelourinho, estendendo-se ao longo da ladeira da Misericórdia e em torno da igreja da Barroquinha. Como parte do programa que visava à permanência da população local nessas áreas, Pinho contratou Lina para desenvolver um plano de emergência com intervenções por etapas. Seu objetivo era recuperar a estrutura de edifícios residenciais antigos e reformá-los internamente para serem usados como habitação, comércio e atividades culturais relacionadas à vida cotidiana do local e ao status recém-adquirido de patrimônio da humanidade pela Unesco.

Além de comparecer à cerimônia de homenagem em abril de 1986, Lina retornou a Salvador em agosto para discutir as ideias preliminares para o projeto, fazendo depois disso apenas poucas viagens de curta duração. Na segunda visita, ela caminhou pela cidade com dificuldade, subindo e descendo de modo hesitante as ladeiras do distrito histórico. Ainda assim, conseguiu fazer algumas aquarelas e desenhos de várias ruas.[167] Por trás de fachadas coloridas e pitorescas, seus desenhos revelaram edifícios velhos e deteriorados — muitos com buracos que enquadravam o céu com seus vãos de janelas ausentes nas paredes remanescentes —, pessoas espairecendo na porta das casas e crianças e cães brincando nas ruas cobertas por entulhos. Como em suas experiências no pós-guerra, ela observava, com pesar, uma cidade que havia perdido grande parte de seus edifícios e de sua vida originais.

Quando Lina foi contratada, um levantamento geral da área histórica central já estava em andamento, fornecendo dados quantitativos sobre o que era qualitativamente evidente: o bairro histórico estava em ruínas, com 30% dos edifícios completamente destruídos ou em estágio avançado de deterioração, abrigando cortiços esquálidos. Ela descreveu essa destruição do patrimônio arquitetônico e social de Salvador como um "terremoto voluntário",[168] provocando seus amigos baianos, como se eles tivessem deixado a cidade desmoronar. Contudo, foi cautelosa em não tentar restituir aquele patrimônio de partes faltantes a um estado original, já perdido, que ela descreveu como "tristes restaurações".[169] Seu objetivo era reconciliatório: "Um marco moderno, respeitando rigorosamente os princípios de restauração histórica tradicional".[170] E para fazer isso, declarou: "Não vamos mexer em nada, mas vamos mexer em tudo".[171]

Lina recomendava "atenção às pessoas e não apenas aos monumentos",[172] objetivando "alegria e comodidade (não o conforto) para sustentar a expansão da vida com dignidade", que seriam encontradas em "comida, música, dança, coisas simples apesar de tudo mas com alto nível de sofisticação".[173] Apesar de toda a atenção que ela dedicava à vida cotidiana e de suas intenções otimistas, já com 71 anos e com a saúde enfraquecida, faltou-lhe o tipo de imersão na realidade da capital com o qual vinha abordando seus projetos havia mais de duas décadas. Contudo, mantinha-se rigorosamente perceptiva, como sempre havia sido. "Este não é um projeto turístico", alertou, buscando evitar, em suas palavras, "transformar o parque do Pelourinho em uma 'cidade sorvete'".[174] Estava ciente do risco de gentrificação. "O principal objetivo das obras de recuperação em Salvador", escreveu, "é precisamente manter a população vivendo nas casas que precisam ser restauradas."[175]

O plano preliminar que apresentou à cidade de Salvador propunha transformar o Pelourinho em uma zona de pedestres. Com a imaginação indo além da capacidade prática da cidade para materializar seus sonhos — e, às vezes, mais nostálgicos de seu passado italiano do que da Bahia —, ela descreveu a ideia de uma nova pavimentação que levasse à igreja barroca de São Francisco como "um grande 'tapete' de granito cinza com incrustações de pedras brancas (faixas), pedras vermelhas e azuis [...] inspirado nos grandes pisos das antigas catedrais e igrejas da Europa".[176] Além dos espaços públicos, seu plano urbanístico para ambos os distritos se centrou na conversão de edifícios estratégicos, porém abandonados, em equipamentos culturais e de usos habitacionais e comerciais, a se desenvolver nos anos seguintes com diferentes graus de finalização e acabamento. Geograficamente, seus vários projetos de recuperação estavam agrupados em torno da igreja da Barroquinha, mas espalhados em edifícios pontuais no bairro do Pelourinho.

Com sua mobilidade cada vez mais limitada, Lina desenvolveu o projeto para Salvador à distância, com frequência confinada à Casa de Vidro, ainda que com visitas esporádicas à "casinha" — seu estúdio — no fim da vida. Apesar de seu isolamento físico, seu pensamento continuava a viajar, levando-a de volta à sua amada Bahia. Segundo registros e desenhos, ela organizou os projetos de maneira cronológica,[177] começando com o Belvedere da Sé, no Pelourinho, e o teatro da Fundação Gregório de Mattos, na Barroquinha, entre junho de 1986 e março de 1987. Durante todo o ano de 1987, sua equipe passou a trabalhar na recuperação das casas ao longo da ladeira da Misericórdia e do complexo da Barroquinha, e, entre o fim de 1987 e o início de 1988, nos restauros da Casa do Benin e da Casa do Olodum. A equipe continuou a produzir desenhos de obra até meados de 1989, necessários para a construção dos projetos. Também projetaram e produziram protótipos de mobiliário, embora não tivessem chegado a desenhar os espaços públicos que Lina planejara de início, uma vez que os projetos arquitetônicos não foram concluídos antes do fim da administração de Kertész. Esses planos incluíam um estudo preliminar para a criação da Fundação Pierre Verger em 1989, que foi interrompido, e um estudo para a Casa do Brasil no Benin,[178] que se iniciaria de modo independente em 1990, após a mudança de mandato da prefeitura.

Desde sua experiência com a recuperação do conjunto do Unhão 25 anos antes, Lina não deixara de criticar a ideia de que o restauro em geral procura "a restituição a um estado primitivo de tempo, de lugar, de estilo", que perpetua o "mofo de antigos edifícios".[179] Em vez disso, ela estava interessada em transformar a história em um documento vivo, ao limpar e mover as construções existentes visualmente para o pano de fundo da paisagem urbana e introduzir um sistema construtivo marcante, mas unificador, para ser usado em novas estruturas no decorrer de todo o projeto. Em colaboração com Lelé, ela e sua equipe desenvolveram painéis e elementos estruturais pré-fabricados, em argamassa armada, baseados na forma oblonga de nervuras plissadas de uma folha de curcúligo, cuja folhagem luxuriante cobria o terreno sombreado ao redor de sua casa no Morumbi. Os novos elementos cinza contrastavam com as paredes brancas dos edifícios históricos, que ela resolveu caiar por completo, neutralizando visualmente seus ornamentos. Sobre sua decisão, o compositor Caetano Veloso comentaria com ela mais tarde, surpreso e um pouco decepcionado, que Lina tinha deixado tudo branco. De pronto e com sua reconhecível altivez, ela lhe respondeu: "Branco, não. Em branco!".[180]

Avançados os trabalhos, Lina Bo Bardi voltou a Salvador em maio de 1988 com o marido, a irmã, seus assistentes e respectivos familiares para a cerimônia de inauguração da Casa do Benin, poucos meses antes do fim do mandato de Kertész como prefeito. Na preparação para o evento, ela fez um desenho colorido, mostrando o salão de exposições como um palco, com colunas coroadas com galhos de pitangueiras repletos de frutas e o chão coberto com as folhas frescas da árvore, evocando, como já havia feito antes, rituais de candomblé.[181] Apesar de seu isolamento no período, ela continuava a encontrar companhia e consolo em seus desenhos como havia feito por toda a vida. Com a visão mais fraca — ela evitava usar óculos por vaidade — e suas mãos mais rígidas, ela produzia desenhos que eram ao mesmo tempo distorcidos e poderosamente expressivos.

Lina havia começado os projetos de reabilitação em Salvador esperançosa e animada para preservar o caráter popular da cidade, imaginando, depois do Sesc Pompeia, que realizaria um outro experimento socialista, mas os resultados a frustraram. Ela já havia se dado conta disso poucos meses após o início do desenvolvimento de suas propostas, e não deixou de expressar seu descontentamento em várias cartas a Roberto Pinho, queixando-se de que a falta de apoio logístico e financeiro efetivo impedia a transposição de seus conceitos para a realidade.[182] Sua capacidade de influenciar decisões administrativas era limitada, apesar de seu conhecimento e reconhecimento como arquiteta. A cultura cotidiana de Salvador havia mudado, mas sua cultura política, não. Os planos de reabilitação urbana de Kertész eram mais retóricos do que realistas, e sua administração terminou sendo mais demagógica do que seu eleitorado acreditara de início, e ele mais tarde foi acusado de desviar recursos públicos. Por fim, administrações posteriores abandonaram o projeto de reabilitar o distrito histórico alinhado com as ideias de Pinho e com o plano de intervenção urbana de Lina.

A alma popular da cidade que ela esperava reviver foi substituída aos poucos pela transformação do distrito do Pelourinho numa atração turística, a "cidade sorvete" que ela tanto temia. Apesar disso, os vestígios frágeis das suas contribuições ainda oferecem exemplos valiosos de um sistema pré-fabricado de baixo custo e flexível, de sua abordagem singular da requalificação de edifícios históricos, além da sua integração na paisagem urbana e no tecido social do centro histórico. Os projetos que Lina Bo Bardi imaginou para Salvador acabaram atingidos pelo mesmo terremoto voluntário que transformara a cidade que ela tanto admirava nos anos 1950 naquilo que se tornou após os anos 1980. Em seu discurso na cerimônia que havia marcado o início dos trabalhos, ela fez questão de dedicar o projeto "ao povo da Bahia, que eu amo".[183] Esse tributo, sem que ela soubesse, acabaria por se tornar também sua despedida não anunciada. Depois de sua viagem para a abertura da Casa do Benin — uma homenagem aos povos da Bahia e da África —, Lina nunca mais voltou a Salvador.

CHEIA DE INVENÇÃO, CHEIA DE CORAGEM

O plano que Lina Bo Bardi desenvolveu em Salvador no fim dos anos 1980 lhe trouxe outras encomendas de reabilitação de edifícios, mas boa parte de seus estudos esvaneceu no horizonte de um destino moroso, incapaz de trazer, como ela queria, os documentos da história de volta ao presente. Conforme se aproximava do fim da vida, grande parte de seus trabalhos não saiu do papel, e suas anotações, muitas vezes inacabadas, confirmavam um pensamento compartilhado em uma de suas últimas entrevistas: "Arquitetura, para funcionar, precisa ter vida".[184] Depois de se despedir de Salvador, ela prestou sua última homenagem à cultura da cidade numa exposição realizada em São Paulo, entre maio e junho de 1988.

Ao saber que o Sesc Pompeia havia contratado o etnofotógrafo Pierre Verger para organizar uma exposição sobre o Brasil e a África sem incluí-la,[185] Lina se adiantou e usou o MASP para organizar a mostra África Negra, baseada na obra de Verger na Bahia. Ela o via como uma espécie de alma gêmea: "Pierre Verger, o francês que nunca renunciou [à] sua cultura de europeu", mas que era capaz, como ela o descreveu, de "penetrar profundamente uma cidade e entender os seus habitantes como se fosse um deles, muito longe das interpretações folclóricas ou piegas".[186] Com a presença de um pai de santo, do filantropo José Mindlin, dos prefeitos de Cotonou e de Salvador e do adido cultural de Benin,[187] ela ofereceu ao público paulistano uma impressionante mostra de artefatos africanos e afro-brasileiros, organizados em um terreiro circular. "Nós vamos invadir São Paulo e a Bahia com esta exposição", ela declarou à imprensa, acrescentando: "É a alma do país".[188]

E do fundo de sua alma imaginativa, alguns meses antes, enquanto preparava a exposição e passava seus dias no MASP, Lina desenhou uma vitrine móvel que combinava armários de escritório de metal, mapotecas e algumas estantes adaptadas, montados sobre um chassi com quatro rodas. Ela nomeou seu projeto para uma carreta zoomórfica *Grande vaca mecânica*, que, assim como o porco *polochon*, lembrava um objeto cênico surrealista. Esse gabinete móvel de curiosidades evocava seu espírito fantasioso, as memórias das viagens com o avô nos Abruzos, o esterco de gado da exposição Repassos e até mesmo a vaca viva que ela havia levado para a exposição sobre brinquedos no Sesc Pompeia, poucos anos antes. Embora não tenha sido construída enquanto Lina estava viva, a vaca mecânica sobre rodas permitiu que sua mente viajasse mesmo com a mobilidade cada vez mais limitada.

Apesar de não poder sair de São Paulo tanto quanto gostaria, Lina começou a trabalhar em novos estudos de reabilitação para instituições culturais públicas em várias cidades do Brasil e da Europa, com diferentes graus de complexidade e soluções variadas. Se a maioria desses projetos tivesse saído do papel, sua abordagem e sua atitude idiossincráticas como arquiteta teriam materializado a riqueza das suas ideias. Entre essas encomendas, estava a reforma da antiga estação Urca do bondinho do Pão de Açúcar, no Rio de Janeiro, em um teatro e um clube noturno. Ela trabalhou na proposta do local apelidado por ela de maneira bem-humorada de "Wunder Bar"[189] — pois a estrutura de metal, de 1912, tinha sido construída com tecnologia alemã — entre setembro e novembro de 1986. Porém, como muitos de seus projetos, este não passaria do estágio preliminar.

Num processo que durou mais tempo, Lina se envolveu com o projeto de restauro do Teatro Polytheama, em Jundiaí, no interior de São Paulo. Durante a preparação do estudo preliminar, ela escreveu: "O objetivo desta restauração, além de resgatar para a cidade [...] um de seus mais importantes monumentos populares, é sua transformação em um espaço moderno para múltiplos usos".[190]

Ela considerou o projeto "um dos últimos exemplos daquilo que foi, no fim do século XIX, o teatro polivalente", comparando-o à Maison du Peuple, de Victor Horta, em Bruxelas, cuja demolição ocorrida quinze anos antes foi descrita por ela como um "assassinato arquitetônico".[191] Fiel aos seus princípios de que os monumentos representam aspirações coletivas, apostou mais na relevância social do teatro que em seus atributos formais. O projeto teve início em agosto de 1986, mas foi interrompido depois de alguns anos, sendo concluído postumamente pelos seus antigos colaboradores Marcelo Ferraz e Francisco Fanucci, e com uma considerável redução de escopo material, porém sem deixar de seguir a vontade de Lina de criar um teatro simples e popular.

Embora estivesse em geral reclusa, a porta de sua casa continuou aberta para velhos amigos e novos projetos, mesmo quando não estava de todo convencida de sua viabilidade. Esse foi o caso de três concursos de arquitetura de que participou no final da vida. Dois deles ocorreram entre 1987 e 1988, depois que o arquiteto Joaquim Guedes, grande admirador do trabalho de Lina, insistiu que ela se juntasse à sua equipe para a reabilitação do bairro industrial de Bicocca, em Milão, que seria transformado em um polo tecnológico. A familiaridade de Lina com a cidade não tornou o projeto mais fácil. Ela resistia a tocar no tecido urbano de uma área que lhe evocava memórias perturbadoras da época da guerra, como o fuzilamento de membros da resistência em paredes anônimas das fábricas vazias na periferia da cidade.[192] Ao tentar externar sua angústia, ela produziu alguns desenhos com caneta esferográfica e aquarela, incluindo um grande edifício cuja sombra projetava uma suástica desmembrada. No entanto, ela se queixou a Guedes que estava dormindo mal por causa de suas ruminações mentais, e foi aos poucos se retirando do projeto.[193]

Ainda colaborando com Joaquim Guedes, no início de 1988, Lina começou a estudar uma proposta que seria apresentada ao concurso internacional para o projeto do Centro Cultural de Belém, em Lisboa. Concebido originalmente para abrigar a sede da presidência portuguesa da Comunidade Europeia e instalações culturais, o concurso pretendia destacar um lugar simbólico para a história das navegações portuguesas, entre o mosteiro manuelino dos Jerônimos e a torre de Belém, no delta do rio Tejo. A escolha do lugar não ocorreu sem polêmicas. Ele havia sido usado em 1940, sob o regime de Salazar, para abrigar a Exposição do Mundo Português, de estilo fascista, que incluíra um pavilhão dedicado aos portugueses no mundo e uma espécie de parque temático intitulado Aldeias Portuguesas, apresentando o tipo de visão nacionalista e folclórica da cultura popular[194] que Lina repudiava.

Contestando a história política do lugar e assimilando-o à sua experiência no Sesc Pompeia, Lina imaginou outra narrativa para o Centro Cultural de Belém, abraçando a cultura como "livre escolha, como Liberdade de encontros e reuniões, e não como *duplicatto* de um trabalho escravo".[195] De acordo com seus registros, o edifício deveria "responder aos rigorosos princípios (poéticos) do racionalismo 'não branco'",[196] evocando seu projeto então em curso para a Casa do Benin. Ela também imaginou uma "grande torre com farol" — um "aviso aos navegantes"[197] — que seria circundada por uma longa rampa em espiral. Porém, como as contradições tendiam a enriquecer seu repertório, em vez do raciocínio popular espontâneo, a estrutura guarda inusitada semelhança com duas torres projetadas segundo o racionalismo da arquitetura fascista: uma delas, concluída em 1939, para a estação ferroviária Termini, em Roma, e a outra para um acampamento infantil de verão, uma colônia fascista localizada em Calambrone, nos arredores de Pisa. Apesar de seus esforços, as ideias foram logo abandonadas, pois desentendimentos a levaram a romper com Guedes. A partir de então, passou a se dedicar a outros estudos.

Nesse período, Lina recebeu uma encomenda para um pequeno projeto de readequação que seria o último completamente construído de sua carreira, um centro de lazer para a Legião Brasileira de Assistência (LBA). O local, em Cananeia, uma antiga colônia de pescadores praticamente isolada na área mais ao sul do estado de São Paulo, trazia as ruínas de duas casas térreas. Assim como o Sesc, a LBA surgiu como uma organização federal sob a influência das políticas sociais do governo Getúlio Vargas para prover assistência financeira a famílias de militares. Porém, diferentemente do Sesc, a LBA, de 1942, estava associada à prática assistencial de caridade e de emergência, em vez de bem-estar social.

"Neste centro cívico, procuramos criar um espaço funcional e poético para o tempo livre", anotou Lina na margem de um desenho, adicionando: "Algo antiburguês. Cultura como convivência, livre escolha, como a liberdade para encontros e reuniões".[198] Apesar de sua intenção de transpor o imaginário do projeto do Sesc Pompeia para um pequeno centro comunitário, uma área de oficinas de arte e a ênfase em atividades para crianças, o centro esteve longe de cumprir a promessa. A reforma foi concluída, mas, em vista de sua dificuldade para viajar, Lina não pôde comparecer à cerimônia de abertura. Ainda assim, produziu desenhos para o evento, que lembravam seus projetos cênicos, com plantas e generosas guirlandas de tecido colorido, esvoaçando no interior do edifício. Esse experimento, que pouco teve de socialista, durou pouco. Alguns anos depois da abertura do centro, a LBA foi extinta por conta de uma crise administrativa. Assim, o edifício foi fechado, enquanto as características e os recursos imaginados por Lina foram removidos ou simplesmente negligenciados em renovações posteriores.[199] Como muitos de seus projetos, o caráter experimental e simples de suas obras muitas vezes não sobreviveu à vulnerabilidade das instituições que as promoviam ou à impermanência do tempo. Mas ela nunca desistiu de tentar.

Apesar do reconhecimento que vinha recebendo no fim da vida, Lina se frustrava com a falta de comprometimento de órgãos públicos com programas coletivos, impedindo a concretização de vários de seus projetos ou transformando-os no oposto de suas expectativas. Sua insatisfação se estendia também a encomendas privadas, incluindo o projeto interminável e errático para a renovação do Teatro Oficina, começado em 1980. O projeto continuou sem solução mesmo depois de trabalhar em conjunto com Marcelo Suzuki e, inclusive, após passá-lo às mãos do arquiteto Edson Elito, em 1985, sendo concluído em 1991, sem que a versão final tivesse sido completamente aprovada por Lina, que, por fim, assinou o termo de responsabilidade técnica da construção.[200] Levaria três anos para que a obra terminasse, mas ela não viveu o suficiente para ver o resultado final.

Embora seu projeto para o Teatro Oficina, originalmente baseado num circo, não tenha corrido como ela esperava, Lina transferiu suas ideias para outra proposta no início de 1989, quando foi convidada para criar um teatro na histórica fazenda de café de Renato Magalhães Gouveia, influente negociante de arte bastante próximo a Bardi. Ela produziu apenas ideias preliminares para o que chamou de "Teatro das Ruínas", nos arredores de Campinas, em desenhos que, ainda que esparsos, dão mostra de sua vitalidade intelectual e de certa melancolia.[201] Como a maioria de seus projetos cênicos, este não tinha um formato convencional, sendo apenas um palco excêntrico coberto com tendas coloridas triangulares esticadas por cabos, situado acima das ruínas das paredes da antiga casa da fazenda. Sua escolha sugere uma semelhança curiosa com uma das pinturas de seu pai, "Fuga do circo", que ela guardava em sua coleção pessoal. No quadro, vários bichos e aves escapavam por um buraco feito numa parede, por trás da qual se escondia uma tenda moderna e vermelha suspensa por cabos, de onde vinham os animais. Não apenas aquela composição liberava seu desejo de romper com ideias convencionais sobre teatro, como talvez também funcionasse como um objeto de transição que mantinha viva a inspiração de sua infância: seu artista predileto, que ela havia perdido quase três décadas antes. Resistindo à idade que avançava, suas fantasias reparatórias da infância continuaram a povoar seu imaginário, levando-a a fazer alguns dos projetos mais inventivos de sua carreira, ainda que a maioria deles não tenha saído do reino colorido de seus espontâneos desenhos.

Lina nunca viu o "Teatro das Ruínas" se materializar e, devido a problemas de saúde, tampouco pôde ver a conclusão do seu projeto para o Teatro Gregório de Mattos, em Salvador. Incapaz de ir à cerimônia de abertura na capital baiana, em agosto de 1989, ela preparou uma carta ao povo soteropolitano, sintetizando suas visões sobre arquitetura, espaço e tempo e suas antigas ambições culturais. "Onde estão as poltronas, os corredores, o palco, os urdimentos, os apetrechos, os bandos e refletores? O que vimos aqui é um espaço livre e despido como uma praça",[202] ela escreveu. Apesar de sua desilusão com o poder de transformação do projeto, ela acreditava que seus esforços não tinham sido em vão. "Vocês são herdeiros de uma cidade única", continuou, "que pode ser o ponto de partida de um movimento moderno nascido diretamente do passado."[203] E, através de seu conceito de "presente histórico", propôs uma interpretação particular do tempo. Soando como uma filósofa fenomenológica, acreditava que o passado coexistia com o presente e o futuro: "O tempo linear é uma invenção ocidental",[204] afirmou em uma de suas notas pessoais da época. "O tempo não é linear, é um emaranhado maravilhoso de onde, a qualquer momento, pontos podem ser escolhidos e soluções, inventadas sem começo ou fim."[205] E, diferente do tempo, os poucos projetos que ela desenvolveu no fim da carreira tiveram, de fato, um começo. Só não tiveram um fim.

Entre seus projetos incompletos, estava a encomenda que recebeu em 1990, no rastro do sucesso do Sesc Pompeia, para reabilitar a antiga estação ferroviária Guanabara, então desativada, transformando-a em um centro cultural para a Universidade Estadual de Campinas (Unicamp), no interior de São Paulo. Ela traduziu, em despojados desenhos, uma colagem de várias ideias de projetos recentes e antigos.[206] Em uma de suas notas, imaginou um trem partindo da estação, "carregado com exposições permanentes para visitar todo o estado de São Paulo e o Brasil", como tinha planejado, com Bardi, adaptar um caminhão para o MASP no início dos anos 1950.[207] Ela ainda sonhava, descrevendo-o como "o trem cultural de Trótski",[208] adaptando a mitologia da Revolução Russa à situação política do Brasil da época. Foi também nesse período que declarou, ambiguamente: "O que aconteceu em 64 não foi, como pode parecer, o Regime Militar que tomou conta do país. Foi a reação civil [...]. Os militares fizeram uma ordem. Essa gente perigosa, essa reação civil, está, ainda hoje, no poder".[209] Mais uma vez, ela demonstrava que vivia segundo suas próprias regras, dando sinais de seu pensamento independente, bem como de suas posições contraditórias. Se sentia que o socialismo político não era mais possível, talvez a arte pudesse ainda ter um propósito social simbólico.

E com essa expectativa em mente, Lina aceitou uma encomenda de outra mulher proeminente: Luiza Erundina de Sousa, a prefeita de São Paulo — recém-eleita em um momento em que o Partido dos Trabalhadores surgia com a promessa de genuínas mudanças —, uma mulher progressista e forasteira, com uma história profundamente enraizada no Nordeste. Como parte de um estudo urbano sobre os problemas que afetavam as áreas centrais da cidade, seu mandato deu especial atenção à reabilitação do parque D. Pedro II, cujo pitoresco projeto original havia sido desfigurado por décadas de obras de infraestrutura. O objeto central do projeto arquitetônico era o imponente Palácio das Indústrias, cuja arquitetura monumental tinha forte influência italiana. Lina deveria restaurá-lo para abrigar a sede da prefeitura da cidade, que seria transferida do parque Ibirapuera para a área central, como forma simbólica democrática e popular. Dessa vez, o contexto ideológico era mais favorável às ideias de Lina, mas o projeto terminou não se concretizando por completo, em razão de descontinuidade administrativa. Se tivesse se efetivado, teria sido um de seus projetos mais idiossincráticos, ao lado do MASP e do Sesc Pompeia.

Em suas notas para o projeto da prefeitura de São Paulo, Lina se referiu ao Palácio das Indústrias, em sua origem um pavilhão de exposições projetado por Domiziano Rossi em parceria com Ramos de Azevedo e Ricardo Severo, como "o [edifício] Coppedè". Ela evocava o estilo ornamental dos conjuntos residenciais de alto padrão construídos em Roma, não distantes de sua própria casa durante a adolescência. No entanto, mais que movida pelo interesse pela preciosidade histórica da arquitetura, Lina queria "agir no mundo da modernidade com o rigor e o respeito pela História do Trabalho dos Homens".[210] Ela também estava animada com o fato de que o antigo pavilhão se localizava "no importante limite do parque D. Pedro II com o Brás",[211] historicamente um bairro operário italiano e que era, então, habitado por novos imigrantes, em particular nordestinos, que sempre sofreram grande preconceito por parte da sociedade paulistana.

Seguindo as lições que aprendera com Gustavo Giovannoni na Escola de Arquitetura em Roma, Lina adaptou o edifício histórico para os escritórios da prefeita e da equipe de apoio e para cerimônias públicas. Embora tivesse respeitado as características ornamentais exteriores, ela se permitiu grande liberdade no tratamento dos espaços internos. E, acima de tudo, reservou uma surpresa para o centro do Palácio: mandou pintar o saguão cerimonial central, no piso superior, com os delicados tons azuis usados em antigos afrescos italianos, dando-lhe uma aparência celestial impressionante. Todos esses gestos, contudo, foram apagados quando a prefeitura se mudou para o Edifício Matarazzo, no Vale do Anhangabaú, em 2004, e o antigo pavilhão foi reocupado para servir a novos propósitos. Em projeto original, embora nunca tenha sido construído, ela também incluiu o desenho de um novo edifício curvo para os departamentos municipais, que adicionaria uma nova praça pública ao edifício histórico.

"O lado de frente para o parque não terá nenhum tipo de abertura",[212] ela recomendou em suas notas. Em vez disso, lembrando alguns de seus primeiros estudos para o edifício do MASP, feitos quatro décadas antes, propôs construir ali "um grande jardim vertical".[213] Para isso, produziu um dos desenhos mais espetaculares de sua carreira, uma longa e colorida elevação da parede opaca do novo pavilhão, coberta com vinhas em flor, agaves e bromélias coloridas. Essa imagem mostra o jardim vertical e um teto-jardim com plantas tropicais como jacarandás, azaleias e ipês, que, segundo ela, "floresceriam todas ao mesmo tempo".[214] Entre os dois edifícios, ela imaginou, com seu costumeiro pensamento mágico e sua recorrente nostalgia, "um pátio para as crianças".[215] Ignorando as realidades urbanas do entorno, ou talvez para compensá-las, Lina esperava criar ali uma "prefeitura antikafkiana",[216] invadindo as áreas cívicas e burocráticas com atividades de lazer.

Apesar de sua tentativa, a burocracia político-administrativa permaneceu kafkiana, e apenas no final de 1991 firmou-se por fim um acordo para a transferência da prefeitura, permitindo o início da obra de renovação poucos meses antes do falecimento de Lina Bo Bardi.[217] Apesar de debilitada, ela ainda produziu alguns croquis para o projeto. Em um deles, despojado e quase em forma abstrata, delineou a lápis a principal fachada do Palácio das Indústrias e a cobriu com rápidas pinceladas de aquarela. Imaginando uma montagem teatral noturna, com a simplicidade de seu projeto patafísico para o personagem Ubu-Rei, propunha dispor grandes refletores vermelhos, amarelos e azuis para iluminar o edifício. Ela queria dar a impressão de que ele estava envolto em chamas, representando que o "nascimento da indústria foi o fogo desde a Antiguidade".[218] Entretanto, sua própria chama iria se extinguir antes que pudesse ver a recuperação do palácio concluída ou que desenvolvesse sua última encomenda — a reabilitação dos Estúdios Cinematográficos Vera Cruz como centro de convivência cultural em São Bernardo do Campo.[219]

Ciente da saúde frágil de Lina, o Instituto de Arquitetos do Brasil (IAB) a convidou para ser uma das oradoras oficiais do XIII Congresso Brasileiro de Arquitetos, entre 28 de outubro e 2 de novembro de 1991, em São Paulo. Ainda que seus problemas de saúde e mobilidade limitassem suas saídas de casa, ela preparou algumas notas e foi ao encontro. Sua fala breve foi o testemunho de suas experiências e convicções, e também do desejo de viver que a fazia seguir apesar de circunstâncias tão adversas. Falou em defesa das vanguardas modernas, comparando os arquitetos a "mestres de vida",[220] que não deveriam buscar apenas a beleza, mas "servir verdadeiramente à comunidade".[221] Ela ainda via lugar para uma arquitetura que andasse "um passo à frente na produção das coisas humanas".[222] E mencionou que ter deixado a Itália foi uma das decisões mais importantes de sua vida.

"Quando eu cheguei aqui em 1946, logo depois do final da Segunda Guerra Mundial", declarou, "eu trazia anos de amargura como toda a minha geração. Minha geração passou por tragédias, e não se construía; se destruía."[223] Para ela, a alternativa tinha sido "inventar coisas. Inventamos jornais, revistas, fizemos um projeto desenhado sem esperança nenhuma".[224] Mas chegar ao Brasil havia mudado sua perspectiva, acreditando que "o espírito de liberdade que existe neste país, eu não havia conhecido. [...] Era espontâneo no povo de todo o Brasil".[225] Com 75 anos, ainda mantinha seu fascínio por um tipo de "pureza de expressão que pode ser muito pobre também, com meios que são geralmente os mais simples",[226] e que ela associava com a ideia de que "é possível encontrar do extremo norte até o sul coisas que são deliciosas, às vezes cheias de invenção, cheias de coragem".[227] E, com a mesma atitude resoluta, buscou incentivar a nova geração de arquitetos presentes no evento.

"A arquitetura brasileira vai continuar", garantiu-lhes; "não vai acabar. E [...] os jovens, que são muitos e que se dedicam à arquitetura com um entusiasmo latente muito importante, podem fazer com que cheguem a resultados que hoje nem podem ser imaginados."[228] Por fim, ela completou seus comentários com o mesmo tom irreverente com que havia tratado a profissão desde jovem: "Eu acho Brasília maravilhosa e costumo dizer que sem Brasília [...] o Brasil seria ainda uma republiqueta sul-americana".[229] E assim propôs terminar sua apresentação: "É isto que eu queria dizer [...]. Eu não sou conferencista, sou arquiteta. Vamos ter um diálogo".[230]

Seguiram-se algumas perguntas, mas, apesar da atenção do público, Lina laconicamente se manteve protegida na cidadela de sua tímida vulnerabilidade. Ela ficou mais animada com as conversas que teve ao sair do evento com um grupo de colegas que a acompanhou no almoço em um restaurante tradicional no centro de São Paulo. A participação no congresso marcou sua última aparição pública e, sem saber, seu último passeio fora da Casa de Vidro. Ignorando a iminência de sua finitude, ela se esbaldou durante a refeição em companhia de velhos amigos, sentindo-se, como sempre gostou de estar, no centro das atenções.[231]

SEMPRE FIZ TUDO O QUE TIVE VONTADE

Mais de dois anos antes de sua participação no congresso, Lina Bo Bardi havia recebido uma calorosa homenagem dos jovens arquitetos que tinham acompanhado e apoiado sua carreira desde o final dos anos 1970. Preocupados com o seu desânimo, com a sua saúde debilitada e, também, com certo ostracismo em que ela vivia no meio profissional paulistano, os arquitetos Marcelo Suzuki e Marcelo Ferraz organizaram a única retrospectiva de seu trabalho realizada enquanto ela ainda estava viva. A exposição foi aberta na noite de 14 de abril de 1989 na Faculdade de Arquitetura e Urbanismo da USP, na Cidade Universitária, pouco antes da inauguração dos projetos de Salvador. Desenhos e objetos dispostos com grande simplicidade traziam ao público um panorama de sua trajetória como arquiteta e designer no Brasil, coroada por sua última palestra. Alunos, professores, arquitetos e jornalistas lotaram o auditório, muito ansiosos para ver a pessoa de quem tanto ouviam falar — mas que pouquíssimos conheciam — e para escutá-la contar de si mesma, sobretudo depois do isolamento de Lina na Casa de Vidro. Foi uma aparição pública rara e, em termos pessoais, também uma forma de reconciliação, já que aconteceu na escola que a havia renegado sistematicamente no passado.

Ainda que fragilizada, Lina Bo Bardi não perdeu a altivez, descendo devagar os dois lances da memorável rampa da faculdade com a ajuda paciente de Marcelo Ferraz e entrando no auditório pela porta da direita. Com alguma dificuldade, ladeando a parede nua de concreto, subiu as escadas laterais que levavam ao palco, onde era aguardada pelo diretor da escola, o presidente do Instituto Brasileiro de Arquitetos e o prefeito de Salvador. O compositor Gilberto Gil,[232] que representou Salvador na qualidade de conselheiro — e ainda tentava fazer o projeto de Lina para a Fundação Gregório de Mattos avançar —, se juntou a eles mais tarde.

O público fez absoluto silêncio quando a voz rouca e o sotaque italiano de Lina soaram ao microfone. Estavam todos curiosos para ouvir o que aquela personagem enigmática tinha a dizer, como se estivessem diante de uma eremita que saía para a luz pela primeira vez em muito tempo. Ainda que fragmentada e sem um final marcante, a palestra foi cadenciada e franca, com um toque de erudição europeia e italiana.[233] Para ela, era uma oportunidade de falar em público sobre as ideias que costumava compartilhar com seus colaboradores próximos na intimidade, oferecendo algo dos valores que defendera ao longo da carreira. E, como preferia o diálogo, ela aceitou responder a perguntas da plateia.

A primeira demorou um pouco para vir, como se o público e Lina compartilhassem um certo desconforto diante da ideia de quebrar o casulo frágil que seu temperamento recluso tecera. Apesar de gostar de adulações, ela parecia vulnerável e não exatamente à vontade e, durante a conversa, deu sinais reativos de irreverência, desconfiança e impaciência diante de perguntas de tom provocador. Quando lhe perguntaram como trabalhava, respondeu que não tinha escritório, que trabalhava no silêncio da noite e que aproveitava o dia para ficar no canteiro de obras, onde "a colaboração entre todos os profissionais é total".[234] E acrescentou, com certa soberba: "Trabalho para o poder público, não acredito em iniciativa particular, [...] já tive muita dor de cabeça com ela".[235]

Questionada sobre como criar uma pedagogia profissional para que os arquitetos não trabalhassem para as classes abastadas, respondeu de maneira seca: "A pergunta é bonita, mas um pouco ingênua. O arquiteto, assim como outros profissionais [...], depende da estrutura socioeconômica do país. Para mudar, é preciso fazer a revolução".[236] Ainda assim, reconheceu: "[O idealismo] é muito bonito, digno de um homem, de uma pessoa de verdade", e passou a falar de sua experiência pessoal. "Eu particularmente nunca trabalhei para a classe rica", disse, de forma grandiloquente; e, virando-se para o novo prefeito de Salvador, que substituíra Mário Kertész e estava sentado, calado, a seu lado: "Aliás, a ladeira da Misericórdia, recuperada na Bahia, vai ser habitada pelas pessoas que moravam lá antes, e não vai virar apartamentos de weekend, garçonnière ou coisa parecida. Não é, senhor prefeito?".[237]

Respondendo a uma pergunta sobre os dilemas entre democracia e autoritarismo, socialismo e capitalismo e iniciativas públicas e privadas, disse: "No Brasil, eu sempre fiz tudo o que quis".[238] Para enfatizar sua fala, acrescentou: "Nunca tive entraves, nem por ser mulher. É por isso que eu digo que sou stalinista e antifeminista".[239] Como não explicou o que queria dizer com declarações tão beligerantes, o público não percebeu que sua referência ao líder russo, ainda que fosse já um pouco fora de moda e de contexto, tinha uma particularidade. Sua ideologia política continuava contraditória: ao mesmo tempo que Lina incorporava o discurso de valores democráticos e de justiça social, também admirava políticos autocráticos, fazendo vista grossa para suas práticas menos nobres. Com um contraditório sentido de empatia, ela acreditava em lideranças fortes e radicais, e via um herói em Stálin por ele ter libertado a Itália do nazifascismo, sem levar em conta seu devastador abuso de poder. De forma parecida, admirava figuras tão antidemocráticas quanto o infame político Paulo Maluf e o presidente norte-americano neoliberal Ronald Reagan — não por causa de suas políticas e de seus princípios, mas porque, segundo a lógica dela, eles conseguiam terminar o que começavam. Sua crença em que havia boas almas e almas não tão boas, e que estas últimas sempre realizavam mais, continuava inalterada.

O público também ficou sem entender o polêmico antifeminismo que Lina professava; em especial porque é improvável que alguém na plateia tivesse lido sua obscura entrevista, dada na Bahia em 1960, sobre divórcio. Sua lacônica afirmação não deixou evidente que ela se opunha à chamada segunda onda do Movimento de Liberação da Mulher — que, por suas pautas de liberdade social e sexual e por suas batalhas legais, ela desprezava como um movimento de classe média. Em vez disso, Lina admirava a geração anterior, que, segundo ela, havia exercido a igualdade de forma espontânea. Além disso, dizia que, nas classes mais pobres, as mulheres sempre haviam lutado lado a lado com os homens, deixando de questionar as estruturas patriarcais que ditavam a divisão de gêneros e de classes. Sua visão complexa e contraditória da mulher e sua resistência — que cultivara desde sempre — a associar feminilidade e fragilidade, futilidade e submissão também geraram comentários hostis, surpreendentemente carregados de misoginia. Depois de dizer que era antifeminista e que nunca tivera problemas em um mundo profissional dominado por homens, ela declarou: "Agora, se você é mulher e tem voz de galinha [para ela, *gallina*, do seu italiano nativo, significava mulher sem inteligência] e não tem preparo, aí afunda tudo".[240]

Depois de mais algumas respostas irritadas a perguntas inquisitivas, indagaram-lhe por que ela havia parado de dar aulas na mesma faculdade onde falava, quarenta anos depois. "Me jogaram fora", respondeu. "Não me quiseram mais lá, na rua Maranhão", endereço original da faculdade, esclarecendo: "Não foi o corpo discente, mas as pessoas importantes" que haviam feito aquilo, sugeriu.[241] Acrescentou com presunção, e com a mágoa contida de sua experiência recente com o Sesc: "Comigo é sempre assim. Eu sou jogada fora de todos os trabalhos dos quais participo, depois que eles ficam prontos. Estou acostumada".[242] Por fim, um estudante perguntou quais eram suas perspectivas futuras na arquitetura. Ela respondeu, de modo ríspido: "Eu não sou futuróloga, como vou saber?".[243]

Em um sinal de que a conversa chegara ao fim — e de que estavam diante de uma pessoa caprichosa —, os cinco homens à volta de Lina se levantaram para aplaudi-la, e o público fez o mesmo. Ela continuou sentada. Os aplausos encheram o espaço, ecoando entre as paredes de concreto do auditório. Ela cruzou os braços, que apertou contra o peito, como se procurasse se proteger e se debruçou em seguida sobre os papéis empilhados na mesa. Havia feito esse mesmo gesto quando apresentou pela primeira vez sua proposta para o Pelourinho à prefeitura de Salvador, alguns anos antes: havia ficado sentada com os braços cruzados sobre a mesa, escondendo os desenhos que ela e sua equipe tinham preparado, e ouvindo, em silêncio, a ladainha política deles. Quando terminaram de falar, endireitou as costas na cadeira, disse que o partido arquitetônico deles estava errado, e empurrou seus esboços coloridos para o centro da mesa, afirmando que era assim que a coisa deveria ser feita.[244] Dessa vez, contudo, sentada em meio aos aplausos, ela empurrou a cadeira para trás e afundou a cabeça entre os braços, segurando a bolsa e olhando para baixo, impassível e solitária, na direção do vazio de suas anotações.[245]

A palestra terminou. Lina desceu do palco e subiu as rampas da escola devagar e com ajuda em direção ao Salão Caramelo, para uma recepção em torno da exposição. Alguns dias depois, recebeu algumas fotografias do evento, incluindo uma em que ela olha para a câmera enquanto membros de sua equipe conversavam uns com os outros ao seu redor. Aos 75 anos, continuava usando roupas escuras. Deixara o cabelo crescer e o tingia de preto, assim como as sobrancelhas, que aparava para deixar bem finas. Embora repetisse com frequência que não era uma mulher vaidosa, na solidão de sua casa, depois de receber o material, pegou uma caneta esferográfica e retocou uma das fotos, como fizera muitas vezes em seus artigos, quando era editora de revista. Dessa vez, usou a caneta para esconder partes indesejadas da foto com seu desenho, envolvendo seu rosto em um lenço escuro imaginário amarrado com um nó no pescoço. Com esse gesto, reconfigurou, da imagem saturada pelo flash da câmera, um pálido rosto circular, no qual só se viam sua boca, suas narinas e seus olhos entristecidos.[246] Por um momento, ao procurar o passado no presente, como fazia em seus projetos, restaurou sua aparência, agora vincada pela idade e inchada pelo hábito abusivo da automedicação, procurando devolver o frescor perdido da juventude.

COISAS DE CARÁTER IMORTAL

Depois de viver com grande intensidade e permanecendo fiel a suas próprias regras, Lina Bo Bardi entrou na década de 1990 sentindo-se desanimada e confinada pelas restrições que sua saúde lhe impunha. Por causa do terreno íngreme e da desafiadora escadaria que dava acesso à Casa de Vidro, sair de casa era quase inviável para ela, mesmo que fosse só para aproveitar os jardins verdejantes. Nessa época, Pietro decidiu criar o Instituto Quadrante, fundação dedicada a promover o legado do trabalho do casal no Brasil; mas isso não facilitou as coisas para ela. Além de se sentir fisicamente debilitada e emocionalmente abatida, Lina se preocupava que o marido, entrando então nos noventa anos, estivesse se desfazendo de forma descuidada de muitas das valiosas obras de arte que os dois haviam amealhado ao longo dos anos. Ela só se resignou porque achava que o projeto da fundação o manteria ocupado.[247]

Ainda que tivesse declarado em público que "viver com Bardi é viver com a fantasia e a coragem",[248] Lina passou por um profundo dissabor emocional alguns meses antes de sua morte, quando um alto funcionário do MASP revelou à imprensa que Bardi havia mantido uma longa relação extraconjugal com uma funcionária do museu.[249] Lina sabia das limitações de seu casamento, mas se manteve leal à parceria intelectual que idealizara com Pietro. Por muitos anos, ela acordava cedinho e, querendo agradá-lo em silêncio, preparava o café e cortava uma fatia de mamão papaia para ele, colocando-os na mesa redonda de mármore, ao lado do jornal, antes que ele saísse para o museu, ao nascer do sol.[250] Em uma dessas ocasiões, em 1990, ela fez um delicado desenho colorido de vinhas com flores, borboletas, abelhas, besouros e outros insetos. Três dias depois, encaixou-o em uma folha de papel dobrada, como se fosse um cartão, e acrescentou outro desenho à esquerda do primeiro, rabiscando no centro uma flor vermelha em forma de coração e, acima, uma lua crescente azul, masculina, e um sol amarelo, feminino, com cílios enormes, como um casal que já não conseguia se encontrar no mesmo firmamento. Na capa do papel dobrado, escreveu: "Para Pietro, Lina", em letras grandes e rebuscadas.[251] Conforme a vista piorava, sua letra aumentava, e com as articulações ficando mais rígidas, ela tinha mais dificuldade de segurar canetas e pincéis, mas nenhuma dessas limitações a impediram de exercitar sua imaginação e sua ironia.

Apesar de todos os seus esforços, sabia que Pietro não compartilhava sua visão de que um relacionamento deveria ser uma espécie de amizade romântica. Havia muitas décadas que ela sabia de suas histórias de infidelidade, incluindo o fato irrefutável de que ele tinha abandonado a família para viver com ela, em 1946. Não era segredo nenhum para Lina que Pietro tinha casos amorosos e até que mantinha uma garçonnière em um edifício perto do museu, na avenida Paulista. Ainda assim, embora a relação dos dois não se baseasse em intimidade física, ela nunca aceitou as indiscrições dele e ficava profundamente magoada quando seus detalhes vinham a público. Em sua intimidade, ela tinha reações passionais e, às vezes, vagava pela Casa de Vidro aos gritos. Incapaz de achar consolo em casa ou de procurar ajuda profissional, ela costumava telefonar para amigos distantes, e havia começado a beber mais nos últimos anos, para tentar consolar sua infelicidade.[252] Quando Pietro resolveu esconder as garrafas de uísque e vinho, ela chegou até ao recurso desesperado de beber perfume.

Durante esse penoso período, no final de 1990, pouco mais de um ano antes de sua morte, instabilizada por seus hábitos e limitações físicas, ela levou um tombo e fraturou a tíbia perto da articulação do calcanhar, uma estranha e mitológica coincidência para alguém cujo primeiro nome era o feminino de Aquiles. Por causa do acidente, ela teve de passar algumas semanas com a perna engessada e precisou usar uma cadeira de rodas, limitada a circular nas alturas da Casa de Vidro, que se agarrava ao morro como a moça solitária em perigo que Lina havia pintado na adolescência. Enquanto se recuperava da queda, surgiu-lhe um coágulo arterial, causado por um fragmento do osso fraturado, que entrara em sua circulação sanguínea e terminou por lhe causar embolia pulmonar. Sua saúde

Lina Bo Bardi e Pietro Maria Bardi na sala da sua Casa de Vidro, 1991.

declinou ainda mais a partir de então.[253] Passou quarenta dias internada na UTI do Instituto do Coração da Universidade de São Paulo, em situação preocupante e com recuperação incerta.[254] Lina acabou voltando para casa e passou os feriados de fim de ano entre a cama e a cadeira de rodas, dependendo de enfermeiras que cuidavam de sua higiene pessoal e controlavam o regime rígido de medicação para combater a embolia.[255]

Sua saúde se estabilizou no começo de 1991, mas ela não se libertou da dependência da cadeira de rodas. Não conseguia chegar ao pequeno estúdio que criara cinco anos antes ao pé da Casa de Vidro, embora ele estivesse em plena atividade, com vários estagiários trabalhando no projeto da prefeitura de São Paulo. Provavelmente, novas dores físicas se somavam a velhas dores emocionais, e Lina não deixou de querer procurar forças compensatórias naquilo que a enfraquecia, o álcool. Ficou mais e mais limitada ao pequeno mundo que compreendia seu quarto, a sala de estar envidraçada e a mesa de mármore redonda, que já havia sido um epicentro informal da vida cultural de São Paulo, mas que, agora, estava quase sempre vazia. Ela ainda chegou a fazer alguns desenhos, mas se sentia cada vez mais abatida, sem muita energia ou entusiasmo.[256] A idade e a doença haviam chegado como um ataque à sua vaidade e à sua irônica autoconfiança. Combinadas com a bebida, a resignação emocional e as doses cada vez maiores de remédios apagaram os últimos vestígios do vigor físico e do tipo mediterrâneo que a haviam feito se sentir atraente e segura. Enquanto isso, seus assistentes tentavam, o tempo todo, incentivá-la profissionalmente, mantendo-a informada dos progressos de suas colaboraçoes.[257]

Além de ajudá-la, eles resolveram participar de um concurso nacional de arquitetura em janeiro de 1991 e convidaram Lina para se juntar a eles, insistindo que ela tomasse a frente do projeto. O concurso era patrocinado pelo Ministério das Relações Exteriores, que havia apoiado as exposições internacionais de arte popular que ela levara à Europa nos anos 1960. O principal objetivo da proposta era criar o pavilhão que representaria o Brasil na Exposição Universal de Sevilha, na Espanha, em 1992. Com grande relutância, ela aceitou o convite, reclamando que eles jamais ganhariam o concurso, já que seus projetos costumavam se guiar pelo conteúdo programático, e não pelo espetáculo visual que tendia a chamar a atenção dos jurados. Apesar de suas reservas, da saúde frágil e de ter dito que assinava o trabalho a contragosto,[258] ela acabou abraçando integralmente o desafio da missão do projeto: refletir sobre os quinhentos anos da exploração das Américas pela Europa, a partir da viagem inicial de Cristóvão Colombo.

Como ela previra, o júri não prestou atenção na sua proposta obscura, porém visionária, que era mais perceptível na descrição do projeto — provavelmente não lida por eles — do que em seus desenhos simplificados e nas fotos de maquetes. Na época, circularam entre os arquitetos de São Paulo boatos de que os jurados haviam decidido, por engano e por desconhecimento, conceder uma menção honrosa a um projeto com abóbadas irregulares, que lembravam um casco de tatu, por acharem que era dela. No entanto, as pranchas que a equipe de Lina apresentou mostravam um volume octogonal de concreto, fechado e opaco, elevado do chão por dois blocos sólidos menores, em um conjunto — sem nada de orgânico — que ela chamou de "A grande caixa", talvez imaginando uma provocação à crítica de seu amigo Bruno Zevi sobre projetos que se pareciam com caixas de sapato.

Sua proposta para o concurso não se deteve tanto no apelo externo do edifício quanto na fantástica narrativa que ele deveria ao mesmo tempo esconder e revelar. Para entender o significado que Lina queria atribuir ao pavilhão, era preciso entrar nos seus espaços por uma grande escada helicoidal localizada no interior do pequeno bloco fechado de apoio. Em vez de celebrar a conquista das Américas, ela propunha questionar a identidade cultural do país que havia sido determinada pela civilização europeia. De acordo com o texto que preparou para a documentação do concurso, a "grande caixa" deveria "mostrar o que o Brasil e todas as Américas foram antes dos Descobrimentos", não esquecendo seu elogio a uma racionalidade não branca. O pavilhão foi projetado com outro tipo de descobrimento em mente: "Os vestígios de vida pré-histórica encontrados no estado do Piauí",[259] referindo-se, principalmente, mas não apenas, às escavações arqueológicas no Parque Nacional da Serra da Capivara, em São Raimundo Nonato, no árido e mitológico sertão.

Rejeitando identidades convencionais e eurocêntricas, Lina queria que o pavilhão mostrasse que a memória dos tempos pré-colombianos ainda estava viva no Brasil. Queria revelar "a origem da cultura, da história, das coisas; praticamente as origens da humanidade".[260] Sua proposta era radical e de amplo alcance. Mais uma vez, como nas torres do Sesc Pompeia, ela concebia um edifício com uma caverna primitiva na cabeça. Dessa vez, não haveria janelas, nem mesmo buracos. O pavilhão deveria ser um "memorial para o homem do Mundo Sempre Novo", eterno e sem lugar determinado.[261] Ao imaginar um monumento moderno capaz de iluminar, a partir do presente e de uma forma política e poética, aspectos anônimos, remotos e profundos da identidade do país, Lina também retomava os valores mais importantes de sua arquitetura e de sua vida. O pavilhão que ela propunha revelava sua desconfiança em relação à hegemonia dos valores ocidentais; sua crença em que a arquitetura deveria favorecer, antes de mais nada, a vida humana e a convivência social; sua convicção no significado das coisas e das práticas simples; e sua ideia de que a identidade de um país deriva de uma história de manifestações cotidianas. De novo, ela mostrava que a arquitetura, mais que trabalho e ganha-pão, era uma profecia, envolvendo vida, memória e ação.

Para demonstrar a coexistência de hábitos pré-históricos na vida contemporânea, ela sugeriu um "restaurante no térreo com grandes mesas coletivas". Ciente de seu conceito de um presente histórico, ela imaginou que o lugar "poderia servir comida do Brasil de antes do descobrimento" — com produtos agrícolas que continuavam em uso, como "mandioca, milho, frutas (sucos e sorvetes), vegetais etc.".[262] Com grande liberdade e imaginação, incluiu, em um primitivo banquete teatral, ingredientes tropicais como "salada de palmito, manga, abacate, papaia, abacaxi, caju, cupuaçu, pinha, jabuticaba, umbu, carambola, ciriguela, melão, banana e laranja", todos autóctones da América do Sul e disponíveis em tempos pré-colombianos. Acima do restaurante, propôs um auditório, onde sugeria que fossem apresentadas "festividades brasileiras relacionadas às grandes exposições".[263] Como exemplo, mencionou os "índios pankararú de Pernambuco, cuja dança ritual reproduz os mesmos gestos vistos em pinturas rupestres de 25 mil anos".[264]

De acordo com os desenhos que sua equipe fez para o concurso, o pavilhão seria coroado por um salão opaco e escuro com objetos pré-históricos, o que sugeria que "o museu-caixa deveria nascer com uma exposição bastante incomum: sobre um ser humano fantástico, espectral, quimérico".[265] Ela queria expor, na penumbra daquele salão, coisas de caráter imortal, documentações de pinturas rupestres e objetos cotidianos pré-históricos. No centro, imaginou mostrar alguns dos vestígios de vida humana mais antigos do continente sul-americano, que haviam sido descobertos nos anos 1970 em escavações arqueológicas nas proximidades de Belo Horizonte, em Minas Gerais. Em vez de celebrar a odisseia de Colombo, Lina queria celebrar a história profunda das Américas, assim como gerar um encontro com formas arcaicas de cultura. Nada poderia ser mais adequado e teatral do que expor partes de um esqueleto pré-histórico, sob um foco de luz, em um espaço escuro e atemporal. Não por acaso, aqueles ossos humanos eram femininos — de uma jovem mulher com mais de 10 mil anos, que veio a ser chamada de Luzia e que mais tarde foi quase destruído no incêndio do Museu Nacional em 2018 —, o que fazia a escolha daquela arquitetura cênica ser ainda mais dramática e pessoal para Lina, uma mulher que lutava contra as consequências potencialmente letais de uma tíbia quebrada. Apesar da força simbólica de seu projeto, ela tinha razão quanto ao seu prognóstico: o júri não entendeu sua visão. Assim como as pessoas próximas a ela não conseguiam ver a razão e a profundidade de seu arraigado sofrimento.

Entre o final de 1991 e o começo de 1992, a condição física de Lina continuava frágil. Seus jovens assistentes a mantiveram ocupada com desenhos e notícias, e a incentivavam a largar a cadeira de rodas, da qual, acreditavam, ela já não parecia precisar após ter deixado o hospital meses antes. Mas ela continuava a usá-la como garantia segura e familiar da parca autonomia pessoal que ainda lhe restava. Concordou em dar algumas entrevistas nessa época, mas a maioria delas nunca chegou a ser publicada, restando apenas as cópias das conversas em seus registros pessoais.[266] Além das notas que havia começado a escrever anos antes sobre sua vida, as poucas gravações de conversas que deixou tinham um caráter biográfico reconstitutivo, estendendo-se até a infância, como se ela tentasse revelar, reparar e arrematar sua própria narrativa pessoal, embelezando trechos ou alterando fatos e sentimentos de experiências intoleráveis.

Na manhã de 19 de março de 1992, depois de muita insistência de seus entusiásticos — porém crédulos — assistentes, Lina decidiu se levantar da cadeira de rodas e andar, mesmo com grande dificuldade. Eles elogiaram sua coragem e resolveram guardar a cadeira.[267] Nesse dia, ela trabalhou normalmente; conversou com a irmã, a enfermeira e seus colaboradores. Também fez comentários sobre o testemunho em vídeo que gravara para um documentário uma semana antes, sugerindo cortes em suas falas. Queria concluir seus projetos logo, incluindo o centro de lazer que havia iniciado para o antigo estúdio da Vera Cruz em São Bernardo do Campo e o novo prédio para a prefeitura de São Paulo.[268]

Naquela noite, foi para a cama cedo e acordou à 1h30 da manhã, chamando alarmada pela enfermeira que trabalhava para o casal havia quinze anos e que ocupava o quarto ao lado dos aposentos onde Lina dormia, sozinha, fazia muito tempo. A enfermeira correu, ainda sonolenta, para acudi-la. Percebendo que ela estava com insuficiência respiratória aguda, tentou uma ressuscitação cardiopulmonar, mas não teve sucesso. A irmã de Lina ligou na mesma hora para seus assistentes. Eles de pronto se encontraram na Casa de Vidro[269] e ouviram o boletim médico que descrevia o falecimento de Lina Bo Bardi, por embolia pulmonar e doença pulmonar obstrutiva crônica, aos 76 anos. Apesar de sua vida complexa, cheia de ambiguidades e contradições, seu atestado de óbito tinha a clareza, a lógica e a objetividade científica que ela sempre admirara.

Na manhã de 20 de março de 1992, seu corpo foi levado para o MASP, antes de partir para o crematório da Vila Alpina, também em São Paulo.[270] Pietro mandou retirar as obras de arte do salão para o velório. Naquele momento, na pinacoteca do museu, Lina estava sozinha, como sempre vivera, cercada por visitantes e cenicamente composta no centro daquele espaço amplo, como o esqueleto da mulher quimérica e primordial que ela havia imaginado em seu último trabalho como curadora. Alguns meses depois, em agosto, Pietro levaria um tombo e passaria a ficar cada vez mais frágil, ainda que sobrevivesse à perda da esposa por sete anos, até falecer, aos 99 anos.

A voz irreverente de Lina se calou, mas seus lindos desenhos e suas notas perceptivas, e por vezes irônicas, permanecem. Durante a vida, ela celebrou odisseias pessoais e mitológicas, além de lugares imaginários repletos de objetos de valor perene e de coisas com as quais sonhara, por mais ilusórias ou impossíveis que parecessem. Ela projetou imagens fantásticas no mundo real, tentando compensar seus dilemas ao criar ambientes acolhedores para os protagonistas de seus *tableaux vivants*, ainda que ela mesma pareça nunca ter se beneficiado inteiramente do bem-estar que criou para os outros. Apesar de sua solidão e de suas fragilidades, Lina se agarrara com força à sua independência e não desistia com facilidade. Seu projeto de um pavilhão mítico — assim como o último espaço que ocupou com seu corpo — parecia registrar, por fim, a determinação da mulher de 25 anos que queria escrever suas memórias, mas lhe faltava, naquela época, assunto. Dessa vez, ela tinha, e muito. Queria expor o que é o ser humano e deixou documentada, em seus inúmeros registros, sua própria e complexa humanidade. E, com isso, ajudou a construir uma história que se tornou muito maior e mais profunda que sua própria vida, sempre cheia de coragem.

Lina Bo Bardi, 1991.

Lina
S.P. 18/2/1990

Epílogo

A carreira de Lina Bo Bardi chegou ao fim em 20 de março de 1992, mas a visão de mundo que ela ajudou a criar não se foi. Ao longo da vida, ela experienciou diversas vezes melancolia, crises emocionais e incerteza profissional, mas nunca teve dúvida sobre suas ambições artísticas e intelectuais. Em momentos de grande dificuldade e desânimo, viu-se cercada de pessoas que admiravam seu trabalho e acreditavam que ele não podia ser ignorado. Ela sempre dizia que não se fizera sozinha, ainda que tivesse plena consciência de seus dotes singulares.

Em meados dos anos 1970, depois de completar sessenta anos e enfrentando um longo hiato profissional, além de problemas pessoais, ela demonstrava pouco ou nenhum interesse em levar adiante a batalha cultural e arquitetônica a que havia se proposto ainda jovem. Mesmo assim, nunca desistiu de seus amigos mais próximos. Toda semana ela os reunia em volta da mesa de mármore para um almoço caseiro. Longas conversas antecediam as refeições e se estendiam até muito depois delas. Em uma dessas ocasiões, alguns de seus velhos amigos viram uma oportunidade de incitar um dos recém-chegados ao seu círculo mais próximo, Edmar de Almeida, a convencê-la a voltar a trabalhar. Edmar, que continuaria sendo um amigo zeloso até o fim da vida de Lina, se recordou daquele dia em uma entrevista que me concedeu durante a pesquisa para este livro.

Instruído a cumprir sua missão de encorajá-la, ele se sentou ao lado de Lina à mesa e, sereno, mas eloquente, explicou a ela por que deveria reconsiderar a decisão de abandonar a carreira. Ele elogiou seu carisma intelectual, seu dom de inflamar o entusiasmo de jovens artistas, seu interesse por aqueles que têm menos poder e menos oportunidades e sua intrepidez para enfrentar adversidades. Para ser mais claro, convidou-a a olhar em torno da mesa e ver que o que ele dizia era verdade.

Lina ouviu seus comentários, mas resistiu ao convite, repetindo, com certa severidade, que tudo aquilo já não fazia mais sentido.

Pouco depois, os dois se levantaram da mesa para se servir de novo dos pratos dispostos no aparador, perto do grande caixilho transparente que envolve a casa. O dia estava quente e uma das grandes vidraças de correr estava aberta. O som das folhas balançando nas árvores em volta penetrava com suavidade na sala de jantar com uma brisa. Lina e Edmar estavam perto dos pratos quando uma abelha entrou zunindo pela janela e pousou sobre o ombro dela. Ele olhou para o pequeno inseto, atraído pelo contraste que a abelha fazia com o caftã escuro que Lina vestia e, em seguida, contemplou os convidados da Casa de Vidro, como que procurando confirmação.

Depois de tomar fôlego, ainda de pé ao lado de Lina, Edmar disse a ela, com toda a seriedade e a formalidade que os dois um dia perderiam: "Veja bem, a senhora é a abelha-rainha".

Eles voltaram para a mesa em silêncio e se sentaram. Um pouco antes de começarem a comer, ele voltou a lembrá-la da importância de retomar sua vida profissional. De repente, ela se virou para ele, agarrou seu braço, olhou-o nos olhos, e disse: "Então, quando é que nós começamos?".[1]

Sobre este livro

Este volume é resultado de vinte anos dedicados a pesquisar, escrever e desenvolver projetos expositivos sobre a vida e a obra da arquiteta Lina Bo Bardi. Ela foi uma pessoa corajosa e exigente, e compor um vasto relato de sua vida requer atitude semelhante, em especial porque sua idiossincrática carreira e sua complexa personalidade deram lugar a certa mitologia, que ela própria ajudou a cultivar. Consciente da beleza, mas também da imprecisão de narrativas lendárias e da tentação de opiniões pessoais, esta biografia busca, com os dados disponíveis, realizar uma reconstrução histórica baseada na análise de fatos documentais. Acima de tudo, esta homenagem, escrita com rigor e afeto — ainda que eu nunca a tenha conhecido pessoalmente —, traz a voz de Lina, sempre que possível, para o primeiro plano da narrativa, procurando colocar a leitora e o leitor em contato direto com as experiências e a visão de seu mundo.

Foram necessárias inúmeras horas de trabalho recluso de pesquisa, pensamento e redação para realizar este projeto, mas eu também contei com o apoio de vários indivíduos e organizações. Tantas pessoas generosamente doaram seu tempo, seu conhecimento, suas reminiscências, seus recursos, sua solidariedade e sua amizade para tornar este livro possível. Sinto-me profundamente grato a todas elas.

Ao longo dos anos, este projeto exigiu a investigação detalhada de fontes primárias, coletando, lendo e interpretando literalmente milhares de documentos. Muitas dessas fontes provêm do vasto e variado material de arquivo da coleção do Instituto Bardi, que preserva a maioria das imagens, dos desenhos, dos manuscritos, dos documentos e dos objetos sobre a vida e a carreira de Lina. Material de arquivo complementar foi encontrado no Museu de Arte de São Paulo, no Museu de Arte Moderna da Bahia e na Fundação Gregório de Mattos, em Salvador, e na biblioteca da Faculdade de Arquitetura e Urbanismo da Universidade de São Paulo. Outros materiais inéditos foram encontrados nos arquivos italianos da Fondazione Bruno Zevi e do artista Fabrizio Clerici, bem como na biblioteca de arquitetura da Università degli Studi di Firenze e na Biblioteca Nazionale di Firenze. Os arquivos do Rockefeller Archive Center, do Metropolitan Museum de Nova York e do artista Saul Steinberg também forneceram recursos indispensáveis.

Esses documentos foram enriquecidos por depoimentos sobre aspectos profissionais e biográficos das diferentes fases da vida de Lina Bo Bardi em entrevistas e conversas realizadas pelo autor com vários dos colaboradores, amigos, conhecidos e familiares dela. Entrevistas com Lina publicadas por jornalistas e pesquisadores, estudos acadêmicos, junto com outras fontes secundárias, ajudaram a esclarecer fatos significativos sobre a vida e a obra da arquiteta. Vastas referências bibliográficas forneceram informações críticas sobre desenvolvimentos arquitetônicos e culturais, além de eventos históricos, sociais e políticos específicos, o que possibilitou a compreensão e a reconstrução do contexto complexo de suas experiências na Itália e no Brasil.

Quatro gerações de membros do conselho e uma equipe prestativa dos seus arquivos pessoais em São Paulo trabalharam contra muitas adversidades para preservar e disseminar o legado do excepcional casal Bardi na promoção da arte e da cultura brasileiras. Através deles, tive acesso inestimável à extensa documentação e a informações sobre Lina Bo Bardi, além de permissão para publicar ilustrações. Muitos arquivistas e bibliotecários experientes na Itália, no Brasil e nos Estados Unidos forneceram acesso generoso às informações originais, trabalhando de maneira anônima, mas não menos eficiente, e me ajudaram a identificar evidências primárias indispensáveis durante muitas das minhas aventuras de detetive.

Sinto-me profundamente grato a Julia Bussius, minha editora na Companhia das Letras, que abraçou pronta e entusiasticamente este ambicioso empreendimento e me deu grande liberdade e apoio para produzir este trabalho. Também sou grato a Cristina Fino e Teté Martinho por sua paciente e cuidadosa colaboração na tradução do manuscrito original em inglês para o português, assim como a Marina Munhoz, Julia Passos e Otávio Marques da Costa pelas valiosas sugestões editoriais. Além disso, agradeço a Deanna Benjamin, por seu trabalho atencioso como editora e professora de redação criativa durante a produção do rascunho inicial de 1200 páginas em inglês.

Embora este livro apresente uma narrativa original, seu conteúdo decorre de ensaios mais curtos que escrevi e de palestras sobre Lina Bo Bardi, com o apoio de vários editores de revistas e organizadores de eventos e palestras em todo o mundo, cada um dos quais me ofereceu oportunidades de experimentar diferentes referenciais teóricos e metodológicos. Além desses diálogos, nas duas décadas em que realizei a pesquisa materializada neste livro, desenvolvi amizades e me envolvi em trocas intelectuais inspiradoras com acadêmicos, arquitetos e artistas com diversos interesses culturais em geral, e em Lina Bo Bardi em particular. Sem essas conversas estimulantes, este livro teria sido privado da rica vida que espero lhe ter dado.

Além da documentação arquivística, encontrei elementos esclarecedores do mosaico que compunha o mundo de Lina Bo Bardi em entrevistas e conversas inestimáveis com Graziella Bo Valentinetti, Claudio Valentinetti, Edmar de Almeida, Marcelo C. Ferraz, Marcelo Suzuki, Isa Grinspum Ferraz, Francesco Tentori e Riccardo Mariani. Ao longo do caminho, foram adicionados detalhes saborosos das conversas com várias pessoas que compartilharam experiências profissionais ou pessoais significativas com a arquiteta, incluindo André Vainer, Giancarlo Latorraca, Helio Eichbauer, Caetano Veloso e Carlos Nelson Coutinho. Também tive a sorte de compartilhar informações, materiais e ideias úteis para este livro com pesquisadoras judiciosas e apaixonadas, como Marina Grinover, Silvana Rubino, Anat Falbel e Cathrine Veikos. A reconstrução desta biografia não teria sido possível sem meu constante diálogo com o psicanalista Gary Hirshberg e sem a atenciosa consideração psicanalítica do mundo interior e da personalidade de Lina Bo Bardi oferecida por Susan Kavaler-Adler, Lourdes Henares, Britt-Marie Schiller e Edmund Sprunger.

Como este estudo abrangente foi concebido em diálogo com minhas atividades acadêmicas, agradeço também a Heather Woofter e Carmon Colangelo, diretores da Escola de Design e Artes Visuais da Universidade de Washington, em

Saint Louis, que apoiaram meus esforços pedagógicos e de pesquisa com uma licença para me concentrar na produção do manuscrito definitivo. Em uma nota mais pessoal, mas não menos importante, a preparação para este livro e minha rotina de escrita contaram com constantes presenças em minha vida diária. Sou profundamente grato à minha família natural e à minha família de amigos e amigas que sempre ofereceram, mesmo espalhados por todo o mundo, portos seguros e incentivos preciosos.

Acima de tudo, sinto-me extremamente privilegiado e grato por ter passado tantos anos estudando a vida e a obra de Lina Bo Bardi. Seu exemplo me ajudou a enriquecer minha própria odisseia intelectual, artística e geográfica com um sentido renovado de descoberta e esperança.

Notas

PRÓLOGO [pp. 11-2]

1. Transcrição de entrevista com o jornalista Fabio Malavoglia e os arquitetos Marcelo Suzuki e André Vainer, 14 mar. 1991, p. 10. Arquivo do Instituto Lina Bo e Pietro Maria Bardi (ILBPMB).

1. POR QUE ESTÁ TUDO EM RUÍNAS? [pp. 15-67]

1. Esse depoimento foi registrado por Francesco Tentori em "Una lettera da São Paulo", entrevista com Lina Bo Bardi, em *Quattro architetti brasiliani e un uomo eccezionale* (Veneza: IUAV, 1995, p. 21), e aparece também em "Un ricordo della Signora Bardi", em *Lina Bo Bardi, architetto* (Veneza: DPA, Marsilio, 2004), p. 151.

2. Os terremotos marcaram a história de Abruzos. A região se localiza no encontro entre uma grande falha sísmica — que se estende de norte a sul ao longo dos Apeninos italianos — e uma falha menor, que atravessa o centro do país de leste a oeste. O terremoto de grande magnitude mais recente a atingir a área, em particular a cidade de L'Aquila, localizada a 54 quilômetros ao norte de Avezzano, ocorreu em 6 de abril de 2009 e alcançou 6,3 pontos na escala Richter.

3. *Il terremoto di Avezzano* (1915), vídeo-documentário produzido pelo Centro di Documentazione di Terremoti Italiani.

4. Segundo sua irmã mais nova, "Lina sentia [...] o fascínio da arquitetura, da cenografia e dos figurinos, da arte. Não que fosse uma 'predestinada', ou um 'geniozinho de nascença'. [...] A mente de Lina, de qualquer modo, funcionava e sonhava mais rápido que a dos outros [...], suas

brincadeiras eram sempre mais exclusivas, mais 'difíceis', mais 'especiais'". Graziella Bo Valentinetti, "Una sorella molto 'speciale'", em *Lina Bo Bardi, architetto*, op. cit., p. 15.

5. Para esclarecer o leitor, este livro adota três formas para distinguir as três maiores fases da sua vida: Lina, criança e adolescente em Roma; Lina Bo, a jovem profissional que negociava sua independência em Milão; e Lina Bo Bardi, a arquiteta que viveu a fase madura no Brasil.

6. Há evidência do uso desse nome na Grécia antiga num relevo de mármore encontrado em Halicarnassus, atualmente Bodrum, na Turquia, pertencente à coleção do Museu Britânico, em Londres. A peça, intitulada *Frisa da Amazona*, mostra duas mulheres gladiadoras: Amazona, posicionada do lado esquerdo, e Achillia, no direito. Ambas usam trajes tradicionais de gladiadores, um escudo e uma espada, e a da direita tem um dos seios nu. Ver See Brian Cook, "The Amazon Frieze", em *Relief Sculpture of the Mausoleum at Halicarnassus* (Oxford: Oxford University Press, 2005, pp. 42-3).

7. A etimologia do nome Aquiles, de Akhilleus, ou Αχιλλέας, em grego, é controversa. Para alguns estudiosos e segundo a tradição homérica, significava "sem lábios", pelo suposto fato de ele nunca ter sugado o leite de sua mãe. Para outros acadêmicos, o nome é uma combinação de ἄχος (*akhos*), "dor, sofrimento", e λαός (*laos*), "pessoa", tornando Aquiles a encarnação do sofrimento de uma pessoa ou de uma nação (Ileana Chirassi Colombo, "Heroes Achilleus: Theos Apollon". In: *Il mito greco*. Roma: Bruno Gentili & Giuseppe Paione, 1977).

8. Nos mitos gregos e romanos sobre Aquiles baseados nas guerras de Troia e na *Ilíada*, ele supostamente morreu em consequência de uma ferida causada por uma flecha — possivelmente envenenada — lançada por Páris. Por coincidência, a morte de Lina Bo Bardi, provocada por uma embolia pulmonar, estava relacionada a uma luxação no pé que lhe causou uma queda e um tornozelo quebrado. Durante o tratamento, um fragmento de osso entrou em seu sistema circulatório, agravando fatalmente seu estado de saúde.

9. Entrevista "Nunca mudei de ideia". *Folha de S.Paulo*, Ilustrada, 10 abr. 1989, p. 1.

10. Ela escreveu a frase em 18 de fevereiro de 1973, em uma carta a um amigo de longa data, o pintor Fabrizio Clerici, após tê-lo visitado em Roma (Arquivo Fabrizio Clerici).

11. Ver Victoria De Grazia, *Le donne nel regime fascista* (Veneza: Marsilio, 1993).

12. Depoimento da irmã de Lina Bo Bardi, Graziella Bo Valentinetti, em "MASP", *Revista DC*, p. 30, maio 1992.

13. Esse é o gesto que o único sobrinho de Lina Bo Bardi, o cineasta Claudio Bo Valentinetti, via sua avó usar com frequência ao se referir à tia. Entrevista ao autor, 6 set. 2009.

14. Lina Bo Bardi dava a entender que sua mãe havia nascido em Martigiano, local que na verdade não existe — a nomenclatura mais próxima é Martignano, uma aldeia no Lácio que pode ter sido o seu local de nascimento. Segundo o sobrinho de Bo Bardi, a família de Giovanna Grazia de fato era das Marcas. Entrevista ao autor, 6 set. 2009.

15. Entrevista de Edmar de Almeida ao autor, Uberlândia, 6-7 ago. 2006.

16. Ver "Entrevista con Lina Bo Bardi", em Olivia de Oliveira, *Lina Bo Bardi: Obra construída/ Built Work* (Barcelona: Gustavo Gili, 2004), p. 233.

17. Essa expressão idiomática italiana foi usada pelo único neto de Enrico Bo, Claudio Bo Valentinetti, para estabelecer uma analogia entre o pai de Lina Bo Bardi e seu marido, Pietro Maria Bardi. Entrevista ao autor, 6 set. 2009.

18. Foi assim que Lina Bo Bardi apresentou seu pai e suas pinturas na Galeria Barbaroux em

Milão: "Nos quadros do Bo pintor, há a história do Bo homem: humor, predileções, amores" (Lina Bo, "Pittura, a Milano, la prima mostra di Enrico Bo da Barbaroux". *Rivista A*, Roma, Domus Edizione, n. 1, p. 16, jan. 1945).

19. De acordo com o desenho de um calendário e uma anotação de Enrico Bo em carta enviada a Lina Bo Bardi em 4 de março de 1958: "Em 4 de março de 1882 Enrico Bo (ainda vivo) nasceu em Roma" (Arquivo ILBPMB). Segundo a filha Graziella Bo Valentinetti, Enrico nasceu na aldeia de Martignano, próxima ao lago Bracciano, a noroeste de Roma. Já de acordo com o neto, Claudio Bo Valentinetti, a família de Enrico Bo era de Parma, onde ele provavelmente nasceu. Nenhuma documentação conclusiva sobre suas origens foi encontrada.

20. Foi assim que Lina Bo Bardi descreveu o pai no artigo que redigiu em 1952 para apresentar sua exposição no MASP, como se vê em *Habitat*, n. 7, p. 36, 1952.

21. As atividades profissionais de Enrico Bo são mencionadas pela irmã de Lina Bo Bardi em Graziella Bo Valentinetti, "Una sorella molto 'speciale'", op. cit., p. 11; e complementadas por Claudio Bo Valentinetti em entrevista ao autor, 6 set. 2009.

22. Graziella Bo Valentinetti, "Una sorella molto 'speciale'", op. cit., p. 11.

23. Stefan Grundmann, *The Architecture of Rome*. Binghamton, NY: Haworth Information Press, 2004, pp. 292-3.

24. Ver Graziella Bo Valentinetti, "Una sorella molto 'speciale'", op. cit., p. 11.

25. Um exemplo dessa troca foi quando ele pintou uma cena urbana que Lina Bo Bardi havia capturado em aquarela logo depois de chegar ao Rio de Janeiro, em 1946, e enviada pelo correio com a dedicatória: "Ao papai". A reprodução dele foi incluída na exposição individual que ela organizou no MASP em 1950 ("Enrico Bo". *Habitat*, n. 7, p. 37, 1952).

26. De acordo com a irmã de Lina Bo Bardi, o pai delas "fez o que pôde na vida para manter tudo rigorosamente ligado à fantasia e à sensibilidade". Graziella Bo Valentinetti, "Una sorella molto 'speciale'", op. cit., p. 11.

27. Depoimento de Claudio Bo Valentinetti em entrevista ao autor, 6 set. 2009.

28. Segundo entrevistas de Edmar de Almeida ao autor, Uberlândia, 6-7 ago. 2006.

29. Anotações à mão de Lina Bo Bardi sobre "Como aguentar P. M. Bardi", fim dos anos 1980, p. 1 (Arquivo ILBPMB).

30. Graziella Bo Valentinetti, "Una sorella molto 'speciale'", op. cit., p. 11. Claudio Bo Valentinetti confirmou esses episódios em entrevista ao autor, 6 set. 2009.

31. Lina Bo Bardi, manuscrito publicado como parte da colagem de textos "Currículo literário", em *Lina Bo Bardi*. São Paulo: ILBPMB; Imprensa Oficial, 2008 (1994), pp. 9-12.

32. Lina Bo Bardi mencionou o tio como uma conexão essencial entre ela e o cenário cultural mais amplo da cidade, em Francesco Tentori, "Una lettera da São Paulo", op. cit., p. 22.

33. Ibid., p. 21. Essa história também é citada por Lina Bo Bardi em bilhetes que escreveu para o amigo e jornalista Luiz Carta, sem data (Arquivo ILBPMB).

34. Lina Bo Bardi, manuscrito publicado como parte da colagem de textos "Currículo literário", em *Lina Bo Bardi* (2008), op. cit.

35. "Entrevista con Lina Bo Bardi", em Olivia de Oliveira, op. cit., p. 233.

36. Depoimentos de Graziella Bo Valentinetti, 20-1 jun. 2004, e Claudio Bo Valentinetti, 6 set. 2009, em entrevistas individuais concedidas ao autor.

37. Como notou Ludovic Naudeau em 1927, era "impossível encontrar um lugar calmo ou

um canto discreto onde a face imperiosa não seja vista. Enquanto você ouve as confidências de um amigo, a face negra te observa o tempo todo. Atenção! Enquanto você troca frases angustiadas, a face sobre o muro escrutina seus pensamentos! Psst! Vamos falar mais baixo". Citado em Luca Criscenti et al., *Autobiografia di una nazione* (Roma: Editori Riuniti, 2000), p. 234.

38. Charles L. Killinger, *The History of Italy*. Westport, CT: Greenwood Press, 2002, pp. 9-12.

39. Ver Federico Chabod, *L'Italia contemporanea: 1918-1948*. Turim: Einaudi, 2002, p. 82; e Christopher Duggan, *A Concise History of Italy*. Cambridge, UK: Cambridge University Press, 1994, p. 117.

40. Para saber mais sobre a condição das mulheres durante o regime fascista, ver Irene Brin, *Usi e costumi: 1920-1940* (Palermo: Sellerio, 1981); Victoria de Grazia, *Le donne nel regime fascista* (Veneza: Marsilio, 1993); e Stefania Maffeo, "Donna Italiana nationalizzata dalla dittatura di Mussolini" (*Storia in Network*, Milão, n. 108, 2005).

41. Giuseppe Belluzzo, "Sul vestire delle signore insegnanti e delle alunne nelle scuole", *Circolare*, Roma, Ministério de Instrução Pública, n. 35, 12 fev. 1929, em D. Montino e G. Gabrielli, *La scuola fascista*. Bolonha: Ombre; Cesp, 2005.

42. A. Wanderlingh e U. Salwa, *Storia fotografica d'Italia* (1922-1945). Nápoles: Intra Moenia, 2007, p. 48.

43. Esse episódio foi relatado em entrevista por Graziella Bo Valentinetti, 20-1 jun. 2004, e confirmado em entrevista por Claudio Bo Valentinetti, 6 set. 2009.

44. Relato de Lina Bo Bardi a Francesco Tentori, em "Una lettera da São Paulo", op. cit., p. 21. Confirmado durante entrevista com Francisco Tentori ao autor, Veneza, 18 fev. 2006.

45. A. Wanderlingh e U. Salwa, *Storia fotografica d'Italia* (1922-1945), op. cit., pp. 46-7.

46. Seis escolas de arquitetura foram criadas na Itália entre 1920 e 1933 — Roma, Veneza, Turim, Nápoles, Florença e, por fim, Milão (Paolo Nicoloso, *Gli Architetti di Mussolini: Scuole e sindacato, archietti e massoni, professori e politici negli anni del regime.* Milão: Franco Angelli, 1999, pp. 13, 16-7).

47. Lina Bo Bardi, manuscrito publicado como parte da colagem de textos "Currículo literário", em *Lina Bo Bardi* (2008), op. cit.

48. Graziella Bo Valentinetti, em "Una sorella molto 'speciale'", op. cit., p. 11.

49. Ibid.

50. Ibid.

51. Lina Bo Bardi, *Contribuição propedêutica ao ensino da teoria da arquitetura.* São Paulo: Instituto Lina Bo e Pietro Maria Bardi, 2002, p. 64. Documento original publicado em setembro de 1957.

52. Desenhos do Arquivo ILBPMB.

53. Lina Bo Bardi, "Pedras contra brilhantes", anotações pessoais, *c.* 1986 (Arquivo ILBPMB).

54. Lina Bo Bardi, "Pedras contra brilhantes", citado em Marcelo Ferraz, *Lina Bo Bardi* (São Paulo: ILBPMB), p. 40.

55. Ibid.

56. De acordo com Lina Bo Bardi, ela não pôde "frequentar o liceu clássico por falta de uma boa base". Notas escritas para o jornalista Luiz Carta, *c.* 1988-9 (Arquivo ILBPMB).

57. A Escola de Arquitetura se instalou inicialmente, de forma provisória, nas antigas dependências do Istituto de Belas-Artes na Via Ripetta; mas em 1932 se transferiu para a modesta, porém digna, sede da Via Giulia (Vincenzo Fasolo, *La Facoltà di Architettura di Roma nel suo trentacinquesimo anno di vita.* Roma: Facoltà di Architettura, 1955, p. 9).

58. Lina Bo Bardi destacou esses assuntos em seu currículo anexo ao trabalho apresentado

para a sua candidatura ao cargo de professora de teoria da arquitetura na Universidade de São Paulo (USP) em 1957. *Curriculum Vitae*, documento datilografado, p. 2 (Arquivo ILBPMB).

59. Esse relato, como muitos outros que Bo Bardi apresentava sobre si mesma, tem diferentes versões. Por um lado, de acordo com as histórias que ela costumava contar no fim da vida ao amigo Edmar de Almeida, ela havia vencido um concurso escolar para projetar uma fonte em Roma quando tinha quinze anos. Ela disse que gostaria de ter viajado com o dinheiro do prêmio, mas a família não permitiu e por isso ela comprou uma pele de raposa-vermelha. Entrevista de Edmar de Almeida ao autor, Uberlândia, 6 ago. 2006. Por outro lado, segundo conta em "Entrevista com Lina Bo Bardi" (Olivia de Oliveira, op. cit., p. 231), a jovem fazia desenhos para o arquiteto e professor Marcello Piacentini aos dezoito anos. Embora ele tenha participado de muitos concursos na época, não é certo que ele e Bo Bardi pudessem ter se conhecido, uma vez que ela só entraria para a escola de arquitetura três anos mais tarde.

60. "Entrevista con Lina Bo Bardi", em Olivia de Oliveira, op. cit.

61. O mausoléu tinha cinco anéis concêntricos de paredes de concreto. O imperador Augusto havia construído o monumento na parte norte do Campo de Marte entre 28 a.C. e 13 a.C., período que coincide com os sete anos que Vitrúvio levou para escrever seu famoso *De Architectura*, que foi dedicado ao imperador após a sua conclusão, em 20 a.C. A parede externa era revestida de placas quadradas de mármore travertino e a estrutura dos anéis exteriores era composta de um sistema robusto e complexo de quatro paredes circulares e várias paredes radiais, apenas interrompidas por uma cúpula abobadada sobre a entrada sul. Ver Banister Fletcher, *A History of Architecture*. Boston: Butterworths, 1987, pp. 228 e 231.

62. Na última conferência pública que Lina Bo Bardi proferiu na Faculdade de Arquitetura e Urbanismo da USP, em 1989, ela respondeu à crise da arquitetura da época, comentando: "Então, o que ficou de toda a história da crítica? Os três princípios de Vitrúvio". Transcrição da palestra, 14 abr. 1989, p. 11 (Arquivo ILBPMB).

63. "Encontrei aqui [em São Paulo] todo o ranço que havia em Roma, uma das cidades mais mofadas do mundo, cheia de ruínas." Em "Lina Bo Bardi, 1914-1992", *O Estado de S. Paulo*, Caderno 2, 21 mar. 1992, p. 3.

64. Nas palavras do Duce: "Em cinco anos, Roma deve estar magnífica para que o mundo todo a veja: espacialmente ampla, bem organizada e poderosa, como foi o primeiro império de Augusto" (Benito Mussolini, *Arte e civiltà: Opera omnia*, v. XXII, pp. 47-8. Citado em Marco de Michelis, "Fascist Architectures in Italy". In: Hubert-Jan Henket e Hilde Heynen (orgs.), *Back from Utopia: The Challenge of the Modern Movement*. Roterdã: 010 Publishers, 2002, p. 88).

65. Charles L. Killinger, op. cit., pp. 149-50, 250.

66. Mussolini fez um discurso no qual declarou que "os monumentos de nossa história devem emergir gigantescos, em seu isolamento necessário". Citado em Spiro Kostof, *The Third Rome: 1870--1950 — Traffic and Glory*. Berkeley: University Art Museum, 1973, p. 14.

67. Ver Guido Zucconi, "Gli architetti e la storia della città: Il contributo italiano". *Anais do VII Seminário de História da Cidade e do Urbanismo*, Salvador, 2002, PPGAU/ FAU-UFBA, 2002. v. 1, p. 89.

68. A escola se tornou Facoltà di Architettura em 1935. Ver Andrea Silvestri, "La nascista delle Facoltà di Ingegneria e di Architettura in Italia". *Atti di convegno*, Nápoles, Associazione Italiana di Storia dell'Ingegneria, p. 230, 8 mar. 2006.

69. Isabella Cruciol e Juliana H. Suzuki, "Considerações sobre patrimônio histórico e cultural". *Revista Terra e Cultura*, Londrina, Centro de Estudos Superiores, ano XXII, n. 42, p. 30, 2004.

70. Terry Kirk, *The Architecture of Modern Italy: Visions of Utopia — 1900 to present*. Nova York: Princeton Architectural Press, 2005, p. 120. v. 2.

71. O projeto original foi envolvido por um pavilhão de vidro, concebido por Vittorio B. Morpurgo, e décadas mais tarde foi substituído por outro pavilhão, projetado pelo arquiteto estadunidense Richard Meier.

72. Estudos rigorosos e interpretações polêmicas apontam o fato de que o monumento atual não é o Ara Pacis Augustae, atribuído a Otaviano Augusto, mas um memorial construído durante o reinado de Tibério (Wayne Andersen, *The Ara Pacis of Augustus and Mussolini: An Archeological Mystery*. Boston: Fabriart, 2003).

73. Vincenzo Fasolo, op. cit., p. 9.

74. Ver Riccardo Mariani, *Razionalismo e architettura moderna: Storia di una polemica*. Milão: Edizioni Comunità; Fondazione Adriano Olivetti, 1989, pp. 15-21.

75. De acordo com o pintor De Chirico, que desenvolveu uma carreira internacional durante o período, "os fascistas nunca proibiram as pessoas de pintar o que elas desejassem. A maior parte da hierarquia fascista era, na verdade, composta de modernistas apaixonados por Paris". Em Giorgio De Chirico, *Memorie della mia vita*. Milão: Bompiani, 2002, p. 85.

76. Federico Chabod, op. cit., pp. 76-80.

77. William Curtis, *L'architettura moderna del novecento*. Milão: Bruno Mondadori, 1999.

78. Leonardo Benevolo, *Storia dell'architettura moderna: Il movimento moderno*. Bari: Laterza, 1997, pp. 568-70.

79. Sarah Williams Goldhagen, "Reconceptualizing the Modern". In: Sarah Williams Goldhagen e Réjean Legault, *Anxious Modernisms: Experimentations in Postwar Architectural Culture*. Montreal: CCA; Cambridge, MA: MIT Press, 2000, pp. 301-17.

80. Christopher Duggan, *A Concise History of Italy*. Cambridge, UK: Cambridge University Press, 1994, p. 228.

81. Emily Braun, *Mario Sironi: Art and Politics under Fascism*. Cambridge, UK: Cambridge University Press, 2000, p. 1.

82. Luigi Pavan, "La casa popolare". In: Giorgio Ciucci e Giorgio Muratore (orgs.), *Storia dell'Architettura Italiana: Il primo novecento*. Milão: Mondadori; Electa, 2004, pp. 180-207.

83. Marco de Michelis, op. cit., p. 88.

84. Paolo Portoghese, "Un'architettura per tutti". In: Gloria Arditi e Cesare Serratto, *Gio Ponti: Venti cristalli di architettura*. Veneza: Il Cardo, 1994, pp. ix-xi.

85. Riccardo Mariani, *Razionalismo e architettura moderna: Storia di una polemica*. Milão: Comunità, 1989, p. 43.

86. Francesco Tentori, *Pietro Maria Bardi*. São Paulo: Instituto Lina Bo e Pietro Maria Bardi, 1990, p. 35.

87. Silvia Danesi, "Aporie dell'architettura italiana in periodo fascista: Mediterraneità e purismo". In: Silvia Danesi e Luciano Patetta (orgs.), *Il razionalismo e l'architettura in Italia durante il fascismo*. Milão: Electa, 1976, pp. 21-8.

88. Com a exceção de Giuseppe Terragni, com quem Bardi permaneceu em contato até a

morte do arquiteto, em 1943, suas outras amizades com arquitetos modernistas foram relativamente curtas. Francesco Tentori, *Pietro Maria Bardi*, op. cit., p. 40.

89. Segundo Riccardo Mariani, organizador dos arquivos italianos de Pietro Maria Bardi, em entrevista ao autor, 17 fev. 2007.

90. Francesco Tentori, *Pietro Maria Bardi*, op. cit., p. 40; e Claudio M. Valentinetti, *Il viaggio di Pietro Maria Bardi*. Universidade de Brasília, Instituto de Letras, 2000.

91. Francesco Tentori, *Pietro Maria Bardi*, op. cit., p. 51.

92. Pietro Maria Bardi escreveu vários artigos, entre novembro de 1931 e março de 1932, como crítico de arte e de arquitetura para o jornal *L'Ambrosiano*. Ver Pietro Maria Bardi, *Con le cronache artistiche de L'Ambrosiano*. Milão: Mazzotta, 1990.

93. Marco de Michelis, op. cit., p. 91.

94. Em um artigo publicado em 1932, Bardi declarou que a escola milanesa era a mais coerente com sua época e, em setembro de 1933, foi criada uma nova escola de arquitetura, com autonomia em relação à escola de engenharia. Ver Pietro Maria Bardi, "I laureate della Scuola superiore d'architettura presso il Politecnico di Milano", *Rassegna d'Architettura*, n. 12, pp. 515-30, 15 dez. 1932. Citado em Paolo Nicoloso, op. cit., p. 111.

95. Ver Esther da Costa-Meyer, "After the Flood", *Harvard Design Magazine*, n. 16, p. 12, inverno-primavera 2002.

96. Vittorio Gregotti, "Milano e la Cultura architettonica tra le due guerre". In: Silvia Danesi e Luciano Patetta, *Il Razionalismo e l'architettura in Italia durante il Fascismo*. Veneza: La Biennale Edizioni, 1976, pp. 16-21.

97. Edoardo Persico, "Punto ed a capo per l'architettura". *Domus*, nov. 1934.

98. Leonardo Benevolo, op. cit., p. 577.

99. Francesco Tentori, *Pietro Maria Bardi*, op. cit., p. 130.

100. Riccardo Mariani, op. cit., pp. 44-5.

101. Pietro Maria Bardi, "Il mito di São Paulo". In: Francesco Tentori, *Quattro architetti brasiliani e un uomo eccezionale*, op. cit., p. 8.

102. Segundo o biógrafo Francesco Tentori, no livro *Pietro Maria Bardi* (op. cit., p. 131), Bardi mais tarde se mudou para a Via Giovanni Barracco, número 11, a menos de um quilômetro de sua residência anterior, e manteve seu escritório no centro, na Via Frattina, número 48, antes de se mudar para a Viale Regina Elena, número 86, em 1940, quando editava a revista *Il Vetro*. Essa informação sugere algumas proximidades fortuitas, embora interessantes. Ele morava próximo de sua futura segunda esposa e mudou seu escritório para perto de sua casa, na calçada oposta à da Cidade Universitária, projetada por Piacentini e seus protegidos. Mais tarde, transferiu sua família para um apartamento a apenas duas quadras de onde vivia Bruno Zevi, com quem ele e Lina acabariam colaborando em meados dos anos 1940.

103. Gianfranco Cimbolli Spagnesi, "Storia, storiografia ed insegnamento dell'architettura". In: Vittorio Franchetti Pardo (org.), *L'Architettura nelle città italiane del XX secolo: Dagli anni venti agli anni ottanta*. Milão: Jaca Book, 2003, pp. 362-6.

104. Suas propostas foram muito influenciadas pelo renomado historiador da arte Adolfo Venturi, que, por sua vez, inspirou-se nas teorias estéticas e no idealismo filosófico de Benedetto Croce. Citado em Maristella Casciato, "The Italian Mosaic: The Architect as Historian", *The Journal of the Society of Architectural Historians*, v. 62, n. 1, p. 92, 2003.

105. Andrea Silvestri, op. cit., p. 230.

106. Lina Bo Bardi, citada em Francesco Tentori, "Una lettera da São Paulo", op. cit., p. 21.

107. Francesco Sturlini, *Lina Bo Bardi* [Trabalho de graduação]. Florença: Facoltá di Architettura, Università degli Studi di Firenze, 1994, p. 4.

108. Lina Bo Bardi, *Curriculum Vitae*, op. cit., n.p.

109. Vincenzo Fasolo, op. cit.

110. Francesco Tentori, "Una lettera da São Paulo", op. cit., p. 22.

111. Vincenzo Fasolo, op. cit.

112. Lina Bo Bardi, "A catedral". *Habitat*, n. 14, p. C, jan.-fev. 1954, Polêmica.

113. Ibid.

114. Paolo Nicoloso, op. cit., pp. 109-10.

115. Lina Bo Bardi, *Contribuição propedêutica ao ensino da teoria da arquitetura*, op. cit. (2002), p. 19.

116. Id., *Curriculum Vitae*, op. cit.

117. Id., *Contribuição propedêutica ao ensino da teoria da arquitetura*, op. cit. (2002), p. 52.

118. Entrevista de Lina Bo Bardi a Fabio Malavoglia, Centro Cultural São Paulo, transcrição da fita 1, lado B, *c.* 1989 (Arquivo ILBPMB).

119. Francesco Tentori, "Una lettera da São Paulo", op. cit., p. 25.

120. Depoimento de Lina Bo Bardi em Francesco Tentori, "Una lettera da São Paulo", op. cit., p. 21.

121. Entrevista de Lina Bo Bardi a Fabio Malavoglia, op. cit.

122. Francesco Tentori, "Una lettera da São Paulo", op. cit., p. 21.

123. Ibid., p. 25.

124. Vincenzo Fasolo, op. cit.

125. *Francesco Giovanetti e Francesca Romana Stabile. Vincenzo Fasolo: Primato del disegno e dell'ambientismo*. Roma: Gangemi, 2005, pp. 129-55.

126. Emily Braun, op. cit., p. 199.

127. Charles L. Killinger, op. cit., p. 150.

128. Terry Kirk, op. cit., p. 133, v. 2.

129. Leonardo Benevolo, op. cit., p. 581.

130. Francesco Tentori, *Pietro Maria Bardi*, op. cit., p. 159.

131. John McKean, *Giancarlo de Carlo-Layered Places*. Stuttgart; Londres: Axel Menges, 2004, p. 10.

132. Edoardo Persico, "Gli architetti italiani". *L'Italia Letteraria*, IX, 32, 1933, pp. 1-9, citado em Maurizio Grandi e Attilio Pracchi, *Milano: Guida all'architettura moderna*. Milão: Zanichelli, 1980, pp. 161-6.

133. Persico sugeriu que "uma arquitetura de fato nova deve se descobrir por si mesma nas ruas da periferia ou indo de uma loja a outra, de um café a outro. Talvez em nenhuma parte da Itália a índole das pessoas tenha resistido tanto ao convite da novidade" (Edoardo Persico, "Bar a Milano". *Casabella*, VI, 1, 1936, p. 16, citado em Maurizio Grandi e Attilio Pracchi, op. cit., p. 163).

134. Ver Edoardo Persico, *Scritti d'architettura: 1927-1935*. Florença: Vallecchi, 1968, p. 117.

135. Ibid.

136. Branko Kolarevic, *Architecture in the Digital Age: Design and Manufacture.* Londres: Francis and Taylor, 2003, p. 23.

137. Antonnino Saggio, *Nuove sostanze: L'Informatica e il rinnovamento dell'architettura*. Roma; Bari: Carocci, 2007, p. 1.

138. Francesco Tentori, *Pietro Maria Bardi*, op. cit., p. 43.

139. Vittorio Gregotti, op. cit., p. 20.

140. "Preface", em Carlo Levi, *Cristo si è fermato a Eboli*. Turim: Einaudi, 1990, p. 5.

141. Leonardo Benevolo, op. cit., p. 577.

142. Federico Chabod, op. cit., p. 93.

143. Apesar de Piacentini ter desaprovado o funcionalismo como estilo do regime fascista, ele manteve boas relações com Gropius desde 1934, e com isso conseguiu vagas para vários estudantes judeus, como Bruno Zevi, na Graduate School of Design da Universidade Harvard, quando Gropius se tornou seu diretor em 1938. Ver Francesco Tentori, "Una lettera da São Paulo", op. cit., p. 20.

144. Federico Chabod, op. cit., p. 86.

145. Transcrição da entrevista de Lina Bo Bardi ao jornalista Fabio Malavoglia, 14 mar. 1991 (Arquivo ILBPMB).

146. Ibid.

147. Vincenzo Fasolo, op. cit., p. 215.

148. Lina Bo Bardi, "Currículo literário", em *Lina Bo Bardi* (2008), op. cit., pp. 9 ss.

149. Cesare de Sessa, *Luigi Piccinato, architetto*. Bari: Dedalo, 1985, p. 123.

150. Hanne Storm Ofteland, *Sabaudia 1934: Materializing the Fascist, Corporate Town* [Dissertação]. Oslo: University of Oslo, 2007, p. 88.

151. A Entidade Nacional para a Maternidade e a Infância foi criada em 1925 e fechou em 1975. Ver Domenica La Banca, *La creatura tipica del regime: l'Opera Nazionale Maternità e Infanzia nel ventennio fascista* (1925-43) [Tese de doutorado]. Nápoles: Università degli Studi di Napoli Federico II, 2006, pp. 162-4.

152. Vincenzo Fasolo, op. cit., pp. 210-5.

153. Depoimento de Claudio Bo Valentinetti em entrevista ao autor, 6 set. 2009.

154. Transcrição da entrevista de Lina Bo Bardi ao jornalista Fabio Malavoglia, 14 mar. 1991 (Arquivo ILBPMB).

155. Ibid.

156. Francesco Tentori, "Una lettera da São Paulo", op. cit., p. 20.

157. Vincenzo Fasolo, op. cit., p. 215.

158. Paolo Nicoloso, op. cit., p. 130.

159. Lina Bo Bardi escreveu esses comentários a Carlo Pagani em carta de 27 nov. 1939. Em Carlo Pagani, "Allegati alle considerazioni sul Curriculum Letterario", 1994, p. xxvi.

160. Francesco Sturlini, *Lina Bo Bardi* [Trabalho de graduação]. Relator professor Gianni Pettena; correlator Roberto Sambonet. Faculdade de Arquitetura, Università degli Studi di Firenze, 1994, p. 2.

161. Graziella Bo Valentinetti, entrevista ao autor, 16 maio 2003.

162. Francesco Tentori, "Una lettera da São Paulo", op. cit., p. 24. Essa transformação foi confirmada em 1991 em entrevista com Lina Bo Bardi, em Olivia de Oliveira, op. cit., p. 235.

163. Lina Bo Bardi, "Currículo literário", em *Lina Bo Bardi* (2008), op. cit., p. 9.

164. Nota manuscrita, 3 maio 1984 (Arquivo ILBPMB).

2. QUANDO NADA ERA CONSTRUÍDO, SÓ DESTRUÍDO [pp. 69-117]

1. Carlo Pagani, "Considerazioni sul Curriculum Letterario", carta a Marcelo C. Ferraz, 1994, p. 2. Citado em Renato L. S. Anelli, "Interlocuções com a arquitetura italiana na constituição da arquitetura moderna em São Paulo" [Tese de livre-docência]. São Carlos: EESC-USP, 2001, p. 5.

2. Bo Bardi obteve seu registro profissional em abril de 1940, embora seu diploma na faculdade só tenha sido emitido em 5 de novembro do mesmo ano. Esses dados se baseiam nos documentos do Arquivo ILBPMB.

3. Lina Bo Bardi, "Currículo literário". In: Marcelo Ferraz (org.), *Lina Bo Bardi*. São Paulo; Milão: ILBPMB; Charta, 1993, p. 9.

4. De acordo com Claudio Valentinetti, entrevista ao autor, 6 set. 2009.

5. Segundo Lina Bo Bardi, Pagano "já tinha um desenhista" e não estava contratando. Entrevista com Lina Bo Bardi, em Olivia de Oliveira, op. cit., p. 235.

6. Entrevista de Lina Bo Bardi a Fabio Malavoglia (*c.* 1989, op. cit., Arquivo ILBPMB).

7. Carlo Pagani se formou em 1º de março de 1939, nove meses antes de Lina Bo Bardi. Ver Vincenzo Fasolo, op. cit., p. 211.

8. Depois de sair da universidade, Carlo Pagani continuou envolvido com os grupos de arquitetura racionalista e orgânica e trabalhou em projetos de edifícios, exposições e encomendas comerciais de design de interiores, em especial para seu maior cliente, a loja de departamentos La Rinascente. Em 1955, ele publicou um livro bilíngue, prefaciado por Richard Neutra, mostrando a obra em curso de arquitetos italianos proeminentes, os quais relacionou com os esforços arquitetônicos e urbanísticos anteriores do racionalismo e da reconstrução do Pós-Guerra. Ver Carlo Pagani, *Architettura italiana oggi/ Italy's architecture today*. Milão: Ulrico Hoepli, 1955.

9. Segundo Carlo Pagani, Lina Bo Bardi colaborou periférica e esporadicamente com Gio Ponti e não trabalhou em seu escritório como ela havia escrito em suas notas biográficas, publicadas postumamente em *Lina Bo Bardi* (São Paulo; Milão: ILBPMB, Charta, 1993). Ver Carlo Pagani, "Considerazioni sul 'Curriculum Letterario'", op. cit., p. 2.

10. Por exemplo, o enfoque de Lina Bo Bardi na Casa de Vidro (1951) apresenta a mesma dualidade ou hibridismo encontrados no edifício de Ponti para a Escola de Matemática na Universidade de Roma (1934). A fachada da frente do edifício é austera e clássica, enquanto a dos fundos tem composição e curvas mais livres. A fachada da casa de vidro é definida segundo o vocabulário racionalista, enquanto os fundos se baseiam em referências da arquitetura espontânea.

11. Lina Bo Bardi em depoimento gravado, em Aurélio Michiles e Isa Grinspum Ferraz, *Lina Bo Bardi*, vídeo. São Paulo: ILBPMB, 1993.

12. Silvana B. Rubino, "Rotas da modernidade: Trajetória, campo e história na atuação de Lina Bo Bardi" [Tese de doutorado]. Departamento de Antropologia, História, Filosofia, Ciências e Letras, Campinas: Universidade Estadual de Campinas, 2002, p. 53.

13. Archi Bo e Pagani, "Stanza per due ragazzi". *Domus*, n. 155, pp. 68-9, nov. 1940.

14. Bo e Pagani, "Un giardino disegnato da Bo e Pagani". *Domus*, n. 156, pp. 42-3, dez. 1940.

15. Ibid.

16. Gio Ponti manteve durante algum tempo o discurso de que a Itália sairia vitoriosa da guerra, e que os arquitetos e os designers deviam se preparar para a organização de uma nova ordem social. Por exemplo, no final de 1942, ele declarou: "Nossa Itália terá tarefas imensas com a vitória,

deve se preparar de maneira intensa". Ver Gio Ponti, "Commercio, vetrina, negozio e guerra" (*Vetrina e Negozio*, ano II, n. 9-10, p. 1, set.-out. 1942).

17. No texto original, *"un numero stupendo per gli innamorati del mare e della Dalmazia"*. Gio Ponti, *Lo Stile*, Milão, n. 8, p. 3, ago. 1941.

18. Lina Bo e Carlo Pagani, "Tende e cabine". *Lo Stile*, Milão, n. 7, jul. 1941, pp. 10-1; e Lina Bo e Carlo Pagani, "Architetture e arredamenti". *Lo Stile*, Milão, n. 8, pp. 40-1, ago. 1941.

19. Lina Bo, "Recensioni: Un importante libro sull'architettura". *Lo Stile*, n. 10, p. 34, out. 1941. O título completo do livro de Völckers, de 1941, é *1400 Grundrisse; ausgeführter Bauten jeder Art, mit Erläuterungen, Schnitten und Schaubildern* [1400 plantas, edifícios construídos e todos os tipos de explicações, seções e gráficos].

20. Ibid.

21. Ibid.

22. Francesco Tentori, "Una lettera da São Paulo", op. cit., pp. 19-20.

23. Esses artigos aparecem em vários números da revista *Grazia* a partir de agosto de 1941, em especial no número 161 (Arquivo ILBPMB).

24. Esse endereço foi confirmado como sendo de sua família em uma carta que ela enviou de Milão para Bruno Zevi em 6 de julho de 1945 (Arquivo da Fondazione Bruno Zevi).

25. *L'Illustrazione Italiana*, n. 33, 16 ago. 1943, XX, n.p.

26. Os fragmentos remanescentes da correspondência entre Lina Bo e Marcello Piacentini nesse período estão divididos entre o Arquivo ILBPMB, em São Paulo, e os arquivos dele, na biblioteca da Faculdade de Arquitetura da Università degli Studi di Firenze, na Itália.

27. Marcello Piacentini em carta a Lina Bo, escrita em papel timbrado da Reale Accademia D'Italia, Roma, 18 out. 1942 (Arquivo ILBPMB).

28. Ibid.

29. É provável que a estada de Lina Bo Bardi tenha ocorrido no primeiro semestre de 1943. Os registros do hotel confirmam sua hospedagem durante aquele ano, mas não há indicação de datas exatas. Após a ocupação de Milão no verão de 1943, parte do hotel foi ocupada pelos oficiais nazistas, mas ele continuou a funcionar comercialmente (Arquivos do Hotel Principe di Savoia).

30. Entrevista de Marcelo C. Ferraz ao autor, 6 set. 2009.

31. O parágrafo inteiro diz: *"Questa tua lettera è un portento di sincerità, di abbandono* [...]. *Ti sei aperta, hai scosso da te quell'abito chiuso di difesa, quasi di apprensione, per un non so che di ignoto, o per qualche cosa che ti metteva somento. Lo dici chiaro: hai sentito — in quei beati e benedetti giorni romani — trasportati verso una più spontanea derisione, ad un rilasciamento dei tuoi sentimenti, a una quasi ribellione verso questa tua vita volutamente dura, inaccessibile, appegata nel lavoro* [...] *corazzata contro ogni assalto, sorda e cicca, volutamente a ogni soffio di vita"*. Marcello Piacentini em carta a Lina Bo, escrita em papel de carta personalizado, Roma, 2 abr. 1943, pp. 1-2 (Arquivo ILBPMB).

32. A carta continua com: *"Te, come non c'è nessun altra donna: donna nello spirito, nel cuore"*, e termina com as seguintes frases: [...] *tutta la mia vita ne è trasformata come in un sogno. I tuoi occhi splendenti mi guardano via, serenamente, in faccia! Ti bacio appassionatamente. Tuo, Marcello"* (ibid.).

33. Em várias correspondências (Arquivo pessoal de Marcello Piacentini, biblioteca da Faculdade de Arquitetura da Università degli Studi di Firenze).

34. Notas manuscritas intituladas "Como aguentar P. M. Bardi" para um artigo sobre o casal Bardi na revista *Vogue*, ed. bras., fim dos anos 1980, p. 3 (Arquivo ILBPMB).

35. Entrevista ao autor com Riccardo Mariani, um dos biógrafos de Pietro Maria Bardi, 20 fev. 2008.

36. Esse depoimento aparece em ao menos dois lugares diferentes, sem informações precisas sobre as datas: Francesco Tentori, "Una lettera da São Paulo", op. cit., p. 22; Lina Bo Bardi, "Entrevista com Olivia Oliveira (27 set. 1991)", em Olivia de Oliveira, op. cit., pp. 234-5.

37. Ibid., p. 235.

38. Graziella Bo Valentinetti, "Una sorella molto 'speciale'", op. cit., p. 12; e Carlo Pagani, "Considerazioni sul Curriculum Letterario", op. cit.

39. Além de artigos sobre urbanismo, pintura e seu amigo Pier Luigi Nervi, Pietro Maria Bardi republicou artigos sobre casas rústicas e populares para *Lo Stile*, entre 1941 e 1943. Um artigo no n. 5-6, maio-jun. 1941, dedicado ao vidro — um dos temas favoritos de Bardi — é assinado apenas P. B. Seu nome inteiro só vai aparecer no n. 10, out. 1941, com o texto "Architettura di una civiltà" (pp. 2-5). Depois disso, ele publicou "La casa per tutti — Abitazioni del popolo nella città del carbone". *Lo Stile*, n. 14, pp. 2-5, fev. 1942; e "Abitazioni del popolo — La famiglia operaia in casa". *Lo Stile*, n. 15, pp. 28-9, maio 1942.

40. Lina Bo, "Casa a nuclei abitativi in Roma", *Lo Stile*, n. 31, p. 18, jul. 1943.

41. Lina Bo em carta a Carlo Pagani, Milão, 10 de maio de 1943. Em Carlo Pagani, "Allegati alle considerazioni sul Curriculum Letterario", p. vi; citado em Renato L. S. Anelli, op. cit., p. 8.

42. Entrevista de Lina Bo Bardi a Fabio Malavoglia, *c.* 1989, op. cit.

43. Entrevista de Lina Bo Bardi a Carolina (sobrenome não identificado), transcrição datilografada, 1991 (Arquivo ILBPMB).

44. Carlo Pagani em duas cartas a Lina Bo Bardi, com o endereço para devolução S. Ten. Pagani Carli, Ospedale Ciano, Livorno, 8 e 10 maio 1943.

45. Federico Chabod, op. cit., pp. 111-7.

46. Lina Bo Bardi, "Como aguentar P. M. Bardi", op. cit., p. 3.

47. Achille Rastelli, *Bombe sulla città, gli attacchi alleati: Le vittime civili a Milano*. Milão: Mursia, 2000.

48. Marco Gioannini e Giulio Massobrio, *Bombardate l'Italia*. Milão: Rizzoli, 2007, pp. 196-8.

49. Mauro Colombo, "I bombardamenti aerei su Milano durante la II guerra mondiale". Disponível em: <http://www.storiadimilano.it/Repertori/bombardamenti.htm>. Acesso em: 11 dez. 2020.

50. Segundo Lina Bo Bardi, o edifício tinha sido completamente destruído. No entanto, de acordo com um mapa que mostra os estragos após os bombardeios de Milão, o endereço na Via Gesù, número 12, estava classificado como "gravemente danificado/destruído". Ver Mauro Colombo, op. cit.

51. Lina Bo Bardi, "Entrevista com Olivia de Oliveira (27 set. 1991)", em Olivia de Oliveira, op. cit., p. 236.

52. Federico Chabod, op. cit., pp. 111-7.

53. Francesco Sturlini, *Lina Bo Bardi* [Trabalho de graduação]. Florença, Faculdade de Arquitetura, Universidade do Estudo de Florença, 1994, pp. 4-5.

54. Ibid., p. 5.

55. Carta de Lina Bo Bardi a Fabrizio Clerici, São Paulo, 5 maio 1972.

56. Francesco Sturlini, *Lina Bo Bardi*, op. cit., p. 5.

57. L. B., "Architettura e natura; La casa nel paesaggio". *Domus*, n. 194, pp. 464-71, fev. 1944.

58. Marc-Antoine Laugier, *Essaie sur l'architecture*, 1753.

59. L. B., "Architettura e natura; La casa nel paesaggio", op. cit., p. 464.

60. Dr. Grace L. McCann Morley, "Western Living: 5 Modern Houses". *California Arts and Architecture*, v. 59, pp. 23-5, 1942.

61. Albert Frey, *In Search of a Living Architecture*. Nova York: Architectural Book Publishing, 1939.

62. "Casa a Bremgarten". *Domus*, n. 194, p. 53, fev. 1944.

63. "Case sui Trampoli". *Domus*, n. 194, pp. 273-4, fev. 1944.

64. Depoimento de Graziella Bo Valentinetti em entrevista ao autor, 4 jun. 2004.

65. Francesco Tentori, "Una lettera da São Paulo", op. cit., p. 24.

66. Ibid., p. 23.

67. Entrevista de Giancarlo Renzetti ao autor, arquivista de Fabrizio Clerici, Roma, 2 mar. 2007.

68. Francesco Tentori, "Una lettera da São Paulo", op. cit., pp. 23-4.

69. Ibid., p. 25.

70. Graziella Bo Valentinetti, "Una sorella molto 'speciale'", op. cit., p. 12.

71. Francesco Tentori, op. cit., p. 23.

72. Marco Gioannini e Giulio Massobrio, *Bombardate l'Italia*. Milão: Rizzoli, 2007, pp. 239-40.

73. Lina Bo Bardi, "Currículo literário", em *Lina Bo Bardi* (1993), op. cit., p. 11.

74. Os atrasos de Bo Bardi são confirmados em cartas que ela recebeu do editor de *Grazia*, uma das revistas da Mondadori. Ver cartas de 23 jun. e 7 jul. 1943, assinadas por Tilina Rota para Lina Bo, enviadas de Arona (lago Maggiore) a Via Gesù, 12 (Arquivo ILBPMB).

75. Lina Bo Bardi, "Currículo literário", em *Lina Bo Bardi* (1993), op. cit., p. 9.

76. Carlo Pagani, "Considerazioni sul Curriculum Letterario", op. cit., p. 5.

77. Francesco Tentori, op. cit., p. 23.

78. Essa história foi confirmada, embora de maneira ligeiramente diferente, em entrevistas com diversas pessoas que eram próximas a Lina Bo Bardi no fim de sua vida.

79. Lina Bo Bardi, "Currículo literário", em *Lina Bo Bardi* (1993), op. cit., p. 11.

80. Christopher Duggan, *A Concise History of Italy*. Cambridge: Cambridge University Press, 1994, pp. 242-3.

81. Lina Bo Bardi, "Currículo literário", em *Lina Bo Bardi* (1993), op. cit., p. 10.

82. Ibid., p. 11.

83. Lina Bo Bardi, "Resistenza", notas manuscritas, sem data, *c.* anos 1980 (Arquivo ILBPMB).

84. Ibid.

85. Ibid.

86. Carlo Pagani, "Considerazioni sul Curriculum Letterario", p. 16. Citado em apud Renato L. S. Anelli, op. cit., p. 10.

87. Ibid.

88. Lina Bo Bardi, "Currículo literário", em *Lina Bo Bardi* (1993), op. cit., p. 11.

89. Carlo Pagani, "Considerazioni sul Curriculum Letterario", op. cit., p. 35.

90. Lina Bo Bardi, "Currículo literário", em *Lina Bo Bardi* (1993), op. cit., p. 11.

91. Christopher Duggan, op. cit., pp. 240-1.

92. Os fundadores do MSA foram Franco Albini, Carlo Biaggi, Lina Bo, Luciano Canella, Irenio Diotallevi, Ignazio Gardella, Augusto Magnaghi, Gabriele Mucchi, Carlo Pagani, Enrico Peressutti, Mario Pucci, Aldo Putelli, Renato Radici, Mario Tevarotto e Marco Zanuso. Ver Matilde Baffa, Corinna Morandi e Sara Protasoni, *Il movimento di studi per l'architettura:1945-1946*. Bari; Roma: Laterza, 1995, pp. 83-105.

93. A. Wanderlingh e U. Salwa, *Storia fotografica d'Italia (1922-1945)*, op. cit., p. 152.

94. Ibid., p. 12.

95. Entrevista com Lina Bo Bardi, em Olivia de Oliveira, op. cit., p. 236.

96. Ibid., p. 237.

97. Ela propôs pela primeira vez um recorte numa parede quando estava desenvolvendo a ideia preliminar para o Teatro Oficina em 1984. A abertura se referia especialmente à Guerra Civil Espanhola e também se relacionava com a sua resposta ao comentário do diretor José Celso Martinez Corrêa de que seu teatro ia além das paredes. Ela respondeu que sua arquitetura derrubava paredes. Ver Aurélio Michiles e Isa Grinspum Ferraz, op. cit.

98. Maristella Casciato, "Neorealism in Italian Architecture". In: Sarah W. Goldhagen e Réjean Legault, op. cit., p. 49.

99. As cinco mulheres arquitetas identificadas nos registros da fundação Apao eram Luisa Anversa, Vittoria Calzolari, Marcella Coromaldi, Giuseppina Franzi e Marisa Colombo. Outros membros da Apao na época que se tornaram arquitetos e historiadores renomados são Carlo Aymonino, Leonardo Benevolo, Mario Fiorentino, Adalberto Libera e Mario Ridolfi, para citar alguns. Ver formulário de inscrição, *Apao, Associazione per l'Architettura Organica*. Documento datilografado, *c.* 1945, cinco páginas (Arquivo da Fondazione Bruno Zevi).

100. Maristella Casciato, "Neorealism in Italian Architecture", op. cit., p. 30.

101. Ver *Rassegna del primo convegno nazionale per la ricostruzione edilizia*. Milão: Edizione per la Casa, fascículo 11, p. 47. Citado em Fabrizio Brunetti, *L'Architettura in Italia negli anni della Ricostruzione*. Florença: Alinea, 1998, p. 194.

102. Ibid., pp. 199-238.

103. Lina Bo, "La propaganda per la ricostruzione". Citado em Fabrizio Brunetti, op. cit., p. 239.

104. Fabrizio Brunetti, op. cit., p. 240.

105. Francesco Tentori, "Una lettera da São Paulo", op. cit., pp. 18-9.

106. Não há registros precisos sobre onde ela se encontrava nesse período. Segundo Bo Bardi, ela havia voltado a Roma para criar uma revista seminal no início de 1946. Ver Entrevista com Lina Bo Bardi, em Olivia de Oliveira, op. cit., p. 236. De acordo com Carlo Pagani, ela já estava em Roma quando foi publicado o primeiro número da revista *A*, em janeiro de 1946. Ver Carlo Pagani, "Considerazioni sul Curriculum Letterario", p. 2. Citado em Renato L. S. Anelli, op. cit., p. 5. Contudo, essa informação contradiz a documentação sobre a correspondência entre Zevi e Pagani, que demonstra que Bo Bardi estava trabalhando próxima de Pagani no escritório editorial de Milão, e não em Roma, onde a revista *A* estava exclusivamente sob responsabilidade de Zevi. Ver correspondência de trabalho referente à revista *A*, 1945-6 (Arquivo da Fondazione Bruno Zevi).

107. Francesco Tentori, *Pietro Maria Bardi*, op. cit., p. 166.

108. Esse endereço foi confirmado como sendo o de sua família em uma carta que ela enviou de Milão para Bruno Zevi, 6 jul. 1945 (Arquivo da Fondazione Bruno Zevi).

109. Riccardo Mariani, op. cit., p. 9.

110. Carlo Pagani, "Considerazioni sul Curriculum Letterario", p. 2. Citado em Renato L. S. Anelli, op. cit., p. 12.

111. Ibid.

112. Em sua primeira carta a Zevi, Bo Bardi o tratou pelo pronome formal "lei", em vez do informal e amigável "tu".

113. Carta de Lina Bo a Bruno Zevi, documento datilografado, Milão, 6 jul. 1945, p. 1 (Arquivo da Fondazione Bruno Zevi).

114. Ibid.

115. Ibid., p. 2.

116. Ibid.

117. Carlo Pagani, carta a Bruno Zevi da Editoriale Domus em Milão, 4 out. 1945.

118. Bruno Zevi, carta a Pietro Maria Bardi, Ortensio Gatti, Lina Bo e Carlo Pagani (Corpo de diretores da revista *A*), 29 out. 1945, p. 1 (Arquivo da Fondazione Bruno Zevi).

119. Originalmente em letras maiúsculas.

120. Bruno Zevi, carta a Pietro Maria Bardi, Ortensio Gatti, Lina Bo e Carlo Pagani, pp. 3 ss.

121. Ibid., pp. 3-4.

122. Carlo Pagani, "Considerazioni sul Curriculum Letterario", p. 2. Citado em Renato L. S. Anelli, op. cit., p. 12.

123. A confirmação aparece em duas cartas. Na primeira, "*La Bo con suo padre ha fatto il disegno di copertina del quale tu già conosci il soggetto*". Ver Carlo Pagani, carta a Bruno Zevi referente ao sétimo número da revista *A*, 10 maio 1946, p. 1 (Arquivo da Fondazione Bruno Zevi). Na segunda, "*La vignetta è buona. È di carattere sociale e disegnata bene (specie la parte a sinistra). Tra la Lina, Valentino, e Piccardo (se gli suggerisci i temi) mi pare che il problema della vignetta possa essere risolto*". Ver ibid.

124. "Arte". *A*, p. 15, 1º fev. 1946.

125. "In cerca di mobili". *A*, n. 8, p. 8, 1º jun. 1946.

126. Ibid.

127. Ibid.

128. Penny Sparke, "'A Home for Everybody?': Design, Ideology and the Culture of the Home in Italy, 1945-1972". In: Paul Greenhalgh (org.), *Modernism in Design*. Londres: Reaktion Books, 1990, p. 187.

129. Entrevista com Lina Bo Bardi, em Olivia de Oliveira, op. cit., p. 237.

130. "Al Palazzo dell'Arte: Stoffe". *Domus*, n. 213, p. xx, set. 1946.

131. *A*, 15 fev. 1946, capa.

132. Carta de Bruno Zevi a Gianni Mazzocchi, referente à publicação da revista *A*, p. 1, 8 abr. 1946 (Arquivo da Fondazione Bruno Zevi).

133. Lina Bo Bardi em entrevista a Marcos Cartum e Maria Lydia Fiamminghi. Citado em Liana P. P. de Oliveira, *A capacidade de dizer não: Lina Bo Bardi e a fábrica da Pompeia*. São Paulo: Universidade Mackenzie, 2007.

134. Carta de Bruno Zevi a Gianni Mazzocchi, op. cit.

135. Bruno Zevi, "Lina Bo Bardi: Un architetto in tragitto ansioso". *Caramelo*, São Paulo, FAU-USP, n. 4, n.p., 1992.

136. Carlo Pagani em carta a Bruno Zevi, Milão, 16 maio 1946, p. 1 (Arquivo da Fondazione Bruno Zevi).

137. Carlo Pagani em carta a Bruno Zevi, Milão, 21 jun. 1946, p. 1 (Arquivo da Fondazione Bruno Zevi).

138. Bruno Zevi em carta a Carlo Pagani, 26 jun. 1946, p. 2 (Arquivo da Fondazione Bruno Zevi).

139. Além de sua dedicação à revista e dos encargos curatoriais para a Rima, Carlo Pagani começara a trabalhar de forma assídua para a loja de departamentos La Rinascente depois do fim da guerra, e foi responsável pelo projeto do interior da loja durante o restauro do seu edifício principal, reaberto em 1950 na praça do Duomo, em Milão. Ele também colaborou com os designers Bruno Munari, Alberto Rosselli e Albe Steiner — que tinha ligações com Hannes Meyer — na produção de móveis que foram expostos mais tarde na 9ª Trienal de Milão, em 1951. Ver Andrea Maglio, *Hannes Meyer: Un razionalista in esilio, architettura, urbanistica e politica — 1930-54*. Milão: Franco Angeli, 2002, p. 122.

140. Graziella Bo Valentinetti, "Una sorella molto 'speciale'", op. cit., p. 13.

141. Riccardo Mariani, op. cit., p. 9.

142. Fernando Morais, *Chatô: O rei do Brasil*. São Paulo: Companhia das Letras, 1994, p. 476.

143. Pietro Maria Bardi manteve amizade sólida e duradoura com Roberto Rossellini, e Lina Bo Bardi desenvolveu grande admiração pela produção dos cineastas neorrealistas italianos do período. Seu pai era amigo próximo de Aldo Fabrizi, que fez o papel do padre em *Roma, cidade aberta*. Segundo Claudio Valentinetti em entrevista ao autor, 6 set. 2009.

144. Entrevista de Riccardo Mariani ao autor, 20 fev. 2008.

145. Entrevista com Lina Bo Bardi, em Olivia de Oliveira, op. cit., pp. 237-8.

146. Segundo Claudio Valentinetti em entrevista ao autor, 6 set. 2009.

147. Lina Bo Bardi, "Anotações pessoais", 29 nov. 1986 (Arquivo ILBPMB).

148. Laire J. Giraud, "Navios brasileiros e os cruzeiros". *O universo portuário*, 28 ago. 2007. Disponível em: <https://www.portogente.com.br/colunistas/laire-giraud/navios-brasileiros-e-os--cruzeiros/13637>. Acesso em: 11 dez. 2020.

149. Entrevista de Lina Bo Bardi a Fabio Malavoglia, *c.* 1989, op. cit. (Arquivo ILBPMB).

3. ONDE TUDO ERA POSSÍVEL [pp. 119-29]

1. Os diários pessoais de Lina Bo Bardi foram removidos dos arquivos da arquiteta e não estavam disponíveis quando a pesquisa para este livro foi realizada. A informação sobre a existência de um diário sobre a viagem ao Brasil se baseia em testemunhos dados ao autor por amigos de Lina e arquivistas que tiveram a oportunidade de ler esse material.

2. Entrevista com Riccardo Mariani ao autor, 20 fev. 2008.

3. Carlos F. Martins, "Construir uma arquitetura, construir um país". In: Jorge Schwartz (org.), *Brazil: Da antropafagia a Brasília — 1920-1950*. São Paulo: Cosac Naify, 2002, p. 377.

4. O edifício era conhecido assim em 1937. Com o tempo, ganhou outros nomes: MEC, Ministério da Educação e Cultura e Palácio da Cultura, quando o ministério foi transferido para Brasília em 1960. Hoje é chamado de Edifício Gustavo Capanema.

5. Informação confirmada por Maria Cristina Cabral, estudiosa da história da arquitetura e residente no Rio de Janeiro.

6. Lina Bo Bardi, "Largo Getúlio Vargas". *Rio*, 20 out. 1946, aquarela (Arquivo MASP).

7. Id., nota manuscrita sem data (Arquivo ILBPMB). Citada em Marcelo C. Ferraz (org.), op. cit., p. 12.

8. Maurício de A. Abreu, *Evolução urbana do Rio de Janeiro*. Rio de Janeiro: Jorge Zahar, 1987.

9. Francesco Tentori, *Pietro Maria Bardi*, op. cit., p. 172.

10. A equipe incluía os arquitetos Affonso Reidy, Carlos Leão, Jorge Moreira, Ernani Vasconcelos e Oscar Niemeyer.

11. Carlos F. Martins, "Construir uma arquitetura, construir um país", op. cit., pp. 373-82.

12. Lina Bo Bardi, carta a Pietro Maria Bardi, 25 nov. 1946 (Arquivo ILBPMB).

13. Id., "Athos Bulcão", notas manuscritas do fim dos anos 1980, em homenagem ao artista que criou boa parte dos azulejos pintados que revestem os prédios de Oscar Niemeyer. Texto semelhante aparece em "Pequena carta ao Artigas", manuscrito em três páginas, sem data (Arquivo ILBPMB).

14. Pietro Maria Bardi, *40 anos de MASP*. São Paulo: Crefisul, 1986, p. 9.

15. Fernando Morais, op. cit., p. 476.

16. Pietro Maria Bardi, *Sodalício com Assis Chateaubriand*. São Paulo: MASP, 1982, p. 14.

17. Maria Cecília F. Lourenço, *Museus acolhem moderno*. São Paulo: Edusp, 1999, p. 97.

18. Para mais informações sobre Assis Chateaubriand, ver Fernando Morais, op. cit.; e Bernardo Kucinski, "Chatô: O poder da chantagem". In: Id., *A síndrome da antena parabólica*. São Paulo: Perseu Abramo, 1998.

19. Carta de Assis Chateaubriand a Nelson A. Rockefeller, 20 mar. 1946, pasta 100, caixa 17, RG 4, NAR Personal Documents, Countries, Rockefeller Family Archives, RAC.

20. Aurélio Michiles e Isa Grinspum Ferraz, op. cit.

21. Pietro Maria Bardi, *40 anos de MASP*, op. cit., p. 12.

22. De acordo com Bardi: "Os espíritos entusiásticos que queriam economizar tempo começando de onde os outros haviam parado tiveram que ser detidos; e era preciso, sobretudo, combater a ideia óbvia de fazer um 'museu de arte moderna', que poderia ter virado um sucesso fácil e estimulado aqueles tipos que sabem a resposta para a pergunta de 64 mil dólares sobre Picasso, mas nunca ouviram falar de Beato Angelico". Ver P. M. Bardi, "Building a Museum on Virgin Soil". *Art News*, Nova York, pp. 33-4, mar. 1957. Pasta 1465, caixa 148, RG 4, NAR Personal Documents, Museums, Rockefeller Family Archives, RAC.

23. Declaração em entrevista gravada em vídeo, em *Lina Bo Bardi*, documentário, São Paulo, ILBPMB, 1994.

24. Lina Bo Bardi em entrevista a José Ruy Gandra. "Mulher", *O Estado de S. Paulo*, 14 nov. 1982, p. 12.

25. Lina Bo Bardi, "Sobre a forma na arquitetura de Oscar Niemeyer", 9 jul. 1978, manuscrito datilografado (Arquivo ILBPMB)

26. Ibid.

27. Geraldo G. Ferraz, "Lina: A poética da intransigência". *Revista DC*, pp. 30-1, maio 1992.

28. Aurélio Michiles e Isa Grinspum Ferraz, op. cit.

29. Entrevista com Lina Bo Bardi, meados dos anos 1980, Centro Cultural São Paulo, transcrição da fita 1, lado B, pp. 3-4 (Arquivo ILBPMB).

30. Popular, a revista publicava com regularidade crônicas de escritores brasileiros progressistas conhecidos, como Carlos Drummond de Andrade, Vinicius de Moraes, Sérgio Milliet e Manuel

Bandeira, e também retratava o trabalho de alguns artistas contemporâneos. Porém, em geral oferecia entretenimento ligeiro para um público de classe alta.

31. Lina Bo Bardi, "Na Europa a casa do homem ruiu". *Rio*, Rio de Janeiro, n. 92, pp. 53-5 e 95, fev. 1947.

32. Artigos variados, *Rio*, Rio de Janeiro, n. 92, fev. 1947.

33. Lina Bo Bardi, "Na Europa a casa do homem ruiu", op. cit., pp. 53-5 e 95.

34. Fernando Morais, op. cit., p. 478.

35. Pietro Maria Bardi, *40 anos de MASP*, op. cit., p. 12.

36. Ibid.

37. Geraldo G. Ferraz, op. cit., pp. 30-1.

38. "Lina Bo Bardi, 1914-1992", *O Estado de S. Paulo*, Caderno 2, São Paulo, 21 mar. 1992, p. 3.

4. CIDADELA DA CIVILIZAÇÃO [pp. 131-65]

1. Fernando Morais, op. cit., p. 479.

2. P. M. Bardi, "Building a Museum on Virgin Soil", op. cit., pp. 33-4.

3. Ibid.

4. Ibid.

5. Ver Pietro Maria Bardi, *40 anos de MASP*, op. cit., p. 14.

6. Ibid., p. 16.

7. Sylvia Ficher, *Os arquitetos da Poli: Ensino e profissão em São Paulo*. São Paulo: Edusp, 2005, pp. 251-2.

8. Pietro Maria Bardi, "An Educational Experiment at the Museu de Arte, Sao Paulo". Museum, Nova York, Unesco, 1: 3-4, dez. 1948, pp. 142 e 212, pasta 1471, caixa 149, RG 4, NAR Personal Documents, Museums, Rockefeller Family Archives, RAC.

9. "Nossa próxima missão é fazer nossos rapazes do Rio e de São Paulo trabalharem juntos e talvez encorajar Porto Alegre e Belo Horizonte a se mexer um pouco." Carta de C. S. Smith a NAR, 6 nov. 1947, pasta 1471, caixa 149, RG 4, NAR Personal Documents, Museums, Rockefeller Family Archives, RAC.

10. Carta de C. S. Smith a Nelson A. Rockefeller, 17 abr. 1947, pasta 1464, caixa 148, RG 4, NAR Personal Documents, Museums, Rockefeller Family Archives, RAC.

11. Fernando Morais, op. cit., pp. 479-85.

12. Pietro Maria Bardi, "An Educational Experiment at the Museu de Arte, Sao Paulo", op. cit.

13. Id., *40 anos de MASP*, op. cit., p. 14.

14. Id., "Building a Museum on Virgin Soil", op. cit., pp. 33-4.

15. Lina Bo Bardi, "Museu de Arte de São Paulo". *Habitat*, São Paulo, n. 1, p. 27, out.-dez. 1950.

16. Fernando Morais, op. cit., pp. 483-4.

17. Anotação em uma foto do arquivo pessoal de Lina Bo Bardi no Campo de Marte, São Paulo, 1947 (Arquivo ILBPMB).

18. O visto de residência temporária concedido a Achillina Bo Bardi em 29 de janeiro de 1948 tinha São Paulo como destino final. Registro expedido pelo Consulado Geral do Brasil em Roma (Arquivo do Consulado).

19. Lina Bo Bardi, notas pessoais, 29 nov. 1986 (Arquivo ILBPMB).

20. A documentação sobre a Paubrá encontrada nos arquivos dos Bardi mostra que a empresa existiu de 1948 a 1950 e contratou marceneiros que produziam suas peças de design.

21. Cartão de visita (Arquivo ILBPMB).

22. Registro da empresa, assinado em 3 fev. 1949. Lina Bo Bardi figura como a única representante oficial, ao lado do assistente Euclides Faria. A firma foi fechada em dezembro de 1950 (Arquivo ILBPMB).

23. Valéria Cirell Czerna era casada com Renato Czerna, professor de filosofia do direito da Universidade de São Paulo e meio-irmão de Fabrizio Clerici, nascido depois que o pai dos dois deixou Roma e formou uma nova família no Brasil, nos anos 1920. Os Bardi conheceram o casal assim que chegaram a São Paulo e acabaram se tornando vizinhos. Entrevista com Giancarlo Renzetti, coordenador do Arquivo Fabrizio Clerici, em Roma, 10 fev. 2007.

24. Renato L. S. Anelli, op. cit., pp. 24-5.

25. Lina Bo Bardi, notas sobre o Estúdio Palma, sem data (Arquivo ILBPMB); publicadas também em Marcelo Ferraz (org.), op. cit., p. 56.

26. Lina Bo Bardi, "Móveis novos". *Habitat*, São Paulo, n. 1, pp. 50-8, out.-dez. 1950.

27. Lina Bo Bardi, notas sobre cadeiras, em Marcelo Ferraz (org.), op. cit., p. 59.

28. Lina Bo Bardi, "Desenho industrial". *Habitat*, São Paulo, n. 5, p. 62, 1951.

29. Diversas fotografias e desenhos ilustram os projetos de Lina e de Palanti na Oficina Paubrá (Arquivo ILBPMB).

30. A exposição foi montada em 1948 por Lina Bo Bardi. Notas e fotografias dos arquivos do Museu de Arte de São Paulo.

31. Grumixaba, ou *Eugenia brasiliensis*, é uma árvore brasileira e uma madeira de lei, hoje ameaçada de extinção. Ocorre em toda a Mata Atlântica, a vegetação tropical que cobria a maior parte da costa Sudeste do Brasil na época em que Lina chegou ao país.

32. *Diário de S. Paulo*, 13 nov. 1949, n.p. (Arquivo ILBPMB).

33. Pietro Maria Bardi, "An Educational Experiment at the Museu de Arte, Sao Paulo", op. cit., pp. 142 e 212.

34. Informações detalhadas sobre a influência de Rockefeller na criação de museus de arte no Brasil podem ser encontradas no relatório produzido pelo autor após uma pesquisa extensiva nos arquivos do Rockefeller Archive Center. Disponível em: <https://rockarch.issuelab.org/resource/nelson-a-rockefeller-and-art-patronage-in-brazil-after-world-war-ii-assis-chateaubriand-the-museu-de-arte-de-sao-paulo-MASP-and-the-musee-de-arte-moderna-mam.html>. Acesso em: 15 dez. 2020.

35. Maria Cecília França Lourenço, op. cit., p. 114.

36. Ibid., p. 104.

37. Carta de Nelson Rockefeller a Francisco Matarazzo Sobrinho, 5 mar. 1948, pasta 1471, caixa 49, RG 4, NAR Personal Documents, Museums, Rockefeller Family Archives, RAC.

38. P. M. Bardi, "Building a Museum on Virgin Soil", op. cit., pp. 33-4.

39. Carta de Assis Chateaubriand a Nelson Rockefeller, 10 jun. 1950; telegrama de NAR a Assis Chateaubriand, 16 jun. 1950; e telegrama de Assis Chateaubriand a NAR, 19 jun. 1950. Pasta 1471, caixa 149, RG 4, NAR Personal Documents, Museums, Rockefeller Family Archives, RAC.

40. O próprio Rockefeller indicou três textos para servirem de referência ao discurso: uma Declaração de Princípios da Arte Moderna, anônima; uma palestra que Irwin Edman, professor de filosofia da Universidade Columbia, ministrou no Rio de Janeiro em 1945, com patrocínio do De-

partamento de Estado norte-americano; e uma carta de Arthur Vandenberg Jr. a Louise Boyer (assistente executivo e conselheiro da confiança de NAR), por volta de 1950. Pasta 1471, caixa 149, RG 4, NAR Personal Documents, Museums, Rockefeller Family Archives, RAC.

41. Lina Bo Bardi, "Vitrine das formas". *Habitat*, São Paulo, n. 1, p. 35, out.-dez. 1950.

42. Ibid., p. 42.

43. Lina Bo Bardi, "Museu de Arte de São Paulo". *Habitat*, São Paulo, n. 1, p. 17, out.-dez. 1950.

44. Folheto promocional do IAC, MASP, 1950, n.p. (Arquivo ILBPMB).

45. Os fotolitos eram produzidos na Funtimod Ltda., na rua Florêncio de Abreu, 780, e a impressão, na O Papel Ltda., na rua do Lavapés, 538, no bairro operário da Liberdade (*Habitat*, São Paulo, n. 1, notas editoriais, p. 1, out.-dez. 1950).

46. Maria de Fátima M. B. Campello, "Lina Bo Bardi: As moradas da alma" [Dissertação de mestrado]. EESC-USP, 1997, p. 27.

47. Lina Bo Bardi em carta a Candido Portinari, 28 set. 1948 (Arquivo ILBPMB).

48. Lina Bo Bardi, "Sobre a forma na arquitetura de Oscar Niemeyer", op. cit.

49. Id., "Museu de Arte de São Paulo", op. cit., p. 1.

50. Ibid.

51. "Amazonas: O povo arquiteto". *Habitat*, São Paulo, n. 1, p. 68, out.-dez. 1950.

52. Ibid.

53. Ibid.

54. Pietro Maria Bardi, "Para uma nova cultura do homem". *Habitat*, São Paulo, n. 2, p. 1, jan.-mar. 1951.

55. Lina Bo Bardi, "Bela criança". *Habitat*, São Paulo, n. 2, p. 3, jan.-mar. 1951.

56. Ibid.

57. Ibid.

58. Ibid.

59. Ibid.

60. Ibid.

61. Ibid.

62. Ibid.

63. "Por que o povo é arquiteto?". *Habitat*, São Paulo, n. 3, p. 3, abr.-jun. 1951.

64. "Casa de 7 mil cruzeiros", *Habitat*, São Paulo, n. 3, pp. 4-6, abr.-jun. 1951.

65. Ibid.

66. "Cerâmica do Nordeste". *Habitat*, São Paulo, n. 2, p. 72, jan.-mar. 1951; id., "Dois objetos". *Habitat*, São Paulo, n. 5, p. 64, out.-dez. 1951.

67. Lina Bo, "Architettura e Natura; La casa nel paesaggio". *Domus*, n. 194, p. 464, fev. 1944.

68. Edoardo Persico, *Scritti d'architettura: 1927-1935*, op. cit., p. 117.

69. Lina Bo Bardi, "Exposição da Agricultura Paulista". *Habitat*, São Paulo, n. 2, p. 42, 1951.

70. "Uma exposição". *Habitat*, São Paulo, n. 2, p. 42, jan.-mar. 1951.

71. Há fotos do evento em Renato Magalhães Gouvêa, *MASP: 60 anos — A história em três tempos*. São Paulo: MASP, 2008, p. 47.

72. Desenhos e notas dos estudos de Lina Bo Bardi para o complexo Taba Guaianases, *c.* 1948-51 (Arquivo ILBPMB).

73. Os dois ficaram amigos quando Nervi começou a trabalhar em La Spezia, cidade natal de

Bardi, em experiências de construção naval com concreto. No começo dos anos 1930, eles propuseram uma estrutura sofisticada para o Palazzo della Civiltà Italiana. Entrevista de Riccardo Mariani ao autor, 17 fev. 2007.

74. Pier Luigi Nervi, "Resistência pela forma". *Habitat*, São Paulo, n. 3, p. 1, abr.-jun. 1951.

75. Lina Bo Bardi, *Contribuição propedêutica ao ensino da teoria da arquitetura*, op. cit. (2002), p. 4.

76. Notas de arquivo baseadas nas memórias do fim da vida de Lina, mas não em registros documentais, sugerem que o estudo para o museu foi feito em 1951. No entanto, é muito mais provável que o projeto tenha sido realizado depois, pois o mandato de Charles Forbes como prefeito de São Vicente só teve início em janeiro de 1952. Além disso, os Bardi usaram o projeto como capa da *Habitat*, n. 8, produzida entre maio e junho e publicada em julho de 1952.

77. Lina Bo Bardi, "Museu à beira do oceano". *Habitat*, São Paulo, n. 8, pp. 6-11, jul.-set. 1952.

78. Ibid., p. 10.

79. Tido como a obra-prima de Mies van Der Rohe, o Crown Hall foi projetado em 1950 para sediar o Departamento de Arquitetura do Instituto de Tecnologia de Illinois, e concluído em 1956, em sua gestão como diretor da faculdade.

80. Pietro Maria Bardi, "Em meio ao verde a casa do Morumbi". *Casa Vogue*, n. 3, pp. 160-3, maio-jun. 1984.

81. Entrevista com Lina Bo Bardi (Leila K. Moreno, "Nossa cidade em três décadas". *Jornal da Tarde*, São Paulo, 25 ago. 1987, p. 12).

82. Lina Bo Bardi, "A casa de vidro: Solicitação de tombamento". São Paulo, Secretaria de Estado da Cultura, Condephaat (Arquivo ILBPMB).

83. "Contrato de compromisso de venda e compra de terreno". Companhia Imobiliária Morumby, São Paulo, 19 dez. 1949, assinado por Lina Bo Bardi e Pietro Maria Bardi (Arquivo ILBPMB).

84. Apesar de terem começado a pagar o terreno em 10 de julho de 1949, o contrato de compra só foi assinado no fim daquele ano, estipulando que os novos proprietários tinham 180 dias para começar a construir a casa familiar. Uma série de desenhos e esboços sem assinatura estão anexados. O requerimento da licença municipal, assinado por Gregori Warchavchik, foi apresentado em 1951 (Arquivo ILBPMB).

85. O alvará é citado na planta da casa do caseiro: "Edícula do projeto de residência já licenciado conforme processo n. 285, alvará n. 25.353, tudo de 5 de 7 de 1951" (Arquivo ILBPMB).

86. De acordo com a documentação em arquivo, a casa ficou em obras pelo menos até o primeiro trimestre de 1952; não foi concluída em 1951, como muitas publicações cravaram. Um contrato firmado no dia 22 de maio de 1951 entre Lina e a Sociedade Comercial e Construtora S.A., dirigida pelo engenheiro Heitor Portugal, indica que a estrutura de concreto armado deveria ser concluída em cem dias, ao custo de 40 mil cruzeiros. Uma nota emitida em 28 de abril de 1952 demanda o pagamento de mais de 166 mil cruzeiros por "serviços de administração de obra realizados entre os meses de fevereiro e março de 1952, relativos à construção mencionada no cabeçalho [Residência no Jardim Morumbi]". Ver "Contrato de construção por administração", 22 maio 1951; e "N/Obra Residência no Jardim Morumby — OA/216-14", 29 abr. 1952, nota, ambos da Sociedade Comercial e Construtora S.A. (Arquivo ILBPMB).

87. Notas manuscritas para entrevista, sem data: "Morumby, a casa deveria ser o atelier do museu (falar do Morumby 1949, floresta, lago, árvores, bichos. Hoje, pelados os morros, cortado,

entupido, mortos os bichos, derrubadas as árvores)". Entrevista com Lina Bo Bardi (Leila K. Moreno, op. cit.).

88. As Case Study Houses foram uma experiência taylorista amplamente reconhecida e bastante copiada de casas planejadas baratas e eficientes, promovida pela revista *Art and Architecture* nos anos 1940, que acompanharam a ocupação de áreas suburbanas nos Estados Unidos, sobretudo na Califórnia.

89. Folheto promocional do Jardim Morumbi, produzido pela Companhia Nacional de Investimentos (Arquivo ILBPMB).

90. "Morumbi". *Habitat*, São Paulo, n. 5, p. 66, 1951.

91. Ibid.

92. O bairro inteiro começou a crescer mais rápido entre o fim dos anos 1950 e o começo dos anos 1960, depois que o governo do estado decidiu construir sua sede na região e que a prefeitura construiu ali um enorme estádio de futebol, projetado por João Vilanova Artigas, ao norte da área original do Jardim Morumbi.

93. Lina Bo Bardi, "Residência no Morumbi". *Habitat*, São Paulo, n. 10, p. 31, jan.-mar. 1953.

94. Ibid.

95. Ibid., p. 40.

96. Estudo em desenho para a Casa de Vidro, sem data (Arquivo ILBPMB).

97. Yves Bruand, *Arquitetura contemporânea no Brasil*. São Paulo: Perspectiva, 1981, pp. 140-4.

98. "Case sui Trampoli". *Domus*, n. 194, pp. 272-4, fev. 1944.

99. A casa de Max Bill havia aparecido na *Werk*, em 1942, e na *Casabella*, em 1943, antes de chegar às páginas da *Domus*, em 1944.

100. Carta da Companhia Imobiliária Morumby sobre pagamentos de hipoteca, 25 set. 1953 (Arquivo ILBPMB).

101. Lina Bo Bardi, entrevista em vídeo (Aurélio Michiles e Isa Grinspum Ferraz, op. cit.).

102. As prateleiras de vidro e aço originais da biblioteca da Casa de Vidro lembram criações de arquitetos milaneses como Franco Albini, mas também as estantes projetadas pelos arquitetos G. e A. Castelli para a casa de campo que Lina mostrara na *Domus*, na matéria "Efficienza dello spazio, Arredamento 'minimo'", n. 195, fev. 1945.

5. GUERRAS CULTURAIS, BATALHAS PESSOAIS [pp. 167-83]

1. P. M. Bardi, "Building a Museum on Virgin Soil", op. cit., pp. 33-4.

2. Fotos da Exposição de Gravuras dos Estados Unidos, MAM-SP. Pasta 1470, caixa 149, RG 4, NAR Personal Documents, Museums, Rockefeller Family Archives, RAC.

3. Memorando de Carleton Sprague Smith a NAR, 23 jun. 1950. Pasta 1471, caixa 149, RG 4, NAR Personal Documents, Museums, Rockefeller Family Archives, RAC.

4. Várias cartas, datadas de 1951 a 1958. Pastas 1469-70, caixa 149, RG 4, NAR Personal Documents, Museums, Rockefeller Family Archives, RAC.

5. Maria Cecília França Lourenço, op. cit., pp. 115-6.

6. "O Centenário". *Habitat*, São Paulo, n. 6, p. 1, jan.-mar. 1952. Editorial que pode ser atribuído a Pietro Maria Bardi.

7. Maria Cecília França Lourenço, op. cit., p. 97.

8. De acordo com as anotações truncadas de Lina, ela "foi denunciada (por Ciccillo como trap[aceira]), não natos por dirigir a revista *Habitat* e Pietro como um grande ex-fascista quando para nós (era a), meninas soquetes, ele era (uma) a esperança europeia". Ver Lina Bo Bardi, "Artigo sobre Pietro p/ Luiz Carta", nota manuscrita, aproximadamente no fim dos anos 1980, pp. 1-2. Também em "P/ *Vogue*" (Arquivo ILBPMB).

9. "Correspondência". *Habitat*, São Paulo, n. 6, p. 87, jan.-mar. 1952.

10. Regulamento da competição, Francisco Beck, diretor da Secretaria de Obras Públicas, São Paulo, 30 maio 1952, p. 1. Pasta 1478, caixa 149, RG 4, NAR Personal Documents, Museums, Rockefeller Family Archives, RAC.

11. Affonso Eduardo Reidy, "Museu de Artes Plásticas, São Paulo". Memorial descritivo, folhas 21: 757/52. Pasta 1478, caixa 149, RG 4, NAR Personal Documents, Museums, Rockefeller Family Archives, RAC.

12. Chateaubriand entregou a carta pessoalmente, em uma viagem a Nova York, em agosto de 1952, e desempenhou um papel diplomático não oficial nas relações entre os dois países. Carta de Francisco Matarazzo Sobrinho a NAR, 19 ago. 1952. Pasta 1478, caixa 149, RG 4, NAR Personal Documents, Museums, Rockefeller Family Archives, RAC.

13. Carta de Francisco Matarazzo Sobrinho a NAR, 19 ago. 1952. Pasta 1478, caixa 149, RG 4, NAR Personal Documents, Museums, Rockefeller Family Archives, RAC.

14. Vários documentos sobre o MAM-SP, abr.-set. 1952. Pasta 1478, caixa 149, RG 4, NAR Personal Documents, Museums, Rockefeller Family Archives, RAC.

15. "Ibirapuera". *Habitat*, São Paulo, n. 11, p. 3, abr.-jun. 1953.

16. Ibid.

17. Certificado de naturalização, Departamento do Interior e da Justiça, Ministério da Justiça e Negócios Interiores, governo federal brasileiro. Registrado em 18 de março de 1953 e aprovado em 28 de abril de 1953 (Arquivo ILBPMB).

18. Passaporte brasileiro de Lina Bo Bardi (Arquivo ILBPMB).

19. Rotas de voos internacionais entre a Argentina e a Itália; anúncio publicado na *Casabella*, 1950 (Arquivo ILBPMB).

20. Renato M. Gouvêa, *MASP, 60 anos: A história em três tempos*. São Paulo: MASP, 2008, pp. 50-1.

21. O número de obras da exposição foi mencionado por Bardi no artigo anônimo "Um museu brasileiro", em "A Segunda Bienal: Uma exposição para o grande público". *Habitat*, São Paulo, n. 14, p. 50, jan.-fev. 1954.

22. "Um lift para Paris". *Habitat*, São Paulo, n. 12, p. 1, jul.-set. 1953.

23. Ibid.

24. Ibid.

25. Ibid.

26. Steinberg deixou a Itália e emigrou para os Estados Unidos em 1938, para fugir das leis raciais de Mussolini.

27. "Steinberg — ninguém na exposição. Casa". Lina Bo Bardi, nota manuscrita, c. 1984 (Arquivo ILBPMB).

28. "Residência no Morumbi". *Habitat*, São Paulo, n. 10, p. 31, jan.-mar. 1953.

29. "Jardim Morumbi". *Habitat*, São Paulo, n. 10, pp. 26-30, jan.-mar. 1953.

30. "Residência no Morumbi", op. cit.

31. "O povo é arquiteto". *Habitat*, São Paulo, n. 10, p. 52, jan. mar. 1953.

32. Ibid.

33. Ibid.

34. Ibid.

35. Max Bill, "O arquiteto, a arquitetura, a sociedade". *Habitat*, São Paulo, n. 14, pp. 26-8, jan.-fev. 1954.

36. Ibid.

37. Flávio de Aquino, "Max Bill critica a nossa moderna arquitetura (entrevista)". *Manchete*, Rio de Janeiro, n. 60, p. 52, 13 jun. 1953.

38. "Max" (crônicas). *Habitat*, São Paulo, n. 12, p. 81, jul.-set. 1953.

39. "Report on Brazil". *The Architectural Review*, Londres, n. 694, pp. 234-50, out. 1954.

40. Essas datas são confirmadas por vistos de entrada em seu passaporte (Arquivo ILBPMB).

41. Fotos de álbum pessoal com Franca Sebasti, 31 dez. 1953 (Arquivo ILBPMB).

42. Assis Chateaubriand, "O índio e o homem do planalto". *Habitat*, São Paulo, n. 14, p. 2, jan.-fev. 1954.

43. Ibid.

44. "Casas, eles também precisam". *Habitat*, São Paulo, n. 14, p. 28, jan.-fev. 1954.

45. Lina Bo Bardi, "A Catedral". *Habitat*, São Paulo, n. 14, p. C, jan.-fev. 1954, Polêmica.

46. Ibid.

47. Ibid.

48. Ibid.

49. Lina Bo Bardi, P. M. Bardi e Rodolfo Klein, "Declaração". *Habitat*, São Paulo, n. 15, p. 1, mar.-abr. 1954.

50. Os vistos de entrada no passaporte de Lina confirmam essas datas (Arquivo ILBPMB).

51. Lina Bo Bardi, P. M. Bardi e Rodolfo Klein, op. cit.

52. Bruno Zevi em carta a Lina Bo Bardi, 4 dez. 1955 (Arquivo ILBPMB).

53. Bruno Zevi em carta a Lina Bo Bardi, 18 set. 1955, p. 2 (Arquivo ILBPMB).

54. Ibid.

55. Lina Bo Bardi em carta a Bruno Zevi, *c*. nov. 1955 (Arquivo da Fondazione Bruno Zevi).

56. Ibid.

57. Ibid.

58. Ibid.

59. Lina Bo Bardi, "Lettera dal Brasile". *L'Architettura, Cronache e Storia*, Roma, n. 9, p. 185, jul. 1956.

60. Lina Bo Bardi em carta a Bruno Zevi, aproximadamente nov. 1955 (Arquivo da Fondazione Bruno Zevi).

61. Lina Bo Bardi, "Lettera dal Brasile", op. cit., p. 185.

62. Ibid.

6. AS RAÍZES QUE BROTAM DE UMA EPÍFITA [pp. 185-205]

1. Segundo entrevista com Edmar de Almeida, 6-7 ago. 2006.

2. Carteira Profissional, Crea n. 7953, São Paulo, 28 fev. 1955 (Arquivo ILBPMB).

3. Na época, a faculdade só oferecia o curso de arquitetura, o programa de urbanismo só foi aprovado em 1960. O nome, contudo, nunca mudou.

4. Lina Bo Bardi, nota manuscrita, *c.* 1980 (Arquivo ILBPMB).

5. Joaquim Guedes, "Casa e cidade: Um mestre da moderna arquitetura brasileira". Portal Vitruvius, ano 2, fev. 2003. Disponível em: <https://vitruvius.com.br/index.php/revistas/read/resenhasonline/02.014/3223>. Acesso em: 20 mar. 2021.

6. Contrato letivo de Lina Bo Bardi, Faculdade de Arquitetura e Urbanismo, Universidade de São Paulo, 20 set. 1957 (Arquivo ILBPMB).

7. Lina Bo Bardi, carta a Pietro Maria Bardi, 28 fev. 1956 (Arquivo ILBPMB).

8. Id., carta a Pietro Maria Bardi, 9 abr. 1956 (Arquivo ILBPMB).

9. Id., carta a Pietro Maria Bardi, 16 abr. 1956 (Arquivo ILBPMB).

10. Id., carta a Pietro Maria Bardi, 30 abr. 1956 (Arquivo ILBPMB).

11. Id., carta a Pietro Maria Bardi, 21 maio 1956 (Arquivo ILBPMB).

12. Id., carta a Pietro Maria Bardi, 25 jun. 1956 (Arquivo ILBPMB).

13. Conforme carimbos dos serviços de imigração no passaporte de Lina (Arquivo ILBPMB).

14. Renato M. Gouvêa, op. cit., p. 54.

15. Segundo o que consta em seu passaporte, ela conseguiu os vistos de entrada na França e na Espanha nos consulados dos respectivos países em Milão (Arquivo ILBPMB).

16. Claudio Valentinetti, entrevista ao autor, 6 set. 2009.

17. Do álbum de família dos Bardi, viagem pela Península Ibérica, 1956 (Arquivo ILBPMB).

18. Lina Bo Bardi, carta de apresentação, 20 set. 1957 (Arquivo ILBPMB).

19. Renato M. Gouvêa, op. cit., p. 54.

20. Conforme os carimbos das alfândegas no passaporte de Lina (Arquivo ILBPMB).

21. Segundo depoimento da arquivista Karen Williams ao autor, a exposição "abriu no dia 31 de março de 1957 e fechou em 2 de junho de 1957, com grande sucesso". Catálogo Central, Metropolitan Museum of Art, 30 jun. 2010.

22. P. M. Bardi, "Building a Museum on Virgin Soil", op. cit., pp. 33-4.

23. Isa Grinspum Ferraz em conversa com o autor, 20 mar. 2005.

24. De acordo com os carimbos dos serviços de imigração no passaporte de Lina (Arquivo ILBPMB).

25. Fernando Morais, op. cit., pp. 582-5.

26. Ibid., p. 586.

27. Ibid., pp. 589-93.

28. Lina Bo Bardi, "Concurso em Cantù". *Habitat*, São Paulo, n. 46, pp. 20-1, 1958.

29. Lina Bo Bardi, transcrição de palestra na FAU-USP, abr. 1989, n.p. (Arquivo ILBPMB); também publicado como "Uma aula de arquitetura", *Projeto*, São Paulo, n. 149, 1992.

30. Ibid.

31. *MASP: primeira maquete "doméstica"*, fotografia (Arquivo ILBPMB).

32. Lina Bo Bardi, notas manuscritas, *c.* 1984 (Arquivo ILBPMB).

33. Esboços do MASP e notas, sem data (Arquivo ILBPMB).

34. Lina Bo Bardi, notas manuscritas, *c.* 1984 (Arquivo ILBPMB).

35. Lina Bo Bardi, transcrição de sua última palestra na FAU-USP, abr. 1989 (Arquivo ILBPMB). Também publicado como "Uma aula de arquitetura". *Projeto*, São Paulo, n. 149, 1992.

36. Renato M. Gouvêa, op. cit., p. 67.

37. O acordo financeiro internacional custou a Kubitschek críticas duras da imprensa brasileira. Além disso, o museu levaria quase duas décadas para conseguir renegociar a dívida. Durante a ditadura militar, no começo dos anos 1970, o governo do presidente Emílio G. Médici por fim absorveu a dívida não paga. Ver Fernando Morais, op. cit., p. 594.

38. "O legado de Armando Alvares Penteado". *O Estado de S. Paulo*, 7 mar. 1947, clipping. Pasta 1467, caixa 148, RG 4, NAR Personal Documents, Museums, Rockefeller Family Archives, RAC.

39. Pietro Maria Bardi, *História do MASP*. São Paulo: Instituto Quadrante, 1992, pp. 30-1.

40. Lina Bo Bardi, *Contribuição propedêutica ao ensino da teoria da arquitetura*, op. cit. (2002).

41. Jotabê Medeiros, "Dez anos depois o legado de Lina Bo Bardi". *O Estado de S. Paulo*, Caderno 2, 17 mar. 2002, p. D6.

42. Ibid.

43. Ibid.

44. Geoffrey Scott, *The Architecture of Humanism: A Study in the History of Taste*. Nova York: W. W. Norton & Company, 1999.

45. Ibid.

46. Ibid., p. 41.

47. Ibid., pp. 10-1.

48. Ibid., p. 13.

49. Ibid., p. 22.

50. Ibid., p. 37.

51. Ibid.

52. Ibid., p. 44.

53. Ibid., pp. 42-3.

54. Ibid., p. 47.

55. Ibid., p. 49.

56. Ibid.

57. Ibid.

58. Ibid., p. 50.

59. Ibid., p. 63.

60. Ibid., p. 64.

61. Ibid.

62. Ibid., p. 65.

63. Ibid., p. 69.

64. Ibid.

65. Ibid., p. 70.

66. O cargo original era de "professor catedrático", termo hoje em desuso. Lina Bo Bardi, carta de inscrição, 20 set. 1957 (Arquivo ILBPMB).

67. Julio Katinsky, entrevista ao autor, 16 ago. 2007.

68. Carta de apresentação datada de 20 de setembro de 1957, carimbada e arquivada pela faculdade em 21 de setembro de 1957 (Arquivo ILBPMB).

69. Cartas de recomendação e registro da Ordem Regional dos Arquitetos da Lombardia, todas assinadas entre 1º e 11 de setembro de 1957 (Arquivo ILBPMB).

70. Nota na carta de apresentação, 23 set. 1957 (Arquivo ILBPMB).

71. Despacho do juiz José Leal Fagundes, Ministério da Economia, Rio de Janeiro, ao professor Pedro Bento José Gravina, 24 set. 1957 (Arquivo ILBPMB).

72. Carta de Pedro Bento José Gravina, vice-diretor da FAU-USP, à arquiteta Achillina Bo Bardi, 30 set. 1957 (Arquivo ILBPMB).

73. Carta de Bruno Zevi a Lina Bo Bardi, 26 jun. 1958, p. 1 (Arquivo ILBPMB).

74. Ibid.

75. Relatório de Haroldo E. B. Campos, Reitoria da Universidade de São Paulo, 22 ago. 1958 (Arquivo ILBPMB).

76. Carta de Júlio M. Stanato a Pedro Bento José Gravina, 22 set. 1957 (Arquivo ILBPMB).

77. "Lina Bo Bardi, 1914-1992". *O Estado de S. Paulo*, Caderno 2, 21 mar. 1992, p. 1.

78. Palestras em Salvador, notas manuscritas, abr. 1958 (Arquivo ILBPMB).

79. Segundo o arquiteto Paulo Ormindo de Azevedo, em entrevista a Juliano Pereira Trindade, *A ação cultural de Lina Bo Bardi na Bahia e no Nordeste* (1958-1964) [Dissertação de mestrado]. São Carlos: EESC-USP, 2001, p. 271.

80. Ibid.

81. Palestra em Salvador, notas manuscritas, abr. 1958 (Arquivo ILBPMB).

82. Ibid.

83. Essa informação foi confirmada por pessoas que foram próximas dos Bardi em entrevistas ao autor. Nenhum nome ou detalhe foi revelado.

84. "A doçura de Lina Bo Bardi". Entrevista com o arquiteto e professor Julio Katinsky. *Jornal do Brasil, Ideias/Ensaios*, 29 mar. 1992, p. 6.

85. Lina Bo Bardi, entrevista a Jotabê Medeiros, 14 mar. 1991, p. 8 (Arquivo ILBPMB).

86. Ibid.

7. UMA ODISSEIA ROMÂNTICA E REVOLUCIONÁRIA [pp. 207-73]

1. Marc W. Herold, "Between Sugar and Petroleum: Bahia and Salvador, 1920-1960". *Espaço Acadêmico*, n. 42, nov. 2004, pp. 23-4.

2. Paulo Ormindo de Azevedo e Renato Ferraz, entrevistas a Juliano Pereira Trindade, op. cit., p. 268.

3. *Diário de S. Paulo*, 20 nov. 1958, p. 9 (Arquivo ILBPMB).

4. Lina Bo Bardi, "Cinco anos entre os brancos". *Mirante das Artes, Etc.*, São Paulo, pp. 19-20, nov.-dez. 1967.

5. Marcelo Ridenti, *Em busca do povo brasileiro: Artistas da revolução, do CPC à era da TV*. São Paulo: Record, 2000, pp. 10-4.

6. Ibid., p. 52.

7. Antonio Risério, *Avant-garde na Bahia*. São Paulo: ILBPMB, 1995, p. 47.

8. Lina Bo Bardi, notas manuscritas, c. 1989 (Arquivo ILBPMB).

9. Marcelo Ridenti, op. cit., p. 119.

10. Maria do Socorro S. Carvalho, *A nova onda baiana: Cinema na Bahia* (1958-1962). Salvador: Edufba, 2003, p. 77.

11. Pierre Verger, *Retratos da Bahia: 1946 a 1952*. Salvador: Corrupio, 1980, p. 18.

12. André L. Mattedi Dias, "A Universidade e a modernização conservadora na Bahia: Edgard Santos, o Instituto de Matemática e Física e a Petrobras". *Revista da SBHC*, Rio de Janeiro, v. 3, n. 2, p. 131, jul.-dez. 2005.

13. Paulo Fábio Dantas Neto, *Tradição, autocracia e carisma: A política de Antonio Carlos Magalhães na modernização da Bahia*. Belo Horizonte: UFMG; Iuperj, 2006, pp. 134-5.

14. Antonio Albino Canelas Rubim (org.), *A ousadia da criação*. Salvador: Facom, 1999, p. 71.

15. Milton Santos, *O centro da cidade do Salvador*. Salvador: Livrarias Progresso, 1959, p. 43.

16. Paulo de Arruda Penteado Filho, "Planejamento urbano em Salvador". *Veracidade*, v. 1, n. 2, pp. 5-11, out.-dez. 1991.

17. Lina Bo Bardi. *Folheto do Museu de Arte da Bahia*. Salvador, sem data (Arquivo MAM-BA).

18. "Lina tinha estatuto de europeia, aquele ar...", Florisvaldo Mattos, entrevista, em Jussilene Santana, *Impressões modernas: Teatro e jornalismo na Bahia*. Salvador: UFBA; Fundo de Cultura, 2009, p. 103.

19. Paulo Ormindo de Azevedo, entrevista a Juliano Pereira Trindade, op. cit., p. 271.

20. Ibid., p. 270.

21. "Dum novo humanismo baseado sobre sólidos princípios e não sobre uma estéril dialética, aquela dialética cavilosa que criou no arquiteto o complexo de engenheiro e, no engenheiro, o complexo de arquiteto." Ver Lina Bo Bardi, notas manuscritas, 11 ago. 1958, p. 7 (Arquivo ILBPMB).

22. Paulo Ormindo de Azevedo, entrevista a Juliano Pereira Trindade, op. cit., p. 270.

23. Maurício de Almeida Chagas, "A arquitetura do Teatro Castro Alves". II Docomomo N-NE, anais de conferência, Salvador, p. 5, 6 jun. 2008.

24. Paulo Ormindo de Azevedo, entrevista a Juliano Pereira Trindade, op. cit., p. 271.

25. Mario Cravo Jr., entrevista a Juliano Pereira Trindade, op. cit., p. 249.

26. Id., entrevista a Ariovaldo Matos. *VIVERBAHIA*, n. 47, jul.-set. 1979.

27. Paulo Ormindo de Azevedo, entrevista a Juliano Pereira Trindade, op. cit., p. 273.

28. Renato Ferraz, entrevista a Juliano Pereira Trindade, op. cit., p. 223.

29. Ibid., p. 222.

30. Florisvaldo Mattos, entrevista a Jussilene Santana, op. cit., p. 187.

31. Mario Cravo Jr. e Renato Ferraz, entrevistas a Juliano Pereira Trindade, op. cit., p. 233.

32. Lina Bo Bardi, "Cultura e não cultura". *Diários Associados*, Salvador, n. 1, Crônicas, 7 set. 1958, p. 1.

33. Id., "arquitetura ou Arquitetura". *Diários Associados*, Salvador, n. 2, Crônicas, 14 set. 1958, p. 1.

34. Ibid.

35. Ibid.

36. Ibid.

37. Lina Bo Bardi, "Arte Industrial". *Diários Associados*, Salvador, n. 8, Crônicas, 27 out. 1958, p. 1.

38. Id., "Olho sobre a Bahia".. *Diários Associados*, Salvador, n. 8, Crônicas, 27 out. 1958, p. 1.

39. Lina Bo Bardi, nota manuscrita sobre Crônicas, nov. 1958 (Arquivo ILBPMB).

40. Depoimento da segunda proprietária da casa, Maria Luiza d'Orey Lacerda Soares, ao autor, em 10 mar. 2010.

41. Lina Bo Bardi, notas manuscritas para a palestra "Arquitetura e natureza ou natureza e arquitetura?", Salvador, 27 set. 1958, p. 4 (Arquivo ILBPMB).

42. Ibid.

43. Lina Bo Bardi, "Brasiliana, Arte e Natura (o Arte e Vita?)". Notas datilografadas, 1959 (Arquivo ILBPMB).

44. Lina Bo Bardi, "Organizzazione redazionale", notas datilografadas para a revista *Brasiliana,* aproximadamente em mar. 1959 (Arquivo ILBPMB).

45. Ibid.

46. Notas sobre a revista *Brasiliana* e documentos datilografados e manuscritos em italiano, 1959 (Arquivo ILBPMB).

47. Lina Bo Bardi, "Organizzazione redazionale", op. cit.

48. Elena Ignês, "Krista". *Diário de Notícias*, 4 abr. 1959. Citado em Jussilene Santana, op. cit., p. 157.

49. Eduardo Borges, *Modernidade negociada: Cinema, autonomia política e vanguarda cultural no contexto do desenvolvimentismo baiano* (1956-1964). Salvador: Universidade Federal da Bahia, Departamento de História, 2003, pp. 32-4.

50. *A Tarde*, 20 mar. 1959, p. 2. Citado em Jussilene Santana, op. cit., p. 152.

51. Mario Cravo Jr., entrevista a Juliano Pereira Trindade, op. cit., pp. 229-30 e 243.

52. Lina Bo Bardi, "Cinco anos entre os brancos", op. cit., pp. 19-20

53. Id., "Carta ao editor", *A Tarde, Unidade*, 11 set. 1961. Citado em Jussilene Santana, op. cit., p. 5.

54. Lina Bo Bardi e Martim Gonçalves, "'Bahia', esposizione a San Paolo". *Domus*, Milão, pp. 32-3, mar. 1960.

55. Lina Bo Bardi e Eros Martim Gonçalves, *Bahia*, catálogo da exposição, 1959 (Arquivo ILBPMB).

56. Helio Eichbauer (org.), *Arte na Bahia: Teatro na universidade*. Salvador: Corrupio, 1990, p. 4.

57. Jussilene Santana, op. cit., p. 91.

58. Lina Bo Bardi e Martim Gonçalves, "'Bahia', esposizione a San Paolo", op. cit., p. 33.

59. Ibid., p. 32.

60. Helio Eichbauer (org.), op. cit., pp. 56-8.

61. Nelson Aguilar, "Lina Bo Bardi". II Encontro de História da Arte, anais da conferência. IFCH-Unicamp, 27-9 mar. 2006.

62. Lina Bo Bardi e Martim Gonçalves, "'Bahia', esposizione a San Paolo", op. cit., p. 33.

63. Ibid., p. 32.

64. Glauber Rocha, "Exposição Bahia no Ibirapuera roubou Bienal e fez JK bater palmas!". *Estado da Bahia*, 15 out. 1959. Citado em Jussilene Santana, op. cit., p. 45.

65. Jorge Amado, catálogo da exposição Bahia. São Paulo: Bienal, 1959, p. 2.

66. No original, em francês: "*La poésie doit être faite par tous. Non par un* [sic]". Ibid.

67. Lina Bo Bardi e Eros Martim Gonçalves, catálogo da exposição Bahia, 1959, p. 1 (Arquivo ILBPMB).

68. Ibid., p. 2.

69. Ibid.

70. No original, em francês: "*Soyons artistes, nous le pouvons*". Ibid.

71. Lina Bo Bardi, "Cinco anos entre os brancos", op. cit., p. 19.

72. Lina Bo Bardi, anotações pessoais manuscritas sobre Pierre Verger, *c*. 1989 (Arquivo ILBPMB).

73. *Diário de Notícias*, 18 out. 1959, p. 5. Citado em Jussilene Santana, op. cit., p. 66.

74. Ibid.

75. *Jornal da Bahia*, 7 jan. 1960. Citado em Jussilene Santana, op. cit., pp. 6-7.

76. Mario Cravo Jr. e Renato Ferraz, entrevista a Juliano Pereira Trindade, op. cit., p. 231.

77. Renato Ferraz, entrevista a Juliano Pereira Trindade, op. cit., p. 232.

78. *Diário de Notícias*, 16 set. 1959. Citado em Jussilene Santana, op. cit., p. 241.

79. Mario Cravo e Renato Ferraz, entrevista a Juliano Pereira Trindade, op. cit., p. 234.

80. Fotografia da inauguração do MAM-BA, 6 jan. 1960 (Arquivo ILBPMB).

81. Renato Ferraz, entrevista a Juliano Pereira Trindade, op. cit., p. 229.

82. "Colaboradores da *Revista B*", nota datilografada sobre corpo editorial, revista *B*, 1959 (Arquivo ILBPMB).

83. Lina Bo Bardi, "Cinco anos entre os brancos", op. cit., pp. 19-20.

84. Id., "Museu de Arte Moderna da Bahia". Livreto de inauguração, 6 jan. 1960 (Arquivo ILBPMB).

85. Lina Bo Bardi, notas sobre os programas de arte e música do MAM-BA, *c.* 1960 (Arquivo MAM-BA.

86. Lina Bo Bardi, arquivo da transcrição de comentário sobre a foto que registra o evento, fev. 1960 (Arquivo ILBPMB).

87. Lina Bo Bardi, anotação em fotografia. Palácio da Aclamação, Salvador, *c.* fev. 1960 (Arquivo ILBPMB).

88. Francesco Tentori, *Pietro Maria Bardi*, op. cit., p. 119.

89. Entrevista de Riccardo Mariani ao autor, 20 fev. 2008.

90. Lina Bo Bardi, "Técnica e arte". *Diário de Notícias*, 23 out. 1960. Cortesia de Jussilene Santana.

91. Ibid.

92. Ibid.

93. Ibid.

94. "Revista DN", *Diário de Notícias*, Salvador, 9-10 out. 1960, pp. 1-3.

95. Lina Bo Bardi, ibid.

96. Ibid, p. 3.

97. Ibid.

98. Ibid.

99. Ibid.

100. Ibid.

101. Ibid.

102. Essa análise do impulso criativo de Lina e de sua atitude em relação aos homens e aos papéis de gênero feminino deriva de consultas aprofundadas à psicanalista Susan Kavaler-Adler, autora de ampla literatura dedicada a compreender os padrões emocionais e relacionais de artistas e escritoras mulheres, incluindo os livros *The Compulsion to Create* (Abindgdon; Nova York: Routledge, 1993) e *The Creative Mystique* (Nova York: Ori Academic Press, 2013).

103. Renato Ferraz, entrevista a Juliano Pereira Trindade, op. cit., p. 225.

104. Lina Bo Bardi, anotação em desenho de escada, 6 maio 1960 (Arquivo ILBPMB).

105. Telegramas de Pietro Maria Bardi a Lina Bo Bardi, fev. 1961 (Arquivo ILBPMB).

106. Fotografia de Hans Gunter Flieg, 1960 (Arquivo ILBPMB).

107. Lina Bo Bardi, depoimento à revista *Bric-a-Brac*, *c.* 1990 (Arquivo ILBPMB).

108. Bruno Zevi, "Incontro con Lina Bo Bardi: Un supervisore con mitra e speroni". *L'Espresso*, 27 maio 1973, p. 28.

109. Na montagem de Lina Bo Bardi e Martim Gonçalves, o título da peça de Berthold Brecht foi traduzido para *Ópera dos três tostões*.

110. "Arquitetura cênica". *A ópera de três tostões*, livreto, MAM-BA, nov. 1960, p. 3 (Arquivo ILBPMB).

111. Documento datilografado (Arquivo MAM-BA).

112. Lina Bo Bardi, "Cinco anos entre os brancos", op. cit., pp. 19-20.

113. Lina dizia isso diversas vezes para os jovens colaboradores que teve no fim da vida, o que também se confirma em Aurélio Michiles e Isa Grinspum Ferraz, op. cit.

114. "Para compor", notas manuscritas atribuídas a Martim Gonçalves, *c.* 1960, p. 1 (Arquivo ILBPMB).

115. Lina Bo Bardi, nota em corte horizontal, cenografia para a *Ópera dos três tostões*, Teatro Castro Alves, 1960 (Arquivo ILBPMB).

116. Jussilene Santana, op. cit., pp. 191-2.

117. Ibid., p. 191.

118. Lina Bo Bardi, texto datilografado sobre Camus para o folheto da montagem de *Calígula*, 1961, p. 1 (Arquivos ILBPMB).

119. Ibid.

120. Jussilene Santana, op. cit., pp. 186-7.

121. *A Tarde*, 20 mar. 1961. Citado em Jussilene Santana, op. cit., p. 188.

122. Os carimbos no passaporte de Lina confirmam esse trajeto (Arquivo ILBPMB).

123. Glauber Rocha, "Inconsciência e inconsequência da atual cultura baiana". *Diário de Notícias*, Suplemento de Artes e Letras, 5 fev. 1961. Citado em Rachel Gerber (org.), *Glauber Rocha*. Rio de Janeiro: Paz e Terra, 1977, p. 23.

124. Ibid.

125. Boris Fausto, *História do Brasil*. São Paulo: Edusp, 2000, pp. 451-5.

126. Robert M. Levine, *The History of Brazil*. Westport, CT: Greenwood, 1999, p. 192.

127. Boris Fausto, op. cit., p. 451

128. Marcelo Ridenti, op. cit., p. 12.

129. *Diário de Notícias*, 9 jun. 1961. Citado em Jussilene Santana, op. cit., p. 102.

130. O jornalista e polemista Paulo Francis escreveu diversos artigos para o jornal soteropolitano *A Tarde* que questionavam o valor do trabalho de Gonçalves em Salvador. Ver Jussilene Santana, op. cit., pp. 247-51.

131. *Diário de Notícias*, 19 ago. 1961. Citado em Jussilene Santana, op. cit., p. 103.

132. Arquivo MAM-BA.

133. Lina Bo Bardi, carta de apresentação à Universidade Federal da Bahia, 13 out. 1961. Arquivos do MAM-BA.

134. Lina Bo Bardi, "Desenho industrial". *Habitat*, São Paulo, n. 5, p. 62, 1951.

135. Gio Ponti, "Artigiano: Problema nazionale". *Domus*, n. 153, pp. 18-20, set. 1940.

136. Lina Bo Bardi, notas manuscritas, *c.* 1961 (Arquivo MAM-BA).

137. Lina Bo Bardi, "Organograma institucional MAM-BA", *c.* 1961, Salvador (Arquivo ILBPMB).

138. Id., "Desenho industrial". *Habitat*, São Paulo, n. 5, p. 62, 1951.

139. Id., "Artes menores". *Ângulos*, Salvador, n. 8, pp. 121-4, dez. 1960.

140. Id., "Università popolare a arte minori", notas manuscritas, *c.* 1962. (Arquivo ILBPMB).

141. Id., *Nordeste*, livreto da exposição, 3 nov. 1963 (Arquivo ILBPMB).

142. Id., "Desenho industrial". *Habitat*, n. 5, p. 62, 1951.

143. Mario Cravo Jr., entrevista a Juliano Pereira Trindade, op. cit., pp. 229-30.

144. Florisvaldo Mattos, entrevista a Jussilene Santana, op. cit., p. 100.

145. Francisco Brennand, fotografias e notas sobre a exposição, abr. 1961 (Arquivo MAM-BA).

146. Lina Bo Bardi, livreto da exposição de Francisco Brennand, abr. 1961 (Arquivo MAM-BA).

147. José Ruy Gandra, "Arte, a fábrica de Lina Bo Bardi". Entrevista com Lina Bo Bardi. *O Estado de S. Paulo*, Mulher, 14 nov. 1982, p. 12.

148. Lina Bo Bardi, "A linha reta até o fim". *Isto É, Senhor*, pp. 64-5, 23 mar. 1992.

149. Weydson Barros Leal, *Ensaio com Abelardo da Hora*. Recife: Instituto Abelardo da Hora, 2005, p. 101.

150. Ibid., pp. 101-2.

151. Ibid., p. 101.

152. Jean-François Chosson, *Peuple et Culture 1945-1995: 50 ans d'innovations au service de l'éducation populaire*. Paris: Peuple et Culture, 1995, p. 21.

153. Movimento de Cultura Popular, "Recife: Fundação de Cultura Cidade do Recife". *Dossier*, coleção Recife, v. 49, pp. 34-40, 1986.

154. Os programas eram Formação da Cultura (DFC), Documentação e Informação (DDI) e Difusão da Cultura (DFC).

155. Depoimento de Abelardo da Hora, *Memorial do MCP*. Recife: Fundação de Cultura da Cidade, 1986, p. 6.

156. Miguel Arraes, "O que foi o MCP?". *Arte em Revista*, n. 2, v. 3, p. 2, 1964.

157. Lina Bo Bardi, notas sobre "grande esposizione al Unhão", *c.* 1962. Citado em Marcelo Ferraz (org.), op. cit., p. 152.

158. "Projeto da Escola de Artesanato". Manuscrito datilografado, *c.* 1963-4, p. 1 (Arquivo MAM-BA).

159. Mario Cravo Jr., entrevista a Juliano Pereira Trindade, op. cit., p. 231.

160. Lina Bo Bardi, "Plano para Escola de Artesanato". Documento datilografado, *c.* 1960 (Arquivo ILBPMB).

161. Renato Ferraz, entrevista a Juliano Pereira Trindade, op. cit., p. 224.

162. Lina Bo Bardi, manuscrito datilografado sobre o conjunto arquitetônico do Unhão, *c.* 1967 (Arquivo ILBPMB).

163. Renato Ferraz, entrevista a Juliano Pereira Trindade, op. cit., pp. 224-55.

164. Paulo Ormindo de Azevedo, entrevista a Juliano Pereira Trindade, op. cit., pp. 231, 274-5.

165. Renato Ferraz, entrevista a Juliano Pereira, op. cit., p. 225.

166. Ibid., pp. 225-8.

167. Ibid., p. 225.

168. Ibid., p. 226.

169. Complexo da Artes, rua Pamplona, São Paulo. Plantas, elevações e cortes, *c.* 1962 (Arquivo ILBPMB).

170. Renato Ferraz, entrevista a Juliano Pereira, op. cit., pp. 228-9.

171. Pietro Maria Bardi, carta a Lina Bo Bardi, 22 jul. 1963 (Arquivo ILBPMB).

172. De acordo com carimbo no passaporte de Lina (Arquivo ILBPMB).

173. "Eliminar a fratura projeto-execução no campo do desenho industrial, também existente na arquitetura contemporânea, visando a eliminar o caráter anônimo e aviltador [sic] do trabalho de execução..." Citado em Juliano Pereira Trindade, op. cit., pp. 213-9.

174. Renato Ferraz, entrevista a Juliano Pereira Trindade, op. cit., p. 240.

175. Ibid., p. 253.

176. Glauber Rocha, "Encontro com Martim no Solar do Unhão". *Jornal da Bahia*, 31 mar. 1963. Citado em Juccilene Santana, op. cit., p. 146.

177. Pietro Maria Bardi, carta a Lina Bo Bardi, 22 jul. 1963.

178. Lavínia Magalhães, carta a Lina Bo Bardi, 17 set. 1963, p. 2 (Arquivo ILBPMB).

179. Lina Bo Bardi, "Projeto da Escola de Artesanato", manuscrito datilografado, *c.* 1963-4, p. 1 (Arquivo MAM-BA).

180. Ibid., p. 2.

181. Olivia de Oliveira, *Lina Bo Bardi: Sutis substâncias da arquitetura*. São Paulo: Romano Guerra; Barcelona: Gustavo Gili, 2006, p. 226.

182. Lina Bo Bardi, "Projeto da Escola de Artesanato", op. cit., p. 2.

183. Francesco Tentori, "Lina Bo Bardi", em *Quattro architetti brasiliani*, manuscrito datilografado, Veneza, 1995, pp. 21-2.

184. Lina Bo Bardi, epígrafe de *Em tempos de grossura*, nota manuscrita, *c.* 1980 (Arquivo ILBPMB).

185. Lina Bo Bardi, *Nordeste*, folder da exposição, Salvador, nov. 1963 (Arquivo ILBPMB).

186. Ibid.

187. Ibid.

188. Ibid.

189. Ibid.

190. Ibid.

191. Pietro Maria Bardi, carta a Lina Bo Bardi, 4 nov. 1963 (Arquivo ILBPMB).

192. Renato Ferraz, entrevista a Juliano Pereira Trindade, op. cit., p. 228.

193. Ibid., p. 230.

194. Mario Cravo Jr. e Renato Ferraz, entrevistas a Juliano Pereira Trindade, op. cit., p. 233.

195. Helio Eichbauer (org.), op. cit., p. 12.

196. Renato Ferraz, entrevista a Juliano Pereira Trindade, op. cit., p. 227.

197. Lina Bo Bardi, carta a Bruno Zevi, São Paulo, 15 jun. 1964, p. 1 (Arquivo da Fondazione Bruno Zevi).

198. Ibid.

199. Lina Bo Bardi, carta ao cônsul brasileiro na Filadélfia, 3 mar. 1964 (Arquivo ILBPMB).

200. Lina Bo Bardi, carta a Celso Furtado, 5 mar. 1964, p. 1 (Arquivo ILBPMB).

201. Ibid.

202. Carta de Celso Furtado a Lina Bo Bardi, 5 abr. 1964 (Arquivo ILBPMB).

203. No texto original, lê-se: "Tudo o que contribui para compatibilizar a vida do homem com a miséria deve ser destruído, ainda que por esse meio estejamos tornando inviável a sobrevivência da comunidade". Celso Furtado, em Marcelo Suzuki (org.), *Tempos de grossura: O design no impasse*. São Paulo: ILBPMB, 1994, p. 63.

204. Muniz G. Ferreira, "O golpe de Estado de 1964 na Bahia". *Clio: Revista de Pesquisa Histórica do Nordeste*, Recife, n. 22, pp. 6-7, 2004.

205. Elio Gaspari, *A ditadura envergonhada*. São Paulo: Companhia das Letras, 2002, p. 56.

206. Ibid., p. 88.

207. Ibid., p. 111.

208. Boris Fausto, op. cit., p. 460.

209. Lina Bo Bardi, carta a Bruno Zevi, São Paulo, 15 jun. 1964, p. 1.

210. Marcelo Ridenti, op. cit., pp. 55 e 131.

211. Muniz G. Ferreira, op. cit., pp. 6-7.

212. Ibid., pp. 6-7 e 9-13.

213. Renato Ferraz, entrevista a Juliano Pereira Trindade, op. cit., p. 235.

214. Ibid., p. 228.

215. Ibid., pp. 236-8.

216. Ibid., p. 237.

217. Lina Bo Bardi, anotações pessoais datilografadas, *c*. ago. 1964 (Arquivo ILBPMB).

218. Ibid.

219. Ibid.

220. Norberto Odebrecht, depoimento a Ana Carolina de Souza Bierrenbach, em "Lina Bo Bardi e o mausoléu da família Odebrecht, entre o etéreo e o terreno". *Arquitextos*, ano 5, maio 2005; Renato Ferraz, entrevista a Juliano Pereira Trindade, op. cit., p. 239.

221. Lina Bo Bardi, "Agosto 1964, canhões da Amaralina na frente do MAM-BA", nota no verso de uma fotografia do Teatro Castro Alves (Arquivo ILBPMB).

222. Renato Ferraz, entrevista a Juliano Pereira Trindade, op. cit., p. 237.

223. Ibid.

224. Ibid., pp. 236-7.

225. Ibid., pp. 235-9.

226. Paulo Ormindo de Azevedo, entrevista a Juliano Pereira Trindade, op. cit., pp. 271 ss.

227. Renato Ferraz, entrevista a Juliano Pereira Trindade, op. cit., p. 238.

228. Ibid.

229. Ibid.

230. Ibid., p. 239.

231. *Diário de Notícias*, 7 ago. 1964. Citado em Jussilene Santana, op. cit., p. 162.

232. Lina Bo Bardi, carta ao MAM-BA, 12 ago. 1964 (Arquivo MAM-BA).

233. Renato Ferraz, entrevista a Juliano Pereira Trindade, op. cit., p. 238.

234. Lina Bo Bardi, depoimento a Helio Eichbauer sobre o livro *Teatro na Bahia*, *c*. 1990 (Arquivo Helio Eichbauer).

235. Lina Bo Bardi, citado em Bruno Zevi, "Incontro con Lina Bo Bardi: Un supervisore con mitra e speroni". *L'Espresso*, Roma, 27 maio 1973, p. 28.

236. Carta de Pietro Maria Bardi a Lina Bo Bardi, 18 ago. 1964 (Arquivo ILBPMB).

237. Lina Bo Bardi, carta a Bruno Zevi, São Paulo, 15 jun. 1964, p. 1 (Arquivo da Fondazione Bruno Zevi).

8. RECOMEÇAR COM A BAGAGEM QUE PODE SER SALVA [pp. 275-317]

1. Lina Bo Bardi, em depoimento gravado a Helio Eichbauer sobre o livro *Teatro na Bahia*, c. 1990 (Arquivo Helio Eichbauer). Também publicado em Helio Eichbauer (org.), op. cit., p. 12.

2. Roberto Rochlitz, relatório sobre a construção do MASP, jan. 1965, arquivo 6, estante 4, pasta 7 (Arquivo MASP).

3. Carta de Lina Bo Bardi a Celso Furtado em 5 mar. 1964, p. 1 (Arquivo ILBPMB).

4. Lina Bo Bardi, correspondência do MAM-BA, 1964 (Arquivo do ILBPMB).

5. Ibid.

6. Carta de Vasco Mariz a Lina Bo Bardi, 1 dez. 1964, Divisão de Difusão Cultural do Ministério de Relações Exteriores (Arquivo ILBPMB).

7. Bruno Zevi, "L'arte dei poveri fa paura ai generali". *L'Espresso*, n. 11, 14 mar. 1965, p. 18 (Arquivo ILBPMB).

8. Elteco, Elettrica Telefonica Costruzioni, nota fiscal do pagamento de instalação elétrica, Roma, 26 fev. 1965 (Arquivo ILBPMB).

9. Bruno Zevi, "L'arte dei poveri fa paura ai generali", op. cit., p. 18.

10. Ibid.

11. Bruno Zevi, "Regime de generais proíbe a exposição". *Correio da Manhã*, 4 abr. 1965 (Arquivo ILBPMB).

12. Bruno Zevi, "L'arte dei poveri fa paura ai generali", op. cit., p. 18.

13. Ibid.

14. Ibid.

15. Paula Sega, "A estética da fome. Glauber Rocha e a abertura de novos horizontes". *Confluenze*, Universidade de Bolonha, v. 1, n. 1, pp. 168-70, 2009.

16. Leon Hirszman, *Maioria absoluta*, 1964, cópia digital remasterizada. Projeto Leon Hirszman, Rio de Janeiro: Petrobras, Ministério da Educação e Cultura.

17. Miguel Pereira, "O Columbianum e o cinema brasileiro". *Alceu*, v. 8, n. 15, pp. 137-8, jul.-dez. 2007.

18. Leon Hirszman, *Maioria absoluta*, 1964, cópia digital remasterizada. Projeto Leon Hirszman, Rio de Janeiro: Petrobras, Ministério da Educação e Cultura.

19. Lina Bo Bardi, carta a Lavínia Magalhães, São Paulo, MASP, 7 jul. 1966 (Arquivo ILBPMB).

20. Lina Bo Bardi, introdução à exposição póstuma de Martim Gonçalves, 16 ago. 1973 (Arquivo Helio Eichbauer).

21. Depoimento de Lina Bo Bardi no arquivo de Helio Eichbauer. Publicado em Helio Eichbauer, op. cit., p. 12.

22. *Correio da Manhã*, 27 set. 1964. Cortesia de Jussilene Santana.

23. Fausto Wolff, "John Ford, ousadias e teatro". *Tribuna da Imprensa*, 14 jul. 1964. Dossiê Martim Gonçalves (Arquivo Funarte).

24. Van Jafa, "Pena ela ser o que é". *Correio da Manhã*, 27 set. 1964. Dossiê Martim Gonçalves (Arquivo Funarte).

25. Ibid.

26. Carlos Lacerda, carta a Lina Bo Bardi, 5 out. 1964 (Arquivo ILBPMB).

27. Lina Bo Bardi, carta a Bruno Zevi, 1 jun. 1965, São Paulo, p. 1 (Arquivo ILBPMB).

28. Ibid., p. 2.

29. Lina Bo Bardi, carta a Carlos Lacerda, 16 jun. 1965, Rio de Janeiro, p. 1 (Arquivo ILBPMB).

30. Lina Bo Bardi, notas para palestra, Escola Nacional de Belas-Artes, Rio de Janeiro, 19 ago. 1965, quatro páginas (Arquivo ILBPMB).

31. Ibid.

32. Entre os registros arquivísticos relativos ao projeto da Fundação Lage, ela deixou dois esboços datados de 27 de setembro de 1965 e 4 de outubro de 1965 (Arquivo ILBPMB).

33. Lina Bo Bardi, carta ao governador da Guanabara, 14 out. 1965, Rio de Janeiro (Arquivo ILBPMB).

34. Lina Bo Bardi, notas pessoais sobre o projeto do Parque Lage, sem data (Arquivo ILBPMB).

35. Ibid.

36. Ibid.

37. Lina Bo Bardi, depoimento gravado a Helio Eichbauer sobre o livro *Teatro na Bahia*, *c*. 1990, op. cit.

38. Conforme relatado por Joaquim Guedes, "Lembranças de Lina Bo Bardi". *Caramelo*, n. 4, 1992.

39. Lina Bo Bardi, carta a Bruno Zevi, 1 jun. 1965, São Paulo, p. 2 (Arquivo ILBPMB).

40. Lina Bo Bardi, Casa Valéria Cirell, P. Morumby, desenhos 1:50, dez. 1964 (Arquivo ILBPMB).

41. Lina Bo Bardi, notas sobre o museu do Instituto Butantan, sem data (Arquivo ILBPMB).

42. Lina Bo Bardi, notas sobre o museu do Instituto Butantan, croqui de estudo, 18 maio 1965 (Arquivo ILBPMB).

43. Lina Bo Bardi, notas sobre o museu do Instituto Butantan, sem data (Arquivo ILBPMB).

44. Lina Bo Bardi, cartas a dona Gabriela, 1 mar. e 6 jun. 1966, projeto Itamambuca (Arquivo ILBPMB).

45. Lina Bo Bardi, carta a Bruno Zevi, 17 ago. 1965, São Paulo (Arquivo ILBPMB).

46. Ibid.

47. Ibid.

48. Lina Bo Bardi, "arquitetura da Arquitetura". *Diários Associados*, Crônicas, n. 2, 14 set. 1958, p. 1.

49. Lina Bo Bardi, carta a Bruno Zevi, 17 ago. 1965, São Paulo (Arquivo ILBPMB).

50. Lina Bo Bardi, carta a Bruno Zevi, 1 jun. 1965, p. 2 (Arquivo ILBPMB).

51. Bruno Zevi, "Incontro con Lina Bo Bardi: Un supervisore con mitra e speroni". *L'Espresso*, 27 maio 1973, p. 28.

52. Lina Bo Bardi, carta a Bruno Zevi, 1 jun. 1965, p. 2 (Arquivo ILBPMB).

53. Lina Bo Bardi, aula na FAU-USP, 1989, transcrição datilografada (Arquivo ILBPMB). Também publicada como "Uma aula de arquitetura, 1989". *Projeto*, São Paulo, n. 149, p. 105, jan. 1992.

54. Ibid.

55. Lina Bo Bardi, desenhos e notas manuscritas, estudos para o MASP, sem data (Arquivo ILBPMB).

56. Ibid.

57. Roberto Rochlitz, entrevista a Ana Clara Giannecchini, *Técnica e estética no concreto armado: Um estudo sobre os edifícios do MASP e da FAU-USP* [Dissertação de mestrado]. São Paulo: Faculdade de Arquitetura e Urbanismo, Universidade de São Paulo, 2009, pp. 126-7.

58. *"L'ombra della sera"* também é o título dado a uma antiga estátua votiva etrusca, esguia, encontrada em Volterra, Itália, que influenciou bastante as figuras alongadas produzidas pelo artista moderno suíço Alberto Giacometti, e que é provável que tenha servido de referência a Lina Bo Bardi para o título.

59. Lina Bo Bardi, MASP, notas manuscritas sobre estudos de fachadas (Arquivo ILBPMB).

60. Lina Bo Bardi, estudos de fechamento, *c.* 1966-7 (Arquivo ILBPMB).

61. Lina Bo Bardi, notas manuscritas, 1966 (Arquivo ILBPMB).

62. Lina Bo Bardi, datiloscrito, inquérito da defesa, *c.* 1971, p. 2 (Arquivo ILBPMB).

63. Pedro Fiori Arantes, *Nova Arquitetura: Sérgio Ferro, Flávio Império e Rodrigo Lefèvre, de Artigas aos mutirões*. São Paulo: Ed. 34, 2002, p. 52.

64. Lina Bo Bardi, "Na América do Sul: Após Le Corbusier, o que está acontecendo?". *Mirante das Artes, Etc.*, São Paulo, n. 1, n.p., jan.-fev. 1967.

65. Ibid.

66. Ibid.

67. Lina Bo Bardi, "No limite da casa popular". *Mirante das Artes, Etc.*, São Paulo, n. 2, n.p., mar.-abr. 1967.

68. Diego B. Inglez de Souza, *Reconstruindo Cajueiro Seco: Arquitetura, política social e cultura popular em Pernambuco* (1960-1964). São Paulo: Annablume, 2010.

69. Lina Bo Bardi, "O novo Trianon". *Mirante das Artes, Etc.*, São Paulo, n. 5, n.p., set.-out. 1967.

70. Ibid.

71. Ibid.

72. Ibid.

73. Lina Bo Bardi, "Cinco anos entre os brancos", op. cit.

74. Lina Bo Bardi, carta a Lavínia Magalhães, 7 jul. 1966 (Arquivo ILBPMB).

75. Lina Bo Bardi, "Cinco anos entre os brancos", op. cit.

76. Lina Bo Bardi, carta a Lavínia Magalhães, 7 jul. 1966 (Arquivo ILBPMB).

77. Lina Bo Bardi, "Cinco anos entre os brancos", op. cit.

78. Ibid.

79. Ibid.

80. Ibid.

81. Lina Bo Bardi, carta a Maury de Freitas Julião sobre os caixilhos do MASP, 9 ago. 1967 (Arquivo ILBPMB).

82. Ibid.

83. Margarida Cintra Gordinho (org.), *Liceu de Artes e Ofícios de São Paulo: Missão excelência*. São Paulo: Marca d'Água, 2000, pp. 16-7.

84. Lina Bo Bardi, carta a Roberto Burle Marx sobre o terraço do Trianon, 13 jul. 1967 (Arquivo ILBPMB).

85. Lina Bo Bardi, manuscrito sobre o MASP, *c.* 1968 (Arquivo ILBPMB).

86. Lina Bo Bardi, carta ao prefeito José V. Faria Lima, 30 jan. 1968 (Arquivo ILBPMB).

87. Lina Bo Bardi, "Negocismo contra idealismo", nota pessoal datilografada sobre a construção do MASP, 25 ago. 1968 (Arquivo ILBPMB).

88. Ibid.

89. *Diário de S. Paulo*, 7 nov. 1968, n.p. Arquivo MASP, pasta 6, estante 4, caixa 3, arquivo 8.

90. Fernando Morais, op. cit., pp. 694-5.

91. Lina Bo Bardi, inquérito de defesa datiloscrito, *c.* 1971, p. 2 (Arquivo ILBPMB).

92. George Jonas, *A cor da vida*. São Paulo: Editor de Cultura, 2009.

93. "A compadecida", croqui da tenda de circo, 1968 (Arquivo ILBPMB).

94. "A compadecida", várias fotos do set de filmagem, 1968 (Arquivo ILBPMB).

95. Lina Bo Bardi, inquérito de defesa datiloscrito, *c.* 1972, p. 1 (Arquivo ILBPMB).

96. Convite de inauguração da coleção permanente do MASP, 7 abr. 1969 (Arquivo ILBPMB).

97. Lina Bo Bardi, *Museu de Arte de São Paulo*. Lisboa: Blau, 1997, p. 7.

98. Lina Bo Bardi, "Explicações sobre o Museu de Arte". *O Estado de S. Paulo*, 5 abr. 1970 (Arquivo ILBPMB).

99. Lina Bo Bardi, *Museu de Arte de São Paulo*, op. cit., p. 6.

100. Ibid., p. 7.

101. Ibid.

102. Lina Bo Bardi, "A mão do povo brasileiro", manuscrito descrevendo a exposição, 1969 (Arquivo ILBPMB).

103. Ibid.

104. Celso Furtado, carta a Lina Bo Bardi, 1967. Em Marcelo Suzuki (org.), op. cit., p. 63.

105. Lina Bo Bardi. *Diário de S. Paulo*, 7 nov. 1968 (Arquivo MASP).

106. Lina Bo Bardi, *Museu de Arte de São Paulo*, op. cit., p. 7.

107. Lina Bo Bardi, nota manuscrita, "MASP e John Cage", 14 out. 1985 (Arquivo ILBPMB).

108. Lina Bo Bardi, depoimento gravado em Aurélio Michiles e Isa Grinspum Ferraz, op. cit.

109. Boris Fausto, op. cit., pp. 470-80.

110. Essas referências podem ser encontradas em seus registros arquivísticos e em sua biblioteca pessoal (Arquivo ILBPMB).

111. Lina Bo Bardi em depoimento gravado a Helio Eichbauer, sobre o livro *Teatro na Bahia*.

112. Edmar de Almeida, entrevista ao autor, 6 ago. 2006.

113. Lina Bo Bardi, *Na selva das cidades*, livreto da peça, 1969 (Arquivo ILBPMB).

114. Lina Bo Bardi, "Na selva das cidades", notas manuscritas, sem data (Arquivo ILBPMB).

115. Ítala Nandi, *Teatro Oficina: Onde a arte não dormia*. Rio de Janeiro: Nova Fronteira, 1989, p. 134.

116. Teatro Oficina, cartazes da peça, 1969 (Arquivo ILBPMB).

117. Sábato Magaldi, "Na selva das cidades". *Jornal da Tarde*, 17 set. 1969.

118. José Celso Martinez Corrêa, "Na selva das cidades", panfleto da peça, São Paulo, ago. 1969.

119. Vera Márcia de Lima, entrevista em vídeo, ABPS, 1994. Citado em Norival A. Cepeda e Maria Aparecida F. Martins, *MASP 1970: O psicodrama*. São Paulo: Ágora, 2010, p. 67.

120. Livia B. H. Dorna, Aline A. G. da Cunha e Heliana B. C. Rodrigues, "Do V Congresso Internacional de Psicodrama e Sociodrama ao evento 'Ética e cidadania, vicissitudes históricas do psicodrama no Brasil'". *Mnemosine*, Rio de Janeiro, Uerj, v. 2, n. 1, pp. 20-8, 2006.

121. Lina Bo Bardi, entrevista a Fabio Malavoglia, 23 ago. 1986 (Arquivo ILBPMB).

122. Ibid.

123. Lina Bo Bardi, depoimento à investigação policial, *c.* 1972, p. 1 (Arquivo ILBPMB).

124. Ibid., p. 3.

125. Ibid.

126. Marcelo Ridenti, op. cit., p. 111.

127. Lina Bo Bardi, depoimento à investigação policial, *c.* 1972, p. 2 (Arquivo ILBPMB).

128. Ibid., p. 4.

129. José Aldo da Silva, entrevista ao autor, 4 mar. 2003.

130. Claudio Valentinetti, entrevista ao autor, 11 set. 2009.

131. Edmar de Almeida, entrevista ao autor, 6 ago. 2006.

132. Segundo o arquiteto Paulo Ormindo de Azevedo. Entrevista a Juliano Pereira, op. cit., p. 277.

133. Lina Bo Bardi, notas manuscritas, 2 jul. 1971 (Arquivo ILBPMB).

134. Edmar de Almeida, entrevista ao autor, 6 ago. 2006.

135. José Aldo da Silva, entrevista ao autor, 4 mar. 2003.

136. José Celso Martinez Corrêa, entrevista no *Roda Viva*, São Paulo, TV Cultura, 27 mar. 1995.

137. Yan Michalski, *O teatro sob pressão: Uma frente de resistência*. Rio de Janeiro: Jorge Zahar, 1985, p. 54.

138. Carta de Lina Bo Bardi a Fabrizio Clerici, São Paulo, 5 maio 1972.

139. Edmar de Almeida, entrevista ao autor, 6 ago. 2006.

140. Claudio Valentinetti, entrevista ao autor, 11 set. 2009.

141. José Aldo da Silva, entrevista ao autor, 5 abr. 2004.

142. Lina Bo Bardi, autorização de viagem, Poder Judiciário, 1972-3 (Arquivo ILBPMB).

143. Lina Bo Bardi, carta a Edevaldo Tales Castelo Branco, *c.* mar. 1973 (Arquivo ILBPMB).

144. Lina Bo Bardi, carta a Judge Nelson Machado Guimarães, 9 mar. 1973 (Arquivo ILBPMB).

145. Dr. Gino Farina, atestado de saúde, Milão, 22 dez. 1972 (Arquivo ILBPMB).

146. Lina Bo Bardi, carta a Fabrizio Clerici, 18 fev. 1973 (Arquivo Fabrizio Clerici).

147. Lina Bo Bardi, desenho para o artigo "L'Architettura, cronache e storia", 16 fev. 1973 (Arquivo ILBPMB).

148. Bruno Zevi, "Incontro con Lina Bo Bardi: Un supervisore con mitra e speroni". *L'Espresso*, 27 maio 1973.

149. Ibid., p. 28.

150. Ibid.

151. Lina Bo Bardi, introdução à exposição póstuma de Martim Gonçalves, 16 ago. 1973 (Arquivo Helio Eichbauer).

152. Lina Bo Bardi, carta a Bruno Zevi, São Paulo, 10 abr. 1974, pp. 4-5 (Arquivo ILBPMB).

153. Ibid., p. 5.

154. Lina Bo Bardi, "Sulla linguistica architettonica". *L'Architettura: Cronache e Storia*, Roma, v. 226, n. 226, p. 260, ago. 1974.

155. Ibid.

156. Lina Bo Bardi, carta a Bruno Zevi, São Paulo, 10 abr. 1974, pp. 4-5 (Arquivo ILBPMB).

157. Ibid.

158. Ibid.

159. Marcelo Ridenti, op. cit., p. 34.

160. Ibid., p. 150.

161. Ibid., p. 302.

162. Edmar de Almeida, entrevista ao autor, 6 ago. 2006.

163. Ibid.

164. Edmar de Almeida, carta a Lina Bo Bardi sobre a preparação de tapeçaria, 5 ago. 1974 (Arquivo ILBPMB).

165. Joaquim Guedes, "Lembranças de Lina Bo Bardi". *Caramelo*, São Paulo, n. 4, 1992.

166. Ibid.

167. Lina Bo Bardi, notas pessoais sobre o Congresso da União Internacional de Arquitetos, *c.* 1975 (Arquivo ILBPMB).

168. Helio Eichbauer em correspondência com o autor, 28 nov. 2010.

169. Wilson Coutinho, "O jardim da oposição". In: Helio Eichbauer e Heloisa B. Holanda, *O jardim da oposição: 1975-1979*. Rio de Janeiro: EVA, 2009, p. 30.

170. Lina Bo Bardi, "Repassos — Edmar e as tecedeiras do Triângulo Mineiro", panfleto da exposição, 9-28 set. 1975, p. 2 (Arquivo Edmar de Almeida).

171. Ibid.

172. Ibid.

173. Ibid.

174. Ibid., capa.

175. Ibid.

176. Lina Bo Bardi, de acordo com relato de Marcelo C. Ferraz, 28 mar. 2005.

177. "Contratação de Serviços", ELC Electroconsult do Brasil Ltda., São Paulo, 9 set. 1975 (Arquivo ILBPMB).

178. Codevasf, projeto de irrigação Propriá, avaliação ex-post, Brasília, [s.n.], 1990.

179. Lina Bo Bardi e Waldemir Mello, notas pessoais sobre o levantamento fotográfico em Camurupim, 19 out. 1975 (Arquivo ILBPMB).

180. Carta dos engenheiros Múcio, Raffaeli e Innocenti a Lina Bo Bardi, 21 nov. 1976 (Arquivo ILBPMB).

181. Lina Bo Bardi e Waldemir Mello, op. cit.

182. Ibid.

183. Estudo de residência para uma família com seis filhos, sendo um deles recém-nascido, *c.* 1976 (Arquivo ILBPMB).

184. Lina Bo Bardi, notas sobre a Cooperativa de Camurupim, sem data (Arquivo ILBPMB).

185. Ana Carolina de Souza Bierrenbach, "Os rastros da ausência: O projeto de Lina Bo Bardi para a Cooperativa de Camurupim". *Arquitextos*, 101.02, ano 9, out. 2008. Disponível em: <http://www.vitruvius.com.br/revistas/read/arquitextos/09.101/101>. Acesso em: 19 ago. 2010.

186. Lina Bo Bardi em entrevista a Aureliano Menezes, FAU-USP, 1976 (Arquivo ILBPMB).

9. A CAPACIDADE DE DIZER NÃO [pp. 319-79]

1. Tomás Maldonado, *La speranza progettuale: Ambiente e società*. Turim: Einaudi, 1970. Nuovo Politecnico, n. 35.

2. Sábato Magaldi, "Helio Eichbauer: O cenário como linguagem exata". *Jornal da Tarde*, São Paulo, 17 maio 1972.

3. Lina Bo Bardi, "Design como comportamento total". In: Wilson Coutinho, op. cit., p. 36.

4. Ibid.

5. Ibid. Introdução à exposição Espaço-Lúdico, sobre a obra do cenógrafo Helio Eichbauer em 1976.

6. Lina Bo Bardi, "Arquitetura e design industrial: Depois do Sturm und Drang", notas datilografadas, 1976 (Arquivo ILBPMB). Publicado como Lina Bo Bardi, "Planejamento ambiental". *Malasartes*, n. 2, dez. 1976-fev. 1977, pp. 4-7.

7. Ibid.

8. Lina Bo Bardi, "Planejamento ambiental", op. cit.

9. Lina Bo Bardi, várias notas em livros de sua biblioteca pessoal (Arquivo ILBPMB).

10. Tomás Maldonado, op. cit., pp. 54-7.

11. Lina Bo Bardi, "Planejamento ambiental, op. cit., p. 4.

12. Ibid., p. 5.

13. Ibid.

14. Ibid.

15. Ibid., p. 6.

16. Ibid., p. 7.

17. Havia ao menos quatro padres envolvidos no projeto: frei Egídio, frei Guido, frei Fúlvio e frei Tarcísio. Documentos e correspondência relativos à igreja do Cerrado, 1976-80 (Arquivo ILBPMB).

18. Disponível em: <https://alias.estadao.com.br/noticias/geral/da-missa-a-metade,1578682>. Acesso em: jun. 2020.

19. Edmar de Almeida, entrevista ao autor, 6-7 ago. 2006.

20. Edmar de Almeida, carta a Lina Bo Bardi, jul. 1976, p. 1 (Arquivo ILBPMB).

21. Lina Bo Bardi, notas pessoais, sem data (Arquivo ILBPMB).

22. Edmar de Almeida, carta a Lina Bo Bardi, jul. 1976, p. 3 (Arquivo ILBPMB).

23. "Gente importante", *Correio de Uberlândia*, 14 set. 1976, p. 3 (Arquivo ILBPMB).

24. Edmar de Almeida, entrevista ao autor, 6-7 ago. 2006.

25. Lina Bo Bardi, esboço da capela, teto e estudo da parede, *c.* 1976 (Arquivo ILBPMB).

26. Lina Bo Bardi, igreja do Cerrado, estudo da vista geral, aquarela e lápis, 15 set. 1976 (Arquivo ILBPMB).

27. Lina Bo Bardi, igreja do Cerrado, elevação, jul. 1978 (Arquivo ILBPMB).

28. Lina Bo Bardi, igreja do Cerrado, notas pessoais, sem data (Arquivo ILBPMB).

29. Ibid.

30. Edmar de Almeida, entrevista ao autor, 6-7 ago. 2006.

31. Bruna Sercelli, depoimento a Olivia de Oliveira, op. cit., p. 105.

32. Lina Bo Bardi, exposição na FAU-USP, 1989 (Arquivo ILBPMB).

33. Lina Bo Bardi, "O não", manuscrito produzido durante o projeto do Sesc Pompeia, sem data (Arquivo ILBPMB).

34. Claudio Valentinetti, entrevista ao autor, 11 set. 2009.

35. Ibid.

36. Julio Neves, entrevista a Liana Paula P. de Oliveira, op. cit., p. 6.

37. João dos Santos Filho e Rodrigo Meira Martoni, "Ufanismo, sandice e galhofa são atributos das políticas públicas de turismo no Brasil". *Partes*, 3 nov. 2007. Disponível em: <https://www.partes.com.br/2007/11/03/ufanismo-sandice-e-galhofa-sao-atributos-das-politicas-publicas-de-turismo-no-brasil/>. Acesso em: 7 jan. 2021.

38. Marcelo C. Ferraz, entrevista ao autor, 24 abr. 2005.

39. Os croquis iniciais para o projeto geral dos galpões datam de 12 de abril de 1977.

40. Lina Bo Bardi, "Terapia intensiva". *AU Arquitetura Urbanismo*, São Paulo, n. 18, p. 37, jun.-jul. 1988.

41. Lina Bo Bardi, notas sobre o Sesc Pompeia, *c.* 1986 (Arquivo ILBPMB).

42. Ibid.

43. Ibid.

44. Ibid.; *Lina Bo Bardi* (catálogo). 3. ed. São Paulo: ILBPMB; Imprensa Oficial, 2008, p. 220.

45. Marcelo C. Ferraz, entrevista ao autor, 24 abr. 2005.

46. Lina Bo Bardi, notas sobre o Sesc Pompeia, *c.* 1986 (Arquivo ILBPMB).

47. Lina Bo Bardi, "Planejamento ambiental", op. cit., p. 7.

48. Graziella Bo Valentinetti, "Introdução". In: Giancarlo Latorraca (org.), *Cidadela da liberdade*. São Paulo: ILBPMB, 1999, p. 7.

49. Anotações no quadro-negro legíveis em uma fotografia tirada no escritório de obra do Sesc Pompeia, sem data (Arquivo ILBPMB).

50. Dirceu Soares, "Um centro de lazer na cidade morta". *Folha de S.Paulo*, 20 jan. 1978.

51. José Celso Martinez Corrêa, depoimento em Fernando Peixoto, *Teatro Oficina (1958-1982): Trajetória de uma rebeldia cultural*. São Paulo: Brasiliense, 1982, p. 99.

52. Lina Bo Bardi, *Caixotinho*, vários desenhos e protótipo, maio 1980-1 (Arquivo ILBPMB).

53. Lina Bo Bardi, desenho para banco de uma perna, sem data (Arquivo ILBPMB).

54. Celene Canoas, entrevista a Liana Paula P. de Oliveira, op. cit., p. 41.

55. Recibos de hotel (Arquivo ILBPMB).

56. Roupas pessoais de Lina Bo Bardi. Arquivo ILBPMB, transferido para o arquivo do Teatro Oficina.

57. Joaquim Guedes, entrevista ao autor, 5 jun. 2008.

58. Lina Bo Bardi, "Roteiro", roteiro para "Tempos de grossura", 1980, quatro páginas (Arquivo ILBPMB).

59. Lina Bo Bardi, "Progresso e civilização", manuscrito, *c.* 1978 (Arquivo ILBPMB).

60. Boris Fausto, op. cit., pp. 490-5.

61. Marcelo Ridenti, op. cit., pp. 293-7.

62. Marcelo Suzuki, "Nota prévia". In: Lina Bo Bardi, "Um balanço dezesseis anos depois". Marcelo Suzuki (org.), op. cit., p. 9.

63. A equipe de arquitetura incluía Lina Bo Bardi, Francisco Fanucci, André Vainer, Marcelo C. Ferraz, Paulo Fecarotta, Guilherme Paoliello, Bel Paoliello, Marcelo Suzuki e Ucho Carvalho. Lina Bo Bardi, concurso do vale do Anhangabaú, 1981 (Arquivo ILBPMB).

64. Marcelo C. Ferraz, entrevista ao autor, 4 ago. 2006.

65. Marcelo C. Ferraz, entrevista a Raissa de Oliveira. *Vitruvius*, n. 08.030, São Paulo, abr. 2007.

66. Lina Bo Bardi, concurso do vale do Anhangabaú, 1981 (Arquivo ILBPMB).

67. *Ficus doliaria*.

68. Lina Bo Bardi, concurso do vale do Anhangabaú, 1981 (Arquivo ILBPMB).

69. Nota manuscrita sobre o projeto para o Museu de Arte Moderna no parque Ibirapuera, São Paulo, *c.* 1982 (Arquivo ILBPMB).

70. Lina Bo Bardi, Museu de Arte Moderna de São Paulo, perspectiva do interior, jul. 1982 (Arquivo ILBPMB).

71. Nota manuscrita sobre o projeto para o Museu de Arte Moderna no parque Ibirapuera, São Paulo, *c.* 1982 (Arquivo ILBPMB).

72. Lina Bo Bardi, "Landscape", desenho preliminar para o Sesc, 10 jun. 1977 (Arquivo ILBPMB).

73. Lina Bo Bardi, vários estudos e projetos para móveis e brinquedos, 1980-1 (Arquivo ILBPMB).

74. Marcelo C. Ferraz, entrevista ao autor, 28 abr. 2005.

75. Lina Bo Bardi, carta a Roberto Pinho, 1 fev. 1988 (Arquivo ILBPMB).

76. *O design no Brasil: História e realidade*, catálogo da exposição, São Paulo: Sesc; MASP, 1982 (Arquivo ILBPMB).

77. Ibid.

78. Lina Bo Bardi, notas manuscritas sobre a primeira exposição no Sesc Pompeia, *c.* 1981 (Arquivo ILBPMB).

79. Ibid.

80. Lina Bo Bardi, "O design no Brasil: História e realidade", op. cit.

81. Ibid., notas, *c.* 1982 (Arquivo ILBPMB).

82. Lina Bo Bardi, carta a Estanislau da Silva Sales, 9 set. 1982 (Arquivo ILBPMB).

83. No original, "*Malinconia sono io forse*". Lina Bo Bardi, nota pessoal, 15 set. 1982 (Arquivo ILBPMB).

84. Lina Bo Bardi, O Belo e o direito ao Feio, registros da exposição, Sesc Pompeia, 24-31 out. 1982 (Arquivo ILBPMB).

85. Id., *O Belo e o direito ao Feio*, folheto da exposição, São Paulo, Sesc, out. 1982 (Arquivo ILBPMB).

86. Ibid.

87. Pietro Maria Bardi, "Introdução". Catálogo da exposição Mil Brinquedos para a Criança Brasileira, Sesc Pompeia, 1982, p. 6 (Arquivo ILBPMB).

88. Lina Bo Bardi, "Montanha-russa", notas sobre a exposição de brinquedos, Sesc, 1982 (Arquivo ILBPMB).

89. Lina Bo Bardi, memorando manuscrito para Renato Requixá, *c.* nov. 1982 (Arquivo ILBPMB).

90. Ibid.

91. Lina Bo Bardi, catálogo da exposição Mil Brinquedos para a Criança Brasileira, op. cit., p. 10.

92. Lina Bo Bardi, notas sobre a exposição Pinocchio, 1983 (Arquivo ILBPMB).

93. Fotografia de exposição, 1983 (Arquivo ILBPMB).

94. Lina Bo Bardi, notas sobre a exposição Pinocchio, op. cit.

95. Lina Bo Bardi, carta a Renato Requixá, 11 jul. 1983 (Arquivo ILBPMB).

96. Lina Bo Bardi, memorando a Renato Requixá, 1983 (Arquivo ILBPMB).

97. Carlos Rodrigues Brandão, *O caipira dos sertões de São Paulo*. Campinas: Unicamp; Secretaria de Cultura de São Paulo, jul. 1980 (Arquivo ILBPMB).

98. Lina Bo Bardi, croquis da exposição Caipiras, Capiaus: Pau a Pique, maio-jun. 1984 (Arquivo ILBPMB).

99. Lina Bo Bardi, notas de abertura da exposição Caipiras, Capiaus: Pau a Pique, 29 jun. 1984 (Arquivo ILBPMB).

100. Ibid.

101. Catálogo da exposição Caipiras, Capiaus: Pau a Pique. São Paulo: Sesc, 1984, p. 6.

102. Ibid., p. 38.

103. Ibid., p. 6.

104. Ibid.

105. Ibid.

106. Ibid.

107. Esse título indica o interesse de Lina pelas produções teatrais, em especial pelo Teatro da Descoberta de Martinez Corrêa, traduzido em seu jogo de palavras "Teatro" e "Entre-ato". Lina Bo Bardi, notas e desenhos da exposição Entre-Ato para Crianças, out. 1984 (Arquivo ILBPMB).

108. Lina Bo Bardi, notas e desenhos da exposição Entre-Ato para Crianças, out.-27 dez. 1984 (Arquivo ILBPMB).

109. Ibid.

110. Lina Bo Bardi, notas da exposição Entre-Ato para Crianças, sem data (Arquivo ILBPMB).

111. Lina Bo Bardi, catálogo da exposição Entre-Ato para Crianças, 1985, p. 6 (Arquivo ILBPMB).

112. Ibid.

113. Lina Bo Bardi, notas da exposição Entre-Ato para Crianças, sem data (Arquivo ILBPMB).

114. Ibid., p. 3 (Arquivo ILBPMB).

115. Lina Bo Bardi, notas da exposição Entre-Ato para Crianças, sem data (Arquivo ILBPMB).

116. Ibid., p. 2.

117. Lina Bo Bardi, notas da exposição Entre-Ato para Crianças, sem data, p. 2 (Arquivo ILBPMB).

118. Ibid.

119. Lina Bo Bardi, cartaz da exposição Entre-Ato para Crianças, 24 mar.-11 ago. 1985 (Arquivo ILBPMB).

120. Lina Bo Bardi, notas da exposição Entre-Ato para Crianças, sem data (Arquivo ILBPMB).

121. Lina Bo Bardi, programa da peça *Ubu, folias physicas, pataphysicas e musicaes*, 1985 (Arquivo ILBPMB).

122. Esse objeto remanescente da peça foi mantido em sua sala de estar, na Casa de Vidro, ao lado da estátua clássica de Diana. Lina Bo Bardi, *Polochon*, esboços, 25 maio 1985 (Arquivo ILBPMB).

123. César Giobbi, "Ubu, uma introdução a Jarry". *Jornal da Tarde*, 25 maio 1985.

124. Programa da peça *Ubu, folias physicas, pataphysicas e musicaes*, 1985 (Arquivo ILBPMB).

125. Ibid.

126. Ibid.

127. Marcelo C. Ferraz, entrevista a Mateus Bertone da Silva, *Lina Bo Bardi: Arquitetura cênica*. São Carlos: EESC-USP, 2004, p. 346.

128. Lina Bo Bardi, notas pessoais sobre a cenografia de *Ubu, folias físicas, patafísicas e musicais*, *c.* 1985, sem data (Arquivo ILBPMB).

129. Ibid.

130. Ana C. Vespucci, "Lina Bo Bardi: Apaixonada pelo trabalho". *O Estado de S. Paulo*, 9 set. 1984 (Arquivo ILBPMB).

131. Ibid.

132. Ibid.

133. Ibid.

134. Ibid.

135. Frederico Morais, "Lina Bo Bardi". *O Estado de S. Paulo*, 28 abr. 1984 (Arquivo ILBPMB).

136. Lina Bo Bardi, entrevista a Carolina Lefèvre, transcrição com notas, jul. 1991 (Arquivo ILBPMB).

137. Lina Bo Bardi, notas para entrevista à *Casa Vogue*, n. 6, São Paulo, 1986 (Arquivo ILBPMB).

138. Lina Bo Bardi, notas manuscritas, sem data (Arquivo ILBPMB).

139. Lina Bo Bardi, notas sobre o Sesc Pompeia, *c.* 1986-7 (Arquivo ILBPMB).

140. Ibid.

141. Ibid.

142. Ibid.

143. Ibid.

144. Ibid.

145. Lina Bo Bardi, notas para entrevista à *Casa Vogue*, op. cit.

146. Rockefeller citou a fala de Franklin D. Roosevelt na reabertura do MOMA em 1939. Carta de Arthur Vandenberg Jr. a Louise Boyer (assistente executiva e consultora da NAR), *c.* 1950. Pasta 1471, caixa 149, RG 4, NAR Personal Documents, Museums, Rockefeller Family Archives, RAC.

147. Lina Bo Bardi, "MASP e John Cage", nota manuscrita, 14 out. 1985 (Arquivo ILBPMB).

148. Lina Bo Bardi, notas para entrevista à *Casa Vogue*, op. cit.

149. Darcy Ribeiro, depoimento em Aurélio Michiles e Isa Grinspum Ferraz, op. cit.

150. Lina Bo Bardi, depoimento a Helio Eichbauer sobre o livro *Teatro na Bahia*, *c.* 1990 (Arquivo Helio Eichbauer).

151. Lina Bo Bardi, "Tenho (certas) inibições arquitetônicas", notas pessoais, *c.* 1986 (Arquivo ILBPMB).

152. Ibid.

153. Mário Kertész, carta a Lina Bo Bardi, 22 abr. 1986 (Arquivo ILBPMB).

154. Ibid.

155. Ibid.

156. Ibid.

157. Ibid.

158. Marcelo C. Ferraz, entrevista ao autor, 4 ago. 2006.

159. Lina Bo Bardi, carta a Roberto Pinho, manuscrito, 19 jan. 1988 (Arquivo ILBPMB).

160. Leão Serva, "O caso das joias de Lina Bo Bardi". *Folha de S.Paulo*, 10 abr. 1987.

161. Lina Bo Bardi, depoimento em Leão Serva, op. cit.

162. Fotografias da cerimônia de premiação, 23 abr. 1964 (Arquivo ILBPMB).

163. Marcelo C. Ferraz, entrevista ao autor, 4 ago. 2006.

164. Antônio A. Canelas Rubim, *Poder, mídia e política na Bahia*. Salvador: Facom, 2002, p. 15.

165. Juliana B. Köpp e Mariana L. Albinati, "Políticas culturais de Salvador na gestão Mário Kertész (1986 a 1989)". Salvador, UFBA, 2006, p. 4.

166. Juarez D. Bonfim, *Políticas públicas para o centro histórico de Salvador: O caso do parque histórico do Pelourinho* [Tese de doutorado]. Salvador, UFBA, 1996, p. 83.

167. Lina Bo Bardi, desenhos do distrito do Pelourinho, ago. 1986 (Arquivo ILBPMB).

168. Roberto Pinho, entrevista a Juliano Pereira Trindade, op. cit., p. 242.

169. Lina Bo Bardi, manuscrito sobre a renovação do Pelourinho, mar. 1987 (Arquivo ILBPMB).

170. Ibid.

171. Ibid.

172. Lina Bo Bardi, carta a Celso Furtado, 22 abr. 1987 (Arquivo ILBPMB).

173. Lina Bo Bardi, notas sobre a reabilitação em Salvador, abr. 1986 (Arquivo ILBPMB).

174. Lina Bo Bardi, notas pessoais sobre o Pelourinho, *c.* 1986 (Arquivo ILBPMB).

175. Lina Bo Bardi, aula na FAU-USP, transcrição datilografada, p. 3 (Arquivo ILBPMB). Também publicada em Lina Bo Bardi, *Projeto*, n. 149, jan. 1992.

176. Lina Bo Bardi, notas sobre a prancha do plano diretor do Pelourinho, 1986 (Arquivo ILBPMB).

177. Lina Bo Bardi, nota sobre a cronologia dos projetos do Pelourinho e da Barroquinha, *c.* 1986; e vários desenhos e notas, jun. 1986-maio 1989 (Arquivo ILBPMB).

178. Lina Bo Bardi, Casa do Brasil em Benin, croquis, mar. 1990 (Arquivo ILBPMB).

179. Lina Bo Bardi, nota sobre a reabilitação do centro histórico de Salvador, sem data (Arquivo ILBPMB).

180. Caetano Veloso, em conversa com o autor, 28 maio 2012.

181. Lina Bo Bardi, anotações sobre desenho para a abertura da Casa do Benin na Bahia, 20 abr. 1988 (Arquivo ILBPMB).

182. Lina Bo Bardi, cartas a Roberto Pinho, 4 mar. 1987, 19 abr. 1987, 4 nov. 1987, 19 jan. 1988, 1 fev. 1988 (Arquivo ILBPMB).

183. Lina Bo Bardi, manuscrito sobre a renovação do Pelourinho, mar. 1987 (Arquivo ILBPMB).

184. Lina Bo Bardi, depoimento em "Na simplicidade, a beleza do projeto". *Dirigente Construtor*, São Paulo, v. XXIII, n. 2, pp. 34-7, fev. 1987.

185. Lina Bo Bardi, carta a Roberto Pinho, 2 fev. 1988 (Arquivo ILBPMB).

186. Lina Bo Bardi, notas pessoais sobre Pierre Verger, manuscrito, *c.* 1988 (Arquivo ILBPMB).

187. "África Negra", fotografia da abertura da exposição, 11 maio 1988 (Arquivo ILBPMB).

188. Lina Bo Bardi, entrevista na revista *Visão*, São Paulo, n. 239, maio 1988 (Arquivo ILBPMB).

189. Lina Bo Bardi, desenhos e notas para a estação Urca, 23 nov. 1986 (Arquivo ILBPMB).

190. Lina Bo Bardi, notas pessoais sobre a renovação do Teatro Polytheama, São Paulo, 15 jul. 1986 (Arquivo ILBPMB).

191. Lina Bo Bardi, notas pessoais sobre a renovação do Teatro Polytheama, São Paulo, 17 jul. 1987 (Arquivo ILBPMB).

192. Joaquim Guedes, "Lembranças de Lina Bo Bardi". *Caramelo*, São Paulo, n. 4, 1992.

193. Ibid.

194. Conforme fotografias e mapas da Exposição do Mundo Português, Lisboa, 1940.

195. Lina Bo Bardi, notas sobre o concurso para o Centro Cultural de Belém, jan.-mar. 1988 (Arquivo ILBPMB).

196. Lina Bo Bardi, notas em croquis para o concurso do Centro Cultural de Belém, 27 mar. 1988 (Arquivo ILBPMB).

197. Lina Bo Bardi, notas em croquis para o concurso do Centro Cultural de Belém, jan.-mar. 1988 (Arquivo ILBPMB).

198. Lina Bo Bardi, notas pessoais sobre o centro da LBA, *c.* 1990 (Arquivo ILBPMB).

199. Medida provisória n. 813, *Diário Oficial*, coluna 1, p. 1, 1 jan. 1995.

200. Edson Elito, entrevista a Mateus Bertone da Silva, op. cit., p. 295.

201. Lina Bo Bardi, Teatro das Ruínas, anotações em desenhos preliminares, 30 jan. 1989 (Arquivo ILBPMB).

202. Lina Bo Bardi, carta-discurso para a inauguração do Teatro Gregório de Mattos, 15 ago. 1989 (Arquivo ILBPMB).

203. Ibid.

204. Lina Bo Bardi, nota pessoal, *c.* 1989 (Arquivo ILBPMB).

205. Lina Bo Bardi, nota pessoal, *c.* 1989 (Arquivo ILBPMB).

206. Maria Teresa Costa, "Estação Guanabara será Centro Cultural". *Correio Popular*, Campinas, 9 fev. 2001 (Arquivo biblioteca CMU).

207. Lina Bo Bardi, notas sobre o projeto da estação Guanabara, 1990 (Arquivo ILBPMB).

208. Ibid.

209. Lina Bo Bardi, depoimento gravado a sobre o livro *Teatro na Bahia*, *c*. 1990 (Arquivo Helio Eichbauer); também publicado em Helio Eichbauer (org.), op. cit., p. 12.

210. Lina Bo Bardi, despacho ao Condephaat, out. 1990 (Arquivo ILBPMB).

211. Ibid.

212. Lina Bo Bardi, notas pessoais sobre o projeto para a prefeitura de São Paulo, *c*. jul. 1990 (Arquivo ILBPMB).

213. Ibid.

214. Lina Bo Bardi, anotações em croqui para a praça da prefeitura de São Paulo, 12 out. 1990 (Arquivo ILBPMB).

215. Lina Bo Bardi, "Programa para Prefeitura de São Paulo", notas sobre o projeto, jun. 1990 (Arquivo ILBPMB).

216. Ibid.

217. Ivo Patarra, *O governo Luiza Erundina: Cronologia de quatro anos de administração do PT na cidade de São Paulo, de 1989 a 1992*. São Paulo: Geração Editorial, 1996, p. 292.

218. Lina Bo Bardi, nota pessoal em desenho da prefeitura, 1992 (Arquivo ILBPMB).

219. Elizabeth Lorenzotti, "O sonho da Vera Cruz". *Entretextos*, São Paulo, ECA-USP, 2009.

220. Lina Bo Bardi, notas para palestra no XIII Congresso Brasileiro de Arquitetos, out. 1991, p. 1 (Arquivo ILBPMB).

221. Ibid.

222. Ibid.

223. Ibid., p. 2.

224. Ibid.

225. Ibid.

226. Ibid.

227. Ibid.

228. Ibid.

229. Ibid.

230. Ibid.

231. Marcelo C. Ferraz, depoimento ao autor, 20 set. 2011.

232. Fotografia publicada em Lina Bo Bardi, "Uma aula de arquitetura". *Projeto*, n. 133, p. 107, 1990.

233. Lina Bo Bardi, palestra na FAU-USP, transcrição datilografada, 14 abr. 1989 (Arquivo ILBPMB).

234. Ibid., p. 7.

235. Ibid.

236. Ibid., p. 8.

237. Ibid.

238. Ibid.

239. Ibid.

240. Ibid.

241. Ibid.

242. Ibid.

243. Ibid., p. 7.

244. Marcelo C. Ferraz, entrevista ao autor, 6 abr. 2006.

245. Fotografia publicada em Lina Bo Bardi, "Uma aula de arquitetura". *Projeto*, n. 133, p. 108, 1990.

246. Lina Bo Bardi em fotografia de exposição, 14 abr. 1989 (Arquivo ILBPMB).

247. Ibid.

248. "Lina Bo Bardi, 1914-1992". *O Estado de S. Paulo*, Caderno 2, 21 mar. 1992, p. 1.

249. Edmar de Almeida, entrevista ao autor, 6 ago. 2006.

250. Isa Grinspum Ferraz, entrevista ao autor, 30 mar. 2006.

251. Lina Bo Bardi, "Para Pietro, Lina". Cartão desenhado à mão, 18-21 fev. 1990 (Arquivo ILBPMB).

252. Edmar de Almeida, entrevista ao autor, 6 ago. 2006.

253. Marcelo C. Ferraz, entrevista ao autor, 7 jan. 2011.

254. "Nem por isso", em "Anote". *Projeto*, n. 139, mar. 1991.

255. Anotações das enfermeiras sobre os cuidados domiciliares com Lina Bo Bardi, 24 dez. 1990-6-jan. 1991 (Arquivo ILBPMB).

256. Marcelo C. Ferraz, entrevista ao autor, 7 jan. 2011.

257. Ibid.

258. Entrevista de Lina Bo Bardi. *Caramelo*, São Paulo, FAU-USP, n. 4, p. 34, 1992.

259. Lina Bo Bardi, descrição da proposta para concurso do Pavilhão Brasileiro, 1991 (Arquivo ILBPMB).

260. Ibid.

261. Ibid.

262. Ibid.

263. Ibid.

264. Ibid.

265. Ibid.

266. Lina Bo Bardi, entrevistas a J. M. Lefèvre e a Carolina Lefèvre, jul. 1991 (Arquivo ILBPMB).

267. Marcelo C. Ferraz, entrevista ao autor, 7 jan. 2011.

268. "Lina Bo Bardi, 1914-1992". *O Estado de S. Paulo*, Caderno 2, 21 mar. 1992, p. 1.

269. Marcelo C. Ferraz, entrevista ao autor, 7 jan. 2011.

270. "Lina Bo Bardi, 1914-1992", op. cit., p. 1.

EPÍLOGO [pp. 381-2]

1. Edmar de Almeida, entrevista ao autor, 6 ago. 2006.

Créditos das imagens

Todos os esforços foram feitos para reconhecer os direitos autorais das imagens. A editora agradece qualquer informação relativa à autoria, titularidade e/ou outros dados, se comprometendo a incluí-los em edições futuras.

p. 10: Fotógrafo desconhecido, *c.* 1960
© Instituto Bardi/ Casa de Vidro, Lina Bo Bardi/ AUTVIS, Brasil, 2021

p. 14: Sem título, 1933, aquarela e grafite sobre cartão de Lina Bo Bardi, 28 cm × 18,9 cm. Foto de Henrique Luz
© Instituto Bardi/ Casa de Vidro, Lina Bo Bardi/ AUTVIS, Brasil, 2021

p. 17: Enrico Bo, 1916
© Instituto Bardi/ Casa de Vidro, Lina Bo Bardi/ AUTVIS, Brasil, 2021

p. 25: Fotógrafo desconhecido, 1928
© Instituto Bardi/ Casa de Vidro, Lina Bo Bardi/ AUTVIS, Brasil, 2021

p. 29: Fotógrafo desconhecido, *c.* 1923
© Instituto Bardi/ Casa de Vidro, Lina Bo Bardi/ AUTVIS, Brasil, 2021

p. 40: © Alessandro Lanzetta, 1934
Cortesia dos Arquivos da Faculdade de Arquitetura da Sapienza Università di Roma

p. 68: *Camera dell'architetto*, 1943, gravura em metal sobre papel cartão de Lina Bo Bardi,

25,3 cm × 35,2 cm. Foto de Henrique Luz
© Instituto Bardi/ Casa de Vidro, Lina Bo Bardi/ AUTVIS, Brasil, 2021

p. 70: Fotógrafo desconhecido, *c.* 1941
© Instituto Bardi/ Casa de Vidro, Lina Bo Bardi/ AUTVIS, Brasil, 2021

p. 78: Fotógrafo desconhecido, *c.* 1941
© Instituto Bardi/ Casa de Vidro, Lina Bo Bardi/ AUTVIS, Brasil, 2021

p. 94: Fotógrafo desconhecido, *c.* 1944
© Instituto Bardi/ Casa de Vidro, Lina Bo Bardi/ AUTVIS, Brasil, 2021

p. 101: Patellani, 1945
© Instituto Bardi/ Casa de Vidro, Lina Bo Bardi/ AUTVIS, Brasil, 2021

p. 103: Fotógrafo desconhecido, *c.* 1945
© Instituto Bardi/ Casa de Vidro, Lina Bo Bardi/ AUTVIS, Brasil, 2021

p. 116: Monti, 1946
© Instituto Bardi/ Casa de Vidro, Lina Bo Bardi/ AUTVIS, Brasil, 2021

p. 117: Fotógrafo desconhecido, 1946
© Instituto Bardi/ Casa de Vidro, Lina Bo Bardi/ AUTVIS, Brasil, 2021

p. 118: *Praça Getúlio Vargas*, 1946, aquarela e nanquim sobre papel ofsete de Lina Bo Bardi, 24,2 cm × 22,3 cm, Rio de Janeiro. Foto de Henrique Luz
© Instituto Bardi/ Casa de Vidro, Lina Bo Bardi/ AUTVIS, Brasil, 2021

p. 130: *Cenário para um trator para a exposição Agricultura Paulista*, 1951, aquarela, grafite, lápis de cor, pastel oleoso e colagem sobre papel ofsete de Lina Bo Bardi, 56,6 cm × 81,3 cm, São Paulo. Foto de Henrique Luz
© Instituto Bardi/ Casa de Vidro, Lina Bo Bardi/ AUTVIS, Brasil, 2021

p. 132: DSP, *c.* 1947
© Instituto Bardi/ Casa de Vidro, Lina Bo Bardi/ AUTVIS, Brasil, 2021

p. 137: DSP, 1948
© Instituto Bardi/ Casa de Vidro, Lina Bo Bardi/ AUTVIS, Brasil, 2021

p. 138: Narciso Santos, *c.* 1948
© Instituto Bardi/ Casa de Vidro, Lina Bo Bardi/ AUTVIS, Brasil, 2021

p. 139: Henri Ballot, 1948
© Instituto Bardi/ Casa de Vidro, Lina Bo Bardi/ AUTVIS, Brasil, 2021

p. 140: Fotógrafo desconhecido, *c.* 1950
© Instituto Bardi/ Casa de Vidro, Lina Bo Bardi/ AUTVIS, Brasil, 2021

p. 142: Fotógrafo desconhecido, *c.* 1948
© Instituto Bardi/ Casa de Vidro, Lina Bo Bardi/ AUTVIS, Brasil, 2021

p. 145: Fotógrafo desconhecido, *c.* 1948
© Instituto Bardi/ Casa de Vidro, Lina Bo Bardi/ AUTVIS, Brasil, 2021

p. 154: Paulo Salomão, 1950
© Instituto Bardi/ Casa de Vidro, Lina Bo Bardi/ AUTVIS, Brasil, 2021

p. 161: Francisco Albuquerque/ Instituto Moreira Salles, *c.* 1952
© Instituto Bardi/ Casa de Vidro, Lina Bo Bardi/ AUTVIS, Brasil, 2021

p. 164: Fotógrafo desconhecido, *c.* 1950
© Instituto Bardi/ Casa de Vidro, Lina Bo Bardi/ AUTVIS, Brasil, 2021

p. 166: *Vista interna da Casa de Vidro*, lápis de cor e nanquim sobre papel ofsete de Lina Bo Bardi, 10,9 cm × 11,8 cm, São Paulo. Foto de Henrique Luz
© Instituto Bardi/ Casa de Vidro, Lina Bo Bardi/ AUTVIS, Brasil, 2021

p. 169: Fotógrafo desconhecido,1950
© Instituto Bardi/ Casa de Vidro, Lina Bo Bardi/ AUTVIS, Brasil, 2021

p. 173: Agence Intercontinentale A.P.P., 1953
© Instituto Bardi/ Casa de Vidro, Lina Bo Bardi/ AUTVIS, Brasil, 2021

p. 184: *Projeto de escada para o Museu de Arte de São Paulo*, aquarela e grafite sobre papel-manteiga de Lina Bo Bardi, 31,7 cm × 18,3 cm. Foto de Henrique Luz
© Instituto Bardi/ Casa de Vidro, Lina Bo Bardi/ AUTVIS, Brasil, 2021

p. 189: Fotógrafo desconhecido, 1956
© Instituto Bardi/ Casa de Vidro, Lina Bo Bardi/ AUTVIS, Brasil, 2021

p. 206: *Teatro do MAM-BA — Museu de Arte Moderna da Bahia*, aquarela, grafite e nanquim sobre papel-cartão de Lina Bo Bardi, 38,5 cm × 50,5 cm, Salvador. Foto de Henrique Luz
© Instituto Bardi/ Casa de Vidro, Lina Bo Bardi/ AUTVIS, Brasil, 2021

p. 225: Miroslav Javurek, 1959
© Instituto Bardi/ Casa de Vidro, Lina Bo Bardi/ AUTVIS, Brasil, 2021

p. 231: Fotógrafo desconhecido, 1960
© Instituto Bardi/ Casa de Vidro, Lina Bo Bardi/ AUTVIS, Brasil, 2021

p. 256: Fotógrafo desconhecido, 1962
© Instituto Bardi/ Casa de Vidro, Lina Bo Bardi/ AUTVIS, Brasil, 2021

p. 263: Fotógrafo desconhecido, 1963
© Instituto Bardi/ Casa de Vidro, Lina Bo Bardi/ AUTVIS, Brasil, 2021

p. 274: *L'ombra della sera*, 1965, nanquim e pastel seco sobre papel-manteiga de Lina Bo Bardi, 49,9 cm × 69,5 cm, São Paulo. Foto de Henrique Luz
© Instituto Bardi/ Casa de Vidro, Lina Bo Bardi/ AUTVIS, Brasil, 2021

p. 286: Fotógrafo desconhecido, *c.* 1960
© Instituto Bardi/ Casa de Vidro, Lina Bo Bardi/ AUTVIS, Brasil, 2021

p. 287: Lew Parrella, *c.* 1967
© Instituto Bardi/ Casa de Vidro, Lina Bo Bardi/ AUTVIS, Brasil, 2021

p. 289: Fotógrafo desconhecido, 1967
© Instituto Bardi/ Casa de Vidro, Lina Bo Bardi/ AUTVIS, Brasil, 2021

p. 308: Fotógrafo desconhecido, *c.* 1976
© Instituto Bardi/ Casa de Vidro, Lina Bo Bardi/ AUTVIS, Brasil, 2021

p. 318: *Estudo para o Sesc — Fábrica da Pompéia*, esferográfica e hidrográfica sobre papel-jornal de Lina Bo Bardi, 31,4 cm × 21,5 cm, São Paulo. Foto de Henrique Luz
© Instituto Bardi/ Casa de Vidro, Lina Bo Bardi/ AUTVIS, Brasil, 2021

p. 323: Fotógrafo desconhecido, 1976
© Instituto Bardi/ Casa de Vidro, Lina Bo Bardi/ AUTVIS, Brasil, 2021

p. 329: Olney Kruse/ Estadão Conteúdo, 1981

p. 335: Fotógrafo desconhecido, 1978
© Instituto Bardi/ Casa de Vidro, Lina Bo Bardi/ AUTVIS, Brasil, 2021

p. 337: Fotógrafo desconhecido, 1981
© Instituto Bardi/ Casa de Vidro, Lina Bo Bardi/ AUTVIS, Brasil, 2021

p. 355: Agliberto Lima, 1986
© Instituto Bardi/ Casa de Vidro, Lina Bo Bardi/ AUTVIS, Brasil, 2021

p. 374: Marcelo C. Ferraz, 1991
© Instituto Bardi/ Casa de Vidro, Lina Bo Bardi/ AUTVIS, Brasil, 2021

p. 379: Olney Kruse/ Estadão Conteúdo, 1977

p. 380: Sem título, 1990, esferográfica e hidrográfica sobre papel ofsete de Lina Bo Bardi, 35,4 cm × 21,6 cm (aberto). Foto de Henrique Luz
© Instituto Bardi/ Casa de Vidro, Lina Bo Bardi/ AUTVIS, Brasil, 2021

Obras e imagem de Lina Bo Bardi e Pietro Bardi
© Instituto Bardi/ Casa de Vidro, Lina Bo Bardi/ AUTVIS, Brasil, 2021

Índice remissivo

Números de páginas em *itálico* referem-se a imagens

ESTA OBRA FOI COMPOSTA EM DANTE PELO ESTÚDIO O.L.M. / FLAVIO PERALTA
E IMPRESSA EM OFSETE PELA GEOGRÁFICA SOBRE PAPEL PÓLEN SOFT
DA SUZANO S.A. PARA A EDITORA SCHWARCZ EM ABRIL DE 2021